本书获北京市教育委员会2013年度社科计划资助重点项目
"唐五代童蒙教育研究"（SZ201310028014）出版资助

唐五代科举的世界

金滢坤 ◎ 著

复旦大学出版社

首都师范大学史学丛书
编委会

顾问：齐世荣　宁　可

主任：郝春文

委员（以姓氏拼音为序）：

迟云飞　何　平　李华瑞　梁占军

宋　杰　徐　蓝　叶小兵

目 录

序论 …………………………………………………………… 1

上编 科举考试制度新论

一、唐五代科举考试中的冒籍问题 ……………………………… 10
二、论中晚唐五代科举考试的复核、复试及监察制度 ………… 26
三、略论中晚唐五代科举"五科"考试 ………………………… 41
四、敦煌本"策府"与唐初社会 ………………………………… 49
五、试论唐代制举试策文体的演变 ……………………………… 68
六、论唐五代科举制度与文字的关系 …………………………… 85
七、唐代太常第考论 ……………………………………………… 99
八、《登科记考》再补正 ………………………………………… 107

下编 科举与社会变迁管窥

一、唐五代科举制度对童蒙教育的影响 ………………………… 120
二、中晚唐五代科举与清望官的关系 …………………………… 144
三、中晚唐铨选制度变化与科举及第入幕的关系 ……………… 160
四、中晚唐及第举人入幕的若干问题 …………………………… 174
五、中晚唐五代座主门生与科场风气 …………………………… 192
六、论唐五代科举对婚姻观念的影响 …………………………… 206
七、中晚唐制举试策与士大夫的社会意识 ……………………… 218

八、中晚唐制举对策与政局变化 …………………………… 240
九、中晚唐五代科举与社会阶层的变迁 ………………………… 258

附录 《俄藏敦煌文献》中的西夏科举"论"稿考 …………… 303
本书参考文献 ………………………………………………… 324
后记 …………………………………………………………… 351

序　论

科举考试是隋唐继承汉魏以来的察举制度发展而来、通过分科考试选拔官员的一项重要选举制度。唐代科举考试，大体分为府试和省试两级，府试由地方长官派人负责统一考试，考生可以自由报考，合格者贡送中央参加省试；省试由中央派专人负责命题、主考，分科进行统一考试，考试标准采用以考试成绩与时誉相结合的方式。随着时代的变迁，唐以后的历代政府为了不断追求科举考试的公平与公正，逐步建立贡院等设施，完善考试场所，实行了锁院、权知贡举、考官与监官分离等诸多措施，不断完善对考官和考试机构的监督机制；并通过实行密封、誊卷等举措，防范举子的作弊行为，从而不断地改革和完善科举考试制度的公平与公正性。然而科举考试竞争日渐的激烈，迫使当政者不断加强对科举考试公平与公正性的探索、强化规范举人答题和严格考官评判标准，"八股文"的出现正是适应了科举考试形式上的公平、公正，但禁锢了士人的思想，使科举考试最终走上了末路。

唐代科举制度实行之初，科目设置分常举、制举和吏部科目选三大类，科目众多，基本满足了选拔各类人才的需要。其考试内容不仅涉及"九经"等儒家重要经典和"三史"等史籍，且及《道德经》等道家经典，内涵非常广泛，充分显示了唐朝廷海纳百川的气魄。宋代以后，科举考试一方面逐渐走向了合并科目、崇重进士一科的道路；另一方面，进士科考试的内容也由以儒家经典"九经"为主，兼习《道德经》等道家经典较为广博的知识体系，逐渐狭窄到只考儒家经典中的"四书"、"五经"的范围，特别是元代以后，进士科考试出题限定在"四书"之内，明代进士科考试又以"八股文"限定了考试文体，这无形中限定了考生的知识范围和视野，助长了考生注重背诵经书、范文的风气，从而缺乏思辨、创新能力。科举考试从此走上了知识狭窄、思想僵化、形式呆板的道路，这与唐朝科举考试制度初设时类型多样、科目众多、不拘一格选拔人才的初衷完全背离,这是唐人所始料未及的。随着中国古代帝国晚期思想意识形态的日渐保守,科举考试也由起初的开放性、多样性,日趋保守、单一、缺乏生机,在中国近代化的过程中,没能及时与现代科学知识体系结合起来,最终走到了尽头。1905年科举正式停废,它前后经历了一千三百年之久,完成了历史使命。

围绕科举的停废,在近代中国革命过程中,维新运动、洋务运动都将废科举作为复兴中国的首要任务,但科举停废并没有直接带来国民的觉醒和国家的富强。此后,致力于中国旧民主义和新民主义革命的政党和人士多盲目地将明清帝国的衰落、近代的割地赔款、科技文化的落后都归结于科举考试,乃至今天在多数人眼里科举考试仍然是落后和禁锢思想的代名词。殊不知科举考试传入欧美,正当中国废科情绪高涨的时候,它却被欧美主要国家所借鉴,成为现代文官制度根基[1]。科举考试的观念和制度被视为中国人对世界文明的最大贡献,中国也因此成为世界上第一个发明官僚体制的民族[2],但长期以来,科举制度的研究得不到国内学者的足够重视。

任何制度的存在都有其合理性和缺陷,隋唐时期是科举考试的创立和发展阶段,充分显示了科举考试的合理性和积极因素。相比较之下,唐代科举考试有更多的优点和合理性,值得我们思考。随着大一统隋帝国的出现,皇权得到空前的巩固,为门阀士族服务的九品中正制已经不能适应中央集权国家的需要,建立一种新的选举制度,将选举权收归中央就成为必然。隋文帝在将地方官吏的选举权收归中央的同时,还创建了一个新的选举制度来取代"以族取人"的九品中正制即察举制度,彻底收归中央对各级官员的直接任免权。这一选举制度的转变,必须避免察举制唯门资是选、旨在维护士族利益的弊端,充分发挥察举制下试策考试的公平竞争因素,打破门第界限,确立"以文取人"即按贤能取人的原则,抑制士族门阀势力,奖拔庶族和

---

[1] 参阅 Seu-yu Teng: Chinese Influence on the Western Examination System, *Harvard Journal of Asiatic Studies*, No. 7(1943), pp. 267-312;该文汉译本《中国考试制度西传考》,收入邓嗣禹《中国考试制度史》,长春:吉林出版集团有限责任公司,2011年,第293—345页;任爽、石庆环《科举制度与公务员制度——中西官僚、政治比较研究》,北京:商务印书馆,2001年,第1—12页。

[2] 参考[美]李弘祺《中国科举考试及其近代解释五论》,收入刘海峰主编《科举制的终结与科举学的兴起》,武汉:华中师范大学出版社,2006年,第2页。

序　论

平民俊贤进入官僚体系，从而扩大统治阶层，巩固中央集权的皇权。科举制度遂"构成了士人加入帝国政府的制度化渠道"①。因此，"从深层意义上看，科举制不但具有打破门阀政治、提高官员素质的作用，而且具有促进社会阶层变动与使社会发展趋向均质的重要意义"②。科举制度的创立有力地冲击了魏晋以来的官僚贵族政治，彻底瓦解了地方世族势力。科举取士最终成为帝国最为重要的选官途径，基本上打破了"以族取人"、门荫入仕的观念，从而成为中国古代影响人类发展最深远的典章制度之一。科举考试对唐五代的选举制度、官僚结构、社会教育、社会阶层的流动、婚姻观念等产生了深刻影响，可以说它开创了一个新时代，也是中国古代政治民主化的一个开端，科举成为沟通皇帝与官民的重要纽带，它不断地更新官僚队伍，对防止官员腐败、抑制特权阶层产生了很大作用。

20世纪50年代初，钱穆先生在总结"中国历代政治得失"时，把考试和选举范围看作仅次于政府组织范围的中国古代政治制度中最为重要的一项，认为它理应受到关注③。70年代以来，伴随着中国高考制度的恢复，科举考试逐渐受到学界的重视，刘海峰先生率先提出了"科举学"概念④，呼吁成立专门的科举学会，重视对科举的研究。2005年9月2日，适值科举停废百年之际，在刘海峰、张希清、李弘祺等国内外学者共同努力下，"科举制与科举学国际学术研讨会"在厦门大学举行，这为科举学会的产生打下了基础⑤，至2009年炎黄学会科举专业委员会成立，标志着科举学研究走上了一个新的阶段。关于唐五代科举的研究，经过刘海峰、吴宗国、傅璇琮、高明士等学者的耕耘，已经取得了丰硕的成果⑥。其主要成果集中在科举考试，以

---

① 阎步克《士大夫政治演生史稿》，北京：北京大学出版社，1996年，第3页。
② 韩昇《科举制与唐代社会阶层的变迁》，《厦门大学学报》(哲学社会科学版)1999年第4期，第24页。
③ 钱穆《中国历代政治得失》，北京：生活·读书·新知三联书店，2005年，第4—5页。
④ 详见刘海峰《"科举学"的世纪回顾》，《厦门大学学报》(哲学社会科学版)1999年第3期，第15—23、25页。
⑤ 详见刘海峰《百年之际论科举》，收入其《科举制的终结与科举学的兴起》，第1—2页。
⑥ 关于唐代科举研究的学术综述，详见金滢坤《中晚唐五代科举与社会变迁》，北京：人民出版社，2006年，第1—12页；胡戟等主编《二十世纪唐研究》，北京：中国社会科学出版社，2002年，第108—116页。

及科举与选官、教育、文学等方面的研究,仅有毛汉光等少数学者从科举与社会阶层的角度进行了系列研究①,颇有创建。受毛先生用社会学和计量学方法研究唐代科举的影响,笔者在撰写博士论文《中晚唐五代科举与社会变迁》时就借鉴了其相关研究方法和观点,后来由人民出版社出版。随后,笔者从社会变迁的角度审视唐五代科举考试,具体从科举考试与铨选、婚姻、社会阶层变迁,以及士大夫的社会意识等角度发表系列文章,来剖析科举考试内容与社会变迁的关系,以及科举考试对社会变迁的影响。

本书择取近十年来,笔者发表的有关唐五代科举的十八篇文章,汇辑成册。所收论文多保留发表时的原貌,不做大的改动,对以前的错讹和不妥之处稍作修订,已发表文章中的统计数据,均以拙著《中晚唐五代科举与社会变迁》中相关的最新统计数据为准。本书收录文章篇目较杂,范围较广,重点针对唐五代科举考试研究中学界容易忽视的问题展开讨论,突出问题意识。因此,笔者借用"世界"一词,来体现本书所涵盖的科举研究的诸多方面,且为之取名"唐五代科举的世界"。

本书分上下两编,上编八章,围绕科举考试制度的完善与内容变革展开讨论;下编九章,主要探讨科举对社会变迁影响的方方面面。上编主要围绕考试内容变革和建立公平机制展开探讨,附带"太常第"、"五科"考试等具体问题的讨论。《唐五代科举考试中的冒籍问题》②、《论中晚唐五代科举考试

---

① 毛汉光著作:《唐代统治阶层社会变动》(台北:台湾政治大学政治研究所高级研究生论文,1968年)、《中国中古社会史论》(台北:联经出版事业公司,1988年)。毛汉光论文:《唐代大士族的进士第》(收入中研院历史语言研究所编《中研院成立五十周年纪念论文集》第二辑《人文社会科学》,台北:中研院发行,1978年,第593—614页)、《科举前后(公元600年干300)清要官型态之比较研究》(收入中研院历史语言研究所编《中央研究院国际汉学会议论文集》,台北:中央研究院发行,1981年,第379—404页)、《中古官僚选制与士族权力的转变——任官标准之观察》(收入许倬云、毛汉光、刘翠溶主编《第二届中国社会经济史研讨会论文集》,台北:汉学研究资料及服务中心,1983年,第57—88页)、《中古山东大族著房之研究——唐代禁婚家与姓族谱》(收入《中研院历史语言研究所集刊》第54本第3分,1983年,第19—62页)、《唐代荫任之研究》(收入《中研院历史语言研究所集刊》第55本第3分,1984年,第459—542页)、《中古大族著房婚姻之研究——北魏高祖至唐中宗神龙年间五姓著房之婚姻关系》(《中研院历史语言研究所集刊》第56本第4分,1985年,第619—698页)、《唐代统治阶层下降变动之研究》(《国家科学委员会研究汇刊》(人文社会科学)第3卷第1期,1993年,第1—12页)。

② 《科举学论丛》第1辑,2007年,第34—41页。

的复核、复试及监察制度》两篇文章①,主要围绕科举府试和省试中的冒籍问题,对府试和省试中的复核、复试及监察制度的建立与规范进行了探讨,重在说明唐代不断地改进和完善科举考试制度,针对考试中冒籍、请托等舞弊行为采取了积极举措,进行防范。唐五代科举考试的公平性,还体现在科目设置和考试内容、评判标准的公平与否。《略论中晚唐科举考试中的"五科"考试》一文②,首次注意到明经类科目中"五科"的特殊性,和"五科"考试的共性,及其产生的时代背景,以此说明唐五代科举考试的多样性和灵活应变能力,突显出科举考试不拘一格取人的优点。《敦煌本"策府"与唐初社会——国图藏敦煌本"策府"研究的重视》一文③,则详细考定了敦煌文献中发现的唐初进士"策府",并对进士考试的时务策中所反映的唐初社会进行分析,目的在于尝试研究进士对策所反映的社会时代特点,试图引起学界对科举考试的策问与对策研究的重视。《试论唐代制举试策文体的演变》一文④,从制举试策的内容着手,分析制举试策的文体演变过程,勾勒了不同时代制举试策文体明显的结构程式变化过程,并探讨了这一变化与时代的关系。《论唐五代科举制度与文字的关系》⑤是从科举考试的需要、科举促进经籍整理的作用等角度,讨论了科举考试对唐五代文字规范和楷正的重要作用,目的是说明科举考试对典籍整理、文字规范都有极大影响,而且相关的研究尚待进一步加强。此外,《唐代太常第考论》⑥、《〈登科记考〉再补正》两文⑦,则是对科举考试中"太常第"等特殊含义及登第人名进行了考定和补充。

下编主要围绕科举对童蒙教育、清望官选举、铨选制度、入幕、婚姻观念以及藩镇割据、党争等政局变化的影响,来考察科举与社会变迁的关系。

---

① 《首都师范大学学报》(社会科学版)2008年第5期,第30—35页。
② 《北京联合大学学报》(人文社会科学版)2010年第1期,第40—43页。
③ 《文献》2013年第1期,第84—98页。
④ 《首都师范大学学报》(社会科学版)2011年第4期,第17—26页;《魏晋南北朝隋唐史》2012年第1期,第49—58页。
⑤ 《首都师范大学学报》(社会科学版)2007年第3期,第21—28页;《高等学校文科学术文摘》2007年第5期,第135页。
⑥ 《首都师范大学史学研究》第2辑,2004年,第171—180页。
⑦ 《晋阳学刊》2008年第3期,第85—89页。

《唐五代科举制度对童蒙教育的影响》一文①,以科举对童蒙教育的影响为例说明科举对唐五代教育的巨大影响。随着科举制度的全面实行,唐朝建立以馆学为主导的官学教育体系,主要为科举考试培养和输送生员,面向青少年,而在童蒙教育问题上处于缺失状态,这就为唐代私学的发展提供了空间,私学补充了儿童教育的不足。唐代童子科的设置为童子入仕开辟了捷径,助涨了士大夫对童蒙教育的重视,希望子弟及早成才的心理非常普遍,对唐代童蒙教育的发展起到了促进作用,同时对儿童教育和发展也产生了不少负面影响。唐代科举制度的发展,极大刺激了童蒙教育的发展,蒙书的编纂也出现了前所未有的态势。童蒙教育势必要适应科举考试的要求,这就决定了童蒙教学为科举服务的宗旨;随着中晚唐五代科举考试标准不断的调整,童蒙教育也随之发生了变化。唐代童蒙教育不仅在蒙书编撰方面较之前代出现了一些新的特点,而且出现了寺学、社学、书院等新的教学形式和实体机构,使私学教育对象由主要面向士族、宗族子弟的家学,开始转向面向社会子弟的乡学、寺学、社学、书院等各类形式的私学,社会化、开放性的倾向日益提高。本文系笔者主持的2013年度北京市教委社科计划重点项目"唐五代童蒙教育研究"的一个前期成果,有关这一选题的研究将会进一步展开。科举对唐代铨选制度影响最大。本书以《中晚唐五代科举与清望官的关系》②、《中晚唐铨选制度变化与科举及第入幕的关系》③、《中晚唐及第举人入幕的若干问题》三篇④,集中探讨了中晚唐科举对宰相等清望官和及第举人入幕影响的问题,科举不仅改变了中晚唐宰相选任的标准,也改变了方镇选择幕僚的标准,进士出身逐渐成为了中央和方镇选拔上至卿相,下至幕僚、县佐的第一出身,对整个社会选举标准产生了极大影响,从而动摇了魏晋以来的门第观念和选贤观念。正因为科举对选举的深刻影响,进士出身,"位极人臣,常十有二三,登显列十有六七",在社会上影响极大。科举出身者往往借助座主、门生关系,相互朋党,成为中晚唐官场上的一个

---

① 《浙江师范大学学报》(社会科学版)2012年第1期,第16—28页。
② 《中国史研究》2003年第1期,第81—87页。
③ 《人文杂志》2002年第4期,第110—116页。
④ 《学术月刊》2008年第1期,第126—133页。

特殊现象,《中晚唐五代座主门生与科场风气》一文①,便是阐述这一问题的产生和演变过程。仕宦和婚姻是中国中古社会士大夫最为重要的两件大事②,科举在影响唐代选举观念的同时,也影响到了婚姻观念的转变。《论唐五代科举对婚姻观念的影响》一文③,主要解决了科举如何导致了选举观念的转变,选举观念的转变影响了选婿观念的转变,集中体现在科举考试中榜下脔婿和榜前择婿风气的形成。科名成为世人脔婿的重要标准,动摇了门第观念,打破了士大夫以娶"五姓女"为荣的束缚,从根本上促进了社会阶层的升沉流动。本编还选取《中晚唐制举对策与政局变化——以藩镇问题为中心》一文为例④,围绕着削藩问题,重点从中晚唐制举对策中对虚张军籍、销兵、削藩等问题提出的对策,结合传世典籍记载的相关事迹进行比较和探讨,分析这些对策产生的时代背景,剖析举子方略的可行性及其社会影响。这也是笔者主持教育部人文社会科学研究青年项目"唐代制举考试与社会变迁研究"的前期成果之一,并已获得国家社科基金支持。本选题旨在说明唐代实行了两百多年的制举考试留下了大量制举对策的名篇,其内容涉及赋税、田制、兵制、选举、朝政、藩镇、君民关系等唐代社会的方方面面,无疑是研究唐代制举考试与政局变化以及社会变迁的一个丰富矿藏,亟待发掘、研究。然而,目前学界对制举对策中涵盖唐代政局变化与社会变迁内容的研究尚处在起步阶段,多数研究仍然停留在认为唐代制举对策是空泛之谈,没有太大史料价值的陈旧观念上。因此,学界有必要重新审视唐代制举考试,充分利用举人对策中评论时政、经济、文化、选举、军事等问题的第一手史料,将制举对策与政局变化、社会变迁联系起来,对相关问题展开深入研究,探讨制举考试与社会变迁的关系,还原相关历史的原貌,开启唐代制举考试研究的新热点。《中晚唐制举试策与士大夫的社会意识——以"子大夫"的社会意识为中心》一文⑤,则从宏观角度探讨唐代制举考试如何促进了

---

① 《教育与考试》2008年第6期,第39—47页。
② 参阅陈寅恪《唐代政治史述论稿》,上海:上海古籍出版社,1997年,第70、74页。
③ 《厦门大学学报》(哲学社会科学版)2008年第1期,第100—107页。
④ 《学术月刊》2012年第7期,第138—147页;《魏晋南北朝隋唐史》2012年第6期,第58—68页。
⑤ 《学术月刊》2010年第12期,第129—140页。

以"子大夫"为代表的士大夫阶层社会群体意识和责任感的形成;重在讨论中晚唐士大夫阶层在制举对策中提出的"天下者,为天下之天下"观念形成的原因,并分析其与宋代士大夫崇尚的"为与士大夫治天下"观念的相互联系与时代变迁,从而以制举对策的角度来观察在唐宋社会变迁的大前提下士大夫阶层在社会意识和责任方面的变化。最后,选用《中晚唐五代科举与社会阶层的变迁》一文,则在探讨科举对士人的仕宦、经济特权的影响基础上,观察科举与社会阶层升沉的关系,分析科举对士族向城市迁徙的影响,并以七姓十七家大士族为例,探讨科举对大士族的升沉变化的作用,从而勾勒了科举对中晚唐五代社会阶层变迁影响的基本情况。在这一转变过程中,中古社会完成了士族向城市的转移及士族的官僚化,实现了贵族官僚政治向官僚政治的转变,从此武断乡曲的士族社会退出了中国的历史舞台。

此外,本书还增入一个附录,所收《〈俄藏敦煌文献〉中的西夏科举"论"稿考简论——唐宋西夏的科举试论》一文[①],则是通过对混入俄藏敦煌文献中的一则黑水城西夏科举考试的"论"稿进行考辨,论证了唐五代科举考试中没有实行试"论"的确切记载,有关唐代进士科省试试论的记载尚难认定。虽然此篇涉及讨论唐代科举考试中是否有试"论"的问题,但其本身为西夏科举考试的"论"稿,故作为附录附在书后。考虑到本件"论"稿为证明西夏实行科举考试的实物,弥足珍贵,希望能抛砖引玉,引起同道之人的重视。

本书揭取笔者一些已经完成的研究成果,也选取了正在研究的科研项目的前期成果,意在总结一下自己近年来阶段性工作,同时介绍一下目前正在关注的新问题,以期有更多的学者关注这些问题,共同解决相关难题,推动相关领域研究深入进行。至于书中不妥之处,敬请方家指正,以期共同推进唐五代科举研究的进步。

---

① 《敦煌写本研究年报》第 4 号,日本京都大学人文科学研究所,2010 年,第 101—118 页。

上编　科举考试制度新论

一、唐五代科举考试中的冒籍问题
——兼论唐五代科举考试中的取解制度变迁

近年来随着中国区域经济水平差距的加大,公民接受教育的程度差距也在不断增大,因此,在每年的高考前后,传媒界都会出现有关高考移民问题的话题。其实,早在唐代科举制度实行不久,就出现了通过寄应、冒籍等形式到他州取解的现象,就如同今天的高考移民现象。因此,研究中国科举制度早期出现的寄应、冒籍取解现象,对分析当今社会出现高考移民现象的原因并解决该问题,具有深刻的现实意义。关于唐五代冒籍行为很少有人关注,傅璇琮《唐代科举与文学》[①]、吴宗国《唐代科举制度研究》等少数论著中[②],对唐代举子取解不本本贯的现象略有论述,程民生《论宋代科举户籍制》一文也提及唐代科举户籍问题,未谈及科举冒籍问题[③]。本章将在上述前贤的研究基础之上,对唐代举子冒籍取解的问题进行探讨。

(一)唐五代冒籍取解的出现

唐代举子取解大致分为两类:一是地方县举子通过府州县府试之后,由府州给举子发放解,举子持解随物入贡,参加来年尚书省的省试;二是在国子监、弘文馆等中央馆学的学生,由馆学组织考试,合格者予以解送,参加来年尚书省的省试[④]。唐初由于科举制度初设,科举出身者在入仕中尚未取得明显的优势,行卷和荐举之风尚未形成。因此,省试相对公平,还未出现省

---

① 傅璇琮《唐代科举与文学》,西安:陕西人民出版社,2003年,第54—57页。
② 吴宗国《唐代科举制度研究》,沈阳:辽宁大学出版社,1997年,第39—44页。
③ 程民生《论宋代科举户籍制》,《文史哲》2002年第6期,第108—113页。
④ 〔宋〕欧阳修、宋祁《新唐书》卷四四《选举志上》,北京:中华书局,1975年,第1159页。

一、唐五代科举考试中的冒籍问题　　　　　　　　　　　　　　　　11

试登第人数与举子发解来源的府州在区域上的比例明显失衡,州县举人到他州冒籍取解的现象很少见。

　　随着科举制度的进一步发展,省试登第人数与发解诸州的比例逐渐失衡,举子为了增加登第的机会,便附籍他州,参加取解考试。天授三年(692),左补阙薛谦光曾云:"今夫举人,询于乡闾,归于里正而已。虽迹亏名教,罪加刑典,或冒籍窃资,邀勋盗级,假其贿赂,即为无犯乡闾。"①稍后至景云中,州县乡里举人举子寄应他州取解现象开始增多,中央省试对举子的户籍核查也较为宽松。如《唐摭言》卷一《乡贡》云:"景龙元年,李钦让称定州乡贡附学。尔来乡贡渐广,率多寄应者,故不甄别于榜中。"②其实,像李钦让由定州乡贡,而附太学应举的现象,实际上就是一种冒籍行为。究其原因,两监出身的举人省试机会较大,世人较看重两监出身。因此,"开元已前,进士不由两监者,深以为耻"③。于是,随着举子寄应两监现象的日渐增多,礼部省试也逐步放宽对举子在本贯取解的限制,以致冒籍应举现象愈演愈烈,在开元、天宝年间更为常见。如大诗人王维,就没参加本贯蒲州的取解考试,而是前往长安,以诗名游历权贵之间,希望取得京兆解④。王维"尤为岐王之所眷重",但不巧有进士张九皋声名籍甚,出入公主之门,公主牒京兆试官,令以张九皋为解头。王维自然不甘人下,于是求助于岐王,岐王指点其扮为伶人,特意向公主展示演奏琵琶的才艺,终于博得公主的赏识,公主遂令京兆府试官以王维为解头⑤。这则故事虽未提及冒籍问题,但根据唐代科举考试规定,举人必须由本贯州府向尚书省解送,并要交纳解状。王维不由本贯而由京兆府解送,显然就是冒籍取解行为。

　　其实,举子王维的冒籍行为已经干扰了正常的取解制度,因此,礼部贡院专门出台法规,试图禁止府州乡贡中的冒籍行为。在礼部贡院奏请下,开

---

① 〔唐〕杜佑撰、王文锦等点校《通典》卷一七《选举典五》,北京:中华书局,1988年,第410页。
② 〔五代〕王定保《唐摭言》卷一《乡贡》,上海:上海古籍出版社,1978年,第8页。
③ 《唐摭言》卷一《两监》,第5页。
④ 〔后晋〕刘昫等《旧唐书》卷一九〇《文苑传·王维传》,北京:中华书局,1975年,第5051—5052页。
⑤ 〔宋〕李昉等编《太平广记》卷一七九《贡举二·王维》引《集异记》,北京:中华书局,1961年,第1331—1332页。

元十九年(731)玄宗敕令:"诸州贡举,皆于本贯籍分信明者。然依例,不得于所附贯,便求申送。如有此色,所由州县即便催科,不得递相容许。"①虽然政府也认识到其中的弊端,明令举子到本贯取解,并给予违反者一定的制裁,但举子取解不由本贯的风气在开元、天宝年间还是日益泛滥。安史之乱后,这种风气依然没有得到改变,大历中参加府试和馆学考试的冒籍现象十分严重。故赵匡《举选议》云:"选人不约本州所试,悉令聚于京师。人既浩穰,文簿繁杂,因此渝滥,其事百端。故俗闲相传云:'入试非正身十有三四,赴官非正身十有二三。'"②这里所说的"入试非正身,十有三四",就是科举考试中的冒籍行为。如永泰元年(765)即有东海郯人徐申"寄籍京兆府,举进士"③。贞元以后,举子取解多不由本贯,以致乡贡"盖假名就贡而已"④,失去了举子由本贯贡送的本意,冒籍就贡的现象尤为严重。此后直到唐末,冒籍行为未能得到根本性控制。

　　唐末朝廷多事,人口大量流亡,户籍管理混乱,举人从本贯取解的难度增大,举人从本贯取解的制度无法很好地执行。据《唐国史补》卷下云:"外府不试而贡者,谓之拔解。"⑤这种举子不由本贯取解、从外府贡送的现象,就是冒籍行为。梁初,诸道贡举人多不在本贯参加州县府试,而被其他道推荐,亦称"拔解",梁太祖曾于开平元年(907)六月下诏禁止拔解⑥。后唐天成三年(928)七月,《贡举人先委本道观察使考试及不得假冒乡贯敕》云:"兼承前诸道举人,多于京兆府寄应。"⑦天成四年十月,中书门下《条陈贡举事例

---

　　① 〔宋〕王溥《唐会要》卷七六《贡举中·缘举杂录》,北京:中华书局,1955年,第1384页。
　　② 《通典》卷一七《选举典五》,第420—421页;〔清〕董诰等编《全唐文》卷三五五赵匡《举选议》,北京:中华书局,1983年,第3603页。
　　③ 〔唐〕李翱著、郝润华校点、胡大浚审定《李翱集》卷一一《唐故金紫光禄大夫检校礼部尚书使持节都督广州诸军事兼广州刺史兼御史大夫充岭南节度营田观察处置本管经略等使东海郡开国公食邑二千户徐公行状》,兰州:甘肃人民出版社,1992年,第89页;《全唐文》卷六三九李翱《徐申行状》同,第6458—6459页。
　　④ 《唐摭言》卷一《乡贡》,第7页。
　　⑤ 〔唐〕李肇《唐国史补》卷下,上海:上海古籍出版社,1979年,第55页。
　　⑥ 〔北宋〕王钦若等编《宋本册府元龟》卷六四一《贡举部·条制三》,北京:中华书局,1989年,第2109页。
　　⑦ 《宋本册府元龟》卷六四一《贡举部·条制三》,第2112页。

奏》云:"除诸州府解送举人外,余有于河南府寄应及宗正寺、国子监生等,亦须准上指挥。"①可见五代举子冒籍寄应的行为也大量存在。

(二) 唐五代冒籍的方式

唐五代举子冒籍取解的方式主要有妄冒户籍、寄应国子监取解、两府取解三种方式。

妄冒户籍 按照唐代科举制度的规定,乡贡举人要想参加礼部省试,除接受礼部审查外,还须到户部"集阅",即核查户籍信息②。因此,唐代举子按规定应该在本贯参加府试取解,若要到其他府州取解,需要在该府州建虚假户籍才行。按照唐代户籍制度,州县户籍要在户部上交一份存档,以备核查,礼部贡院到户部核查主要是看其所报户籍是否属实,以辨举子文解真伪。由于史料阙如,唐代具体情况不详,但五代此类情况就比较详细。后唐天成三年(928)七月,工部侍郎任赞上书,建议今后诸色举人不是家在远方、水陆隔越者,请从本贯取解。随后,有《贡举人先委本道观察使考试及不得假冒乡贯敕》云:

> 兼承前诸道举人,多于京兆府寄应,例以洪固乡、胄贵里为户,一时不实,久远难明。自此各于本道请解,具言本州县某乡某里某为户。如或寄应,须具本贯属入状,不得效洪固、胄贵之例。文解到省后,据所称贯属州府户籍内,如是无名,本人并给解处官吏,必加罪责。③

可见五代举子到京兆府寄应取解,多冒籍洪固乡、胄贵里,已经成为一种定式,说明当时妄冒户籍取解的行为已相当普遍。此诏还规定:一、诸道举人解状对举子的户籍记载非常清晰,具言本州县,某乡某里某为户,即便举子寄籍取解,仍"须具本贯属入状"。这样将举人的户籍状况详细登记清楚,便于核查。二、礼部收到解状后要到户部核对举子所在州县的户籍,看举子户

---

① 《全唐文》卷九七〇,第10073页。
② 《通典》卷一五《选举典三》,第353页。
③ 《宋本册府元龟》卷六四一《贡举部·条制三》,第2112页。

籍是否由本贯,若不符合,则要罪责发解地方官吏。五代科举考试制度基本上继承了唐代旧制,这也可以推知唐代举子冒籍寄应大致情况。当然,妄冒户籍往往需要借助姻亲、故旧等关系。如广德公主的驸马于琮之从子梲,曾冒认于琮为父,"改名应举"。也就是说,于梲改名,冒籍于琮户籍下,从而达到在京兆府取解的目的。这是一起典型的举子附贯亲族冒籍取解行为,这种情况到宋代已经相当普遍①。

寄应国子监取解 五代战乱,社会动荡,严重影响了举子正常应举,更不用说举子常年往返于京师与本贯之间,来回取解了。这势必造成举子长期聚集在京畿地区寄应的客观现实。如后唐清泰三年(936)五月,明经崔梲等经中书诉宋州节度掌书计上封事云:"贡举人须依旧格,取本州里文解者,见附国子监诸生赴举,皆不取文解,条例异同。"②这说明依照科举考试的举格,诸州举子须在本贯取解,方才可以参加省试,但实际上举子往往见附国子监,就可参加省试。即举子借制度的漏洞,进入国子监取解,以逃避在本贯取解。当然,此举也带来了严重的后果,"国子监每岁举人,皆自四方来集"。这就引起未能入监举人的不满,于是有诏曰:"其附监举人并依去年八月一日敕,须取本处文解。如不及第者,次年便许监司解送。若初投名未当,本处取解者,初举落第后,监司勿更收补。其淮南、江南、黔、蜀远人,即不拘此例。监生礼部补,令式在焉。"③后唐显然加强了对初次入监举人的户籍检察,但允许落第举子,入学国子监、广文馆、太学学习,由馆学取解,然后参加省试,客观上为四方举子寄应提供了制度方便。但是此诏允许边远地区的举子可附监取解,这就引发了内地诸道举子假借地处边远之名,冒籍寄应国子监之弊端。到后周时已经出现"迩来学官因循,多有近甸州府不得解者,即投监请补送省,率以为常"的情况④。这直接导致了国子监取解的伪滥。显德元年(959),知贡举主司核查国子监解送七十四人状事,结果都不合格,悉不收试,监司却为其搪塞责任,贡院便将此事上告宰相,最后皇帝下

---

① 程民生《论宋代科举户籍制》,《文史哲》2002年第6期,第108—113页。
② 《宋本册府元龟》卷六四二《贡举部·条制四》,第2116页。
③ 《宋本册府元龟》卷六四二《贡举部·条制四》,第2116页。
④ 《宋本册府元龟》卷六四二《贡举部·条制四》,第2118页。

敕云:"国子监所解送广顺三年已前监生人数,宜令礼部贡院收纳文解,其今年内新收补监生,祗仰落下。今后须是监中受业,方得准令式收补解送。"①敕中规定限制新收补监生的目的是限制已经落第的近甸举子通过借入国子监冒籍取解行为。

两府取解　中晚唐一些举子为了确保获得解送资格,往往利用诸州府试时间上的差异,在参加当年某州府试落第后,再到其他州参加府试取解。如樊阳源就因错过了参加京兆府府试的时间,便跑到河南府取解②,说明当时不少举子先后参加不同州的府试,以提高取解的概率。这种情况很普遍,晚唐曾一度禁止举子两府取解。会昌五年(845)三月,中书门下奏:"贡举人并不许于两府取解,仰于两都国子监就试。"③又如前引后周举子参加京畿府试落第后,转投国子监取解,实际上也是一种两府取解行为。严格地讲,两府取解肯定是一种冒籍行为,他州解送离不开户籍的冒越。宋代为解决举子两府取解的行为,统一诸州府试取解的时间,才杜绝了举子两府取解的可能性。

(三) 唐五代冒籍的原因

影响唐五代科举冒籍的因素很多,下面仅从史料记载中较为明显的几个方面进行探讨。

举子冒籍受诸府州政治、文化不均衡因素的影响。唐五代京兆府、河南府是国家政治、文化中心,是全国高官、大儒、名流聚集的中心,拥有全国最好的教育机构国子监及诸多教育资源。唐五代科举考试的省试主司基本上由中央四、五品的清望官出任,在荐举、行卷、延誉之风盛行的情况下,主司的作用自然至关重要。于是,举子聚集在京畿地区,千方百计交接权要、名流,便成为登科的重要条件。正如开元三年(715)左拾遗张九龄上书所云:

---

① 《宋本册府元龟》卷六四二《贡举部·条制四》,第 2118 页。
② 《太平广记》卷一五四《定数九·樊阳源》引《续定命录》,第 1106—1107 页。
③ 《唐会要》卷七六《贡举中》,第 1382 页;《宋本册府元龟》卷六四一《贡举部·条制三》,第 2108 页。

"京华之地,衣冠所聚,子弟之间,身名所出,从容附会,不劳而成。"①因此,举子多投刺干谒,驰驱要津,加以"京华之地,衣冠所聚",因而寄应京畿自然会获取更多社会关系,也会因此获得更多科第、入仕、升迁的机遇。

诸府州解的登第率也直接影响到举子的冒籍行为。中晚唐京兆府、同州、华州解的高登第率吸引了天下举子竞趋中央地区取解。由于京兆解在省试中的登第率最高,自然成为举子瞩目的焦点,于是天下举子多聚集京兆,以求得京兆解。如《唐摭言》卷二《京兆府解送》云:

> 神州解送,自开元、天宝之际,率以在上十人,谓之等第,必求名实相副,以滋教化之源。小宗伯倚而选之,或至浑化,不然,十得其七八……暨咸通、乾符,则为形势吞嚼,临制近,同及第。②

这说明举子争夺京兆解的真正原因是京兆府解的登第率高,前十名等同及第,时谓"等等",甚至称为"神州等第录"③。柳宗元评论京兆等第解:"京兆尹岁贡秀才,常与百郡相抗。登贤能之书,或半天下。取其殊尤以为举首者,仍岁皆上第,过而就黜,时谓怪事,有司或不问能否而成就之。"④说明在礼部省试往往阿附时誉的情况下,举子奔竞于权贵之门,寻求延誉成为首要之务。故《东观奏记》卷中曰:"近年公道益衰,止于奔竞,至解送之日,威势挠败,如市道焉。"⑤在这种情况下,京畿地区的举子自然处于竞争优势,随着时间的推移,籍贯的限制会进一步减弱,举子若想及第必然得奔竞于京师和盛府权贵、名流之门,势必造成更多的冒籍行为。贞元、元和年间,举人投刺、延誉之风相高,请托之风盛行,京兆等第解便成为是举子翘首以盼的目标。

此外,同、华首解也等同省试及第,同、华解争夺也尤为激烈。《唐摭言》云:"同、华解最推利市,与京兆无异,若首送,无不捷者。元和中,令狐文公镇三峰,时及秋赋,榜云:'特加置五场。'……唯卢弘正尚书独诣华请试。公命供帐,酒馔侈靡于往时。华之寄客,毕纵观于侧。宏(弘)正自谓独步文

---

① 《通典》卷一七《选举典五》,第412页。
② 《唐摭言》卷二,第13页。
③ 《唐摭言》卷二《元和元年登科记京兆等第榜叙》,第13页。
④ 〔唐〕柳宗元《柳宗元集》卷二三《送辛生下第序略》,北京:中华书局,1979年,第629页。
⑤ 〔唐〕裴庭裕撰、田延柱点校《东观奏记》,北京:中华书局,1994年,第108页。

场。公命日试一场,务精不务敏也。弘正已试两场,而马植下解……既而试《登山采珠赋》……公大伏其精当,遂夺弘正解元。"①像卢弘正这样很多来华州的"寄客",在同、华府试中,往往只能"纵观于侧",无奈地观看他人夺得首解。在京兆解和同、华解占每年登科者多数的情况下,"选人不约本州所试,悉令聚于京师",就在所难免②。如进士王维与张九皋之争,堪称争夺京兆解最为著名的例子,说明当时京兆解争夺很激烈,连公主和岐王都参与其中。又如高州举人刘纂因得医工之助,被大京兆尹嗣薛王以京兆解元解送③。

唐代较宋代而言,诸州解额一直差别不大,科举省试由于受荐举制度影响,注重时誉与考试成绩的结合。往往是知贡举主司在放榜过程中采纳举子的时誉,这样解送举子的府主声望就会直接影响到举子的命运。因此,除京兆、同、华府之解尤为炽热外,一些由中央清望官员、文化名流出任节度使、观察使、刺史的府州所解送的举子登第的机会也很高,其州府解争夺也就很激烈,举子们往往不远千里而争解。《唐摭言》云:"白乐天典杭州,江东进士多奔杭取解。时张祜自负诗名,以首冠为己任。既而徐凝后至。"④二人当场以赋诗争解,结果徐凝得以首冠,以致后人有白居易抑张扬徐之说。其实,是白居易所在的杭州吸引了不少江东知名文人、举子相互唱和,形成一个文化中心,外地举子到杭州取解,往往能获得更大的声望,在省试中也能获得更大优势,因此这类府州解尤受举子青睐。

诸州解额也会影响到举子的冒籍行为。在普通府州的取解考试中,一般是解额少的州的举子趋向解额多的州。唐前期解额记载不太明确,开元二十五年(737)二月敕:"应诸州贡士:上州岁贡三人,中州二人,下州一人;必有才行,不限其数。"⑤按:开元二十八年(740)全国共328个州,若按平均2人来算,全国贡举数目应该在六七百人。但实际上,京兆解、同华解远远超出3人的水平,每次解送都不下10人,加上国子监和诸州额外增加的人

---

① 《唐摭言》卷二《争解元》,第17页。
② 《通典》卷一七《选举典五》,第420页。
③ 《唐摭言》卷九《误掇恶名》,第94—95页。
④ 《唐摭言》卷二《争解元》,第17页。
⑤ 《唐摭言》卷一《贡举厘革并行乡饮酒》,第1页。

数,总数不会低于两千人。晚唐诸州解额又改为按道分配,由诸道观察使集中解送。《会昌五年举格节文》对国子监和诸道解额进行了分配,国子监进士30人,明经300人,明经类200人;宗正寺进士20人;东监和同华、河中道所送进士均不得过30人,明经不得过50人;凤翔、山南西道、山南东道、荆南、鄂岳、湖南、郑滑、浙西、浙东、鄜坊、宣商、泾邠、江南、江西、淮南、西川、东川、陕虢等道所送进士均不得过15人,明经不得过20人;河东、陈许、汴、涂泗、易定、齐德、魏博、泽潞、幽、孟、灵夏、淄青、郓曹、兖海、镇冀、麟胜等道所送进士均不得过10人,明经不得过15人;金汝、盐丰、福建、黔府、桂府、岭南、安南、邕、容等道所送进士均不得过7人,明经不得过10人。共计进士633人,明经类1 340人,总1 973人①。五代后汉每年贡举人数也达两三千人②。实际上,诸州乡贡人数,并未严格按规定执行,京兆解每年解送名额都不下10人,就连贞元中泉州解也有达8人的情况③,而按照规定,泉州(为上州)最多不能超过3人。唐末河南府甚至一度贡送27人,以致引起国子生的不满。如哀宗天祐三年(906)正月,监生郭应图等六十人状称:"伏缘明经举人先准敕,诸州府解送不得过二人者,今当府(河南府)除去留外见在二十七人考试并已及格。"④因此,京畿地区京兆、同、华、河南诸府州大量解额,也是吸引举子前来寄应的重要因素。相反,在解额有限的情况下,举子冒籍普通州县的取解原因不太相同,主要是文化水平较高州的举子前往文化相对落后的州府取解。

受唐代科举报考制度的影响,举子参加科举考试的限制放宽,也导致冒籍行为的增加。唐代出现冒籍的一个重要潜在因素是唐代举子可以"投牒自应",和汉魏南北朝以来选人必须由乡举里选不同,唐代举子可以自己拿着相关户籍和家状到所在州县投考。由于应考不需要社会基层乡里耆老和官员的荐举,便给府州核查举子的户籍和不法行为带来困难。也就是说,参

---

① 《唐摭言》卷一,第2页。
② 〔宋〕薛居正等《旧五代史》卷一四八《选举志》,北京:中华书局,1976年,第1981页。
③ 〔唐〕欧阳詹《欧阳行周文集》卷九《泉州刺史席公宴邑中赴举秀才于东湖亭序》,上海:上海古籍出版社,1993年,第57页。
④ 《宋本册府元龟》卷六四一《贡举部·条制三》,第2109页。

加科举制度的主动权掌握在举子自己手中,随着开元以后举子不由本贯的现象日益增多,举子一旦不能确保本贯荐举,便主动到他州寻求相关府试人员的赏识,以期获得荐送,即所谓的"觅举"。这种"觅举"行为,实际上就是一种公开的寻求冒寄行为。中唐乡贡徒存虚名,举人已多不由本州县学,而因投刺、延誉获得他州荐送,故"投刺"谓之"乡贡"①,又称"取解",或曰"得解"②。因此,举子为了获得乡荐,便持诗文巡游诸州,以期博得更多荐举机会。如吴兴人沈亚之"求贡于郡,以文求知己于郡之执事。凡三易郡,失其知,辄去"③,后终取得京兆解,于元和五年(810)登进士第④。沈亚之公开称自己取解"三易郡",足以说明当时中央和地方对举子他贯取解的冒籍行为控制得并不严格。也由此可见中晚唐五代相对自由的取解制度,为举子逃避应举资格审查、不由本贯等行为造成了制度上的漏洞。

唐五代律令规定犯科罪、品德不正者、家有服制未满不得参加科举考试。唐律规定,"德行乖僻"者不得荐举⑤。后周也有举子服丧期间不得科考的规定。广顺三年(953)十一月,周太祖《亲丧未葬不准选举诏》明确规定:

> 应内外职官及选人等,今后有父母祖父母亡殁,未经迁葬,其主家之长,不得辄求仕进,所由司亦不得申举解送。如是卑幼在下者,不在此限。其合赴举选者,或是葬事礼毕,或是卑幼在下,勒于所纳家状内具言,不得罔冒。⑥

显然这些限制是针对不符合解送条件的举子而规定的,当时举子若属此类情况,就是违法应举。因此,那些"迹亏名教,罪加刑典"者,为了躲避检查,往往"冒籍窃资",获得解送⑦。

---

① 《唐国史补》卷下,第55页;《唐摭言》卷一《述进士下篇》略同,第3—4页。
② 〔宋〕赵彦卫撰、傅根清点校《云麓漫钞》卷四,北京:中华书局,1996年,第57页。
③ 〔唐〕沈下贤撰,萧占鹏、李勃洋校注《沈下贤集校注》卷八《与同州试官书》,天津:南开大学出版社,2003年,第146页;参考同卷《与京兆试官书》,第147—148页。
④ 《沈下贤集校注》卷八《与同州试官书》、《与京兆试官书》,第146—149页。
⑤ 〔唐〕长孙无忌等撰、刘俊文点校《唐律疏议》卷九《职制·贡举非其人》,北京:中华书局,1983年,第183—184页。
⑥ 《全唐文》卷一二二,第1230页;《五代会要》卷九《丧葬下》略同,第110页。
⑦ 《通典》卷一七《选举典五》,第410页。

经济因素也是影响举子冒籍的一个方面。唐代乡贡举人虽然随物入贡,但还是要承担巨额举资。唐中后期一些府州地方长官往往以巨资解送乡贡举人,吸引了不少外州举子前来取解。如广明之乱,天下大荒,江西观察使钟传以荐贤为急务,府试分解元、解副、海送三个等级,解元赠钱三十万,解副二十万,海送亦不少于十万,前后达三十年之久,以致异地举子有不远千里来江西求解者①。又如卢延让在昭宗朝应进士举,"时薄游荆渚,贫无卷轴,未遑贽谒",后获知于府主成汭,"由是大获举粮,延让深所感激"②。这些外地举子不在本州取解,有的就是为举资而来。

中晚唐五代科场社会风气也影响了举子冒籍行为。在当时荐举、行卷、延誉风气盛行之下,必然会导致以亲友、故旧关系冒籍取解的行为更为普遍。如中晚唐大诗人白居易,出生于洛阳,后投靠在宣州溧水做官的叔父季康,并于贞元十五年(797)投取宣州解③。又如樊阳源于贞元十七年(799)与人约好八月间赴长安取京兆解,但是九月间才到洛中,已来不及取京兆府解。恰好其表兄任河南府密县令,遂招樊到密县取解,最后竟以密县第六名被荐送河南府,河南府又解送礼部④。樊阳源之所以得到河南府解,其表兄从中起了关键作用。中和初,欧阳詹之孙欧阳澥出入场中已二十年,时在汉南,为宰相韦昭度相知。韦"以私书令襄帅刘巨容俾澥计偕,巨容得书大喜,待以厚礼,首荐之外,资以千余缗"⑤。又广德公主驸马于琮之从子梲,曾假认于琮为父,"改名应举";时左揆于琮"为力甚切,竟不得"。无奈之下,"投迹今左广令孜门,因中第,遂佐十军"⑥。

---

① 《唐摭言》卷二《争解元》,第18页。
② 《唐摭言》卷六《公荐》,第64页。
③ 〔唐〕白居易撰、顾学颉校点《白居易集》卷四三《记送侯权秀才序》,北京:中华书局,1979年,第943—944页。
④ 《太平广记》卷一五四《定数九·樊阳源》引《续定命录》,第1106—1107页。
⑤ 《唐摭言》卷一〇《海叙不遇》,第108页。
⑥ 〔唐〕孙棨撰、曹中学校点《北里志·俞洛真》,收入《唐五代笔记小说大观》,上海:上海古籍出版社,2000年,第1412页。

（四）唐五代限制冒籍寄应的措施

针对开元以后举子日益增多的冒籍行为，唐五代各朝采取一系列措施来予以防范，从而保证举子取解考试的相对公平。以下从三个方面来探讨这个问题。

1. 建立交纳家状和举子相保制度。

唐前期州县和馆学解送的举子，贡院和户部都要对其户籍、解状进行审核。晚唐为了进一步严格考试纪律，又要求举子交纳家状，举子必须相互担保。这在一定程度上起到了防范举子冒籍的行为。唐代科举考试限制行迹"有亏礼教"者和胥吏应考，如宪宗元和二年（807）十二月敕云：

> 自今以后州府所送进士，如迹涉疏狂兼亏礼教，或曾为官司科罚，或曾任州府小吏，一事不合入清流者，虽薄有词艺，并不得申送。①

不过，相关诏敕颁布以后，并没有得到很好的执行。为使相关审核律令得以执行，晚唐又出台了一些具体的措施。如武宗会昌四年（844）十月中书门下奏：

> 臣等商量：今日以后，举人于礼部纳家状后，望依前三人自相保。其衣冠则以亲姻故旧，久同游处；有其江湖之士，则以封壤接近，素所谙知者为保。如有缺孝悌之行，资朋党之势，迹由邪径，言涉多端者，并不在就试之限。如容情故，自相隐蔽，有人纠举，其同保人，并三年不得赴举。仍委礼部，明为戒励，编入举格。②

此奏得以实施，这对防范举子冒籍有重要意义。举子三人共同相互担保，意味着一人违例，三人连带，在一定程度上加大了举子违纪行为的处罚力度，也起到了令举子自律的作用。举子间相互担保并不是随意结合，而是或为亲姻故旧，或为"封壤接近，素所谙知者"，其目的是利用乡里和举子之间的

---

① 《宋本册府元龟》卷六四〇《贡举部·条制二》，第 2105 页。
② 《宋本册府元龟》卷六四一《贡举部·条制三》，第 2108 页。

相互了解,保证解送举子的籍贯属实和品行端正,弥补贡院对举子了解不足和核查信息困难等缺失。这就迫使举子不得不在本贯取解,否则很难实现举子之间相互了解,结成三人"自相保"的形式。而要求交纳家状则是防止举子寄应的重要手段,虽然在唐代它所起的所用不是非常明显,但到宋代其作用就突显出来,宋代要求举子"于试卷家状内具保官职位、姓名,以防欺诈"①。关于家状的具体内容,因史籍阙略,无法明释,但仍可了解以下几方面的内容。首先,有关举子的外貌描述。据《南部新书》卷乙云:"吏部常式,举选人家状,须云:'中形,黄白色,少有髭。'或武选人家状,云:'长形,紫黑,多有髭。'"②其次,记录举子是否有为官经历。据后唐天成四年(929)七月中书门下省奏:"贡院将来举人纳家状,内各分析曾为官及不曾为官,改名不改名。其曾为职官者,先纳历任文书,及第后准例指挥。"③再次,记录举子的服制状况。据周广顺三年(953)十一月敕:"应内外文武臣寮(僚)幕职州县官举选人等,今后有父母亡殁,未经迁葬。其主家之长,不得辄求仕进,所由司亦不得申举解送。如是卑幼在下者,不在此限。其合赴举选者,或是葬事礼毕,或是卑幼在下,勒于所纳家状内具言,不得诓冒。宜令御史台巡及逐处长吏、本司长官、所由司觉察纠举,犯者必行典法。"④

2. 允许因特殊原因不能在本贯取解的举子参加两京府试。

晚唐曾一度出现允许天下举子在京兆、河南府取解情况,似乎意味着外州举子在这两府取解不受户籍限制。大中元年(847)六月,中书门下奏:"贡举人取解,宜准旧例,于京兆、河南府集试。"⑤此奏虽然得到实行,但此次允许贡举人在两京取解的原因不明,此"贡举人",应该指落第举人。关于这一点可以从五代找到实例。五代社会动荡、战乱不断,严重妨碍了举子正常取解与参加礼部省试。为了减轻在京落第举子往还本贯取解之苦,五代各朝允许因乡贯阻隔等原因,无法到本贯取解的举子可以参加两京府试,这就使

---

① 〔元〕脱脱等《宋史》卷一五七《选举志三·学校试》,北京:中华书局,1977年,第3678页。
② 〔宋〕钱易撰、黄寿成点校《南部新书》,北京:中华书局,2002年,第24页。
③ 《全唐文》卷九七〇阙名《请及第人文书详述履历年月奏(天成四年七月礼部贡院)》,第10073页;〔宋〕王溥《五代会要》卷二三《缘举杂录》,北京:中华书局,1998年,第282页。
④ 《五代会要》卷九《丧葬下》,第110页。
⑤ 《唐会要》卷七六《贡举中》,第1383页。

主司便于了解举子的来历和身世。后唐长兴二年(931)正月诏:"每年落第举人免取文解,今欲依元格诸科并再取解。以十月二十五日到省毕,违限不收。"①可见此前曾一度允许落第举子取解。二月,"举人张洞而下以去年落第人,各于乡里取解,以试期近,来往不及,乞今年且循旧例",并获准②。随后,长兴三年(932)正月诏曰:"贡举之人辛勤颇甚,每年随计终日食贫。须宽奖劝之门,俾释羁栖之叹,今后落第举人所司已纳家状者,次年便付所司就试,并免再取文解。"③此件诏文不仅放宽了落第举子取解的条件,而且减轻了举子往返本贯的负担,免除了府试竞争之苦。清泰三年(936)五月,后唐末帝下诏,举人欲附国子监者仍须先取本贯文解,初举落第者,次年监司仍可以解送,再次落第者国子监不得再收补,但仍给予淮南、江南、黔、蜀等边远地区举人不受此限制的优待④。后汉乾祐初,每岁乡贡举人有多至两三千人者,其业未精有五六举未中者,刑部侍郎边归谠上书,谓三京、邺都、诸道州府长官,宜精加考校合发文解者,乾祐二年(949)此条建议得到了实行。其实这也是对举子本贯取解的一种变通,使其可以在京畿及附近州府取解,缓解其往返本贯之苦。后周在要求举子本贯取解的同时,对情况特殊、乡贯阻隔的举子,仍允许其两京取解。后周广顺三年(953)九月徐台符奏:"今后举人,须取本乡贯文解,若乡贯阻隔,祇许两京给解。"⑤

3. 允许落第举子在两监取解。

到中晚唐,还通过允许寄应两京举子通过馆学取解的措施,将冒籍取解的现象控制在一定范围内。由于晚唐大批举子聚集在京师争夺京兆解,造成主司很难证实举子的品行、家世等,于是武宗一度让在京举子必须到国子监取解,以缓解举子冒籍京师取解的情况。会昌五年(845)三月,中书门下奏:"贡举人并不许于两府取解,仰于两都国子监就试。"⑥此奏后来得以执

---

① 《宋本册府元龟》卷六四二《贡举部·条制四》,第2116页。按:长兴二年,《宋本册府元龟》作"长兴三年",兹据《册府元龟》(明本)(第7698页)及文意校改。
② 《宋本册府元龟》卷六四二《贡举部·条制四》,第2116页。
③ 《宋本册府元龟》卷六四二《贡举部·条制四》,第2115页。
④ 《宋本册府元龟》卷六四二《贡举部·条制四》,第2116页。
⑤ 《宋本册府元龟》卷六四二《贡举部·条制四》,第2118页。
⑥ 《唐会要》卷七六《贡举中·进士》,第1382页。

行。据会昌五年武宗《加尊号后郊天赦文》载："应公卿百僚子弟及京畿内土人、寄客、修明经、进士业者，并隶名太学。每一季一度，据名籍分番于国子监试帖。三度帖经全通者，即是经艺已熟，向后更不用帖试。如三度全不通，及三度托事故不就试者，便落下名籍，至贡举时不在送省之限。其外寄居及土著人修进士、明经业者，并隶名所在官学，仍委长吏于见任官及本土著学行人中，选一人充试官，亦委每季一试，余并准前处分。如无经艺，虽有文章，不在送省之限。"①又据《会昌五年举格节文》云："公卿百寮（僚）子弟及京畿内土人、寄客、外州府举土人等修明经、进士业者，并隶名在监及官学，仍精加考试。"②上引诸文中"寄客"、"寄居"者，就是在外州寄应的举子。这一举措主要目的是将外州寄应举子纳入国子监取解，便于公正地监察和选拔寄应举子取解，杜绝冒籍行为，保证举子正常取解。这种举措在宋代更为明确，为有效限制寄应京师举子的一种权宜之策。

此外，中晚唐一些府试考官看到了等第解的弊端，遂采取废等第的措施，以抑制进士浮竞、躁进之风。开成二年（837），京兆尹崔珙始废等第；大中七年（853），京兆尹韦澳送省试进士、明经等科举人，"并以纳策试前后为定，不在更分等第之限"③。此二人的做法，并未改变京兆府等第解的状况，却开启了废等第的先河，至晚唐、五代等第解渐衰。晚唐乾符三年（876）、四年（877）虽有京兆尹崔清复置等第，但其势已衰④。到唐末五代随着政局变迁和政治中心转移，京兆府等第解的地位丧失殆尽。

综上所论，唐代科举考试中举子冒籍取解现象，最晚出现于景云二年（711），开元以后变得常见。唐五代各朝基本上是采取了限制和变通举子冒籍取解问题的方式，如建立交纳家状和举子相保制度、允许因特殊情况不能在本贯取解的举子参加两京府试、馆学取解等措施。举子冒籍取解的根源在于地区文化教育水平、解额和诸府州解的录取率的不均衡，以及举资、礼部省试录

---

① 《全唐文》卷七八，第816—818页。
② 《唐摭言》卷一，第2页。"土人"，《唐摭言》误作"士人"，据文意及武宗《加尊号后郊天赦文》校改。
③ 《唐摭言》卷二《废等第》，第14页。
④ 《唐摭言》卷二《置等第》、《等第罢举》，第14—16页。

取的标准、科举报考制度等诸多因素的综合作用。唐五代科举考试的冒籍行为实际上和中国当前高考移民的现象颇多类似之处，文化教育水平和录取率为影响二者的主要因素。科举考试的各种冒籍行为在唐代基本上均已出现，至宋代更为明显，宋代采取的很多禁止举子冒籍措施，在唐代都能找到其影子。

二、论中晚唐五代科举考试的复核、复试及监察制度

（一）中晚唐五代中书门下的复核制度

关于科举考试中，中书门下省的复核和复试制度，以往学者多关注复试与中晚唐子弟的关系[①]，对科考中复试、复核制度本身未能进行深入探讨。这一制度的产生和发展是科举制走向公平、公正和自我完善的重要保证，为宋代以后的殿试制度的产生奠定了基础。

唐代科举考试中的复核制度，始自开元二十五年（737）。中晚唐五代知贡举主司将拟定预备放榜举人的答卷，由中书门下省组织人员进行复核，若复核无误，方由礼部贡院放榜。开元二十五年正月，应礼部侍郎姚奕奏请，玄宗制曰："其进士宜停小经，准明经例帖大经十帖，取通四已上，然后准例试杂文及策，考通与及第……其应试进士等唱第讫，具所试杂文及策，送中书门下详覆。"[②]即由中书门下组织人员对应试举人的帖经、杂文、对策答卷及口义记录进行复核。这项制度对礼部知贡举起到了监督作用，必然会使知贡举主司评判举子试卷时更加谨慎。如大历九年（774），知贡举主司张渭曾对准备放榜的举人说："诸公试日，天寒急景，写札杂文，或有不如法。今恐文书到西京，须呈宰相，请先辈等各买好纸，重来请印。如法写净送纳，抽其退本。"[③]说明中书门下的复核已成为一种长期执行的制度，知贡举主司高度重视，甚至给个别钟爱的举子网开一面，要求其把交中书门下的省卷抄写工整以后再送交，以免有所差池。此项制度在执行过程中也不断得以完善，

[①] 见吴宗国《唐代科举制度研究》第237—243页。
[②] 《宋本册府元龟》卷六三九《贡举部·条制》，第2100页。
[③] 《太平广记》卷一七九《贡举二·阎济美》引《乾𦡁子》，第1336页。

二、论中晚唐五代科举考试的复核、复试及监察制度 27

这在以后的相关政令中有所体现。如建中三年(782)敕曰：

> 礼部应进士举人等，自今已后如有试官并不合选，并诸色出身人，有应举者，先于举司陈状，准例考试。如才堪及第者，送名中书门下重加考覈，如实才堪，即令所司追纳告身，注毁官甲。①

显然，复核的另一个目的是对举子诸色出身加以甄别，看其是否具备参加科举考试的资格，然后才准许礼部放榜，正式移交吏部给予注官。但不知为何，后来中书门下复核制度一度中断，直至穆宗长庆元年(821)礼部侍郎钱徽榜进士复试案发生，方促成中书门下复核制度的恢复。是年规定"自今以后，礼部举人宜准开元二十五年敕，及第讫，所试杂文并策，送中书门下详覆"②。鉴于礼部发榜后，连续出现中书门下复试落第的情况，不利于科考的权威性，因此长庆三年(823)，礼部侍郎王起掌贡举奏曰：

> 伏以礼部放榜，已是成名，中书重覆，尚未及第。若重覆之中，万不一定，则放榜之后，远近误传，其于事理，实为非便。臣伏请今年进士堪及第者，本司考试讫，其诗赋先送中书门下详覆，候敕却下本司，然后准例大字放榜。③

这就从程序上解决了中书门下复核与礼部放榜之间的矛盾，使中书门下通过例行复核，确认知贡举主司初选无误，方由皇帝敕礼部，准其放榜。此举明确了礼部主考、中书门下复核在科考中的各自责任，使考试更加程式化、制度化，更加公平、合理。此举也是科举考试最终决定权的升级，从以前的尚书省礼部侍郎等中高级官员所执行的事务，逐渐上升到由中书门下中书舍人及宰相班子参与的项目，而且须经皇帝过目下敕，才可放榜。此举某种程度上已具有宋代殿试的性质，不同的只是中书门下复核而非重新组织考试，此后皇帝参与科举的事务逐渐增多。虽说王起的奏议符合科举考试的

---

① 《宋本册府元龟》卷六四〇《贡举部·条制二》，第 2104 页。《新唐书》卷四四《选举志上》云："初，开元中，礼部考试毕，送中书门下详覆，其后中废。"(第 1165 页)

② 《宋本册府元龟》卷六四〇《贡举部·条制二》，第 2105 页。

③ 《宋本册府元龟》卷六四〇《贡举部·条制二》，第 2106 页；《全唐文》卷六四三王起《请进士覆试后再行放榜奏》略同，第 6505 页。

发展规律,但在实行过程中还是受到了阻力,王起知贡举竟然因此事被贬官。据《旧唐书》卷一六四《王播传附王起传》云:"及(王)起考贡士,奏当司所选进士,据所考杂文,先送中书,令宰臣阅视可否,然后下当司放榜。从之。议者以为起虽避是非,失贡职也,故出为河南尹。"①尽管如此,此项制度还是得以保留,然而中书门下复核的本意却被歪曲了,反使得知贡举主司与宰相之间"呈榜"的行为合法化,助长了宰相干挠知贡举的弊病。于是在文宗朝就有人对"呈榜"行为的正当性提出质疑,要求废除"呈榜"制,回归到中书门下复核的旧制。大和八年(834)中书门下奏:"进士放榜,旧例礼部侍郎皆将及第人名,先呈宰相,然后放榜。伏以委在有司,固宜精慎,宰臣先知取舍,事匪至公。今年已后,请便令放榜,不用先呈人名,其及第人所试杂文及乡贯三代名讳,并当日送中书门下,便令定例。"②

中书门下复核制度的范围和权限在中晚唐逐渐扩大。进士科的复核制度始于开元二十五年(737),明经科复核的年限则不是很清楚。开元礼、三礼、三传、三史、学究、道举、明算、明法、童子等明经类常举科目复核制度的形成,大概在大中十年(856)之后。据大中十年五月中书门下奏:

> 据礼部贡院见置科目内,开元礼、三礼、三传、三史、学究、道举、明算、明法、童子等九科,近年取人颇滥,曾无实艺可采,徒添入仕之门,须议条流,俾精事业,臣等已于延英面论。伏奉圣旨将文字来者,其前件九科,臣等商量,望起大中十年权停三年。满后,至时赴试者,令有司据所与人先进名,令中书舍人重复、问过。如有本业精通,堪备朝廷顾问,即作等第,进名,候敕处分。如事业荒芜,不合送名数者,考官当议朝责。③

可见中书门下复核不仅监察礼部知贡举主司知举是否公允、是否存在舞弊现象,而且确定由中书舍人专门重新复核,并增加当面"问过"举人即面试一关,然后重新拟订登第,直接上奏皇帝,让其定夺处分。此项规定与宋代殿

---

① 《旧唐书》第4278页。
② 《宋本册府元龟》卷六四一《贡举部·条制三》,第2107页。
③ 《宋本册府元龟》卷六四一《贡举部·条制三》,第2109页。

二、论中晚唐五代科举考试的复核、复试及监察制度　　　　　　　　　　29

试制度下皇帝定等第方式已经非常相似,只是中晚唐五代皇帝一般不作更改,仅起到震慑知贡举主司舞弊的作用。

五代中书门下复核制度日趋严格。后唐明宗长兴元年(930)四月,中书门下详细复核所试诗赋时,发现新及第进士李飞、李谷等人诗赋中有诸多"犯韵"、"犯格"的情况①。六月,中书门下奏敕:"新及第进士所试新文,委中书门下细览详覆,方具奏闻,不得辄徇人情,有隳事体",但知贡举张文宝仍试士不得精当,罚一季俸②。后周显德二年(955)五月,翰林学士尚书礼部侍郎知贡举窦仪上言:"请将来考试及第进士,先具姓名杂文,申送中书奏覆讫,下当司与诸科一齐放榜。(诏并从之)"③知显德二年前中书门下复核制度曾一度暂停,后又恢复。显德六年(959)乙亥诏曰:"礼部贡院起今后应合及第举人,委知举官依逐科等第,定人数姓名,并所试文字闻奏,候敕下后放榜。"④这里所说闻奏,实际上就是指知贡举拟定放榜名单后,连同其所试文字,申送中书门下复核,经皇帝批准后方生效。这就为宋代科举考试皇帝殿试即复试的出现进一步奠定了基础⑤。

(二) 中晚唐五代中书门下的复试制度

中晚唐五代的复试制度是指因科场舞弊而引起对新及第举人重新考试所形成的一套规章制度。诸科复试,一般由中书门下省的翰林学士主持。《旧唐书》卷一四八《裴垍传》记载元和三年(808),"诏举贤良,时有皇甫湜对策,其言激切,牛僧孺、李宗闵亦苦诋时政,考官杨於陵、韦贯之升三子之策皆上第。垍居中(书省)覆视,无所同异。及为贵幸泣诉,请罪于上,宪宗不得已,出於陵、贯之官,罢垍翰林学士"。此条为最早直接记载翰林学士复试制举考试的史料。此后,几乎历次科举案都由翰林学士主持复试。长庆元

---

① 《宋本册府元龟》卷六四二《贡举部·条制四》,第2114页。
② 《宋本册府元龟》卷六四二《贡举部·条制四》,第2114页。
③ 《宋本册府元龟》卷六四二《贡举部·条制四》,第2119页。
④ 《宋本册府元龟》卷六四二《贡举部·条制四》,第2120页。
⑤ 宋代殿试制度化从开宝六年(973)开始。参考刘海峰《科举考试的教育视角》,武汉:湖北教育出版社,1996年,第52—53页。

年(821)钱徽知贡举,放"势门子弟,交相酬酢,寒门俊造,十弃六七,及元稹、李绅在翰林,深怒其事,故有覆试之科"①。会昌四年(844)二月,王起权知贡举,先放二十五人及第,后续奏五人堪放及第:刑部尚书杨汝士之子知至,故相牛僧孺之甥源重,河东节度使崔元式女婿郑朴,监察御史杨发之弟严,故相窦易直之子缄。后"恩旨令送所试杂文,付翰林重考覆",结果只放杨严一人及第②。可见由翰林院复试进士科始于会昌四年。会昌五年(845)谏议大夫陈商知贡举放三十七人,以物议请托,遣翰林学士白敏中复试,覆落七人③。

　　五代后唐同光三年(925),礼部侍郎裴皞知贡举,所放新及第进士符蒙正、成僚、王澈、桑维翰四人,颇亏优劣,加之有人"谮于毁放",宣徽使李绍宏云:"今年新进士不由才进,各有阿私物议。"于是,李绍宏"诉于郭崇韬",因奏令翰林学士卢质于翰林院复试进士④。

　　中晚唐五代是否要举行复试,往往会涉及党争和请托者的相互攻击,从而引发复试,最终会由皇帝听取朝臣意见后决定是否执行。如长庆元年(821)钱徽知贡举复试案,就是前宰相段文昌和翰林学士李绅因向钱徽请托不得,而上奏穆宗要求复试,穆宗便以此事征求新上任的翰林学士元稹、李绅的意见,岂料元稹与李宗闵因为仕进与前者有嫌隙⑤。穆宗在与亲信朝臣商议后,"遂命中书舍人王起、主客郎中知制诰白居易,于子亭重试"⑥。虽然此次复试涉及官僚阶层分割科名不均和借机攻击政敌需要等诸多因素,但还是存在一些正直的官员从科举考试公平着手,以改变"子弟得者侥幸,平人落者受屈"的现象,从而"冒犯天威",不嫌解怨,上奏极力要求复试,以求科举公平⑦。五代后周中书复试也须诸宰相群议,最终由皇帝决定是否举行

---

① 《旧唐书》卷一六四《王播传附王起传》,第4278页;参考《宋本册府元龟》卷六四〇《贡举部·条制二》,第2105页。
② 《唐摭言》卷八《别头及第》,第91—92页。
③ 《唐会要》卷七六《贡举中·进士》,第1382页。
④ 《宋本册府元龟》卷六四一《贡举部·条制三》,第2110页。
⑤ 《旧唐书》卷一六八《钱徽传》,第4383页;参考《旧唐书》卷一七六《李宗闵传》,第4552页。
⑥ 《旧唐书》卷一六八《钱徽传》,第4384页。
⑦ 《白居易集》卷六〇《论重考试进士事宜状》,第1266页。

二、论中晚唐五代科举考试的复核、复试及监察制度

复试。后周广顺二年（952）户部侍郎赵上交权知贡举：

> 上交尝诣（宰相王）峻，峻言及一童子，上交不达其旨，榜出之日，童子不第，峻衔之。及贡院申中书门下，取日过堂，峻知印，判定过日。及上交引新及第人至中书，峻在政事堂厉声曰："今岁选士不公，当须覆试。"诸相曰："但缘已行指挥行过，临事不欲改移，况未敕下，覆试非晚。"峻愈怒，诟责上交，声闻于外。少顷，竟令引过。及罢，上交诣本厅谢峻，峻又延之，饮酌从容。翼日，峻奏上交知举不公，请致之于法，太祖领之而已。①

显然，该年科举考试存在一定问题，宰相王峻因请托不得，借故奏请皇帝要求复试，皇帝虽深知其因，仍未举行，说明皇帝的态度决定复试是否举行。后周贡院复试几乎每年实行，而且每次都有覆落。显德二年（955），礼部侍郎刘温叟知贡举，放李覃、严说等十六人进士及第，出现纰缪。有人进奏世宗，谓科举考试"多有滥进，或以年劳而得第，或因媒势以出身"，于是举行复试，结果确有纰缪，仅李覃、何俨、杨徽之、赵邻几四人及第，严说、武允成等十二人因"艺学未精，并宜勾落"②。显德四年（957），屯田员外郎知制诰扈蒙"试进策，入乡贡进士段宏等，内段宏赐同三传出身。先是诣匦言事者甚众，命蒙以时务策试之，蒙选中者四人。帝览之，命枢密副使王朴覆试，唯留宏一人而已，蒙由是坐夺俸一月"③。显德五年（958），右谏议大夫刘涛知贡举，东京放榜后，新及第进士刘垣等十五人"以其所试诗赋进呈"，上"以其词纰缪，命翰林学士李昉覆试"。结果，只有刘垣、战贻庆、李颂、徐纬、张觊五人以"诗赋稍优，宜放及第；王汾据其文词亦未精当，念以顷曾剥落，特与成名；熊若谷、陈保衡皆是远人，深可嗟念，亦放及第"。而郭峻、赵保雍、杨丹、安玄度、张昉、董咸则、杜思道等，"未甚苦辛，并从退落"。刘涛因"选士不当，有失用心，可责授右赞善大夫，俾令省过，以诫当官"④。后周科举频繁复试，

---

① 《旧五代史》卷一三〇《王峻传》，第1714页。
② 《宋本册府元龟》卷六五一《贡举部·谬滥》，第2175页。
③ 《宋本册府元龟》卷六五一《贡举部·谬滥》，第2175页。
④ 《宋本册府元龟》卷六四二《贡举部·条制四》，第2120页。按："文词"，明本作"文字"，兹从宋本。"安玄度"，明本作"安元度"，兹从宋本。

以及复试退落不合格举子的做法,呈现了复试制度化的倾向,对宋代科举殿试制度的出现具有深刻影响,为其提供了制度上的实践经验和基础。

五代复试也扩大到府州的取解考试。后唐天成四年(929)十月,中书门下条流贡举人事件云:

> 有于河南府寄应及宗正寺、国子监生等,亦须准上指挥,其中有依托朝臣者,于解内具言,在某官、某姓名、门馆,考试及第后,并据姓名覆试。①

后唐中书门下复试的范围不断扩大,已经要求馆学取解考试,对涉嫌依托朝臣者进行复试,说明科举复试制度影响日益扩大。

由于翰林学士复试举人的特殊职能和关键作用,使得中书门下政要认为与其礼部放榜后为翰林学士复试落第,不如让翰林学士出具诗赋格式以供天下举子遵从。于是后唐长兴元年(930)十二月,中书门下奏请:"下翰林院命学士撰诗赋各一首,下贡院以为举人模式。"②翰林院从对贡院及第举人复试到为贡院拟订诗赋样本,意味着科举考试在贡院考试之上逐渐出现了新一级考试,科举三级考试制度趋势日渐明朗。

(三)中晚唐五代科举考试监察制度的初步设置

中晚唐五代在完善科举考试的监督体制方面,除了中书门下的复核和复试制度之外,还逐步建立了监察制度,主要包括惩治知贡举者的违纪行为和废除科举弊端两个方面。学界以往在这方面的研究主要着眼于具体的舞弊现象③,而忽视了中晚唐在防治舞弊方面逐步建立的监察制度。

1. 中晚唐五代惩治科场的违纪行为。

---

① 《宋本册府元龟》卷六四一《贡举部·条制三》,第2113页。
② 《宋本册府元龟》卷六四二《贡举部·条制四》,第2115页。
③ 见易禾《从唐代考试中的舞弊方式看唐宋时期的社会变革》,《文史知识》1994年第2期,第18—25页;杨荫楼《唐代科举制度的意义及流弊》,《齐鲁学刊》1986年第1期,第13—20页;刘宁《论唐末科场黑暗的根源》,收入刘昕等主编《中国考试史专题论文集》,北京:高等教育出版社,1999年,第563—574页。

二、论中晚唐五代科举考试的复核、复试及监察制度

唐代律令中对省试考官的违纪行为都有明确的惩治规定。《唐律疏议》卷九《职制》云："诸贡举非其人，及应贡举而不贡举者，一人徒一年，二人加一等，罪止徒三年。"说明唐前期科举制度施行的同时，就有相关法律保障。如唐玄宗开元八年(720)，"考功员外郎李纳以举人不实，贬沁州司马。时北军勋臣葛福顺有子举明经，帝闻之，故试。其子墙面，不知所对，由是坐贬"①。中唐以后，中央对科场违纪的惩治明显增强。如贞元五年(789)，刘太真知贡举滥选，被贬官②。贞元十三年(797)，礼部侍郎吕渭知贡举，遗请托之书，结果出为潭州刺史，三年而卒③。元和十五年(820)，太常少卿李建"取舍非人，又惑于请托，选士不精，坐罚俸料"④。长庆元年(821)，礼部侍郎钱徽知贡举，所放进士多为子弟，穆宗起用白居易、王起复试，结果十人覆落，钱徽贬江州刺史⑤，这在某种程度上抑制了子弟侥幸登第、平人落第的局面。会昌二年(842)，礼部侍郎柳璟知贡举，坐其子受贿贬信州司马⑥。大中九年(855)，吏部试宏词科，泄漏题目，御史台弹劾吏部侍郎裴谂，左迁国子祭酒，郎中周敬复罚两月俸料，试官刑部郎中唐扶出为虔州刺史，监察御史冯颛罚一月俸料，已登科人员全部落下⑦。

五代对知贡举者涉嫌受贿、舞弊等违纪行为亦多能进行严惩。后梁乾化中翰林学士郑珏连知贡举，"邺中人聂屿与乡人赵都俱随乡荐，都纳贿于珏，人报翌日登第，屿闻不捷，诟来人以吓之，珏惧，亦俾成名"⑧。这说明后梁知贡举主司收受贿赂是违法行为，要受到严惩，知贡举主司深知其中厉害，故放聂屿及第。后唐长兴四年(933)二月，礼部贡院奏曰："或知贡举官及考试官以下取受货赂，升擢亲情，屈塞艺能，应副嘱记，及不依格去留，一

---

① 《宋本册府元龟》卷六五一《贡举部·谬滥》，第2174页。
② 《旧唐书》卷一三七《刘太真传》，第3726页。
③ 《旧唐书》卷一三七《吕渭传》，第3768页。
④ 《旧唐书》卷一五五《李逊传附李建传》，第4125页。
⑤ 《旧唐书》卷一六八《钱徽传》，第4383—4384页；《宋本册府元龟》卷六五《贡举部·谬滥》，第2174页。
⑥ 《新唐书》卷一三二《柳芳传附柳璟传》，第4537页。
⑦ 《宋本册府元龟》卷六五一《贡举部·谬滥》，第2174—2175页。
⑧ 《宋本册府元龟》卷六五一《贡举部·谬滥》，第2175页。

事有违,请行朝典……并当收禁,牒送御史台。"①后唐天成四年(929),中书舍人知贡举卢詹进纳礼部贡院文状,漏失五经举人四人姓名,罚一月俸②。长兴元年(930),中书门下详复新及第进士,内有李飞等七人失韵、犯格、错书诸多谬误,并落,左散骑常待张文宝因选士不精,罚俸一季,并规定,"今后知举官,如敢因循,当行严典"③。后周广顺二年(952),赵上交知贡举因滥选贬官④。显德四年(957),屯田员外郎知制诰扈蒙试进士滥进,坐夺俸一月⑤。

中晚唐明确了御史台对科举考试的监察。中晚唐五代科举实行锁院制度⑥,由御史台专门负责执行锁院任务,监察考官、举子的违纪行为,查办相关科场案件和纠纷。如元和元年(806)三月,御史中丞武元衡奏请,礼部贡院知贡举官员从上年十月至来年二月的选举限内,不得奉朝参,由御史台监督;并请准贞元十二年(796)四月二十七日敕旨,自今以后,永为例程。若他年妄改此制,由台司弹奏⑦。会昌三年(843)正月,李德裕再度奏请废除"呈榜",建议礼部侍郎不必先呈宰相及第进士名单,"如有固违,御史纠举"⑧,又明确指出了御史台对科举考试的监督职能。

五代后唐御史台不仅对科举考试进行监督,而且开始受理落第举子诉讼礼部贡院之事。后唐长兴四年(933)二月,礼部贡院奏曰:"或知贡举官及考试官已下取受货赂,升擢亲情,屈塞艺能,应副嘱记,及不依格去留,一事有违请行朝典……并当收禁,牒送御史台。"⑨明确御史台对科举谬滥进行弹劾与严惩的职责,这对科举制度的公正实行起到了监督作用,反映了以公平选才的科举取士观念已深入人心。长兴四年,允许抱屈落第举子向贡院申

---

① 《宋本册府元龟》卷六四二《贡举部·条制四》,第2115—2116页。
② 《宋本册府元龟》卷六五一《贡举部·谬滥》,第2175页。
③ 《宋本册府元龟》卷六四二《贡举部·条制四》,第2114页。
④ 参考《宋史》卷二六二《赵上交传》,第9067页。
⑤ 《宋本册府元龟》卷六五一《贡举部·谬滥》,第2175页。
⑥ 详见金滢坤《试论唐五代科举考试的锁院制度》,《西北师大学报》(社会科学版)2005年第1期,第52—56页。
⑦ 《旧唐书》卷一四《宪宗本纪上》,第416页;《唐会要》卷二四《朔望参朝》,第467页。
⑧ 《宋本册府元龟》卷六四一《贡举部·条制三》,第2108页。
⑨ 《宋本册府元龟》卷六四二《贡举部·条制四》,第2115—2116页。

诉,要求复试,若贡院不理睬,可向御史台论诉,御史台直接插手科举考试的具体内容。是年二月,礼部贡院奏新应条件曰:

> 今年举人,有抱屈落第者,许将状披诉贡院,当与重试。如贡院不理,即诣御史台论诉。请自试举人日,令御史台差人受举人诉屈文状,并引本身勘问所论事件。①

后唐以御史台受理举人诉屈文状之举,对知贡举者、考官的监督起到了很好作用,进而保证了科举取人的公正性。后晋也允许举人落第后,不甘心者申诉重新考校。天福三年(938),翰林学士承旨知贡举崔棁奏:"请令举人落第之后,或不甘心,任自投状披陈,却请所试与疏义对证,兼令其日一甲,同其较量。"②后周亦允许落第举子可以向贡院投状披陈,贡院的考判也是在御史台监督下进行。由于御史台对科举考试监督很严,颇纵容了一些落第举子闹事的情况。如后周广顺三年(953)初,一些举子"艺能素浅,履行无闻,来造科场,妄求侥幸,及当试落,便起怨嗟,谤议沸腾,是非蜂起。至有伪造制敕之语,扇惑侪流,巧为诬毁之言,隐藏名姓,以兹取事"③。五代各朝允许落第举子向贡院申诉,贡院不能决者,可到御史台申诉,这无疑为落第举子提供了一个申诉的机会,同时让御史台对知贡举者起到监督和约束作用。这也在某种程度上降低了礼部贡院的权威性,多少使有些举子轻视礼部知贡举,加之翰林院频繁复试、中书舍人复核等因素,都削弱了礼部贡院的地位,从而促使科举考试三级制度的诞生。

但是,在给举子申诉机会的同时,礼部贡院也制定了防范此举产生负面影响的措施。后唐规定:因"艺业未精,准格落下,出外及见驳榜后,羞见同人,妄扇屈声,拟为将来基址,及别人帖对过场数多者,便生诬玷坠陷,或罗织殴骂者,当收禁,牒送御史台,请赐勘穷。如知贡举官及考试官事涉徇私,屈塞艺士,请行朝典。若虚妄者,请痛行科断,牒送本道,重处色役,仍永

---

① 《宋本册府元龟》卷六四二《贡举部·条制四》,第2115页。
② 《宋本册府元龟》卷六四二《贡举部·条制四》,第2117页。
③ 《宋本册府元龟》卷六四二《贡举部·条制四》,第2118页。

不得入举场。同保人亦请连坐，各殿三举"①。后晋天福三年(938)敕也同样规定："如其妄有陈论，则举人乞痛加惩断，冀此际免虚遭谤议，亦将来可久远施行。"②若落第举子蓄意诽谤考官，制造物议，御史台也负责严厉惩罚此类行为。如后周广顺三年(953)九月，翰林学士承旨刑部侍郎知制诰权知贡举徐台符奏："若有艺者，虽遭黜落，并许诉陈，祇不得于街市省门，故为喧竞，及投无名文字，讪毁主司。如有故违，必行严断。本司锁宿后，御史台、开封府所差守当人，专切觉察。"③

随着科举制度影响的日渐扩大和应举人数的增加，诸州府试也显得重要起来。取解伪滥逐渐成为社会问题，特别是晚唐五代对府试伪滥的监察和惩治就显得格外重要。元和二年(807)十二月因礼部贡院奏，敕云：

> 自今已后州府所送进士，如迹涉疏狂兼亏礼教，或曾为官司科罚，或曾任州府小吏，一事不合入清流者，虽薄有词艺，并不得申送。如举送，以后事发，长吏停见任，及已停替者，殿二年，本试官及司功官并贬降。④

诸州府试试官、考官的处罚，从殿选、贬降、责罚、罚俸发展到准枉法赃论罪，其处罚程度有所增强，亦反映了科举考试人数增加和府试伪滥严重的情况。在加强惩处力度的同时，后周还在乡贡取解考试试官之外，增设监官，进一步完善了诸州取解考试制度⑤。

2. 中晚唐五代科举弊制的革除。

中晚唐五代科举考试在惩治弊制方面最重要的三项措施是废夹带、废呈榜和禁止请托与行卷，虽然这些举措没能彻底解决科场舞弊问题，但对后世影响深远。

---

① 《宋本册府元龟》卷六四二《贡举部·条制四》，第2116页。
② 《宋本册府元龟》卷六四二《贡举部·条制四》，第2117页。
③ 《宋本册府元龟》卷六四二《贡举部·条制四》，第2118页。
④ 《宋本册府元龟》卷六四〇《贡举部·条制二》，第2105页。
⑤ 参阅金滢坤《唐五代科举考试中的冒籍问题——兼论唐五代科举考试中的取解制度变迁》，《科举学论丛》2007年第1辑，第34—41页；《唐五代科举考试中的冒籍问题——中国最早的"高考移民"》，《中国教育史研究》2007年第2期，第33—35页。

二、论中晚唐五代科举考试的复核、复试及监察制度

首先,探讨一下废夹带问题。唐前期举人科举考试是否允许夹带书策不是很清楚,但开元二十四年(736)贡举归礼部以后,举人入贡院须"搜索衣服","索其书策",不准夹带。乾元初(758),李揆知贡举以此举不利于选拔人才,允许进士科考试可以携带经书、字书①。李揆开启了省试可以携带书策的先例,后来此制又被取消,直到长庆三年(823)被恢复。是年,白居易在《论重考进士事宜状》中就提到"伏惟礼部试进士例:许用书策,兼得通宵"②。但是禁止夹带措施在实际执行中似乎漏洞百出,以致贡院屡次下文禁止省试夹带书策,但仍屡禁不止。长兴四年(933)二月,礼部贡院知贡举和凝奏新应条件曰:"怀挟书策,旧例禁止,请自今年后入省门,搜得文书者,不计多少,准例扶出,殿将来一举。上铺后,搜得文书者,准例扶出,殿将来两举。"③此奏后来虽然得到落实,但相关主管人员对"怀挟书策"者仍是听之任之。后晋开运元年(944)十一月,工部尚书权知贡举窦贞固奏:"其进士并诸色举贡人等,有怀藏书册入院者,旧例扶出,不令就试。近年以来,虽见怀藏,多是容纵。今欲振举弛紊,明辨臧否,冀在必行,庶为定式。"④于是同年十二月敕规定:"诸色举人等有怀藏书册,不令就试,宜并准旧施行。"⑤此外,后唐对举子在考场相互口授帮忙的作弊行为也给予严惩,规定:"遥口授人,回授试处及抄义、题帖书时,诸般相救,准例扶出,请殿将来三举。"⑥可见,中晚唐五代禁止夹带书册举措几成通例,直接影响到宋代科考中的禁止夹带。

其次,是废"呈榜"制度。唐代礼部知贡举大概在开元二十五年(737)到大和八年(834)间,知贡举主司在放榜之前,要把拟定人选送宰相过目,称"呈榜",此举直接导致宰相对放榜的干预。如贞元四年(788),刘太真将放榜,"先巡宅呈宰相,榜中有姓朱人及第,宰相以朱泚近大逆,未欲以此姓及第,亟遣易之"。因先前举人包谊得罪过刘太真,仓促之间,刘竟想不起其他

---

① 《旧唐书》卷一二六《李揆传》,第3559页。
② 《白居易集》卷六〇,第1265页。
③ 《宋本册府元龟》卷六四二《贡举部·条制四》,第2116页。
④ 《宋本册府元龟》卷六四二《贡举部·条制四》,第2117页。
⑤ 《宋本册府元龟》卷六四二《贡举部·条制四》,第2117页。
⑥ 《宋本册府元龟》卷六四二《贡举部·条制四》,第2116页。

举人姓名,惟记得包谊,遂临时以包谊放之①。刘太真因为一时仓促竟然放冤家包谊进士及第,此事真可以编入笑林,也从另一角度说明宰相对知贡举的干预程度。

李德裕入相后,进行了一些科举方面的改革,废"呈榜"即其一。文宗大和八年(834)正月,中书门下奏:

> 进士放榜,旧例礼部侍郎皆将及第人名先呈宰相,然后放榜。伏以委在有司,固宜精慎,宰臣先知取舍,事匪至公。今年已后请便令放榜,不用先呈人名,其及第人所试杂文及乡贯三代名讳,并当日送中书门下,便令定例。②

这次废"呈榜"的提出应该是李德裕所为,此奏得到了实行。但随着李德裕的罢相,呈榜制度又得恢复。会昌初李德裕再度入相,于会昌三年(843)正月再度奏请废除"呈榜",他认为:呈榜导致知贡举主司拟定的放榜名单"多有改换,颇致流言。宰相稍有寄情,有司固无畏忌,取士之滥,莫不由斯。将务责成,在于不挠,既无取舍,岂必预知。臣等商量,今年便任有司放榜,更不得先呈,臣等仍向后便为定例"③。礼部侍郎不必先呈宰相及第进士名单,"如有固违,御史纠举"④。但此奏因栖灵塔灾未被采纳。就在此奏提出前后,知贡举主司王起拜见李德裕请所欲,结果尽依所请。据《玉泉子》载:"旧制:礼部放榜,先呈宰相。会昌三年,王起知举,问德裕所欲,答曰:'安问所欲?如卢肇、丁稜、姚鹄,岂可不与及第耶!'起于是依其次而放。"⑤但《唐语林》卷七《补遗》云:"王起知举,将入贡院,请德裕所欲。德裕曰:'安问所欲?借如卢肇、丁稜、姚鹄,不可在去流内也。'起从之。"⑥参照李德裕前后两度奏请废"呈榜",则应该以王起入贡院前请李德裕所欲为确,因此李深知宰相的态度对知贡举主司影响之大。废除"呈榜"制,无疑是科举制度一个重大进

---

① 《唐摭言》卷八《误放》,第87—88页。
② 《宋本册府元龟》卷六四一《贡举部·条制三》,第2107页。
③ 《宋本册府元龟》卷六四一《贡举部·条制三》,第2108页。
④ 《宋本册府元龟》卷六四一《贡举部·条制三》,第2108页。
⑤ 〔唐〕缺名撰、阳羡生校点《玉泉子》,收入《唐五代笔记小说大观》,第1422页。
⑥ 〔宋〕王谠《唐语林》,上海:上海古籍出版社,1979年,第232页。

步,有利于避免宰相干预贡举考试。虽然李德裕两次废"呈榜"都以失败告终,但此趋势并未改变,这就为宋代"呈榜"制的废除奠定了基础。

最后,禁止请托、行卷制度,在晚唐五代的趋势也日益明显。唐前期尚无举子行卷活动,也无公荐。天宝元年(742),礼部侍郎韦陟权知贡举,他"以一场之善,登其科目,不尽其才",于是"先责旧文,仍令举人自通所工诗笔"①。举人此前的私谒行卷公开送礼部贡院,称为省卷(公卷),并使其合法化②。德宗朝这种风气尤盛,科考中通榜和公荐最为盛行,知贡举者往往采用考试成绩与荐举、自荐相结合的做法③。这种选拔方式一度选拔了不少优秀人才。如贞元八年(792),兵部侍郎陆贽权知贡举,得崔元翰、梁肃之参佐,选拔韩愈、李观、崔群、李绛等人,后来皆闻名,被称为"龙虎榜"④。但这种风气也容易导致知贡举者"好恶出于其心"⑤,"以声病为是非,唯择浮艳",有失统治者设进士科以"移风易俗,化天下之事"的初衷⑥。

五代逐渐禁止了行卷和荐托制度。后唐天成四年(929)十月,中书门下条流贡举人事件曰:"今后主司不得受内外官僚书题,荐托举人,及安排考试官,如或实谙,知有才学精博者,任具奏闻。若受书题嘱托,致有屈人,其主司与发书人并加黜责。其所举人,别行朝典。三铨南曹亦不得受诸色官员书题荐托,选人如违,并准前指挥。"⑦后周开始逐步废除荐托书题即行卷。广顺三年(953)九月,翰林学士权知贡举徐台符奏:"其有不自苦辛,祗凭势援,潜求荐托,俯拾科名,致使孤寒滞于进取。起今后主司不得受荐托书题,如有书题,密具姓名闻奏,其举人不得就试。"⑧由于后周尚未形成较为完整

---

① 《宋本册府元龟》卷六五一《贡举部·清正》,第2173页。
② 程千帆《唐代进士行卷与文学》(上海:上海古籍出版社,1980年)一书,对"省卷"、"行卷"论述颇详,此处不再做赘述。
③ 参考刘海峰《"韩门弟子"与中唐科举》,收入《中国古代社会研究——庆祝韩国磐先生八十华诞纪念论文集》,厦门:厦门大学出版社,1998年,第299—312页。
④ 《唐摭言》卷八《通榜》,第82页。
⑤ 〔唐〕韩愈撰、马其昶校注、马茂元整理《韩昌黎文集校注》卷三《答崔立之书》,上海:上海古籍出版社,1986年,第166页。
⑥ 《宋本册府元龟》卷六四〇《贡举部·条制二》,第2102页。
⑦ 《宋本册府元龟》卷六四一《贡举部·条制三》,第2112—2113页。
⑧ 《宋本册府元龟》卷六四二《贡举部·条制四》,第2118页。

的防范省试作弊制度，因此，简单禁止举子荐托的措施是行不通的，直到北宋真宗时科举考试出现弥封、誊录法后，才有效防范了科举考试的舞弊行为，行卷和荐举之风逐渐衰退。

总之，中晚唐五代科举考试中出现的翰林院频繁复试、中书舍人的复核制度以及御史台的监督制度，在一定程度上降低了礼部贡院的权威性，分割了礼部贡举的权限，以致有举子轻视礼部知贡举，频繁诉讼贡院考试，从而促进了在礼部贡院之上新一级考试"殿试"的诞生。殿试同时具备复试和复核功能，并以皇帝亲临考场来提升科举考试的规格，以消弭考官和举子的舞弊行为，也反映出科举考试地位和规格日渐崇重的趋势。虽然殿试制度到宋代才完成，但其各项功能的出现却是在中晚唐五代。

三、略论中晚唐五代科举"五科"考试

唐高祖武德四年(621)四月,始设明经、秀才、俊士、进士四科①,唐前期逐步增加了明法、明算、明书、童子科等科目,中晚唐五代又新增了一些科目。关于唐代科举的研究主要集中在进士科、明经科和制举上②,对开元礼、三礼、学究、一史、三史、三传等科的研究则很少,特别是对"五科"考试,学界几乎无人关注,更不知其义为何。笔者就"五科"考试与以上诸科的关系进行初步探讨,以期贤者赐教。

(一)"五科"的含义及五科考试科名的设置

"五科"考试包含科目出现的时间较早,但"五科"考试名称的出现却比较晚,始见于后唐同光四年(926)。据《宋本册府元龟》,同光四年,"五科举人许维岳等一百人进状,言伏见新定格文,三礼、三传每科只放两人……三史、学究一十人"③。显然,这里的"五科举人",包括三礼、三传、三史、学究四科举人,五科考试应当包含若干考试科目。稍后的天成三年(928)七月敕云:"应将来三传、三礼、三史、开元礼、学究等,考试本业毕后,引试对策时,宜令主司须于时务中,采取要当策题,精详考校,不必拘于对属。"④此敕中虽未直接出现"五科"字眼,但将开元礼与"五科"中的"三传、三礼、三史、学究"

---

① 刘海峰《唐代俊士科辨析》,《中国史研究》2000年第2期,第157—167页。刘先生认为俊士不是科目。
② 如傅璇琮《唐代科举与文学》;刘海峰《唐代教育与选举制度综论》,台北:文津出版社,1991年;侯力《科举制度与唐代社会》,长沙:岳麓书社,1998年;高明士《隋唐贡举制度》,台北:文津出版社有限公司,1999年。
③ 《宋本册府元龟》卷六四一《贡举部·条制三》,第2111页。
④ 《宋本册府元龟》卷六四一《贡举部·条制三》,第2112页。

四科放在一起处分，就说明了其共同性，显然"五科"就是指这五个科目。后唐天成二年(927)四月，中书门下牒奏，敕："宜令礼部贡院，就五科举人考试者。"①此条史料说明"五科"考试，由礼部贡院主持，在后唐已经发展得相当完整，有专门针对"五科"考试的敕。长兴元年(930)八月敕："其贡院据见应进士、九经、五经、明经，并'五科'、童子名外，其余诸色科名，亦宜并停。"②文中将"五科"与进士、五经、九经、明经、童子、诸经学等科相提并论，知"五科"应为专指，而不包括以上诸科。

五代三传、三礼、三史、开元礼、学究等科目之所以被冠以"五科"名称，是因为这五个科目在考试内容、形式、设置时间及授官方面都有很多共性。因此，"五科"考试逐渐成为礼部贡院科举考试中的同一类考试。其实早在中晚唐，"五科"考试的科目都已经出现。关于开元礼、三礼、三史、三传、学究等科的设置及时间，已有学者做过专门研究③，下面重点对其设置的目的及与政局关系进行简要探讨。

开元礼始置于德宗贞元二年(786)，其目的是培养一批通晓国家盛典及民间婚丧礼仪的人才。贞元二年六月十一日敕：

> 《开元礼》，国家盛典，列圣增修，今则不列学科，藏在书府，使效官者昧于郊庙之仪，治家者不达冠婚之义，移风固本，合正其源。自今已后，其诸色举人中，有能习《开元礼》者，举人同一经例，选人不限选数许习。④

据《玉海》卷一一五《唐开元礼举》引《登科记》云，贞元五年(789)始有登《开元礼》一人⑤，为现存较早的登开元礼科者。

三礼科设置于贞元五年。贞元五年五月敕："自今以后，诸色人中有习三礼者，前资及出身人依科目选例，吏部考试；白身依贡举例，礼部考试……

---

① 《宋本册府元龟》卷六四一《贡举部·条制三》，第2111页。
② 《宋本册府元龟》卷六四二《贡举部·条制四》，第2115页。
③ 黄正建《唐代吏部科目选》，《史学月刊》1992年第3期，第22—25页。
④ 《唐会要》卷七六《贡举中·开元礼举》，第1396页。
⑤ 〔南宋〕王应麟纂《玉海》卷一一五《唐开元礼举》，南京：江苏古籍出版社，上海：上海书店出版社，1987年，第2135—2136页。

依资与官。"①敕文中所言"三礼科",可分为两种:一种是由吏部主持的科目选,其面向的选人是前资官、出身人、试官,即已有做官资格的人,或已做正员官;另一种是由礼部主持的由白身人应考的三礼科,属常科科目。贞元五年二月敕:"特置三礼、开元礼科。"②

开元礼、三礼科的设置与中晚唐当权者加强礼制教育有着直接关系。唐代对礼治十分重视,专门设置礼院培养这方面的专业人才。据《新唐书》卷四八《百官志三》太常寺条云:"有礼院修撰、检讨官各一人……太常寺、礼院礼生,各三十五人。"③唐玄宗开元十三年(725)《东封赦书》中也记载了礼生④。贞元八年(792)四月,太常寺奏:"本置礼生,是资赞相……惟礼生尚在,伏请下吏部,自今以后不得更有注拟。"⑤又大和八年(834)正月,吏部奏:"准敕疏理诸色入仕人等,今诸司流外令史、府史、掌固、礼生……总一千九百七十二员。"⑥以上史料说明中晚唐太常寺下属礼院、礼生的设置,亦是朝廷试图引导士大夫以"礼"教习子弟的表现。

开元礼、三礼科产生与中唐政局变化有着密切关系。德宗初立,全国政局不稳,建中三年(782),朱滔、田悦、王武俊、李纳、李希烈相继反叛,僭称王号,胶固为逆⑦,严重破坏了中古礼制秩序。兴元元年(784),李怀光、李希烈又反叛,德宗深感社会失序,慨叹:"万品失序,九庙震惊。"⑧他希望以宣扬君臣父子、各导其位的"礼",来匡正天下秩序以巩固其地位。因而在贞元元年(785)七月平定李怀光后,于十一月亲祀昊天,贞元二年(786)四月平李希烈,六月颁布《开元礼》设学官;贞元五年增设"三礼科",充分说明了德宗设三礼科的意图。又如贞元九年(793)五月诏云:

> 王者设教,劝学攸先,生徒肄业,执礼为本。故孔子曰:"不学礼,无

---

① 《通典》卷一五《选举典三》,第 358—359 页。
② 《旧唐书》卷四四《职官志三》,第 1892 页。
③ 《新唐书》卷四八《百官志》,第 1242 页。
④ 〔宋〕宋敏求编《唐大诏令集》卷六六,北京:商务印书馆,1959 年,第 371 页。
⑤ 《唐会要》卷六五《太常寺》,第 1135 页。
⑥ 《宋本册府元龟》卷六三一《铨选部·条制三》,第 2038 页。
⑦ 《旧唐书》卷一二《德宗本纪上》,第 335 页。
⑧ 《旧唐书》卷一二《德宗本纪上》,第 339 页。

以立。"又曰:"安上理人,莫善于礼。"然则礼者,盖务学之本,立身之端,居安之大猷,致理之要道……习礼经者独授散官,敦本劝人,颇乖指要,始务弘奖,以广儒风。①

此条敕文集中反映了在当时朝政不稳、藩镇作乱的背景下,德宗深切认识到"不裁之以礼则乱"的现状,希望通过鼓励举子研习"礼经",从而匡正天下,达到平定天下的目的。

一史科设置于长庆二年(822)前,三传、三史设置于长庆三年(823)②。其设置缘由与三礼科的设置颇为类似。三传的原因有二:一是《春秋》"王道之正,人伦之纪备","历代立学,莫不崇尚",是统治者治国安邦的重要理论武器③;二是《春秋》三传相对其他经书都多出数倍卷轴,举子多不愿选习三传,当政者怕三传所言之奥旨与"仲尼之新意,史官之旧章,将坠于地"④。因此,国家通过设三传科,给及第者优予处分的方式,以劝勉学子研习三传。三史科的设置起因与三传科颇为相似,也是统治阶层认为《史记》、两《汉书》、《三国志》皆"记当时善恶,系以褒贬,垂裕劝诫",怕习此业人数减少⑤,影响官僚阶层的治国能力和忠孝思想,因此设三史科以劝勉举子。

学究一经科设置的具体时间,未见史书记载。韦见素于中宗景龙中登学究科,释褐相王府参军,为所见最早学究科登第者⑥,但此时的学究科尚不能确定是否只修一经。中唐以降,明一经有了较大变化。代宗宝应二年(763)六月,杨绾建议明一经取人的具体办法,选九经,"任通一经,务取深义奥旨,通诸家之义"⑦。此议后来得到了实行,也意味着以一经取士的方法得以确立。

学究一经科出现在贞元末,权德舆《答柳福州书》云:"虽今吏部学究一

---

① 《宋本册府元龟》卷六四〇《贡举部·条制二》,第2104页。
② 《唐会要》卷七六《贡举中·三传》,第1398页。
③ 《宋本册府元龟》卷六四〇《贡举部·条制二》,第2105页。
④ 《宋本册府元龟》卷六四〇《贡举部·条制二》,第2106页。
⑤ 《宋本册府元龟》卷六四〇《贡举部·条制二》,第2106页。
⑥ 《旧唐书》卷一〇八《韦见素传》,第3275页。
⑦ 《旧唐书》卷一一九《杨绾传》,第3431页。

经之科,每岁一人,犹虑其不能至也。"①此学究一经尚指吏部科目,学究一经在中唐礼部贡院的科目中也很可能已经确立②,礼部最晚在大和元年(827)也设立了学究一经科目③。

(二)"五科"考试变革

五科考试程式可以溯源于中晚唐诸科考式,中晚唐"五科"考试归礼部贡院主持。如大和元年(827)十月,中书门下奏请:

> 应礼部诸色科目选人等……其三礼、三传、一史、三史、明习律令等,如白身并令国子监及州府同明经、〔进士荐送。如考试及第,明习律令同明经〕④;一史、三礼、三传同进士,三史当年关送吏部,便授第二任官。⑤

此奏得到敕准。显然,三礼、三史、一史、明经、明律令等科,以是否有出身、职官为依据,分别属于礼部科目和吏部科目选。大和四年(830)又进一步肯定了此条敕令。是年,中书门下奏:

> 开元礼、学究一经、二(三)礼、三史、明习律令科人等,准大和元年十月二十三日敕,散试官及白身人并于礼部考试。(从之)⑥

显然,大和中"五科"等诸科考试,虽然没有冠以"五科"之名,但其在考试内容和方法颇多相同之处,因此很多时候有关这些科目的考试事宜都被视为"五科"一并处置。

"五科"考试是五个科目考试的简称,各科目选习的经书不同,考试在内容方面也有所不同,但主要考试方式和程序方面却有共同点。中晚唐"五

---

① 〔唐〕权德舆著,霍旭东校点《权德舆文集》卷三一,兰州:甘肃人民出版社,1999年,第458—459页。
② 参考吴宗国《唐代科举制度研究》第33页。
③ 《宋本册府元龟》卷六四一《贡举部·条制三》,第2107页。
④ 据《登科记考》补,见《登科记考》卷二〇大和元年条,第737—738页。
⑤ 《宋本册府元龟》卷六四一《贡举部·条制三》,第2107页。
⑥ 《宋本册府元龟》卷六四一《贡举部·条制三》,第2107页。

科"考试主要考墨义和对策两部分,以所习经书为准,各科在考试数量上存在差距。贞元二年(786)六月十一日敕:"自今已后,其诸色举人中,有能习开元礼者,举人同一经例,选人不限选数许习,但问大义一百条,试策三道,全通者超资与官,义通七十条,策通两道已上者,放及第。"①说明开元礼省试考大义一百道,对策三道。由于史料有限,其他诸科的考试内容不甚详细。依据长庆二年(822)殷侑的奏,"五科"中的一史科考试,"每史问大义一百条,策三道,义通七〔十〕,策通二以上,为及第"②,但至今未发现有一史科及第的记载。

五代后唐"五科"考试基本上采用了大和元年(827)十月二十三日敕中有关开元礼、学究一经、三礼、三史、三传等科的考试方法。天成二年(927)四月奉敕:"宜令礼部贡院就五科举人考试者……准格节文内,准《大和元年十月二十三日敕》,应礼部诸色贡举人,及吏部诸色科目选人,凡无出身及未有官,只合于礼部应举……况缘五科考试官只考学业,难于同考宏词者。"③后唐天成二年四月,中书奏云:"令礼部贡院就五科举人考试者","准新定格敕文"④。似乎同年后唐对五科考试的内容曾出台新的"格"。

五代"五科"考试的主要内容为墨义和对策。后唐明宗长兴元年(930)二月敕:"其学究,不在(再)念书,可特示墨义三十道,亦准上指挥。"此敕说明学究科考试原来考念书和墨义两场,但由于"五科"考试中,"唯学究文书最少,乃令念其经,而通其义,故曰学究。今祇许对义,即学者皆专于此科,时论非之"⑤。后周"五科"考试增加了对义和墨义提问的数量。兹据后周广顺三年(953)正月户部侍郎权知贡院赵上交奏,制成各科考试对义和墨义数量前后对比表如下⑥:

---

① 《唐会要》卷七六《贡举中·开元礼举》,第1396页。
② 《宋本册府元龟》卷六四〇《贡举部·条制二》,第2104页。
③ 《宋本册府元龟》卷六五四《贡举部·科目》,第2138页。
④ 《宋本册府元龟》卷六四一《贡举部·条制三》,第2111页。
⑤ 《宋本册府元龟》卷六四二《贡举部·条制四》,第2114页。
⑥ 《宋本册府元龟》卷六四二《贡举部·条制四》,第2117—2118页。

三、略论中晚唐五代科举"五科"考试

科目	原来数量	增加后数量	增加数量	增加比例
学究一经	念书20＋对义20	对义50	对义10	25%
三礼	墨义90	墨义130	墨义40	44%
三传	墨义110	墨义150	墨义40	36%
开元礼	墨义300	墨义350	墨义50	17%
三史	墨义300	墨义350	墨义50	17%

显然，此奏主要是加大了各科的考试量，并将学究科以前的念书改为"对义"，增强了考试的难度。不过中央大幅度增加考试量的做法，似乎成效不佳，同年九月就有人提出恢复旧制。据广顺三年(953)九月翰林学士承旨刑部侍郎知制诰权知贡举徐台符奏记载，除保留了赵上交奏中把学究科念书二十道改为墨义五十道之外①，其余均恢复广顺三年前的旧制。

五代"五科"考试在墨义之外，对策最为重要。天成三年(928)春，赵凤知贡举，场中利病备达天听，因敕："五科试本业后，对策全精，即可。"②"五科试本业"指五科各自专修的经书墨义，在五科墨义之后，方可参加对策考试，而且必须做到"对策全精"。又同年七月敕规定：五科"考试本业毕后，引试对策时宜"，强调五科考试的对策，应学以致用，要求"五科"举子将所学经义与"时务"结合起来，评判标准是"不必拘于对属，须有文华，但能周通，文字典切，即放及第"③。

五代"五科"考试放榜还实行榜示举子考试评判结果的制度。后唐长兴四年(933)二月，礼部贡院奏新立条件云：

> 五科常年驳榜出，多称屈塞。今年并明书所对经书墨义，云第几道不，第几道粗，第几道通，任将本经书疏照证。如考试官错书不、粗，请别将状陈诉，当再加考较，如实错误，妄陈文状，当行严断。④

后唐放榜时榜示落第评判结果的制度，后来逐渐发展成为墨义、对策逐场定

---

① 《宋本册府元龟》卷六四二《贡举部·条制四》，第2118页。
② 《宋本册府元龟》卷六四一《贡举部·条制三》，第2111页。
③ 《宋本册府元龟》卷六四一《贡举部·条制三》，第2112页。
④ 《宋本册府元龟》卷六四二《贡举部·条制四》，第2115页。

去留,并榜示逐场评判结果。

五代"五科"考试和进士等其他常科一样也逐步实行了逐场定去留的原则。后唐明宗长兴元年(930)二月敕,确立了"五科"中三传、三礼考试"逐场皆须去留"的原则,并逐场榜示结果①。逐场定去留必然要求"五科"考试科目场次固定,以便制度有效执行。后周则进一步明确了五科解试、省试的科目和场次。显德二年(955)五月,礼部侍郎知贡举窦仪上言:

三礼,请今后解试、省试,第一场《礼记》,第二场《周礼》,第三场《仪礼》。三传,第一场《左氏》,第二场《公羊》,第三场《穀梁》,并终而复始。学究,请今后《周易》《尚书》并为一科。每经对墨义三十道,仍问经考试。(从之)②

此次改革,明确将三礼科、三传科、学究科通过府试、省试固定科目、场次,按先后次序逐场进行考试,并按逐场判定高下、定去留。与此同时,对诸科举人,成绩特差者,按等级给予处罚,殿其举。按此条文规定"其诸科举人,请第一场十否者,殿五举;第二场、三场十否者,殿三举;其三场内有九否者,并殿一举"③。这些情况反映了"五科"考试程序和制度在五代已发展得相当完善,另一方面说明在社会动荡、政权频繁变换的情况下,举人荒于经业,水平低下。

总之,"五科"考试的记载始见于后唐同光四年,"五科"包括三传、三礼、三史、开元礼、学究等五科,它是由中晚唐的三传、三礼、三史、开元礼、学究等科目发展而来,五科举人按有无出身分别到吏部和礼部参加科目选和常科科目考试。五科考试作为科举考试的一个组成部分,受中晚唐五代科举制度的变革影响而不断变革。其考试制度日渐完善,并与进士科、明经科、童子科、五经科等科目相对独立。五代社会的动荡严重影响了科举出身在诸色入仕中的优势地位。

---

① 《宋本册府元龟》卷六四二《贡举部·条制四》,第2114页。
② 《宋本册府元龟》卷六四二《贡举部·条制四》,第2119页。
③ 《宋本册府元龟》卷六四二《贡举部·条制四》,第2119页。

四、敦煌本"策府"与唐初社会

中国国家图书馆馆藏的两件敦煌文书 BD14491 号和 BD14650 号①,可以完全缀合为一件文书,是唐初有关进士科试策的"策府",弥足珍贵。此件文书内容丰富、时代较早,对研究唐初进士科试策具有重要意义。但长期以来,学界对此关注甚少。郑阿财《敦煌本〈明诗论〉与〈问对〉残卷初探》一文最先对 BD14491 号的收藏情况进行了概述,并对写卷进行了录文和研究②。郑阿财、朱凤玉《开蒙养正:敦煌的学校教育》又对该卷文书进行了介绍③。最近,刘波、林世田《敦煌唐写本〈问对〉笺证》一文,将两件文书缀合在一起,对文书的收藏情况作了详细说明,并进行录文和校笺,对策文中的典故进行初步解读④。本章将在前贤的研究基础上对文书的性质,及其所反映的社会问题、政局变化进行初步探讨。

此件底卷由 BD14491 号和 BD14650 号缀合而成,断裂纸缝上的文字可以完全弥合。BD14491 号长 150 厘米,BD14650 号长 480.8 厘米,缀合后,首尾俱缺,长 614 厘米,高 28.3 厘米,共得 16 纸,306 行⑤。其中,BD14491 号为刘廷琛旧藏,《敦煌劫余录续编》拟定为"问对二十六条"⑥,《中国国家图书馆藏敦煌遗书精品选》拟作"残策"⑦,《国藏》拟作"对策";BD14650 号卷

---

① 中国国家图书馆编《国家图书馆藏敦煌遗书》(以下简称《国藏》)第一二八册,北京:北京图书馆出版社,2005—2011 年,第 173—175 页;《国家图书馆藏敦煌遗书》第一三一册,第 197—209 页。
② 收入《第四届唐代文化学术研讨会论文集》,台南:台湾成功大学教务处出版组,1999 年,第 303—325 页。
③ 兰州:甘肃教育出版社,第 123—126 页。
④ 载《文津学志》第 3 辑,2010 年,第 115—142 页。
⑤ 详见刘波、林世田《敦煌唐写本〈问对〉笺证》,《文津学志》第 3 辑,第 115 页。
⑥ 北京图书馆善本组《敦煌劫余录续编》,北京:国家图书馆出版社,1981 年,第 124 页。
⑦ 中国国家图书馆善本特藏部等编《中国国家图书馆藏敦煌遗书精品选》,北京:国家图书馆出版社,2000 年,第 19 页。

首钤有朱印"赵钫珍藏"印一方,卷尾钤有朱印"元方审定"印一方,系赵钫旧藏,《国藏》拟作"对策"。原件在刘廷琛收藏时尚未撕裂,大概刘廷琛旧藏在转入张子厚手中时,刘氏家人为了增加数量,将写卷撕裂为二;或者是写卷流出刘家之后被撕裂。撕裂下来的前半段(BD14491),后来被吴瓯收买,1954年吴氏收购的敦煌写卷被国家收回,交付北京图书馆;后半段(BD14650)则转归赵元方,20世纪50年代初,赵氏又将其捐赠给北京图书馆①。

(一) 写卷的时间与定名辨析

原件缀合后无纪年,刘波、林世田《敦煌唐写本〈问对〉笺证》据"自大唐膺箓,四海归仁"一句,推定本篇撰写时间应为唐朝统一全国之后;并根据"括放客户还乡"一句佐证这一景象与唐初时局恰相符合。该文又根据写卷中出现的二十六次"民"字,均缺末笔,避唐太宗讳,而"治"字出现八次,均直书正字,不避高宗讳,推定本件文书的书写时间大致在贞观年间。此说大致可以成立。另外,本件"括放客户还乡"篇对策中云:"往以火运告终,犲狼荐食。荆扬人物之所,翻为麋鹿之邦;榮(罄)洛喧哗之都,俄成战场之地;百姓因兹离散,苍生为此不安。今蒙舜日照临,尧风远扇。"文中"火运",即指隋朝。《隋书》卷一《高祖本纪上》云:"况木行已谢,火运既兴,河洛出革命之符,星辰表代终之象。"又《唐语林》卷五《补遗》明确记载:"唐承隋代火运,故为土德。"②对策中"荆扬",指代以荆州和扬州为中心的长江中上游和下游地区。"荆扬人物之所,翻为麋鹿之邦"一句,显然在描述隋末唐初,长江中下游地区以萧铣、杜伏威、李子通、沈法兴、辅公祐、宇文化及、陈稜等农民起义和隋末叛乱纷纭迭起、竞相争雄的情况,也应当包含隋炀帝被弑江都之事③。"榮(罄)洛喧哗之都,俄成战场之地"一句,则描述了洛阳地区先有瓦岗军翟

---

① 刘波、林世田《敦煌唐写本〈问对〉笺证》,《文津学志》第3辑,第115—1116页。
② 见〔宋〕王谠撰、周勋初校证《唐语林校证》卷五《补遗》,北京:中华书局,1987年,第461页。
③ 参考牛致功《唐高祖传》,北京:人民出版社,1998年,第131—149页。

四、敦煌本"策府"与唐初社会

让、李密起义,后有王世充盘踞,窦建德援手王世充被歼灭等历史事实①。随着初唐国内各种叛乱势力的消除,安定百姓,着籍入户,发展农业生产,便成当务之急,因此本卷中的策题都是针对类似的问题进行发问和对策的。

要研究本件写卷,解决写卷的性质、定名等问题,就必须弄清楚写卷中的模拟策文是为进士科和明经科试策准备的,还是为制举试策准备的问题。要解决这个问题,就必须先对以下进士科、明经科和制科试策的不同情况进行探讨,借此来判定本件写卷的性质和定名。

首先,探讨一下进士试策的特点②。宝应二年(763),杨绾《条奏贡举疏》云:"近炀帝始置进士之科,当时犹试策而已。"③唐初进士、明经科考试亦只试策,《通典·选举典三》云:明经、进士二科,"其初,止试策,贞观八年诏,加进士试读经史一部。至调露二年,考功员外郎刘思立始奏二科并加帖经。其后,又加《老子》、《孝经》,使兼通之。永隆二年,诏明经帖十得六,进士试文两篇,识文律者,然后试策"④。又《唐摭言》卷一《试杂文》云:"进士科与俊、秀同源异派,所试皆答策而已……有唐自高祖至高宗,靡不率由旧章。"显然,贞观年间进士科考试只注重试策,所以才出现了很多策文集。稍晚出现的《兔园策府》就流传非常广泛⑤。本件文书也正是在这种环境下,为了迎合进士举子的需要而编撰的。对策旧文的流行,一定程度上影响了举子对策的创造性,以致进士省试对策多为仿真旧文之作,缺乏原创性,影响了省试的公平性。因此,永隆二年(681)高宗颁布《条流明经进士诏》云:"进士不寻史传,唯读旧策,共相模拟,本无实才。"此条诏书明确指出当时进士诵读

---

① 参考牛致功《唐高祖传》第33—43、115—130页。
② 陈飞先后发表《唐代进士科"止试策"考论——兼及"三场试"之成立》(《历史研究》2002年第3期,第36—45页)、《唐代试策的表达体式——策问部分考察》(《文学遗产》2008年第1期,第49—57页)、《唐代进士试策形式体制》(《清华大学学报》(哲学社会科学版)2010年第5期,第82—88页)等文对唐代进士试策时间、试策形式体制、试策的表达体式进行了研究。
③ 《旧唐书》卷一一九《杨绾传》,第3430页。
④ 《通典》卷一五《选举典三》,第354页。
⑤ 《兔园策府》的成书时间大概在7世纪中叶,比本篇"策府"的时间较晚。参考周丕显《敦煌古钞〈兔园策府〉考析》,《敦煌学辑刊》1994年第2期,第17—29页;刘进宝《敦煌本〈兔园策府·征东夷〉产生的历史背景》,《敦煌研究》1998年第1期,第111—116页;屈直敏《敦煌本〈兔园策府〉考辨》,《敦煌研究》2001年第3期,第126—129页。

旧策的情况严重，证实了模拟进士省试试策的"策文集"大量流行。大量旧策文集影响到考官评判标准，甚至有的考官竟然迷信旧策，"曾不拣练，因循旧例，以分数为限"，从而出现"不辨章句，未涉文词者，以人数未充，皆听及第"的荒唐事。加之唐初进士科考试不分等第，出现了"文理华赡者，竟无甲科；铨综艺能，遂无优劣"的现象。不仅如此，"试官又加颜面，或容假手，更相嘱请，莫惮纠绳"。为了提高进士学业水准，增加举子创新能力，高宗规定"进士试杂文两首，识文律者，然后并令试策日，仍严加捉搦。必材艺灼然，合升高第者，并即依令"①。此举导致了进士科考试逐渐偏重诗文，"从此积弊，浸转成俗"②，反而降低了试策在进士科考试中的分量。

唐初进士试时务策五道，天宝十一载（752），又发展成为"三道为时务策，一道为方略，一道为征事"③。不过，唐初进士时务策继承魏晋以来秀才策试五道的传统，也保留了秀才试策尚虚华的风气④。魏晋时代的秀才策试，沈约有评："假使秀才对五问可称，孝廉答一策能过，此乃雕虫小道，非关理功得失。以此求才，徒虚语耳！"⑤北魏刘景安亦云："朝廷贡秀才，止求其文，不取其理；察孝廉唯论章句，不及治道。"⑥唐初大概受这种风气的影响，进士对策仍然保留了虚浮的风气，注重文采，轻视文理。天授中，其时选举颇滥，左补阙薛谦光上疏曰："炀帝嗣兴，又变前法，置进士等科。于是后生之徒，复相仿效，因陋就寡，赴速邀时，缉缀小文，名之策学，不以指实为本，而以浮虚为贵。"虽然，天授中距离贞观年间已有一段时间，但魏晋以来"连篇累牍，不出月露之形"的文风在天授中仍然未减⑦。尽管唐初试图"树本崇化，惟在旌贤"，改励风俗，但是所选举人仍然"有乖事实，乡议决小人之笔，

---

① 《唐大诏令集》卷一○六，第549页；《新唐书》卷四四《选举志上》略同，第1163页。
② 《旧唐书》卷一一九《杨绾传》，第3430页。
③ 《唐语林校证》卷八《补遗》，第714页。
④ 详见阎步克《南齐秀才策题中之法家论调考析》，收入其《乐师与史官——传统政治文化与政治制度论集》，北京：生活·读书·新知三联出版社，2001年，第268—291页。
⑤ 《通典》卷一六《选举典四》，第388页。
⑥ 〔北齐〕魏收《魏书》卷六六《崔亮传》，北京：中华书局，1974年，第1479页。
⑦ 《旧唐书》卷一○一《薛登传》，第3138页。

四、敦煌本"策府"与唐初社会　　　　　　　　　　　　　53

行修无长者之论"①。本件写卷中的二十六篇策文,虽然都有联系时务的特点,但不免崇尚虚浮,注重辞藻,堆砌典故,其中蘭菀、山石、〔山〕、〔海〕、地、江河等篇基本上都是所谓"月露之形"的内容,"不以指实为本",令人很难发掘策文中作者对时务的评判和闪光之处。

　　其次,分析一下唐初明经科试策的特点②。唐初明经与进士一样,起初也只试策而已,试策以"通经"为主③。至调露二年(680),明经与进士一同加帖经,此后又增加兼通《老子》、《孝经》二经。永隆二年(681),又"诏明经帖十得六","然后试策"。是年,高宗颁布《条流明经进士诏》云:"学者立身之本,文者经国之资,岂可假以虚名,必须征其实效。如闻明经射策,不读正经,抄撮义条,才有数卷……自今已后,考功试人,明经每经帖试,录十帖得六已上者……然后并令试策日,仍严加捉搦。必材艺灼然,合升高第者,并即依令。"④此诏规定,明经科考试在试策之外,增加"帖经",试图加强明经考生对经学修养的重视。《唐语林》卷八《补遗》云:"唐朝初,明经取通两经,先帖文,乃案章疏试墨策十道。"⑤大概记载的是永隆二年以后明经科考试的情况。开元二十五年(737)《条制考试明经进士诏》云:"今之明经、进士,则古之孝廉、秀才。近日以来,殊乖本意……其明经自今已后,每经宜帖十,取通五已上,免旧试一帖,仍按问大义十条,取通六已上,免试经策十条,令答时务策三首(道),取粗有文性(理)者,与及第。其进士宜停小经,准明经例,帖大经十帖,取通四已上,然后准例试杂文及策考,通与及第。"⑥说明唐初明经试策,注重"经策",一般考十策,至此改为试"时务策"三道;并在帖经和试策之外,新增"口问大义"。此后,明经科考试基本定型,主要考帖经、问义和时务策。综合明经科考试的基本情况,本件写卷中的"策"基本上都是时务策,而明经科考"时务策"是在开元二十五年之后,故本篇不可能为明经试策的旧策。正因为明经科考试不重策,故就不会出现专门为明经科考试编集的

---

① 《旧唐书》卷一〇一《薛登传》,第 3138 页。
② 详见陈飞《唐代明经试策形式体制考论》,《人文杂志》2006 年第 6 期,第 115—124 页。
③ 《全唐文》卷八九七罗隐《扬威将军钱公列传》,第 9367 页。
④ 《唐大诏令集》卷一〇六,第 549 页。
⑤ 见《唐语林校证》卷八《补遗》,第 713 页。
⑥ 《全唐文》卷三一,第 344—345 页。

模拟试策文集。

最后,再看看本件写卷与制举对策有无关系。唐代制举考试亦试策,但关于制举产生的时间问题,学术界争论较多。清人徐松认为武德五年(622)为制举之始;贞观三年(629)四月诏,即为唐代制举科目之始①。日本学者松元明认为制举是从唐朝建立时开始的②。法国人 Robert Des Rotours 认为制科从显庆三年(658)开始③。傅璇琮认为唐高祖时就有制举④,主张制举科目是从贞观十一年(637)开始的⑤。何汉心先生认为制举考试是从贞观初开始,正式的制科是在显庆三年⑥。吴宗国认为武德、贞观年间有应制举中第的记载,但未见举行制举考试的记载,唐代制举科目最早产生于显庆三年⑦。

唐初的制举可以说是法汉沿隋。唐武德五年(622)三月诏:

> 朕膺图驭宇,宁济兆民,思得贤能,用清治本……宜令京官五品以上,及诸州总管、刺史,各举一人。其有志行可录,才用未申,亦听自举,具陈艺能,当加显擢,授以不次。⑧

诏书虽未言考试,但武德五年可能就是唐代设置制举的起始年。《旧唐书》卷七四《崔仁师传》曰:"崔仁师,定州安喜人。武德初,应制举,授管州录事参军。"唐代制举分科考试的最早记载是显庆三年二月的志烈秋霜科,是年韩思彦及第⑨。可以看作唐代制举科目的最早记载。

---

① 《登科记考》卷一武德五年条、贞观三年条,第3—4、13页。
② 松本明《唐の选举制に关する诸问题——特に吏部科目选について》,收入铃木俊先生古稀记念东洋史论丛编集委员会编《铃木俊先生古稀记念东洋史论丛》,东京:山川出版社,1975年,第391—414页。
③ Robert Des Rotours, *Le Traité Des Examens Traduit De La Nouvelle Histoire Des T'ang*, p. 41.
④ 傅璇琮《唐代科举与文学》第135页。
⑤ 傅璇琮《唐代科举与文学》第135页。
⑥ 何汉心《唐朝制举和制科》,收入中国唐代学会编辑委员会《第二届国际唐代学术会议文集》(史学)下册,台北:文津出版社,1993年,第1215—1223页。
⑦ 吴宗国《唐代科举制度研究》第67页。
⑧ 《唐大诏令集》卷一○二《京官及总管刺史举人诏》,第518页。
⑨ 《唐会要》卷七六《贡举中·制科举》,第1386页。

四、敦煌本"策府"与唐初社会

显然,不管哪种观念,贞观年间制举考试应该存在,要排除本件写卷为制举试策的可能性,就必须先了解一下制举试策的内容。制举试策,由策问和对策组成。一篇完整的制策文,由策问和制策组成①,两者是一个统一体,策问不仅决定对策的内容,而且会影响举子对策是否直抒心意、恳切务实等等②。目前学界了解的制举试策,基本上是制举分科考试后的试策。制科试策的策问,一般依据是年制举开设的具体科目,围绕科目的性质,依据经典、史籍内容,结合政治和社会问题提问,考策官往往以皇帝的口吻对相关主题发表一些见解,并对某些问题提出疑问,然后鼓励举子进行答疑、对策,重在突出皇帝亲试,以待"非常之才"。然后由举子针对策问的内容,依据经典和时政对策问进行对策。唐代制举试策文体有个发展和完善的过程,大概在开元九年(721)以后逐步规范,文体的格式渐趋复杂,大致可以分为如下结构和要素,并不要求完全一致:策问:起问(起问辞、称制辞)、承问、设问、促对。到中晚唐,策问的起问、承问、设问、促对等结构逐渐分明,但是有的策问中同时设问多个问题,起问之后便依次按承问、设问、肯辞的结构,分别表述③。唐初制举分科考试没有形成,制举试策的策文也未保留下来,现存较早唐代制举试策文已经是光宅元年(684)房晋、皇甫伯琼的《对词标文苑科策》④,也大致具备以上所述制举策文的一些要素。

结合制举策问中往往以"朕"等皇帝的口吻发问,并以"朕将亲览"的口气促对,而且在末尾促对语中往往用"子大夫"指代应试举子的特点,查检本件写卷中所有策问并没有出现以皇帝口吻发问的形式,亦未出现用"子大夫"指代应试者的情况,而是用"子"指代举子,这与唐代进士科策问中用"子"指代应试举子的情况相一致。在对策部分,制举对策的应试者往往是已取得做官资格者或已经是中低级官员,所以通常以"臣闻"、"臣"、"伏惟"

---

① 陈飞《唐代试策的形式体制——以制举文为例》一文认为"试策文",由策题、策问文、对策文构成,见《文学遗产》2006年第6期,第37—44页。
② 详见金滢坤《试论唐代制举试策文体的演变》,《首都师范大学学报》(社会科学版)2011年第4期,第17—26页。
③ 详见金滢坤《试论唐代制举试策文体的演变》,《首都师范大学学报》(社会科学版)2011年第4期,第17—26页。
④ 《登科记考》卷三光宅元年条,第75—77页。

等臣子的语气应对,而本件写卷对策无一篇出现类似称谓和语气。因此,本件写卷的模拟试策,不可能是制举的试策。

综上所述,唐初明经科试策考试重正经,即注重经学内容,制科试时务策尚未实行,唐初只有进士科试策注重时务策,结合本件写卷中策文多以时务策为主,符合进士科试策的特点。比照《兔园策府》记载策文的语言、内容、格式特点,与本篇极为相似,虽然不是同一部书,但编撰者的思路和目的以及二者的性质都很相似,故可以将本篇性质定作"策府",较为确切反映了文书的内容。由于缺乏有力的史料支持,很难判定具体的书名,其作者的身份和姓名也很难确定。

(二)"策府"中所反映的唐初政局

本件底卷共存二十七篇策文,每篇分策题、策问、对策三部分。策题就是编者为策问和对策加的简明标题,共有断贪浊、〔问暴政〕、世间贪利不惮刑书、唯欲贪求亦有义让、问豪富、问富贵人唯觅财利亦有清洁、修礼让息逃亡、安抚贫弱、问帝王感瑞不同、问武勇猛人、进士无大才、括放客户还乡、问音乐所戏、三代官名多少、审官授爵、隐居不仕、问俊人聪辩、僧尼犯法、断贪浊、书籍帐、蘭菀、山石、〔山〕、〔海〕、地、江河、请雨等,共二十七个策题,其中"断贪浊"有两篇重复,有三篇失题名,兹据文意拟补"问暴政"、"山"、"海",大致分为选贤用能、整顿吏治、治国安民、书籍安民、释山川等几个方面。以下重点以"括放客户还乡"、"审官授爵"、"进士无大才"等篇策文为中心,结合其他策文对本件"策府"涉及的有关唐初治国安民、选贤用能观念及社会风气进行探讨。

1. "策府"反映的唐初安民、静民政策。

首先,从"括放客户还乡"篇看贞观年间的赎还落蕃人口、安揖浮游政策。前文已经将本件写卷的时间定在贞观年间,唐初面临的最紧迫问题莫过于安定社会秩序,发展社会经济,于是安置和遣返游民,令其进行农业生产,便成了国家工作的重心。"括放客户还乡"篇紧扣时代问题和特点,进行模拟发问和对策。该篇策问云:"往者民遭寇乱,流散外邦。年月既淹,各成

四、敦煌本"策府"与唐初社会

忘本。今圣上慈育，重造生民。使无弃愤（坟）陵，旋其本邑。即欲括还桑梓，于启理云何？冀尔明言，以陈民愿。"武德年间，唐朝的户口才二百余万户，不足隋朝最高峰的四分之一。唐太宗即位后，面临国家社会经济复兴、发展农业生产问题，而人口缺乏便成了制约农业发展的瓶颈，于是"括放客户还乡"也就成为题内应有之义。隋末农民战争致使大量百姓"流散外邦"，如何使这部分人"括还桑梓"，就成为一个迫切需要解决的社会问题。

隋末唐初，突厥乘机内扰，掳掠边民入蕃；加之边民为逃避战乱，而入突厥者甚多。正如贞观三年（629），张公瑾在献计攻打突厥时所说："华人在北者甚众，比闻屯聚，保据山险，王师之出，当有应者"①，其数目相当可观。贞观五年（631），突厥降，"上遣使以金帛赎之"②。针对"中国人多没于突厥"这一状况③，武德九年（626）九月唐太宗即位后，便着手解决归还汉民的问题，将如何赎回落蕃人口，作为解决中国广阔、人口稀少、缺乏劳动力的一个重要问题来抓。适逢突厥颉利可汗献马三千匹、羊万口，太宗虽急需马匹，还是归还了马匹、羊只，"令颉利归所掠中国户口"④，说明当时人口紧缺的情况比较严重。大概是受太宗召还政策的影响，大批落蕃汉民纷纷还乡。据贞观三年户部上奏："中国人自塞外来归及突厥前后内附、开四夷为州县者，男女一百二十余万口。"⑤贞观五年（631）四月，太宗"以金帛购中国人因隋乱，没突厥者男女八万人，尽还其家属"⑥。贞观二十一年（647）六月，太宗又下诏曰："隋末丧乱，边民多为戎、狄所掠，今铁勒归化，宜遣使诣燕然等州，与都督相知，访求没落之人，赎以货财，给粮递还本贯；其室韦、乌罗护、靺鞨三部人为薛延陀所掠者，亦令赎还。"⑦仅从可靠文献记载的情况来看，太宗就

---

① 《新唐书》卷八九《张公瑾传》，第3756页。
② 〔宋〕司马光编著、〔元〕胡三省音注《资治通鉴》卷一九三唐太宗贞观五年四月条，北京：中华书局，1956年，第6087页。
③ 《资治通鉴》卷一九三唐太宗贞观五年四月条，第6087页。
④ 《旧唐书》卷二《太宗本纪上》，第30页。
⑤ 《旧唐书》卷二《太宗本纪上》，第37页。
⑥ 《旧唐书》卷二《太宗本纪上》，第41页。
⑦ 《资治通鉴》卷一八九唐太宗贞观二十一年六月条，第6248页。

先后赎回近二百万落蕃人口①，还有零散还乡者不在其数，可以想见太宗通过赎民还乡、鼓励落蕃汉人还乡的政策来解决中原人口匮乏问题，对发展社会经济具有重要作用。本件对策所云"许放还乡，九族有再亲之义；马无北思，鸟绝南枝"等语，显然是对太宗赎还落蕃百姓政策的赞誉，结合以上情况来看，将本篇对策写作时间定在贞观二十一年(647)六月之后较为妥当。

　　唐太宗不仅重视落蕃汉民的还乡，还重视安辑浮游百姓。"修礼让息逃亡"篇策问云："修河(何)异术，得民知礼让，以息逃亡。"正如对策所言："云师之皇，道六书之典。使人知礼让，家给千葙(箱)……诛豪恤弱，锢负知归。"在"息逃亡"思想的指导下，唐太宗着手推行均田制、鼓励垦荒、抑制豪强的具体措施。要推行均田制，就必须抑制豪强、士族对土地的垄断，使百姓富足，得知礼让。此项举措，在地方取得了一定成效。如贞观初，长孙顺德出任泽州刺史，追夺前刺史张长贵、赵士达"占境内膏腴之田数十顷"，"分给贫户"②。贞观初，太宗十分重视息逃亡问题，地方官也十分重视安揖游民。如贞观元年(627)，陈君宾出任邓州刺史，适逢州邑丧乱，百姓流离，"君宾至才期月，皆来复业"③。太宗除了令流民还乡外，还采取就地附籍的措施。如窦轨于贞观二年(628)出为洛州都督，"洛阳因隋末丧乱，人多浮伪。轨并遣务农，各令属县有游手怠惰者皆按之。由是人吏慑惮，风化整肃"④。这里的"遣务农"和"按之"应该就是将"浮游"之人就地附籍，令其务农。考虑到"逃户初还，家无粮贮"，太宗还诏令"州县长官，量加赈恤"⑤。唐太宗对灾害产生的流民和饥民的安置也十分重视。贞观元年，关中饥荒，政府组织饥民到关外，有秩序地"分房就食"。邓州刺史陈君宾在此次救灾中表现突出，响应太宗号召，"逐粮户到，递相赡养，回还之日，各有赢粮"。贞观二年，太宗为此专门下诏表扬，并免除相关"养户"的当年调物⑥。此外，唐太宗在大力推行均田制的同时，面对"狭乡"地少人多的情况，也采取了免除赋税的

---

① 赵克尧、许道勋《唐太宗传》，北京：人民出版社，2005年，第114页。
② 《旧唐书》卷五八《长孙顺德传》，第2309页。
③ 《旧唐书》卷一八五《陈君宾传》，第4783页。
④ 《旧唐书》卷六一《窦威传附窦轨传》，第2366页。
⑤ 《全唐文》卷五太宗皇帝《赐孝义高年粟帛诏》，第58—59页。
⑥ 《旧唐书》卷一八五《陈君宾传》，第4784页。

四、敦煌本"策府"与唐初社会

政策,鼓励浮游之民、无地之人"乐迁宽乡"①,实际上也起到了安辑浮游的作用。

经过太宗等人上述努力,于是出现了所谓"流散者咸归乡里"的局面②,正如对策中所云:"槃(磐)洛喧哗之都,俄成战场之地。百姓因兹离散,苍生为此不安。今蒙舜日照临,尧风远扇。使民敦旧业,坟陵有重扫之期。"不过贞观末,情况又发生了变化,太宗渐兴土木和征役,百姓为了逃避徭役,又纷纷逃亡。贞观十六年(642)正月,太宗"敕天下括浮游无籍者,限来年末附毕"③。

其次,从"修礼让息逃亡"、"安抚贫弱"等篇,看唐初"民本"与"静民"思想和恢复农业生产措施。"修礼让息逃亡"篇对策云:"某闻国以民为本,民以食为先;国以民为基,民以食为命。"唐高祖很早就提出"安人静俗"的思想④,之后下诏再次强调"禁差科",使民"安静",认为"欲其休息,更无烦扰,使获安静,自修产业",因担心地方州县"率意征求",于是"悉宜禁断","不得差科"⑤。正如"安抚贫弱"篇对策所云:"遏强禁暴,在国之恒规。抚弱恤贫,先王之令典。"这非常符合唐初的实际情况,"先王"无疑指的就是唐高祖。唐太宗即位后,继承了高祖"安人静俗"的思想,确定了"为国者要在安静"的方针⑥。与对策中提到"安上治民,以礼为本"的思想不同,唐太宗虽然认同"国以人为本,人以衣食为本"⑦,国家的长治久安取决于百姓,百姓的存亡取决于是否与民"安静"⑧,但在他看来,"国家未安,百姓未富,且当静以抚之"⑨,"安静"的关键在于避免战争,减轻百姓的负担,与民休息。唐太宗深

---

① 参考何汝泉《唐代的"宽乡"与"狭乡"》,《西南师范大学学报》(哲学社会科学版)1994年第1期,第104—105页。
② 《资治通鉴》卷一九三唐太宗贞观四年十二月条,第6085页。
③ 《资治通鉴》卷一九六唐太宗贞观十六年止月条,第6175页。
④ 《全唐文》卷一高祖皇帝《阅武诏》,第22页。
⑤ 《全唐文》卷二高祖皇帝《申禁差科诏》,第33页。
⑥ 《新唐书》卷二一五《突厥传》,第6033页。
⑦ 〔唐〕吴兢《贞观政要》卷八《务农第三十》,见〔唐〕吴兢撰、谢保成集校《贞观政要集校》,北京:中华书局,2009年,第423页。
⑧ 参考赵克尧、许道勋《唐太宗传》,第105页。
⑨ 《资治通鉴》卷一九一唐高祖武德九年八月条,第6020页。

知"为君之道,必须先存百姓"①,在避免战争的同时,还须重视抚民以静,国家的营善、征役等活动以"不失时为本"②,并且取得了很大成效。太宗曾于贞观八年(634)自诩说:"自朕有天下已来,存心抚养,无有所科差,人人皆得营生,守其资财,即朕所赐。"此外他还推行租庸调制,限制豪强侵民,避免前代赋役"横役一人"的局面,希望百姓"遐迩休息,得相存养,长幼有序,敬让兴行",对"鳏寡惸独,不能自存"者,亦令"州县长官,量加赈恤"③。该篇对策中所云"至如怯夫懦劣之辈,茕独饥寒之徒,得豪贵之侵陵,被富强之抑夺,无由自雪,何以面存",显然就是对唐太宗与民"安静"、赈恤"鳏寡惸独"政策的褒扬。

虽说唐太宗的说辞不免有自我表扬的成分,但在其"惟以赡养为虑"、与民休息、不违民时的思想指导下,唐初经济的确得到很快恢复和发展。对策中所云"若不优矜,交悬暑刻;必须憨加慰抚,亲省风谣;使无犯豪(毫)厘,安其本业",正是对太宗抚民以静、"赡养"百姓政令的发挥,也反映了太宗"静民"思想已经深入了社会,为广大士大夫所认同。太宗还深刻认识到与民休养生息好比与人养病,需要精心呵护的道理是一致的。贞观五年(631),太宗谓侍臣曰:"治国与养病无异也。病人觉愈,弥须将护,若有触犯,必至殒命。治国亦然,天下稍安,尤须兢慎,若便骄逸,必至丧败。"④他认为唐初经历了隋末丧乱,百姓疲敝,唯有悉心呵护,才能如对策所说那样,"遣鳏(鳏)茕之类,重得来苏",国家才有可能依靠百姓复兴。总之,太宗在抚民以静的思想指导下,不仅还农以时,还通过实行均田制、兴修水利、抑制豪强、抚恤贫弱等一系列政策,既"励壮夫于耕稼",也"劝老弱于蚕(蚕)绵",最终达到对策中所言"必使家给民丰,调租俱足。自然豪贵自扰,寠弱无虞。邑号邕邕,州称济济"的景象。虽然对策中所言"唐尧之治,未敢云前",不免有吹嘘、颂扬之嫌,但不可否认,"贞观之治"是历史上少有的一个圣明时代。因此,太宗"以民为本"、抚民以静的思想,已经被举子等士夫阶层所熟知,因此

---

① 《贞观政要》卷一《君道第一》,《贞观政要集校》第 11 页。
② 《贞观政要》卷八《务农第三十》,《贞观政要集校》,第 423 页。
③ 《全唐文》卷五太宗皇帝《赐孝义高年粟帛诏》,第 58—59 页。
④ 《贞观政要》卷一《政体第二》,《贞观政要集校》第 33 页。

四、敦煌本"策府"与唐初社会　　　　　　　　　　　　　　61

才有人以此来模拟进士试策试题。

2. "策府"反映的唐初选举政策。

本件"策府"中涉及"选贤任能"之策,有进士无大才、问武勇猛人、三代官名多少、审官授爵、隐居不仕、问俊人聪辩等,多达六篇。这正反映了贞观年间唐太宗对选贤用能的重视。这些策文,都是作者揣摩当时的社会热点问题而作。此处即以"审官授爵"、"进士无大才"篇为中心,对本件"策府"中所反映出的贞观年间进士试策、选举观念以及时代风气进行探讨。

首先探讨一下"审官授爵"篇对策与唐太宗选贤观念的关系。该篇选举观念与唐太宗选贤观念最为一致,许多核心价值有很大的相似之处。如对策所云:"圣皇御寓(宇),理籍贤明。夫色恶而锦昏,臣愚而主暗。必须授受无滥,爵赏以人。便能匡赞皇规,彝伦帝道。"此篇立意,基本上是源自唐太宗有关选贤的一些观念和论调。兹从以下几点进行剖析。

"圣皇御寓(宇),理籍贤明"一语与唐太宗任贤政治的关系。所谓"贞观之治",学界基本上认为是任贤致治①。唐太宗认为"致安之本,惟在得人"②;而得人的目的在于"益于百姓"③,把人才储备视作国之根本,"任官惟贤才"④。面对唐初乱象,他深知"得人"是"治乱"的关键和快捷方式。他还认为地方治理的好坏,关键在地方长官的选任。贞观二年(628),他谓侍臣曰:"朕居深宫之中,视听不能及远,所委者惟都督、刺史,此辈实理乱所系,尤须得人。"⑤贞观十一年(637),他进一步指出"嗣守鸿基,实资多士"⑥。随后下诏:"庶欲博访丘园,搜采英俊,弼我王道,臻于大化焉。"⑦更加明确了"得人"与"王道"的关系。贞观十三年(639),他又重申:"能安天下者,惟在用得贤才。"⑧纵观贞观年间,太宗把"得人"与"安天下"紧密结合起来,开启

---

① 赵克尧、许道勋《唐太宗传》第128页。
② 《贞观政要》卷三《论择官第七》,《贞观政要集校》第157页。
③ 《旧唐书》卷七〇《杜正伦传》,第2542页。
④ 《贞观政要》卷三《论择官第七》,《贞观政要集校》第155页。
⑤ 《贞观政要》卷三《论择官第七》,《贞观政要集校》第157页。
⑥ 《全唐文》卷六太宗皇帝《令河北淮南诸州举人诏》,第71页。
⑦ 《全唐文》卷八《令天下诸州举人手诏》,第95页。
⑧ 《贞观政要》卷三《论择官第七》,《贞观政要集校》第165页。

了唐代举贤能的高潮和良好风气,他在总结执政经验时,还特意强调"进善人,共成政道"①。唐太宗非常重视选举贤才,唯恐遗漏,甚至想打破成规,通过贤人自举来选拔人才。贞观十三年(639),太宗谓侍臣曰:"能安天下者,惟在用得贤才……今欲令人自举,于事何如?"魏徵对曰:"知人者智,自知者明。知人既以为难,自知诚亦不易。且愚暗之人,皆矜能伐善,恐长浇竞之风,不可令其自举。"此事遂作罢②。

"夫色恶而锦昏,臣愚而主暗"一语,隐含太宗君臣进谏与纳谏的关系。太宗皇帝深知"兼听则明,偏信则暗"的道理,贞观初尝谓公卿曰:"人欲自照,必须明镜;主欲知过,必藉忠臣。主若自贤,臣不匡正,欲不危败,岂可得乎?故君失其国,臣亦不能独全其家……公等每看事有不利于人,必须极言规谏。"③唐太宗把忠臣是否勇于进谏提升到关系国家存亡与宰臣保全自身的高度,足见他对百官进谏的重视和对治理国家关键所在的深刻认识。贞观元年(627),太宗谓侍臣曰:"正主任邪臣,不能致理;正臣事邪主,亦不能致理。惟君臣相遇,有同鱼水,则海内可安。朕虽不明,幸诸公数相匡救,冀凭直言鲠议,致天下于太平。"谏议大夫王珪对曰:"臣闻木从绳则正,后从谏则圣。"太宗称善,诏令此后宰相入内讨论国家大事,谏官随从左右旁听,预闻政事,可向皇帝直接进谏,虚己纳之④。

"必须授受无滥,爵赏以人"一句,与太宗君臣选官择人言论有密切关系。此句对策应该是吸收和总结了太宗君臣言论的精华,是对相关言论的高度概括和升华。鉴于上文所论太宗认为"贤能"安天下的重要性,选才不当定然会带来深远的危害和影响。选才的关键,在于人才难知,贤才难得,德才兼备更是难得。因此,唐太宗经常与近臣探讨选人的原则和标准。贞观六年(632),太宗谓魏徵曰:"古人云,王者须为官择人,不可造次即用。朕今行一事,则为天下所观;出一言,则为天下所听。用得好人,为善者皆劝;误用恶人,不善者竞进。赏当其劳,无功者自退;罚当其罪,为恶者戒惧。故

---

① 《新唐书》卷一〇五《褚遂良传》,第4025页。
② 《贞观政要》卷三《论择官第七》,《贞观政要集校》,第165页。
③ 《贞观政要》卷二《求谏第四》,《贞观政要集校》,第83页。
④ 《贞观政要》卷二《求谏第四》,《贞观政要集校》,第83—84页。

四、敦煌本"策府"与唐初社会

知赏罚不可轻行,用人弥须慎择。"徵对曰:"知人之事,自古为难,故考绩黜陟,察其善恶。今欲求人,必须审访其行。若知其善,然后用之。设令此人不能济事,只是才力不及,不为大害。误用恶人,假令强干,为患极多。但乱代惟求其才,不顾其行。太平之时,必须才行俱兼,始可任用。"①在唐太宗看来,王者选官必须慎重,只有选拔德才兼备的"好人",才能达到选拔贤才、扬善惩恶的作用。魏徵也认为选人必须"审访其行",必须选善,否则为害极多,太平盛世更加应该选拔"才行俱兼"者。天子的一言一行都关乎天下士大夫善恶标准的判断,一旦赏罚失序,则善人退,恶人进,将会损害以选贤用能表率天下的作用,影响引导世人积极向善的功能。唐太宗"善于用人",深知知人要明辨善恶、用人要舍短取长,将认识和实践结合、理想与现实结合,找出其中最佳方案。他在晚年曾经总结自己的用人经验:"且用人之道,尤为未易。己之所谓贤,未必尽善;众之所谓毁,未必全恶。知能不举,则为失材;知恶不黜,则为祸始。又人才有长短,不必兼通……舍短取长,然后为美。"②同卷"断贪浊"篇对策在这个问题上也有类似看法:"用非其才,则妨贤蠹政。臣(巨)川可满,厄漏难盈。渴马无让水之心,饿彪焉守肉之志。"对策还指出解决"断贪浊"的办法,在于"理在铨衡",即吏部选举得正人,就会"涤浇风,而布有道";若能"荡贪秽,而举贤才",则贪浊者自绝。总之,唐太宗明于知人,善于用人,为历代史学家、政治家所称道。太宗量才用人,取其长处的用人政策,与对策所云"必须详审,量得其人"的观点,应该是一致的。应该说,此篇对策是对贞观年间相关选官观念的一个反映,也是这个时代的反映。"必须授受无滥,爵赏以人"一语,实际上就是对太宗所说"王者须为官择人,不可造次即用"的发挥和理解,反映了这个时代的特点。

"便能匡赞皇规,彝伦帝道"一句,说明了"审官授爵"的最终目的。唐太宗热衷选贤的目的在于听取贤才忠言、嘉谋,匡正君王得失,谈论至治之道。欧阳修在称赞唐太宗用人时云:"王者用人非难,尽其才之为难。观太宗之责任也,谋斯从,言斯听,才斯奋,洞然不疑,故人臣未始遗力,天子高拱操成

---

① 《贞观政要》卷三《论择官第七》,《贞观政要集校》第161页。
② 《全唐文》卷一〇太宗皇帝《金镜》,第128页。

功,致太平矣。"①君王能够正确听取宰臣的良谋、嘉策,善于纳谏才是"尽其才"和"才斯奋"的关键。因此在实际中,忠良之臣在匡谏君王方面发挥了很好的作用。唐太宗在用人和纳谏方面可谓圣明之君。早在贞观二年(628),他就求教魏徵,如何做个圣明之君,魏徵对以"兼听则明,偏信则暗","人君兼听广纳,则贵臣不得拥蔽,而下情得以上通也"②。唐太宗深以为然。魏徵"雅有经国之才,性又抗直,无所屈挠。太宗每与之言,未尝不悦。徵亦喜逢知己之主,竭其力用"。魏徵虽然出自敌对阵营,但太宗器重他的才能,给予重用。魏徵以敢于进谏而闻名,对唐太宗的进谏近乎苛刻,以致太宗都有些受不了。唐太宗也不得不承认:"徵每犯颜切谏,不许我为非,我所以重之也。"当然,魏徵也说自己之所以敢进谏的原因是"陛下导臣使言,臣所以敢言"③。唐太宗也给魏徵很高评价,说魏徵"随事谏正,多中朕失,如明镜鉴形,美恶毕见"④。都足见谏臣的重要作用,如对策所言"匡赞皇规,彝伦帝道"。太宗选贤用能的方略、具体实践和成就,大概就是对策中所言"爵不惭人,人无愧爵"的选贤用能的最高境界吧!

"必须人才称职"等语与唐初选拔人才观念的联系。尽管选举是否得人关系着国家的安危、世风的好恶和世人的进退,但善恶难知、人才难得是选举中普遍存在的一个问题。因此,在人才的具体选拔上,必然存在一个审查和辨识的问题。本篇对策所云:"必须人才称职,前审后行;不可虚望高门,隆官旧荫";"必须详审,量得其人。爵不惭人,人无愧爵。"此篇对策的论点一定程度上反映了唐太宗的选举贤能的观念,带有明显的时代特征。唐太宗认为人才难得,却反对天下无才的说法,强调"前代明王使人如器,皆取士于当时,不借才于异代",关键就在于如何选贤的问题、选才的工作是否已经做得很深入的问题。贞观元年(627),太宗谓房玄龄等曰:"致理之本,惟在于审。量才授职,务省官员。"在他看来"官不必备,惟其人",在于审查官员才能与品性,即所谓的"审官",若官员的品行和才能不足,没有合适的人选,

---

① 《新唐书》卷九八《韦挺传赞》,第 3906 页。
② 《资治通鉴》卷一九二唐太宗贞观二年正月条,第 6047 页。
③ 《贞观政要》卷二《任贤第三》,《贞观政要集校》第 62 页。
④ 《贞观政要》卷二《求谏第四》,《贞观政要集校》第 89 页。

四、敦煌本"策府"与唐初社会

"虽少亦足矣"①。

为了选拔"才行俱兼"的贤能,在具体实践中,太宗还制定了相关"考课之法"。他不失时机地下令:"诸州官人,或正直廉平,刑清讼简;或贪婪货贿,害政损人,宜令都督刺史,以名封进。"②对官员的善恶、业绩进行考评,这大概就是对策中所说的人才"前审后行"的问题,需要对其不断进行考评和约束才能分辨贤愚。显然,贞观年间,太宗选贤举能的风气很盛,编撰《策府》的作者当然要在这方面把握各类"策题",为举子提供高水平的对策范文。

其次,探讨一下"进士无大才"篇与太宗选贤观念的关系。该篇应当是作者根据唐太宗有关选举言论而拟作的,其中有些内容应该反映了贞观后期科举考试的相关内容。唐太宗非常重视任用贤能,即位不久就着手选举贤能,下求贤举人诏③,招纳天下英彦。唐太宗的任用贤能在整个唐代都比较突出,魏徵曾赞许其"贞观之初,求贤如渴,善人所举,信而任之"④,可以说是不遗余力。如贞观元年正月,太宗令封德彝举贤,封举贤不力,于是责之云:"君子用人如器,各取所长,古之致治者,岂借才于异代乎?正患己不能知,安可诬一世之人!"⑤这一观念,正好与策问中所说"诸州进士,无复往昔之人……为是人无厚德,为是举不得人"的选贤观念相一致。本篇策云:"春阳一照,菉竹抱虚节而抽萌。夏雨才临,红莲捧心而出沼。"这也与唐太宗人才辈出、"古之致治者"无法"借才于异代"的思想共鸣,可以说是作者为迎合当朝圣意而作。此篇策文,或许还与贞观十八年(644)太宗不满诸州荐举有关。是年,诸州荐送十一人,太宗亲自召见,当面询问政道,众举子"莫能对扬,相顾结舌";太宗又令笔试,众人"构思弥日,终不达问旨",太宗遂将其"并放还,各从本色",对失职举主"以举非其人罪论,仍加一等"。太宗并不

---

① 《贞观政要》卷三《论择官第七》,《贞观政要集校》第155页。
② 《全唐文》卷五太宗皇帝《赐孝义高年粟帛诏》,第59页。
③ 《全唐文》卷五《荐举贤能诏》、卷六《令河北淮南诸州举人诏》、卷六《求访贤良限来年二月集泰山诏》、卷七《令州县举孝廉茂才诏》、卷八《令天下诸州举人手诏》,第68、71、78、84、95页。
④ 《贞观政要》卷一○《慎终第四十》,《贞观政要集校》第538页。
⑤ 《资治通鉴》卷一九二唐太宗贞观元年正月条,第6032页。

认为当世无才，只是"牧宰循常，未尽搜扬之道"，令其仍加荐送①。

比较明确进士无用的观点，大概是贞观二十二年（648）九月进士科考试之争。是年考功员外郎王师旦知举，当时进士张昌龄、王公瑾"并有俊才，声振京邑"，王师旦考其文策全下，颇出众人意外，连太宗也非常奇怪，于是召师旦询问，师旦对以"此辈诚有文章，然其体性轻薄，文章浮艳，必不成令器。臣若擢之，恐后生相效，有变陛下风雅"。太宗听后连连称是②。此事之所以得到太宗认可，是因为唐初进士试策大概本该重经史。本篇策问所言"昔则博综群经，该罗史籍"，很可能就是指王师旦所说进士对策"体性轻薄，文章浮艳"，与唐太宗"才行俱兼"的用人标准发生了偏离。显然，贞观末年进士科考试对策已重"文章浮艳"，偏离政事，在王师旦看来，"必不成令器"，不能有效选拔治国理民的贤能之才。因此，太宗皇帝尽管觉得张、王文采出众，理当及第，但听了王师旦的话，权衡"经义"、"史籍"和"文章"，还是认同"经义"、"群经"对治国更为重要。尽管如此，进士科考试还是很快以"文章"为重，取代了重经义的标准③。不过，王师旦言论能得到太宗的认可，多少说明进士"必不成令器"的观点代表了一定的社会呼声，并引起社会的广泛讨论。本篇"进士无大才"的立意很可能就是针对此事及社会思潮模拟而作。因此，本篇内容，也可以补证本件写卷的写作时间应该在贞观末。

综合以上对唐初进士科、明经科和制科试策考试特点以及相关考试制度的考察，我们认为本件文书中大多数"策"反映的是贞观前期的内容，少数则反映了贞观末的情形，故其写作年代为贞观初的可能性较大，但也不排除文书作者在贞观末就整个贞观年间的社会问题来模拟对策的可能性。本件文书应该是为进士试策准备的模拟试策范文，比照《兔园策府》之名，暂定"策府"。我们以"括放客户还乡"、"审官授爵"、"进士无大才"等篇策文为中心，对本件"策府"所反映的进士试策与贞观年间的安民静民思想、选举观念，以及时代风气进行探讨，认为这些策文集中反映了贞观年间唐太宗在安辑流民、与民休养和选举贤能等方面的策略和观念，显然是作者揣摩当时的

---

① 《全唐文》卷五太宗皇帝《荐举贤能诏》，第68页。
② 《唐会要》卷七六《贡举中·进士》，第1379页。
③ 参陈寅恪《唐代政治史述论稿》第72—73页。

四、敦煌本"策府"与唐初社会　　　　　　　　　　　　67

社会热点问题而作的。如"括放客户还乡"篇，反映了唐太宗即位后，为解决唐初幅员辽阔与人口稀少的矛盾，大力推行汉民还乡和安辑流民的策略，实现社会的稳定和经济复苏。"审官授爵"中有关选贤用能的观点，正本于唐太宗的"任官惟贤才"，他认为"致安之本，惟在得人"，"得人"与"安天下"紧密结合。该件对策中的一些论调应该就是唐太宗"进善人，共成政道"、"王者须为官择人，不可造次即用"等选贤观念的发挥和理解，鲜明地反映了时代的特点。"进士无大才"篇，应当是作者根据唐太宗有关选举言论而拟作的，具体针对唐太宗对封德彝所说世间代有人才辈出，用人无法"借才于异代"之事而命题；也与贞观二十二年(648)考功员外郎王师旦以"文章浮艳"为由，将张昌龄、王公瑾摒黜落第事有一定的关系。

五、试论唐代制举试策文体的演变

唐代制举考试主要是试策,其文体可分为策问和对策两部分,该制度形成较早。早在唐初,制举考试就以试策为主要选拔方式,中晚唐制举试策发生了很大的变革,并逐步形成较为固定的文体。关于唐代制举试策的问题,陈飞《唐代试策的形式体制——以制举策文为例》一文进行了大胆的探讨和总结①,不乏有创见之处,但却忽视了唐代试策的发展过程,其主张的"策文的结构体制"也只是中晚唐制举试策定型后的文体,并不能代表整个唐代制举试策的标准问题。唐前期制举试策一般试三道,偶有五道、两道者②。永淳二年(683)三月敕:"令应诏举人,并试策三道,即为永例。"③此后,大约近四十年的时间,唐代制举试策基本遵循此制。到开元九年(721)五月,玄宗《策试贡举人于含元殿敕》云:"卿等知蕴韬略……各整尔能,对敫所问。古有三道,朕今减其二策,近无甲科,朕将存其上弟(第),务收贤隽,用宁军国。"④因此开元九年,玄宗将对策数量由三道降为一道⑤,这是唐代制举试策制度的一个大的转折点,直接影响到制策考试文体和内容的变化。此次改革表面上减轻了制举试策的负担,但实际上却避免了策文道数过多而篇幅有限,不利于举子就某个问题进行发挥、深入剖析、针对策问发表高论、充分发挥才智的弊病。唐前期制举对策一般限定在五六百字左右⑥,大概到开元二年(714),制举对策的字数有所增加,从现存对策的字数来看,往往超过

---

① 陈飞《唐代试策的形式体制——以制举策文为例》,《文学遗产》2006年第6期,第37—44页;陈飞《唐代试策考述》,北京:中华书局,2002年,第268—276页。
② 贞观十五年,太宗诏举贤良,颜师古作制举策问五道。
③ 《唐会要》卷七五《贡举上·帖经条例》,第1376页。
④ 《宋本册府元龟》卷六四三《贡举部·考试第一》,第2124页。
⑤ 陈飞《唐代试策考述》第268—276页。
⑥ 〔宋〕李昉等编《文苑英华》卷四七九《策》,北京:中华书局,1966年,第2443—2445页。如薛稷《临难不顾徇节宁邦科策三道》,字数约分别为500字、540字、570字。

五、试论唐代制举试策文体的演变

了三千字①,这样就造成制举考官阅读量的加大,不利于其在有限的时间内对大量对策进行公正评判。于是开元九年(721),玄宗将试策改为一道,虽然策问道数减少了,但是举子论述单个具体问题的篇幅增加了,举子对策总的字数较之前期并未大量增加,既保证了举子才华的发挥,又未增加考策官的阅读量。

严格地讲,制策应该包含策问和对策两部分。唐代制举试策的策问和对策的文体都有个发展、演变的过程,到中晚唐逐步形成相对固定的格式,并非如陈飞所说唐代制举试策文一直存在一个结构体制。

(一) 唐代策问文体的演变

策问,就是制举考试的试题,主要依据是年制举开设的具体科目,围绕科目的性质,依据经典、史籍内容,结合政治和社会问题提问,一般由考策官以皇帝口吻发表相关见解,并对某些问题提出疑问,然后鼓励举子进行解疑、对策。对策是举子针对策问的内容,依据经典和时政对答策问。一篇完整的制策文,由策问和对策组成②,两者是一个统一体,策问不仅决定对策的内容,而且会影响举子对策是否直抒胸臆、恳切务实等等。制举策问往往从时政和典章出发,考察举子能否洞晓当朝"皇王之要道,邦家之大务"。如宋人唐询评论元和年间制科之盛时说:"若元稹、白居易,皆特出之材,观当时策目,所访者皇王之要道,邦家之大务。"③不过,唐代前后期制举策问的变化较大,前期策问主要以前朝圣贤治国、选贤、直荐等为内容,举子往往也是转

---

① 《文苑英华》卷四八三《策·贤良方正科策七道》,第2464—2468页。开元二年贤良方正科对策,孙逖、李玄成的约为1300字,沈谅的约为990字。

② 陈飞《唐代试策的形式体制——以制举策文为例》一文认为"试策文",由策题、策问文、对策文构成(《文学遗产》2006年第6期,第37—44页)。实际上,陈氏所说的策题,就是制举科目的名称,目前尚无其他史料证明其为"策题"。陈氏说:"《文苑英华》载此策文有题曰'贤良方正能直言极谏策'",显然,陈氏的说法不妥,《文苑英华》在"贤良方正能直言极谏"后根本没有"策"字,《文苑英华》只是按照体例将"贤良方正能直言极谏"等不同科目放在"策"的条目下,"策"的条目涵盖了策问和对策,因此,制举考试时不存在所谓的"策题"。若一定要说是策题的话,后人编辑策问和对策时,按科目加以"策题",分科编辑。

③ 〔清〕徐松《宋会要辑稿》第一一一册《选举十·制举》,北京:中华书局,1957年,第4425页。

述经典、史实,虚美当朝时政,很少结合当朝时政和社会问题发论,更不用说指斥朝政和各种社会问题了。中晚唐制举试策的一个显著变化就是策问和对策开始关注时政和社会问题,特别是举子对策不仅将经典、史实与现实具体问题相结合,而且敢于畅谈敏感的社会问题,指斥时政,大大激活了制举策问的目的和功效。当然,这一转变是与中晚唐出现严重的政治问题、社会问题、民族问题有着密切的关系,整个社会的反思和改革思潮直接影响了制策文体的变化。

随着唐代社会的变迁,策问的功能也发生了变化,从而导致了策问结构的不断调整和变化。唐代策问结构发展的趋势是从简单到复杂,渐趋规范。陈飞将策问称为"策问文",强调其文体性质。他将策问划分为起问辞、称制辞、导问语、问题语、促对语。实际上,唐代制举考试中的策问结构,并不像陈氏所说的那样"唐代试策在形式体制上的要求之高、恪守之严,都是前所未有的"①,而是随着社会的变迁逐渐发生变化,甚至在同一时期不同制策官所出策问的结构也有所不同。陈氏所说的策问结构从严格意义上讲只能部分代表中晚唐的策问结构。唐代策问基本要素为起问、引问、设问、束问四个部分②,因时代和考官的不同,策问的结构有所不同。

唐代策问均以"起问"开始发问,就是陈飞所说的"起问辞"。唐前期的"起问"一般以"问"字起问,至贞元元年(785)以后,才多以"问:皇帝若曰"五字起问③,有时也直接以"问"字开始。

起问之后便是"引问",这部分主要通过对前朝圣贤的颂扬和盛世的赞誉引出当朝所面临的问题,承接下文的"设问",即陈飞所说的"称制辞"和"导问语"部分。陈氏所说的"称制辞"仅是皇帝的代称、语句的构成部分,并不是组成策问的结构,应该是"引问"的一部分。唐代制举策问之引问常以"朕闻"、"朕观"、"朕"等语开始,不过唐前期所谓的皇帝"称制辞"不一定在

---

① 陈飞《唐代试策考述》第268—276页。
② 为探讨方便,本文在划分试策文的文体结构时,尽量使用与陈氏一致的术语,若有不同的地方再做相关说明。
③ 《文苑英华》卷四八六《策·贤良方正能直言极谏策》,第2479页。

五、试论唐代制举试策文体的演变　　　　　　　　　　　　　　　　　　　　　71

每篇策问中都有,如长寿三年(694)临难不顾徇节宁邦科策问三道①、证圣元年(695)长才广度沉迷下僚科策问②、景云三年(712)道侔伊吕科策问③、景云三年文可以经国科策问等④、某年沉谋秘略科策问⑤、天宝十三载(754)洞晓玄经科策问⑥,均未有皇帝的称谓辞,也未明确皇帝亲策的口吻,相应地缺乏束问部分中"朕将亲览"等亲试语句。因此,没有必要将皇帝的称谓单独作为"称制辞",看作策问不可或缺的组成部分。唐代制举策问的"引问"部分一般由两部分组成:第一部分多以"朕闻"、"朕"等皇帝的口吻褒奖前朝圣贤的丰功伟绩及为君治国的宏论;第二部分同样以"朕闻"、"朕"等皇帝的口吻,坦言当下急需解决的社会问题,以自谦的形式表示自己执政的不足,点明策题的用意,为下文的发问做铺垫。唐前期策问中这两部分很少同时具备,往往只具备其中一个,大概在开元九年(721)以后,这两部分才基本上变得不可或缺。不过,唐前期,皇帝的称谓辞有时也可以省去,以其他词语替代,直接用"若"、"圣皇"⑦、"自"、"我皇"等语⑧进行连接转承。中晚唐随着策问中"引问"部分分量的加重,不仅在"引问"中强调皇帝亲试的色彩,还以"朕闻"、"(朕)盖闻"、"朕窃"、"朕观"、"朕"等词来凸显策问乃皇帝"亲自"出题、亲试,从而完成"引问"中两部分之间的转承。这一变化从建中元年(780)以后,以直言极谏科策问最为显著。其主要原因应该与中晚唐皇帝通过制举考试以选拔"非常之才"的功能日渐突出有关,制举出身在仕进中的优势越发明显,特别在宰相等高官的选拔中尤为重要,皇帝"亲试"称谓正充分凸显了这一转变。安史之乱给唐朝盛世以重创,朝政和社会各方面都出现了严重问题,历经肃宗和代宗的努力革新,唐朝的危机略有好转。德宗、宪宗、文宗等也都锐意革新,希望重振唐朝的盛世,面对众多的政治和社会

---

① 《文苑英华》卷四七九《策·应临难不顾徇节宁邦策(三道)》,第2443—2445页。
② 《文苑英华》卷四七九《策·长才广度沉迷下僚策》,第2446—2447页。
③ 《文苑英华》卷四七八《策·道侔伊吕策三道》,第2438—2439页。
④ 《文苑英华》卷四七九《策·文可以经国策》,第2445页。
⑤ 《文苑英华》卷四八〇《策·沉谋秘略策(第一道)》,第2451页。
⑥ 《文苑英华》卷四七七《策·洞晓玄经策》,第2436—2437页。
⑦ 《文苑英华》卷四七九《策·应临难不顾徇节宁邦策(第一道)》,第2443页。
⑧ 《文苑英华》卷四七九《策·应临难不顾徇节宁邦策(第二道)》,第2444页。

问题,急于向士大夫寻求方略。制举考试的初衷就是让举子以对策的形式结合经典和时务提出见解和对策,以便为执政者提供借鉴和思路。因此,在这种情况下,皇帝急切希望获得人才和解决对策,在策问中就表现为皇帝亲试的语气至为诚恳、亲切。

引问之后是"设问"部分,为策问的主体和关键,主要是对引问部分进行承接,进而提出具体的问题,启发举子对答,即陈飞所说的"问题语"。起初设问往往以"今欲"开头①,自长寿三年(694)以后多以"子大夫"开始设问②,但到建中以后,几乎现存每篇策问都以"子大夫"开启设问。设问一般是经过承问引述问题之后,以皇帝对问题的疑惑、不明、未知所从为由,往往在句尾用"耶"、"也"、"欤"、"明欤"、"可欤"、"安在"、"乎"、"何"、"何为"、"哉"、"为"等丰富的疑问语气词,依次以委婉的语气发问。设问在开元九年(721)以前,一道策问中一般只提同一类的问题③,主要原因是此前的制举考试一般试策三道,因此不同类型的问题,可以分别在不同策问中提问,每道策问中的相对提问数量就较少。开元九年之后,制举试策改为一道,相对来讲,设问部分的提问内容往往不局限于同一类问题,加之中晚唐策问的内容倾向于时务策,往往针对现实具体的社会问题。因此,设问内容往往涉及多方面问题,通常按照问题类型和主次,逐个发问。

设问之后,便是束问。束问主要从敦促举子应对和强调皇帝亲览两个层次,来勉励举子积极应对,并结束策问④。前期束问一般都很简短,以两句话结束,多以"伫尔昌言,朕将亲览"⑤,"式副对扬,朕将亲览"⑥,"朕将亲览,尔等明言"等语结束⑦。唐前期策问中若未出现皇帝亲试称谓,则束问往往

---

① 《文苑英华》卷四八一《策·词标文苑科策(光宅元年)》,第2458页。
② 《文苑英华》卷四七九《策·应临难不顾徇节宁邦科策(三道)》,第2443页。
③ 陈飞《唐代试策的形式体制——以制举策文为例》一文认为"每道策问往往只有一个问题",似乎不妥。
④ 陈飞《唐代试策的形式体制——以制举策文为例》一文称为"促对语",似乎不及"束问"准确。
⑤ 《文苑英华》卷四八一《策·词标文苑科策》,第2458页。
⑥ 《文苑英华》卷四八二《策·贤良方正策(第二道)》,第2461页。
⑦ 《文苑英华》卷四八三《策·贤良方正策七道》,第2464页。

五、试论唐代制举试策文体的演变

以"弛张之术,去就何从"①、"伫聆良策"②、"咸请缕陈"等语结束,省略朕将亲览之类的语句。显然,唐前期束问非常简单,敦促举子应对的语言非常平淡、简短,往往以"悉情以对,用释余疑"等语③,宽慰举子,直书心意,无所顾忌,偶尔会强调一下"朕将亲览",择善用之。中晚唐束问中促对语气较之前期有所加重,语气更为诚恳。如建中元年(780),直言极谏科策问云:"在于朕躬,所有不逮,条问之外,委悉书之,必无面从,以重不德。"④贞元元年(785),贤良方正能直言极谏科策问云:"子大夫蕴畜才器,通明古今,副我虚求,森然就列。匡朕之寡昧,拯时之艰灾。毕志直言,无有所隐。"⑤贞元八年(792),博通坟典达于教化科策问云:"九流得失之论,历代兴亡之由,王、郑释礼之异同,《公》、《谷》传经之优劣,必精必究,用沃虚怀。"⑥贞元二十一年(805),茂才异等科策问云:"各罄所闻,备申谠议,虚怀固久,勿隐予违。"⑦元和元年(806),才识兼茂明于体用科策问云:"子大夫熟究其言旨,属之于篇。兴自朕躬,无悼后害。"⑧长庆元年(821),贤良方正直言极谏科策问云:"至于朝廷之阙,四方之弊,详延而至,可得直书。退有后言,朕所不取。子大夫其勉之。"⑨大和二年(828),贤良方正直言极谏科策问云:"推此龟鉴,择乎中庸;期在洽闻,朕将亲览。"⑩中晚唐之所以出现这种转变的原因,一方面大概是开元九年(721)以后,试策多道改为一道,策问分量随之增大,"促对"语相应增加也在情理之中;另一方面,该时期策问中提问的问题往往涉及时务和敏感话题,若不从思想上解放举子的顾虑,恐怕无人敢直言极谏,这在某种程度上反映了中晚唐朝野思变和皇帝锐意革新、力挽颓势的时代风气。

---

① 《文苑英华》卷四七九《策·应临难不顾徇节宁邦科策(第二道)》,第2444页。
② 《文苑英华》卷四七九《策·应临难不顾徇节宁邦科策(第三道)》,第2445页。
③ 《全唐文》卷三〇一邢巨《应文辞雅丽科对策(并问)》,第3054页。
④ 《文苑英华》卷四九一《策·直言极谏策》,第2512页。
⑤ 〔唐〕陆贽撰、王素点校《陆贽集》卷六《策问贤良方正能直言极谏科》,北京:中华书局,2006年,第188页。
⑥ 《陆贽集》卷六《策问·博通坟典达于教化科问》,第193—194页。
⑦ 《文苑英华》卷四九一《策·茂才异等策》,第2514页。
⑧ 《陆贽集》卷二八《才识兼茂明于体用策一道》,第330页。
⑨ 《文苑英华》卷四九〇《策·贤良方正直言极谏策》,第2509页。
⑩ 《文苑英华》卷四九三《策·贤良方正直言极谏策一道》,第2521页。

不过,唐前期策问中引问和设问的形式都不是很固定,有时引问和设问的界限也不是很明确,束问的内容和格式的伸缩也不固定。中晚唐策问的起问、引问、设问、束问等结构逐渐分明,还出现了新的策问文体。中晚唐往往在一道策问中同时设问多个不同类型的问题,因此,起问之后便依次按引问、设问、束问的结构分别表述。如贞元元年(785),贤良方正能直言极谏科策问:

> 皇帝若曰:盖闻上古至道之君,垂拱无为,以临海内。不理而人化,不劳而事成,星辰轨道,风雨时若。邈乎其不可继,何施而臻此欤……何圣贤间生而莫之振也?朕祗膺累圣之业,猥居兆人之上……旌孝悌,举直言,养高年,敦本业,平均徭税,黜陟幽明……意者朕不明欤?何古今之事同而得失之效异也!思欲划革前弊,创立新规,施之于事而易从,考之于文而有据。备陈本末,将举而行,无或惮烦,略于条对。自顷阴阳舛候,祲沴频兴,仍岁旱蝗,稼穑不稔。上天作孽,必有由然,屡推凶灾,其咎安在……子大夫蕴畜才器,通明古今,副我虚求,森然就列,匡朕之寡昧,拯时之艰灾,毕志直言,无有所隐。①

此道策问以"无或惮烦,略于条对"一句为界,之前有引问、设问、束问完整的结构形式,是同一类型的问题;之后从"自顷阴阳舛候"至"无有所隐"又为另一类型的策问,也有完整的引问、设问、束问部分。这可以看作是中晚唐策问的典型;不过,不是每道策问的结构都很完备,而各有侧重,根据需要突出某个部分,也就相对忽略了其他部分。

总而言之,唐前期的策问格式和内容都比较简单,字数比较少,内容比较空洞,提问的内容也较笼统,多为典章制度、典故、治国、选贤、忠孝等较为空泛的话题,很少将策问内容有关现实结合起来,有关现实、时务的针对性不强。中晚唐策问不仅在格式方面日渐规范,而且策问内容多以时务为主,鼓励举子直述心意的语气更加强烈,集中反映了整个社会谋求变革的风气。

---

① 《陆贽集》卷六《策问贤良方正能直言极谏科》,第185—188页。

（二）唐代对策文体的演变

如策问文体一样，唐代制举的对策文体也经历了一个逐步发展完善的过程，并非一开始就如白居易《策林》所云①，对策的结构可分为策头、策项、策尾三部分；也不像陈飞所说，策头一般包括起对辞、承对辞、导对语、应对语，策项包括述制语、述问语、对答语、祈纳语，策尾包括起收辞、收束语、终对辞②。陈氏主要依据《策林》中的范例得出上述结论，但《策林》完成于元和初，二人所说的对策结构，乃是中晚唐流行的对策文体结构，并不能代表唐前期以及盛唐对策的结构特点。而且，陈飞对制举对策结构的进一步分解，也只是大致反映了中晚唐的非典型对策结构，不免有将唐代制举对策"八股"化的嫌疑，难免以偏概全。

实际上，唐代的对策形式比较灵活多样，早期对策比较简洁，策头和策项往往不是很分明，好多时候策头只有"对"字，策尾也很简单，甚至仅有"谨对"二字，对策的主体往往仅剩策项。如嗣圣元年（684），房晋《对词标文苑科策》云：

> 对：惟德动天，文云开其五色；惟贤济俗，大运符其半千。是知广厦将崇，必伫群材之用；巨川方济，良资舟楫之功。俾作股肱，方之羽翼。自风姜御辨之始，树以后王群公；云鸟分司之初，承以大夫师长。莫不投竿入相，舍筑称师，五臣光就日之朝，八凯翊薰风之代。阴阳由其燮理，百姓用以平康，善佐必藉于贤臣，辅国或伫于良佐。国家旁求俊义，束帛之礼荐陈；物色异人，丘园之彦咸萃。登坛对楚，连城之宝不足称；置馆求燕，照乘之珍无以贵。多士迈隆周之日，得人光炎汉之朝，犹以为官匪材升，仕因基进。显革因循之弊，用追稽古之风，诚愿察彼山苗之词，求夫纵壑之论。材或可纪，超升于槐棘之班；德或可褒，擢任于公卿之位。开其上赏之路，颂以中和之诗。则淳于髡之进贤，一朝而见七士；许子将之举德，少选而收二俊。自然词人阔步，才子长鸣，公理息

---

① 《白居易集》卷六二至六五，第 1288—1377 页。
② 陈飞《唐代试策的形式体制——以制举策文为例》。

《昌言》之篇，节信罢《潜夫》之作。谨对。①

显然这篇对策的策头和策尾仅为"对"、"谨对"三字，对策的主体为策项，大概是因为此篇对策篇幅短小，仅为三百余字的缘故，作者才把主要文墨都花在对策的主体策项部分了，有意省去了许多虚美和客套话。不过，稍后永昌元年(689)，张柬之的《对贤良方正策第一道》结构相对比较完整，策头、策项、策尾的结构也比较复杂，有点符合陈飞观点的意思②。但此后制举对策的格式基本上比较简洁，篇幅比较简短，直到开元二年(714)以后，对策的结构和格式逐渐趋于完整，篇幅大为增长③，最终在开元九年(721)，制举试策由三道改为一道，每道对策的字数大幅增加，为对策文体规范的逐渐形成提供了条件。此后，对策的策头、策项、策尾相对比较完整，每部分都有相对固定的格式。从现存对策内容和结构来看，中晚唐对策还存在文体方面的差异性。为了清楚地看出其渐变历程，现从对策的策头、策项、策尾等方面分别加以考察。

策头，是对策的起始部分，其结构有个逐步发展完善的过程。早期对策大多没有策头部分或文字非常简略，多以"对"字一笔带过，直接进入策项部分。直到永昌元年(689)，才出现了比较规范的策头。如张柬之的《对贤良方正策第一道》云：

> 对：臣闻仲尼之作《春秋》也，法五始之要，正王道之端，微显阐幽，昭隆大业，瀍洛之功既备，范围之理益深。伏惟陛下受天明命，统辖黎元，载黄屋，负黼扆，居紫宫之邃，坐明堂之上。顺阳和以布政，摄三吏而论道。雍容高拱，金声玉振。征求无厌，误及厮贱。微臣材朽学浅，诚不足以膺严旨，扬天休。虽然，敢不尽刍荛，罄狂瞽，悉心竭节，昧死上对。④

该对策中首次出现了策头的起对、承策、应制、应对四个要素。在起对之后出现了承策。承策是策头的核心，是对应策问中的引问，一般是通过赞美先贤，说明策问的主旨和开科的目的，往往以"臣闻"、"臣伏见"、"臣言"、"臣伏念"、

---

① 《文苑英华》卷四八一《策》，第 2458 页。
② 《文苑英华》卷四八二《策》，第 2459—2460 页。
③ 孟二冬《〈登科记考〉补正》，《国学研究》第 8 卷，2001 年，第 291—314 页。
④ 《文苑英华》卷四八二《策》，第 2459 页。

五、试论唐代制举试策文体的演变

"臣"等自我称谓开始对策,与承策中的"朕"相对应,体现举子是应皇帝策问而对策。承策之后为应制,主要结合引问的内容,进而赞誉当今圣上忧国忧民、虚心纳谏的圣明姿态,往往以"伏惟陛下"、"今陛下"等开始,以"锡臣之策,思以启沃"等溢美之词结束①。策头的最后是应对,主要是表明自己对圣上的忠诚、对策坦诚、冒死力谏,以及自谦才学浅薄等。永昌元年之后,制举对策的策头基本上都没能同时具备起对、承策、应制、应对四个要素,多数情况下仅具备起对、承策、应制三项,或仅有起对和承策,或为起对和应制。直到建中元年(780)以后,多数制举对策的策头才基本以这四个要素为基本结构。今以建中元年姜公辅《对直言极谏策》为例来做分析。其对策云:

> 对:臣闻尧舜之驭寓(宇)也,以至理理万邦,以美利利天下,百姓犹惧其未化也,万邦犹惧其未安也。乃复设谤木,询说议,不敢蒲假,不敢荒宁。伏惟陛下玄德统天,文思居业。慎重光之丕绪,返淳古之休风。光启宪章,畴咨菅蒯,锡臣之策,思以启沃。臣狂简不知化源,谨昧死稽颡,辄陈愚虑。②

此件策头以"对"字起对后,承策以"臣闻"起始,至"不敢荒宁"结束。应制以"伏惟陛下"起,至"思以启沃"结束。之后,便是"应对"。中晚唐策头的最大变化就是"应对"部分得到了充实,往往在此部分花很多笔墨赞誉皇帝的圣恩和雅量,主要为策项中涉及敏感问题埋伏笔,避免得罪圣上和考官,当然也不乏有借此引起皇帝和考官注意的意图。如"臣狂简不知化源,谨昧死稽颡,辄陈愚虑"诸语;又如"愚臣智识庸鄙,经术短浅,不足以充明诏之言,而隐罪大矣!敢不俯罄愚衷,仰谢万一"等③。由于中晚唐制举考试的政治环境比较宽松,举子对策往往指斥时政,难以避开时政败坏、社会矛盾等问题。尽管举子极力赞美皇帝,声称昧死对策,但还是非常担忧自己的对策会招致皇帝、执政及考官的反感,往往在应对部分要花笔墨为自己开脱,有时效果并不尽如人意。如元和三年(808)皇甫湜《对贤良方正直言极谏策》云:

---

① 《文苑英华》卷四九一《策·对直言极谏策(姜公辅)》,第2512页。
② 《文苑英华》卷四九一《策》,第2512页。
③ 《文苑英华》卷四九一《策·对茂才异等策(杜元颖)》,第2514页。

> 陛下何惜一赐臣容足之地于冕旒之前,使得熟数之乎? 可采则行之,无用则罢之,何损于明也? 然臣不敢有望于是,谨旁缘圣问,粗竭愚瞽,倘陛下怜察其志而宽其诛,赐之当日之间,而卒其说,则覆照之下,形气之生,孰不甚幸!①

皇甫湜之所以这样恳切,是因为他将在下文对当时的朝政进行深刻揭露,激切指斥朝政,强烈要求改变社会问题,对当朝权贵进行毫不容情的痛批。虽然,他已经竭力为自己对策的谠直进行辩护,但最终还是招致当朝权幸的哭诉。宪宗不得已,最后还是将考策官吏部尚书杨於陵出为岭南节度使、吏部员外郎韦贯之出为果州刺史,复核官翰林学士裴垍守户部侍郎②。从某种程度上讲,举子对策应对语气的谦卑程度往往与其对策的犀利程度相适应。如著名的大和二年(828)制举考试,刘蕡《对贤良方正直言极谏策》云:

> 臣既辱斯举,专承大问,敢不悉意以言。至于上之所忌,时之所禁,权幸之所讳恶,有司之所与夺,臣愚不识。伏惟陛下少加优容,不使圣朝有谠直而受戮者,乃天下之幸也,非臣之所望也。谨昧死以对。③

刘蕡在应对中所言绝非谦卑之辞,他的这篇对策可以说是唐代制举对策批评朝政、权要、宦官、藩镇等当时痼疾问题最为严厉、犀利的一篇,最终不仅使自己落榜,而且惹恼了宦官,直接导致了唐代制举考试制度的停废④。

策项,是对策的主体和核心,是针对策问中皇帝提出的设问,进行逐个或综合对答。唐代对策中,唯独策项所占分量最重,但是唐前期与中晚唐仍然差别很大。陈飞将策项分为述制辞、述问语、起对语、对答语、祈纳语五个部分⑤,并不能概述唐代策项的典型形式,而应该从时代变迁的角度看待策

---

① 《文苑英华》卷四八九《策》,第 2499 页。
② 参见《旧唐书》卷一七六《李宗闵传》,第 4552 页;岑仲勉《隋唐史》下册,北京:中华书局,1982 年,第 430 页;唐长孺《山居存稿》,北京:中华书局,2011 年,第 216—223 页;程奇立《元和制举案辨正——兼与岑仲勉、傅璇琮先生商榷》,《烟台师范学院》(哲社版)1990 年第 1 期,第 37—41 页。
③ 《文苑英华》卷四九三《策》,第 2521 页。
④ 参见陈寅恪《唐代政治史述论稿》第 98 页;韩国磐《唐朝的科举制度与朋党之争》,收入其《隋唐五代史论集》,北京:生活·读书·新知三联书店出版社,1979 年,第 267—283 页。
⑤ 陈飞《唐代试策的形式体制——以制举策文为例》。

五、试论唐代制举试策文体的演变

项结构的变化。其结构剖析也值得商榷。笔者认为应该将策项分为述策、对策、祈纳三个部分。述策,就是按照策问内容的先后顺序进行复述,它包含了陈氏所说的述制辞、述问语。陈氏一再强调"辞"、"语"等语气辞,实际上指的都是策项同一部分内容,因此直接用"述策"表述更为妥当。其所说的"述问语",其实就是对策问进行简单概述,而很多对策都没有所谓的"述问语",因此,可以视作述策的组成部分。述策通常以"制策曰"、"赐臣制策曰"、"赐愚臣制策云"、"陛下制策曰"、"臣伏以圣策首言曰"、"陛下谓"、"策曰"等语直接引述策问的原话;或以"伏见圣策咨问"、"伏见圣策顾问"、"伏读圣策次问"、"伏读圣策乃见"、"伏读圣策又见"、"伏蒙陛下赐臣之策"、"臣伏见圣策次问"、"臣伏读睿问"、"陛下以……欤"、"陛下以……耶"、"伏以圣策有"等语概述或转述策问。唐前期受篇幅的影响,策项内部结构还不是很完整、规范,多是将策问提出的问题进行综合概述,仅有少数采用引述形式①,甚至没有对策问部分进行述策,便直接发表自己观点。但到开元二年(714)以后,策项中述策一项便渐趋完整、规范,特别是开元九年(721)以后对策篇幅的增加为述策提供了空间和发挥的余地,述策成为必不可少的一项内容。在具体的对策过程中,一般采用述策方式,有时为了使文章活泼,也将两种述策方式交互使用。

述策之后,便是对答,就是对策问中提出的问题进行逐个或综合回答,是对策的核心。陈飞将这部分分为起对语和对答语两部分,实际上他所主张的起对语就是对答的过渡语,不必单独视为一项内容。对答往往以"臣闻"、"窃惟"等谦卑的称谓语开始,不过唐前期对答有时是直接开始,中晚唐相比要规范得多,以"臣闻"最为常见,偶尔也有以"伏惟"、"伏以"、"若臣所见"、"臣请"等语开始。对答的内容也有明显变化。唐前期基本上是在策问基础上,引经据典,结合史籍进一步解释和发挥策问内容,注重辞藻,关注现实不够。中晚唐对策风气出现较大转变,普遍注重现实,敢于指斥权要,苦诋时政,勇于献策,一定程度上促涨了士大夫参与国家管理的意识。

策尾,是对应策问的促对部分,通过简短语言再次赞美圣上、自谦才学

---

① 《文苑英华》卷四八二《策·对贤良方正策第一道(张柬之)》,第 2459—2461 页。

浅薄,表达自己的忠贞,期盼宽恕过激言论、采纳自己的对策,有时还简短总结对策的主要观点,并以"谨对"表示结束。陈飞认为策尾包括祈纳语、起收辞、收束语、终对语等。从现存唐代对策情况来看,绝大多数对策结构都不符合陈氏的分法,显然陈氏得出的结论只是从众多对策中"集优"出来的。其实,唐前期策尾相当简单,往往以"谨对"等语草草结束,直至开元以后,特别是开元九年以后策尾才渐趋复杂,大致包含了束策、祈纳、谨对三部分,但很少有三项完整者。陈氏把"祈纳"部分称为"祈纳语",认为是策项的一部分,笔者认为将其理解为策尾内容更加符合原意。此外,陈氏所说的"起收辞",只不过是束策部分的转折语,也没必要单独划分为固定结构。中晚唐策尾结构逐步完善,篇幅增加,其主要原因除开元九年以后单篇对策篇幅增加的因素外,注重时务、批评时政的风气增强也是一个因素,策尾通过极力表达对皇帝的忠心和恳切之情,以博得皇帝和考官的赏识、宽恕,使其尖锐的对策能够得到重视和采纳。该时期策尾的长短和结构差异非常大。如建中元年(780)姜公辅《对直言极谏策》策尾,只有"伏惟陛下终之,臣不胜葵藿倾心之至。谨对"等①,共十七字。大和二年(828)刘蕡《对贤良方正直言极谏策》的策尾竟多达五百多字②;贞元元年(785)穆贽《对贤良方正能直言极谏策》策尾也有四百五十字左右③。现存该时期对策的策尾字数在四百字上下的还有五篇④,另有五篇在一百字以下⑤。

唐代策尾中束策和祈纳不是很分明,也不一定都有,前后顺序也不是很

---

① 《文苑英华》卷四九一《策》,第2513页。
② 《文苑英华》卷四九三《策》,第2526—2527页。
③ 《文苑英华》卷四八六《策》,第2482页。
④ 〔唐〕元稹撰、冀勤点校《元稹集》卷二八《才识兼茂明于体用策一道》(元和元年),北京:中华书局,2000年,第330页;《文苑英华》卷四八八《策·对才识兼茂明于体用策(独孤郁)》(元和元年),第2492页;《文苑英华》卷四九○《策·对贤良方正直言极谏策(庞严)》(长庆元年),第2511页;《文苑英华》卷四九二《策·对贤良方正直言极谏策(沈亚之)》(长庆元年),第2520页。
⑤ 《文苑英华》卷四八九《策·对贤良方正直言极谏策(皇甫湜)》(元和三年),第2503页;《文苑英华》卷四八九《策·对才识兼茂明于体用策(罗让)》(元和元年),第2498页;《文苑英华》卷四八七《策·对才识兼茂明于体用策(韦处厚)》(元和元年),第2489页;《文苑英华》卷四九○《策·对贤良方正直言极谏策(舒元褒)》(宝历元年),第2508页;《文苑英华》卷四九一《策·对茂才异等策(杜元颖)》(贞元二十一年),第2516页。

固定。束策,包括了陈飞所说的"起收辞"和"收束语",是在对策结束之后,再次颂扬皇帝圣明、尊贵,以及自己愚陋、低贱,以便进一步祈求皇帝或考官采纳对策,达到金榜题名之目的。束策的"起收辞"比较杂乱,并不像陈氏所说的通常以"臣……"为进入策尾的标志,有时甚至没有"起收辞"。如贞元二十一年(805)杜元颖《对茂才异等策》的策尾就直接用"其余则诏书所以问,臣纤悉矣。谨对"等十四个字结束,没有任何"起收辞",更不用说有祈纳语了。有时连"束策"都没有,仅存祈纳部分。如元和元年(806)独孤郁《对才识兼茂明于体用策》策尾:

> 陛下不能用臣言,不当问也;谓臣不能言其事,不当来也。既来矣,陛下问状,宜直其辞;既问矣,微臣尽忠,宜采其策。尽忠者不易持也,直者谁欲为也?忠未见尽,直必有悔,悔构而直不悔,不信而忠不追者,盖有之矣,由未见其为人也……夫天下者,天下之天下也……是以怀其效以天下为忧,不怀其身,以天下为念。知所以责难于君者,宜尽忠言,知所以尽于己者,宜及天下。如此,况陛下宗庙之重,其可忽乎?属之于篇,勉之于上,是在陛下酌之而已矣。谨对。①

显然,此篇策尾并没有赞美圣上的束策之辞,直接过渡到祈纳部分,以"陛下不能用臣言,不当问也;谓臣不能言其事,不当来也"的对比句来表达皇帝能够欣赏其对策的希望,同时也表达了对皇帝的忠诚和恳切之心,并且把君臣关系上升到"夫天下者,天下之天下也"的高度,响亮提出"是以怀其效以天下为忧,不怀其身,以天下为念"的口号,这种士大夫阶层"先天下而忧"的精神,自然符合皇帝的心意。当然,策尾比较完整的情况也不少,元和元年(806)白居易《才识兼茂明于体用科策一道》策尾:

> 臣生也〔幸〕,得为唐人,当陛下临御之时,睹陛下升平之始,斯则臣朝闻而夕死足矣;而况充才识之贡,承体用之问者乎?今所以极千虑,昧万死,当盛时,献过言者,此诚微臣喜朝闻,甘夕死之志也。不然,何

---

① "宜尽忠言,知所以尽于己者",《全唐文》卷六八三独孤郁《对才识兼茂明于体用策》作"所以怀其身,所以怀其身者",第6986页;《文苑英华》卷四八八《策》,第2492页。

轻肆狂瞽，不避斧锧，若此之容易焉？伏惟少垂意而览之，则臣生死幸甚！生死幸甚！谨对。①

这篇策尾不仅把当朝圣上赞美到了极致，而且表达了自己"昧万死"的忠诚和迫切希望自己的对策得到圣上赞许的心情，其诚恳之心可以说是感天动地，非常有感染力。束策之后为祈纳，就是通过表达自己对皇帝的忠诚和恳切，期盼圣上和考官能给予重视。其言语往往极为诚恳，如贞元元年（785）穆贽对策云："是敢竭虑极愚，指陈其切。是耶，纳而行之；非也，容而宥之。所谓'言之无罪，闻之者足以戒'也。"②为什么一方面皇帝在策问中反复强调"毕志直书"、"毋悼后害"，另一方面举子在对策中反复强调自己是冒死直言，对策并非有意指斥朝政呢？抛开皇帝是否真正喜欢举子对策直言极谏不论，单就考官而言，也不敢取言词过于激烈的对策者，万一得罪权要，即会连累自己、贬谪他乡。

因此，大凡对策比较激烈，敢于直言极谏，指斥当朝社会问题和时政，其祈纳部分往往会不失时机地预先给皇帝和考官戴高帽，为自己的直言不忌开脱。如穆贽提前就说"如至忌讳挟诛，诽谤附律；脯醢淫戮，鼎镬滥刑，此乃昏主暴君亡国之具，亦陛下之所明知，故臣不复有虞于圣朝耳"③。经其这么一说，即便德宗想治其罪，恐怕也会碍于颜面，不予深究。就连白居易也说自己是抱着"轻肆狂瞽，不避斧锧"的决心来对策④，目的就是为自己激烈的言论开脱。大和二年（828）刘蕡《对贤良方正直言极谏策》策尾更是把自己比作龙逢、比干、韩非、晁错、陈蕃，抱着以死报国的志念，声称"今臣非不知言发而祸应，计行而身戮，盖所以痛社稷之危，哀生人之困，岂忍姑息时忌"。"今臣之来也。有司或不敢荐臣之言，陛下又无以察臣之心，退必受戮于权臣之手"⑤。白居易、刘蕡的对策的确是冒了很大危险，其担心也是事出有因，如前文所及，皇甫湜、牛僧孺等人对策就因指斥权要而牵连了考策官，

---

① 《白居易集》卷四七，第992页。
② 《文苑英华》卷四八六《策·对贤良方正能直言极谏策（穆贽）》，第2482页。
③ 《文苑英华》卷四八六《策·对贤良方正能直言极谏策（穆贽）》，第2482页。
④ 《白居易集》卷四七，第992页。
⑤ 《文苑英华》卷四九三《策》，第2526页。

五、试论唐代制举试策文体的演变

刘蕡对策虽然没有"受戮于权臣之手",但却因此名落孙山,且复导致了制举考试的长期中断。当然,还有一些举子在祈纳部分,再次强调自己策论的大意,期盼自己的主张能得以实现。如长庆元年(821)①,沈亚之《对贤良方正直言极谏策》云:

> 伏愿陛下择忠言以广其明,察智谟以周于用。一刑赏以信于令,薄赋敛以息其劳,慎禁夺以省其犯,审狱讼以爱其生。如此,水火之陷,不牵于瞽聩之俗矣;多济之防,充列于无患之朝矣。若是又以为不理不康,不惠不仁,非臣所知也。谨附圣条,陈写大略。冒黩之罪,臣何敢逃!谨对。②

此篇重点放在总结自己对策的大意,强调兴国方略。大和二年(828)刘蕡《对贤良方正直言极谏策》策尾云:"伏惟陛下事天地以教人敬奉,宗祀以教人孝,养高年以教人悌,育百姓以教人慈,调元气以煦育扇。太和于仁寿,可以逍遥而无为,端拱而成化。至若念陶钧之道,在择宰相而任之,使权造化之柄;念保定之功,在择庶官而任之,使专职业之守;分万姓之愁痛,在择长吏而任之,使明惠养之术……谨对。"③这里,作者通过简练的语言概述了自己的对策主张,以便引起考官和皇帝的注意,可惜考官虽然非常赞赏刘蕡的才华,但迫于权臣压力,终究未能呈献给皇帝亲览。

策尾的最后都以"谨对"二字表示对策结束,终唐一代基本上没太大变化。通过对唐代试策中策问、对策文体的结构形式、主要特点的时代性考察,笔者认为,唐代制举试策文体是逐步发展和完善的,大概在开元九年(721)以后逐步规范,文体的格式也渐趋复杂,大致可以分为以下结构和要素:一、策问。一件完整的策问包括起问、引问、设问、束问,但不一定要求完全一致、结构完整。到中晚唐,策问的起问、引问、设问、束问等结构逐渐分明,若是策问中同时设问多个问题,起问之后便依次按引问、设问、束问的结构,分别表述。唐前期的策问格式和内容都比较简单,字数较少,内容较空

---

① 参考《登科记考》卷一九长庆元年条,第694页。
② 《沈下贤集校注》卷十《贤良方正能直言极谏(太和二年)》,第210—211页。
③ 《文苑英华》卷四九三《策》,第2526—2527页。

洞，提问的内容也较笼统，多为典章制度、典故、治国、选贤、忠孝等较为空泛的话题，很少将策问内容与现实结合起来。中晚唐策问不仅在格式方面日渐规范，而且策问内容多以时务为主，鼓励举子直书心怀的语气更加强烈，集中反映了整个社会思变的风气。二、对策。一件完整的对策包括策头、策项、策尾。策头，在中晚唐对策规范的趋势最为明显，逐渐形成了起对、承策、应制、应对四个要素，并且在多数情况下策头的四个要素能够具备，而且应制、应对辞有所增加，主要目的是为下文比较激进的言辞作铺垫，恳请皇帝及考官的宽恕和重视。策项，主要有述策、对策、祈纳等要素。唐前期主要是受篇幅的限制，策项内部结构还不是很完整，多数情况是对策问提出的问题进行综合概述，仅有少数采用引述的形式，甚至没有述策便直接发表自己观点。开元九年以后，对策篇幅的增加为述策提供了空间，使其成为必不可少的一项内容。策尾，主要有束策、祈纳、谨对等要素。唐前期策尾相当简单，往往以"谨对"等语草草结束，开元九年以后策尾才渐趋复杂，但前后顺序也不是很固定。

总之，陈飞所说的唐代试策的形式体制，严格意义上讲是不存在的，他只是大体概括了唐代制举试策文体的一些基本要素。陈氏主张把唐代试策众多个案中出现的要素"集优"在一起，对唐代前后期试策文体的变化并未加以区别，这就容易误导读者认为"试策的形式体制"就是唐代制举考试的规范。唐代制举试策在文体上大致遵循一定的格式，但相对比较宽泛，在选拔标准注重文采和内容的情况下，对文体格式要求不是非常严格，举人在同科同场对策中往往可以采取相对自由的格式。

六、论唐五代科举制度与文字的关系

关于唐五代科举考试与文字的关系,学界关注不多,施安昌、张涌泉等少数学者的相关文章中提及科举与文字的关系,因关注的重点不同,并未做深入研究①。以往学者多关注科举考试所采用的教材、典籍,及举人的行卷、应试诗赋等②。本章则主要探讨唐五代科举考试与文字校勘、文字规范的相互关系,并对唐五代科举制度在统一、规范文字方面的贡献略加评议。

(一) 科举考试与经籍文字校正的关系

科举考试与统一文字标准、楷正文字有着密切的关系。自汉代刘向父子开经籍校勘之端绪,历代都很重视经籍整理工作,校勘必然包含了对经籍文字形、音、义的楷正和辨误。从广义上讲,每一次经籍的整理和校勘,便是对文字的一次楷正和规范,唐五代科举制度对文字的影响,具体反映在《五经字样》、《九经字样》及板印本《五经字样》和《九经字样》等字书的出现。唐代科举制度自始至终与经籍的整理和校勘有着紧密联系。

隋末唐初,因社会动荡,经籍大量散佚,加之从汉代以来儒家经典的注疏繁多,所以唐初出现了因经籍文字、释义各异,学者传授习业不知所从的局面。唐王朝统一后,亟需以儒家思想治理国家,采用科举制度来选拔国家

---

① 施安昌《唐人〈干禄字书〉研究》,收入其编《颜真卿〈书干禄字书〉》,北京:紫禁城出版社,1990年,第89—99页;张涌泉《敦煌俗字研究》,上海:上海教育出版社,1996年,第15页。

② 程千帆《唐代进士行卷与文学》,上海古籍出版社,1980年;傅璇琮《唐代科举与文学》;吴宗国《唐代科举制度研究》;王勋成《唐代铨选与文学》,北京:中华书局,2001年;刘海峰《身、言、书、判——唐代铨选文官标准述评》,《文史知识》1984年第8期,第114—117页;高凤林《略谈唐朝的铨选制度》,《山东师范大学学报》(哲学社会科学版)1985年第4期,第31—36页;王元军《唐代选官"四才"制度的推行与意义考察》,《史学月刊》2004年第3期,第36—42页。

所需的官吏,科举考试便成为促成政府对经籍进行整理的最主要因素之一。文字是国家统一的重要标志①,统一文字标准也必然成为加强国家统一的重要策略,也是科举考试的前提条件。贞观四年(630),唐太宗以经籍流传久远,令颜师古考定《五经》,主要工作便是厘正"文字讹谬"②,并于贞观七年(633)十一月丁丑颁行颜师古新定《五经》③。贞观十二年(638),唐太宗又诏孔颖达、颜师古、司马才章、王恭、王琰诸儒校定典籍,撰定《五经》义训,凡一百八十卷,后更名《五经正义》。太宗下诏曰:"卿等博综古今,义理该洽,考前儒之异说,符圣人之幽旨,实为不朽。"④实际上早在隋朝,南方儒学已经优于北方儒学,唐初在儒学师法问题上南北纷争较大,此次政府以南方儒学统一诸说,并作为科举考试的教材⑤。唐初政府召集群儒校定儒家经典,与科举考试直接以儒家经典为内容的选士原则有着直接的关系。官方将群儒校订儒家经典的最高研究成果作为学校教育的教材,其重要目的之一,便是规范科举考试标准。

随着科举考试的发展,士人在教学和研习中发现《五经正义》仍存在着许多讹误之处,加之举子在传习中产生的讹误,很快《五经正义》就很难适应科举考试的要求。唐高宗永徽二年(651)敕长孙无忌等对《五经正义》进行重新审定,刊正、规范文字,至永徽四年完成,诏颁行天下,"令国子监各学、

---

① 王昶《金石萃编》卷一〇九《五经文字序例》云:"王者制天下必使车同轨,书同文。"(北京:中国书店出版社,1985年,第15页)

② 《旧唐书》卷七三《颜师古传》云:"太宗以经籍去圣久远,文字讹谬,令师古于秘书省考定《五经》,师古多所厘正,既成,奏之。太宗复遣诸儒重加详议,于时诸儒传习已久,皆共非之。师古辄引晋、宋以来古今本,随言晓答,援据详明,皆出其意表,诸儒莫不叹服。于是兼通直郎、散骑常侍,颁其所定之书于天下,令学者习焉。贞观七年,拜秘书少监,专典刊正。所有奇书难字,众所共惑者,随疑剖析,曲尽其源。"(第2594—2595页)《旧唐书》卷三《太宗本纪下》记贞观七年十一月丁丑,"颁新定《五经》"(第43页)。参《宋本册府元龟》卷六〇八《学校部·刊校》,第1872页。

③ 《旧唐书》卷七三《颜师古传》,第2594页;《宋本册府元龟》卷六〇八《学校部·刊校》,第1872页;〔唐〕封演撰、赵贞信校注《封氏闻见记校注》卷二《石经》,"五经"指《诗》、《书》、《礼》、《易》、《春秋》(北京:北平燕京大学图书馆,1933年铅印本;北京:中华书局,2005年,第12页)。

④ 《旧唐书》卷七三《孔颖达传》,第2602—2603页;《登科记考》卷一贞观十二年条,第20页。

⑤ 皮锡瑞《中国经学史》,北京:艺文印书馆,1966年,第135—155页;高明士《隋唐贡举制度》第270—272页。

六、论唐五代科举制度与文字的关系

州县经学及天下习儒者共习之"①。唐前期在经籍的校勘整理中,对讹误的字形、字音、字义都进行了厘正、审定,《五经正义》的颁布,对楷定、规范文字起到了积极作用。这都为科举考试提供了文字规范的标准和依据。

由于唐代民间书写时俗字、正字通用的情况十分严重,科举考试要求用正字即规范字体应试的标准颇很难执行。唐前期虽已有《五经正义》等标准经典,但尚缺乏全国统一或权威性字书,以致举子在科举考试中屡屡出现文字正俗不分、讹误的情况。到开元、天宝年间,举子应试文章、帖经中,屡有文字错讹或与《五经正义》不合的情况,却自称是本自某典籍或字书,考官不知所本,不得不放其通过。很多时候,考官采用折中的办法,先让应试举子向省司上交所习典籍,以验版本。如《封氏闻见记》卷二《石经》条曰:"初,太宗以经籍多有舛谬,诏颜师古刊定,颁之天下。年代既久,传写不同。开元已来,省司将试举人,皆先纳所习之本;文字差互,辄以习本为定。义或可通,虽与官本不合,上司务于收奖,即放过。天宝初,敕改《尚书》古文悉为今本。十年,有司上言经典不正,取舍无准。"②取舍无准的情况使得科举考试有失公正性、标准性、权威性,让举子有空可钻,也增加了考官的判卷难度,其间的随意性就无法避免。

为适应科举考试的需要,玄宗在天宝十载(751)又诏儒官校定经本,送尚书省并由国子司业张参共相考定,张参遂定《五经字样》(按又称《五经文字》),"书于太学讲堂之壁,学者咸就取正焉。又颁《字样》于天下,俾为永制,由是省司停纳习本"③。此处"省司"指礼部和国子监等与科举相关的部门。此后"省司"采用《五经字样》,"停纳习本",意味着《五经字样》成为科举考试判定文字正、俗、误的标准字书,说明《五经字样》就是应科举考试之需的产物。但直到大历十年(775)以前,科举考试仍无标准的字书。张参《五经文字序例》云:

---

① 《唐会要》卷七七《论经议》,第1405页;《旧唐书》卷四《高宗本纪上》,第71页。
② 《封氏闻见记校注》卷二《石经》,第12页。
③ 《封氏闻见记校注》卷二《石经》,第12页;《金石萃编》卷一〇九《五经文字序例》,第15页;〔唐〕刘禹锡撰,陶敏、陶红雨校注《刘禹锡全集编年校注》卷一七《文·太和上·国学新修五经壁记》,长沙:岳麓书院,2003年,第1148页。

> 今制国子监置书学博士,立《说文》、石经、《字林》之学,举其文义,岁登下之,亦古之小学也。自顷考功、礼部课试贡举,务为取人之急,许以所习为通,人苟趋便,不求当否。字失六书,犹为壹事,五经本文,荡无守矣。①

可见,唐前期科举考试由于典籍文字不统一,存在分歧,国子监生除明书博士专门修习字书外,其他诸科考生多"务急"于经意,对文字则"不求当否",致使"字失六书",有失学校教育和选举的宗旨。加以"经典之文六十余万,既字带惑体,音非一读,学者传授,义有所存"②,也使举子很难对诸经中正俗、讹误有所区分,增加其不必要的负担。因此,为科举考试制定标准、权威字书就成为必然。《五经文字》便是为满足学校教育和吏部考课、礼部科举考试的需要而校定的。

张参《五经文字》的校定工作至大历十一年(776)才告完成。《登科记考》卷一一大历十年条云:"六月,诏国子儒官勘校经本,送尚书省。"关于《五经文字》的内容和性质,张参在《五经文字序例》中说得很清楚:

> 参幸承诏旨,得与二三儒者分经钩考而共决之,互发字义,更相难极。又以前古字少,后代稍益之,故经典音字多有假借。陆氏《释文》,自南徂北,遍通众家之学,分析音训,特为详举,固当以此正之。卒以所刊书于屋壁,虽未如蔡学之精密,石经之坚久,参(慕)古之士,且知所归。至其经典之文六十余万,既字带惑体,音非一读,学者传授,义有所存。离之若有失,合之则难并,至当之余,但未发其旁而已,犹虑岁月滋久……收集疑文互体,受法师儒,以为定例,凡一百六十部、三千二百三十五字,分为三卷。《说文》体包古今,先得六书之要。有不备者,求之《字林》。其或古体难明,众情惊懵者,则以石经之余比知(例)为助。石经湮没,所存者寡,通以经典及《释文》相承隶省,引而伸之,不敢专也。

---

① 《金石萃编》卷一〇九《五经文字序例》,第 15 页;《登科记考》卷一一大历十一年条,第 391—392 页。

② 《金石萃编》卷一〇九《五经文字序例》,第 16 页;《登科记考》卷一一大历十一年条,第 392 页。

六、论唐五代科举制度与文字的关系

> 近代字样,多依四声,传写之后,偏傍渐失。今则采《说文》、《字林》诸部,以类相从,务于易了,不必旧次。自非经典文义之所在,虽切于时,略不集录,以明为经,不为字也。其字非常体,偏有所合者,详其证据,各以朱字记之,俾夫观省,无至多惑。①

张参《五经字样》主要依据《说文》、《字林》及《经典释文》刊定文字正误,对诸儒存疑较大的文字采取"朱字记之"的办法,可以说综合了诸书优点,对文字的刊定非常精细,对五经文字的正体和音韵都进行了规范。《五经字样》不止五经,实际上包括十二经②。开成元年,刘禹锡评价《五经字样》云:"辩齐鲁之音取其宜,考古今之文取其正;繇是诸生之师心曲学,偏听臆说,咸束之而归于大同。"③可见《五经字样》对规范文字、统一标准起到积极作用。又有举人王履贞在参加省试的赋中赞扬《五经字样》云:"一人作则,京国仪型,光我廊庙,异彼丹青","为士子楷式"④,亦见《五经字样》成为当时广大举子研习经典的重要工具书,为科举考试提供了评判文字正误的标准。当然,《五经字样》仍存在不少问题,刘禹锡就曾指出其弊端:"揭揭高悬,积六十岁,崩剥污蔑,湙然不鲜",要求"再新壁书"⑤。

《五经字样》之外,中晚唐还有一些流传较广、影响较大的字书。大历十二年(777),刑部尚书颜真卿"纂集九经、子史字义,题为《韵海镜源》献之"⑥,该书无疑也对字义和文字发展史作了总结性的研究。

尽管已有《五经字样》,但由于科举考试中不断出现新问题,因此贞元二年(786),秘书监刘太真上言:"请择儒者详校九经于秘书省,令所司陈设及供食物,宰臣录其功课。"⑦他的意见被采用,唐政府又开始新一轮的经籍整理和校勘工作。

刘太真提出对九经进行整理和校勘的建议,实际上是针对盛唐以来科

---

① 《金石萃编》卷一〇九,第16页;《登科记考》卷一一大历十一年条,第392—393页。
② 《金石萃编》卷一一〇《石刻十二经》,第1页。
③ 《刘禹锡全集编年校注》卷一七《文·国学新修五经壁本记》,第1148页。
④ 《金石萃编》卷一〇九《新加九经字样序》,第17页。
⑤ 《刘禹锡全集编年校注》卷一七《文·国学新修五经壁记》,第1148页。
⑥ 《宋本册府元龟》卷六〇八《学校部·小学》,第1868页。
⑦ 《宋本册府元龟》卷六〇八《学校部·小学》,第1873页。

举考试内容逐渐从"五经"扩展到"九经"的实际需要,急需有一套官方统一的"九经"字样,以适应科举考试的需要。唐前期随着科举考试的发展,对明经、进士等科举人帖经的标准进行了改定,省试帖经也已经从五经扩展到九经。开元八年(720)七月,国子司业李元瓘上言:"今两监及州县,以独学无友,四经殆绝。既事资训诱,不可因循。其学生,望请各量配作业,并贡人预试之日,习《周礼》、《仪礼》、《公羊》、《穀梁》,并请帖十通五,许其入策。以此开劝,即望四海均习,九经该备。"从之①。此后,开元十六年(728)十二月,国子祭酒杨瑒又请对明经修习《周礼》、《仪礼》、《公羊》、《穀梁》四经者给优待,从此出身者"免任散官"②。开元二十四年(736),礼部侍郎姚奕奏请进士习此四经者,也给予优待③。可见开元以来科举考试有意识鼓励诸科举子选习《周礼》、《仪礼》、《公羊》、《穀梁》四经。在这种情况下,《五经字样》就不能满足科举考试的需要。在举子和考官的共同呼吁下,中晚唐五代中央政府陆续对九经进行了整理,其重要成果便是出现了几本权威性的九经文字标准字书、字样。

中晚唐五代之所以对九经整理工作非常重视,还与科举考试中三礼科、三传科、学究科的设立有着密切关系。三礼科设置于贞元五年(789)④,考试内容为《礼记》、《周礼》、《仪礼》,考试的方法如明经例⑤。长庆二年(822)二月,谏议大夫殷侑奏请设立三传科,其起因是《春秋》三传相对其他经书都多出数倍卷轴,举子多不愿选习三传,统治者担心三传所言之奥旨,"仲尼之新意,史官之旧章,将坠于地"⑥。因此,科举考试增设三传科,对及第者从优处分,以鼓励举子研习《春秋》三传。

随着三礼科、三传科的设置,参加三礼科、三传科的举子人数的增加,加

---

① 《宋本册府元龟》卷六三九《贡举部·条制》,第 2099 页;《唐会要》卷七五《帖经条例》,第 1376 页。
② 《唐会要》卷七五《明经》,第 1373 页。
③ 《唐会要》卷七六《进士》,第 1379 页。
④ 《通典》卷一五《选举典三》,第 358—359 页;《旧唐书》卷四四《职官志三》,第 1892 页。
⑤ 《宋本册府元龟》卷六四〇《贡举部·条制二》,第 2104 页。
⑥ 《宋本册府元龟》卷六四〇《贡举部·条制二》,第 2106 页;《唐会要》卷七六《贡举中·三传附三史》,第 1398 页;《新唐书》卷四四《选举志上》,第 1166 页。

之原来明经、进士等科的举子也可选习《周礼》、《仪礼》、《公羊》、《穀梁》四经。因此,对《周礼》、《仪礼》、《公羊》、《穀梁》四经的整理和校勘,便成了科举考试统一经文和评判标准的迫切需要。

更深一步讲,《石壁九经》的校定与文宗君臣的选贤观念有着直接联系。文宗好经义,大和七年(833)郑覃为御史大夫,"文宗尝于延英谓宰相曰:'殷侑通经学,为人颇似郑覃。'宗闵曰:'覃、侑诚有经学,于议论不足听览。'李德裕对曰:'殷、郑之言,他人不欲闻,唯陛下切欲闻之。'"[①]此段对话,多涉党争之偏见,暂且不论,但文宗好经术则是不言而喻的。郑覃虽精经义,却不能为"文",反斥进士科浮华。因此在开成初,郑覃奏礼部贡院宜罢进士科,从而引起文宗与宰相之间一场小小争论[②]。郑覃重经学,也是推动九经整理的重要原因。

郑覃对九经整理起了积极的推动作用。早在大和四年(830)四月,郑覃拜工部侍郎,奏曰:"经籍讹谬,博士相沿,难为改正。请召宿儒奥学,校定六籍;准后汉故事,勒石于太学,永代作则,以正其阙。"诏从之[③]。此后,郑覃在开成元年至三年(836—838)二月任宰相期间,将其政治理念付诸实行。开成元年正月,中书门下奏周墀等"同就集贤院勘较(校)《经典释文》"[④],可视作郑覃重经学的产物。开成二年(837)冬十月癸卯,"宰臣判国子祭酒郑覃进《石壁九经》一百六十卷。时上好文,郑覃以经义启导,稍折文章之士,遂奏置五经博士,依后汉蔡伯喈刊碑列于太学,创立《石壁九经》,诸儒校正讹谬。上又令翰林勒字官唐玄度复校字体,又乖师法,故石经立后数十年,名儒皆不窥之,以为芜累甚矣"[⑤]。郑覃校勘《石壁九经》、规范九经文字,目的在于提升科举考试中明经诸科的地位,但客观上对九经的楷定,起到了积极的作用。

文宗朝修《石壁九经》的一个重要副产品是另一部有关科举考试的重要字书——《九经字样》的产生。唐玄度在修《石壁九经》的同时,在张参《五经

---

① 《旧唐书》卷一七三《郑覃传》,第4490页。
② 《旧唐书》卷一七三《郑覃传》,第4491页。
③ 《旧唐书》卷一七三《郑覃传》,第4490页。
④ 《宋本册府元龟》卷六〇八《学校部·刊校》,第1873页。
⑤ 《旧唐书》卷一七《文宗本纪》,第571页。

字样》基础上又作《九经字样》，附在《五经文字》之末，作为《五经字样》的补充①。《唐会要》卷六六《国子监》记开成二年八月国子监奏："得覆定石经字体，官翰林待诏唐玄度状。伏准太和七年二月五日敕：覆九经字体者，今所详覆，多依司业张参五经字为准。其旧字样，岁月将久，画点参差，传写相承，渐致乖误，今并依字书与较（校）勘同商较（校）是非，取其适中，纂录为《新加九经字样》一卷。请附于《五经〔字〕样》之末，用证缪误。"②此奏后来得到了执行③。文宗朝《石壁九经》校勘和刊碑的完成及《九经字样》的问世，为晚唐五代科举和官学教育提供了标准经典和字书，也在很大程度上为科举考试统一标准提供了依据，对规范文字起了积极作用。

开成石经，除九经外，还包含了《孝经》、《论语》、《尔雅》，实际上为十二经④。《金石萃编》卷一〇九《石刻十二经并五经文字九经字样》条引《石经考》曰："按《旧唐书·文宗本纪》及《郑覃传》，皆言石壁九经，即黎持之祀（按即《新移石经记》）亦然。其实九经之外，更有《孝经》、《论语》、《尔雅》，凡十二经，不止九经也。"王昶《石刻十二经》云："惟验石刻，实十二经，与九经之名不合。《关中金石记》以为作史者总成数言之是也。或谓'字样'成于覆定字体之时，亦仅称九经，似当时所刊止此，其余皆后来续刻，故史文云尔。然案'字样'中所引《易》、《书》、《诗》等，以证文义之异，实不止于九经。即张参'字样'，号称'五经'，而引证各书，亦十二经并见，则所谓五经、九经者，亦括大旨而言。况参自序谓经典之文，六十余万，而石经末都计总数，云六十五万二百五十二字，则张氏实包十二经为言。使参所书果止五经，安得有六十余万字之多乎？是又足证'字样'标目，不可拘泥。而十二经为同时所刻无可疑矣。"⑤可见《九经字样》也包含了十二经的文字。

唐末五代社会动荡，经籍遭到严重破坏。五代时期的后唐政府对经籍整理和经典字样的重新整理十分重视。特别是五代雕版印刷术的发展，推

---

① 《宋本册府元龟》卷六〇八《学校部·小学》，第1868页。
② 《唐会要》卷六六《国子监》，第1162页。
③ 《宋本册府元龟》卷六〇八《学校部·刊校》，第1873页。
④ 《唐会要》卷六六《国子监》，第1162页。
⑤ 《金石萃编》卷一一〇《唐七十·石刻十二经》，第1页。

六、论唐五代科举制度与文字的关系

动了字书、字样的发展和普及。后唐长兴三年（932）二月，中书省奏请依西京石经文字刻九经印板①。这里的西京石经本指的就是郑覃所刊石经本②，实际上后唐只完成了"五经"的雕印板。后汉乾祐元年（948）四月，国子监上言："在监雕印板九经内，只《周礼》、《仪礼》、《公羊》、《穀梁》四经未有印板。今欲集学官校勘四经文字，雕造印板。"从之③。雕板九经的印行，相比公私手抄本减少了很多文字讹误，无疑在规范文字方面是一大进步。同时，雕板技术的应用使字书成本降低，对九经字样的普及起到积极的作用。

继雕板九经之后，后周又印行了雕板本《五经文字》和《九经字样》。后周广顺三年（953）六月，尚书左丞、兼判国子监事田敏献印板《五经文字》、《九经字样》各二部，共一百三十册；并奏曰："臣等自长兴三年校勘雕印九经书籍，经注繁多，年代殊藐，传写纰缪，渐失根源。臣守官膠庠，职司校定，旁求援据，上备雕鐫。幸遇圣朝，克终盛事，播文德于有载，传世教以无穷。谨具陈进。"④这项工作起自后唐，"先是，后唐宰相冯道、李愚重经学，因言汉时崇儒，有三字石经，唐朝亦于国学刊刻。今朝廷日不暇给，无能别有刊立。常见吴蜀之人，鬻印板文字，色类绝多，终不及经典。如经典校定雕摹流行，深益于文教矣。乃奏闻。敕下儒官田敏等，考校经注。敏于经注，长于《诗》、《传》，孜孜刊正，援引证据，联为篇卷，先经奏定而后雕刻。乃分政事堂厨钱及诸司公用钱，又纳及第举人礼钱，以给工人"⑤。及第举人纳礼钱，赞助《五经字样》、《九经字样》的雕印工作，说明该书雕印的目的主要是供举

---

① 《宋本册府元龟》卷六〇八《学校部·刊校》，第 1873 页；《登科记考》卷二五长兴三年条，第 976 页。
② 《宋本册府元龟》卷六〇八《学校部·刊校》，第 1873 页。
③ 《宋本册府元龟》卷六〇八《学校部·刊校》，第 1873 页；《登科记考》卷二六乾祐元年条，第 999 页。
④ 《宋本册府元龟》卷六〇八《学校部·刊校》，第 1873 页；《登科记考》卷二六广顺三年条，第 1007 页。
⑤ 《宋本册府元龟》卷六〇八《学校部·刊校》，第 1873—1874 页。《资治通鉴》卷二九一后周太祖广顺三年五月条云："自唐末以来，所在学校废绝，蜀毋昭裔出私财百万营学馆，且请刻板印《九经》。蜀主从之。由是蜀中文学复盛。"六月条云："初，唐明宗之世，宰相冯道、李愚请令判国子监田敏校正《九经》，刻板印卖，朝廷从之。丁巳，板成，献之。由是，虽乱世，《九经》传布甚广。"胡三省注："雕印九经，始二百七十七卷，唐明宗长兴三年，至是而成，凡涉二十八年。"（第 9495 页）

子修习举业使用,为科举考试提供标准字书。此外,后周显德二年(955)二月,又重新对《经典释文》进行校勘和雕造板印,其原因是"《经典》之来,训释为重,须资鸿博,共正疑讹庶,使文字精研,免至传习眩惑"[①]。可见,科举考试始终是推动唐五代时期字书发展的重要动力。

  总之,整个唐五代时期儒家经典的整理和相关字书的编撰,都是围绕科举考试变革展开的。自唐太宗贞观七年(633)颁布颜师古新定《五经》定本,作为学者读经的标准文字后,官方对儒家经典中的文字不断进行楷定。至开元年间礼部省试,举子的考卷出现"文字差互"、与《五经新定本》不合的情况。考官不知所本而不得不放其通过,于是政府出面统一文字字样,以便天下举人研习,也便于科举考试统一考试标准,公平选拔人才。于是张参的《五经字样》取代了颜师古的新定五经本,进一步明确了科举考试的文字规范。此外,颜师古的《匡谬正俗》[②]、郎知本的《正名要录》、杜延业的《群书新定字样》、颜元孙的《干禄字书》、唐玄度的《九经字样》等字书,以及五代印板《五经文字》、《九经字样》、《经典释文》等字样书的问世,对当时楷字体的定形及规范字体起了积极的作用,以致盛唐、中唐时期俗字使用的数量和范围都相对减少[③]。这些字书的颁行,在很大程度上为当时的学校教育和科举考试提供了标准的文字教材和考试准则。

(二) 学校教育、科举考试与文字的关系

  唐初在加强五经整理和校勘的同时,也十分重视官学教育中对文字规范的教育。国子监设书学,专治文字学和书法。在课程设置中专门设立《石经》、《说文》、《字林》之学,让一部分举子专门研习文字学和书法。《唐六典》卷二一《国子监》"书学博士"条云:国子监置六学,"书学博士掌教文武官八品已下及庶人之子为生者,以《石经》、《说文》、《字林》为专业,余字书亦兼习

---

 ① 《宋本册府元龟》卷六〇八《学校部·刊校》,第 1874 页。
 ② 《宋本册府元龟》卷六〇八《学校部·刊校》云:永徽三年,颜师古之子颜扬庭献师古所撰《匡谬正俗》八卷(第 1873 页)。
 ③ 参张涌泉《敦煌俗字研究》第 15 页。

六、论唐五代科举制度与文字的关系

之。《石经》三体书限三年业成,《说文》二年,《字林》一年。其束脩之礼,督课试举,如三馆博士之法"①。国子生"其习经有暇者,命习隶书,并《国语》、《说文》、《字林》、《三苍》、《尔雅》。每旬前一日,则试其所习业"②。天宝十一载以后,书学参加科举考试,"试《说文》、《字林》,凡十帖(原注:《说文》六帖,《字林》四帖)"③。同时规定弘文、崇文两馆学生"所习经业,务须精熟;楷书字体,皆得正样"④。

盛唐以来,科举考试中考文字学的内容不只局限于明书科,明经、进士等科也要考。天宝元年(742),明经、进士省试帖经增《尔雅》,正式将字书内容列入明经、进士科考试⑤。天宝十一载(752),"明经所试一大经及《孝经》、《论语》、《尔雅》,帖各有差……皆通者为第。进士所试一大经及《尔雅》,帖既通而后试文、赋各一篇。文通而后试策,凡五条"⑥。贞元元年⑦(785)四月十一日敕:"明经举人所习《尔雅》……以宜令习《老子道德经》,以代《尔雅》。其进士,亦同大经例帖。"⑧贞元二年(786)六月十一日敕:"其明经举人有能习律一部以代《尔雅》者,如帖经俱通,于本色减两选,合集日与官。"⑨这样就使得科举考试中《尔雅》一度被暂时停废。但贞元十二年(796)三月十七日国子司业裴肃奏:"《尔雅》博通诂训,纲维六经,为文字之楷范,作诗人之兴咏。备详六亲九族之礼,多识鸟兽草木之名,今古习传,儒林遵范。其《老子》是圣人玄微之言,非经典通明之旨,为举人所习之书,伏恐稍乖本义。伏请依前加《尔雅》。"敕曰:"宜准天宝元年四月三日敕处分。"裴肃的奏文充

---

① 〔唐〕李林甫等撰、陈仲夫点校《唐六典》卷二一《国子监》,北京:中华书局,1992年,第562页。《旧唐书》卷四四《职官志三》载国子监置书学博士二人,以字书"《石经》、《说文》、《字林》为专业,余字书兼习之"(第1892页)。
② 《唐六典》卷二一《国子监》国子博士条,第559页。
③ 《宋本册府元龟》卷六四〇《贡举部·条制二》,第2101页;《唐六典》卷二《尚书省》吏部考功员外郎条云:"诸试书学生帖试通讫,先口试,不限条数,疑则问之,并通,然后试策。"(第45页)
④ 《宋本册府元龟》卷六四〇《贡举部·条制二》,第2104页。
⑤ 《宋本册府元龟》卷六四〇《贡举部·条制二》,第2101页。
⑥ 《宋本册府元龟》卷六四〇《贡举部·条制二》,第2101页。
⑦ 贞元元年,《唐会要》作"贞元四年"。见《唐会要》卷七五《贡举部上》,第1374页。
⑧ 《宋本册府元龟》卷六四〇《贡举部·条例二》,第2104页;《唐会要》卷七五《贡举部上》,第1374页;明经举人,《会要》作"比来",《登科记考》卷一二贞元元年条,第423页。
⑨ 《唐会要》卷七五《贡举部上》,第1375页。

分肯定了《尔雅》对举人通晓经典旨意、规范文字的作用①。中晚唐五代明经、进士等科帖经考试,长期以《尔雅》为帖经对象,无疑对规范文字起到了积极作用。

《尔雅》等字书还是举子研习经典、吟诗作赋必备的工具书,举子必须对文字的正俗、音韵有很好的掌握,才有中举的可能性,否则很难通过省试。在科举考试中因文字错讹、犯韵而被落者屡见不鲜。《旧唐书·李揆传》云:"揆尝以主司取士,多不考实,徒峻其隄防,索其书策,殊未知艺不至者,文史之囿,亦不能摛词,深昧求贤之意也。其试进士文章,请于庭中设五经、诸史及《切韵》本于床。"②李揆知贡举是在乾元二年(759),他允许举子参加礼部省试使用字书的做法显然一反常规,他认为对文字过于严格要求会限制举子发挥其才学,有悖选贤之旨意,所以允许举子自带《切韵》,以便查对正俗、音韵。

唐代吏部铨选的标准是"身、言、书、判",其中"书"即是"取其楷法遒美"③,"楷法"不仅要求文字字体规范,而且要书法形式优美。唐代铨选对书法的严格要求,无疑对文字正体的规范化有一定影响。

由于科举考试和学校教育对文字的楷体、读音的规范非常重视,所以唐五代士庶学子、举人对文字正体、俗体、通体、读音的使用非常重视。唐五代各种字书、字样、韵书非常流行,20世纪初发现的敦煌文献中就保留了大量的字书、韵书。如《字样》残卷、《正名要录》、《时要字样》、《千字文》、《开蒙要训》、《干禄字书》、《广韵》、《切韵》、《唐韵》等等④。

(三) 礼部省试与文字规范

唐五代时期,礼部省试对文字的要求也非常严格。关于唐五代科举考

---

① 《唐会要》卷七五《贡举上》,第 1374 页;《宋本册府元龟》卷六四○《贡举部·条制二》,第 2105 页。
② 《旧唐书》卷一二六《李揆传》,第 3559 页。
③ 《通典》卷一五《选举典三》,第 360 页。
④ 张涌泉《从语言文字的角度看敦煌文献的价值》,《中国社会科学》2001 年第 2 期,第 155—165、207—208 页。

六、论唐五代科举制度与文字的关系

试中考官对举子对策、帖经、诗赋中出现的文字错误进行评判的具体标准，史籍中记载甚少。《干禄字书》云："自改篆行隶，渐失本真。若总据《说文》，便下笔多碍。当去泰去甚，使轻重合宜……具言俗、通、正三体……所谓俗者，例皆浅近，唯籍帐、文案、券契、药方，非涉雅言，用亦无爽；倘能改革，善不可加。所谓通者，相承久远，可以施表奏、笺启、尺牍、判状，固免诋诃。（原注：若须作文言，及选曹、铨试，兼择正体用之尤佳。）所谓正者，并有凭据，可以施著述、文章、对策、碑碣，将为允当。（原注：进士考试，理宜必遵正体，'明经、对策，贵合经注本文；碑书多作八分，任别询旧则。'）"①可见科举考试对字形的要求最为严格，其中以进士科考试为最，"进士考试，理宜必遵正体"，其次是明经科，要求明经对策，"合经注本文"。

在唐五代时期的科举考试中，多有因文字错讹而落第者，试举几例并进行简要说明。科举考试对正字的要求不仅在字形上，对音、义也有严格标准。如后唐天成三年（928）春敕规定，三传、三礼、三史、开元礼、学究等科对策"须有文华，但能周通，文字典切，即放及第"；明经帖过，对策"不得错使文字"的相关规定，都包含了对字体、正体和音韵的规范②。后唐长兴元年（930），进士科考试放十五人，六月详细复查其考卷，发现的问题主要是文字错误。及第六人中，"李飞赋内三处犯韵；李縠一处犯韵，兼诗内错书青字为清字，并以词翰可嘉，望特恕此误"。覆落九人中，"卢价赋内薄伐字，合使平声字，今使侧（仄）声字，犯格。孙澄赋内御字韵，使字字，已落韵，又使齐字是上声，有字韵中押售字，是去声，又有朽字犯韵，诗内田字犯韵。李象赋内……此导字及错……犯韵。杨文龟……犯韵。师均赋内仁字犯韵，晏如书宴，如又河清海宴，宴字不合韵，又无理，晏字即落韵。杨仁远赋内赏罚字书伐字，衔勤字书鍼字……犯韵"③。此九人覆落，主要因为犯韵和正俗不分、文字错讹。可见五代科举考试中不仅注重字韵，而且对语句中的正字也

---

① 施安昌编《颜真卿书〈干禄妙字书〉》第6—11页；《全唐文》卷二〇三颜元孙《干禄字书序》，第2049页。
② 《宋本册府元龟》卷六四一《贡举部·条制三》，第2111—2112页。
③ 《宋本册府元龟》卷六四二《贡举部·条制四》，第2114页；《登科记考》卷二五天成五年条，第967—968页。

要求非常严格①,也从另一角度说明唐五代科举考试中的文字错误比内容平庸还要严重。后周显德二年(955)五月,翰林学士尚书礼部侍郎知贡举窦仪上言:省试不及第者,"以文艺优劣定为五等,取文字乖舛,词理纰缪最甚者为第五等,殿五举。其次者为第四等,殿三举,以次稍优者为第三、第二、第一等并许次年赴举"②。可见科举考试对正字要求之严格。又如后周显德五年(958)三月诏:"据贡院奏,今年新及第进士等所试文字,或有否臧,爰命词臣再令考覆,庶泾渭之不杂……王汾据其文词亦未精当,念以顷曾剥落,特与成名。"③对礼部省试所出现文字错误者,惩罚最为严厉:"取文字乖舛,词理纰缪最甚者为第五等,殿五举;其次者为第四等,殿三举。"唐五代进士及第者有时还要与主司聚集在一起,专门"点检"同年及第者中善诗赋者在诗赋中出现的讹误情况。如《唐摭言》卷三《点检文书》云:"状元、录事具启事取人数,主司于其间点请三五人工于八韵、五言者。或文字乖讹,便在点窜矣。"④这一活动也是受科举考试视"文字乖讹"为严重错误的影响。

唐代科举考试以儒家经典作为基本内容后,在具体考试过程中没有标准的文字规范,无疑会影响选拔的公正性。因此,科举考试便成为中央政府对儒家经典进行整理、校勘的最主要因素之一。在《新定五经》、《五经正义》、《石壁九经》的校勘及刊碑、板印相继完成的同时,出现了《干禄字书》、《五经文字》、《九经字样》及印板《五经文字》、《九经字样》、《经典释文》等字书,为举子参加科举考试提供了官方权威经典和字书,这对楷定、规范文字起到了积极作用,对后世影响深远。唐五代时期在加强九经文字的整理、校勘和楷定的同时,在官学体系中也十分重视文字规范的教育。国子监设书学,专攻文字学,明经、进士科帖经考试中设置《尔雅》,均对文字学教育起到了积极作用。唐五代科举考试对文字的正体要求非常严格,举子若出现文字乖舛者,一般要给予最严厉的惩罚。总之,科举考试对于唐五代时期官方整理儒家经典和规范文字有着重要而巨大的贡献。

---

① 《宋本册府元龟》卷六四二《贡举部·条制四》,第 2114 页;《登科记考》卷二五天成五年条,第 967—968 页。
② 《宋本册府元龟》卷六四二《贡举部·条制四》,第 2119 页。
③ 《宋本册府元龟》卷六四二《贡举部·条制四》,第 2120 页。
④ 《唐摭言》卷三《点检文书》,第 26 页。

七、唐代太常第考论

关于隋唐五代科举制度的研究,20世纪以来学术界已经取得丰硕的成果。特别是进士科、秀才科、明经科等重要科目,学界对其研究已经相当深入①,但对"太常第"等比较特殊的科名的含义却存在歧义。"太常第"究竟是什么性质,是否为独立科目,目前的认识还比较模糊。徐松《登科记考》、岑仲勉《登科记考订补》等少数论著中,将"太常第"归入进士科类②。但"太常第"是否专指进士科,"太常第"与太常寺的关系如何,是否泛指科举登第,这都是笔者在本章中将要解决的问题。

(一) 太常第与太常寺的渊源

唐代太常第从字面来看,似为太常寺所设独立科目。笔者通过对大量史料的爬梳,仅搜集到几条与太常寺相关的太常第史料。《唐六典》卷二《尚书省》吏部考功员外郎条云:太常寺"应简斋郎,准贡举例帖试。太常解申礼部勘责,十月内送考功,帖《论语》及一大经,及第者,奏闻"③。此条史料说明开元二十四年(736)以前太常寺并未设科目④,太常寺可向礼部解送合格简斋郎,然后由礼部再解送吏部,参加吏部考功员外郎主持的科举考试。这类由太常寺向吏部解送的简斋郎,通过考功员外郎主持的考试,方可中科第,因此,此类由太常寺解送简斋郎不能称太常第。《新唐书》卷四八《百官

---

① 如程千帆《唐代进士行卷与文学》、傅璇琮《唐代科举与文学》、刘海峰《唐代教育与选举制度综论》、刘海峰《科举考试的教育视角》、高明士《隋唐贡举制度》、吴宗国《唐代科举制度研究》等。
② 岑仲勉《登科记考订补》,收入《登科记考》。
③ 《唐六典》卷二《尚书省》,第46页。
④ 《通典》卷二三《职官典五》云:开元二十四年以前科举省试考试由吏部考功员外郎主持,以后改为礼部侍郎主持(第635页)。《新唐书》卷四四《选举志上》略同,第1164页。

志三》太常寺两京郊社署条云:"有府二人,史四人,典事五人,掌固五人,门仆八人,斋郎百一十人。斋郎掌供郊庙之役……祭飨而员少,兼取三馆学生,皆绛衣绛帻。更一番者,户部下蠲符,岁一申考诸署所择者,太常以十月申解于礼部,如贡举法,帖《论语》及一大经。中第者,录奏,吏部注冬集散官,否者番上如初。六试而绌,授散官。"①此条史料说明《新唐书》继承了《唐六典》记载,开元二十四年以后②,太常寺仍向礼部解送简斋郎参加礼部省试,但未明确记载此类简斋郎是否能称为太常第。

唐代科举登第称"太常第",很可能与武周一度将礼部尚书改为"太常伯"有一定的关系。《旧唐书》卷四三《职官志二》云:"礼部尚书一员","龙朔改为司礼太常伯,光宅改为春官尚书,神龙复也。"③武后改制也是效仿汉代的旧制。开元二十四年以后科举考试归礼部,唐人习惯于以太常第指科举登第。

太常第的起源问题,可在唐代科举考试对策中找到线索。垂拱四年(688),制举考试中,第三道策"词标文苑科"策问云:"朕闻仰观乾象,房、心为布政之宫;俯察坤元……尔等并积学基身,含章表质……务从必简之道,式崇可久之基。陈彼嘉谋,尔其扬榷。思擢太常之第,副朕求贤之怀。"④《策问》中的"太常第"指制科及第无疑。再看一下开元二十二年(734)李琚应吏部科目选博学宏词科所作《公孙弘开东阁赋》⑤,便可对太常第的性质有大致了解。李琚《公孙弘开东阁赋》云:"客有海上浴德,淄川养蒙……太常居甲第之日,丞相作封侯之始。"⑥公孙弘为汉代宰相,此处"太常居甲第",则指举贤良第一。《汉书》卷五八《公孙弘传》云:"武帝初即位,招贤良文学士,是时

---

① 《新唐书》卷四八《百官志》,第1242—1243页。
② 唐代礼部掌贡举在开元二十四年以后。
③ 《旧唐书》卷四三《职官志二》,第1828页。《通典》卷二三《职官典五》云:"大唐龙朔二年,改吏部尚书为司列太常伯,咸亨初复旧。"(第631页)
④ 《文苑英华》卷四七七《策·词标文苑策三道》,第2435—2436页;《登科记考》卷三垂拱四年条,第85—86页。
⑤ 吏部科目选博学宏词科始于开元十九年。《唐会要》卷七六《贡举中·制举科》云:"(开元)十九年博学宏词科郑昉、陶翰及第。"(第1388页)
⑥ 《文苑英华》卷六九《赋》,第313页;《登科记考》卷八开元二十二年条,第267页。

七、唐代太常第考论

(公孙)弘年六十,以贤良征为博士。使匈奴,还报,不合意,上怒,以为不能,弘乃移病免归。元光五年(前130),复征贤良文学,菑川国复推上弘。弘谢曰:'前已尝西,用不能罢,愿更选。'国人固推弘,弘至太常……时对者百余人,太常奏弘第居下。策奏,天子擢弘对为第一。召入见,容貌甚丽,拜为博士,待诏金马门。"①由此看来,"太常第"之名,来自西汉的太常策试贤良的制度。

"太常第"之称源自西汉武帝时出现的察举制度。在西汉的察举制度下,太常在察举贤良方正的选士制度中起着重要作用。《汉书》卷七《昭帝纪》记元始五年(前86)诏曰:"朕以眇身获保宗庙,战战栗栗,夙兴夜寐,修古帝王之事,通《保傅传》、《孝经》、《论语》、《尚书》,未云有明。其令三辅、太常举贤良各二人,郡国文学高第各一人。"(第223页)《汉书》卷八《宣帝纪》载本始四年(前70)四月壬寅诏:"令三辅、太常、内郡国举贤良方正各一人。"②可见西汉时太常为三辅之外察举贤良方正的主要职官。

此外,西汉太常还主管郡县举荐贤良方正的授业及子弟授业。如《文献通考》卷四六《学校考七》云:"及武帝既兴学校,则令郡国县官谨察,可者与计偕,诣太常受(授)业如弟子,则郡县皆有以应诏,而博士弟子始为国家选举之公法也。"③又如《汉书·儒林传》云:"古者政教未洽,不备其礼,请因旧官而兴焉。为博士官置弟子五十人,复其身。太常择民年十八以上仪状端正者,补博士弟子……二千石谨察可者,常与计偕,诣太常,得受业如弟子。一岁皆辄课,能通一艺以上,补文学掌故缺;其高第可以为郎中,太常籍奏。即有秀才异等,辄以名闻。"④太常还负责对子弟、二千石谨察可者的学业进行策试及选任,籍奏皇帝。《汉书·萧望之传》记望之"好学,治《齐诗》,事同县后仓且十年。以令诣太常受业,复事同学博士白奇,又从夏侯胜问《论语》、《礼服》"⑤。正如《唐摭言·乡贡》所云:"汉武帝置五经博士,太常选民

---

① 〔汉〕班固撰、〔唐〕颜师古注《汉书》卷五八《公孙弘传》,北京:中华书局,1962年,第2613—2617页。
② 《汉书》卷八《宣帝纪》,第245页。
③ 〔元〕马端临《文献通考》,北京:中华书局,1986年,第430页。
④ 《汉书》卷八八《儒林传》,第3594页。
⑤ 《汉书》卷七八《萧望之传》,第3271页。

年十八已上好学者,补弟子;郡国有好文学,敬顺于乡党者,令与计偕,受业太常,如弟子。一岁辄课通经艺,补文学掌故。上第为郎。其秀异等,太常以名闻;其下材不事学者,罢之。"①

(二) 太常第的科目性质

唐代的太常第之称远袭西汉太常举贤良方正之意,但其含义已发生很大变化。唐代太常第从广义上讲可指科举及第,狭义上讲专指进士及第。太常及第指进士及第的情况如下。如《旧唐书·奚陟传》云:奚陟,"亳州人也,祖乾绎,天宝中弋阳郡太守。陟少好读书,登进士第;又登制举文词清丽科,授弘文馆校书"②。刘禹锡《唐故朝议郎守尚书吏部侍郎上柱国赐紫金鱼袋赠司空奚公神道碑》则云:奚陟"从乡赋,暨升名太常,果居上第。明年,诏郡国征贤良,设四科以尽材,公居文词清丽之目,授弘文馆校书郎"③。奚陟大历十四年(779)进士及第④。可见进士及第时称太常第。裴度《刘府君神道碑铭(并序)》亦云刘太真"天宝中,与伯氏太冲迭升太常第,议者荣之"⑤。刘太真是在天宝十三载(754)登进士第。从以上例证,可知进士及第可称作"太常第"。又《大周文林郎路府君墓志铭并序》云:路岩"方从小学,便已大成,对问兰台之英,爰擢太常之第,寻授文林郎"⑥。而《旧唐书·路岩传》记:路群有二子,"岳、岩,大中中相次进士登第"⑦。又《唐故荥阳县君郑夫人墓志铭并序》云:崔廷"贞元初,名升太常;元和中,位陪省署"⑧。据《唐故朝散大夫光禄卿致仕上柱国赐紫金鱼袋崔公墓志铭并序》云:崔廷"贞元初,进

---

① 《唐摭言》卷一《乡贡》,第 7 页。
② 《旧唐书》卷一四九《奚陟传》,第 4021—4022 页。
③ 《刘禹锡全集编年校注》卷一八《文》,第 1190 页;《全唐文》卷六〇九,第 6150 页。
④ 《登科记考》卷一一大历十四年条,第 400 页。
⑤ 《全唐文》卷五三八《裴度·刘太真碑铭》,第 5466—5467 页;《登科记考》卷九天宝十三载条,第 332 页;《旧唐书》卷一三七《刘太真传》,第 3762 页。
⑥ 周绍良《唐代墓志汇编》万岁通天二四号,第 905 页。
⑦ 《旧唐书》卷一七七《路岩传》,第 4603 页。
⑧ 大中六年立碑。周绍良《唐代墓志汇编》大中六八号,第 2302 页;《登科记考订补》作进士及第,证据不足。

七、唐代太常第考论

士及第,诚悫居实"①。刘禹锡《唐故相国李公集纪》谓李绛"在贡士中杰然有奇表,既登太常第,又以词赋升甲科"②。《新唐书·欧阳詹传》云:欧阳詹"举进士,与韩愈、李观、李绛、崔群、王涯、冯宿、虞承宣联第,皆天下选,时称'龙虎榜'"③。李绛贞元八年(792)进士及第。又柳宗元《送幸南容归使联句诗序》云:"渤海幸君,既登于太常之籍。"又云:"我同升之友。"《永乐大典》引《元一统志》云:"幸南容,贞元九年与柳子厚同举进士。"幸南容在贞元九年(793)与刘禹锡、柳宗元同年进士及第④。吕温《及第后答潼关主人诗》云:"本欲云雨化,却随波浪翻。一沾太常第,十过潼关门。"⑤《登科记考》卷一四贞元十四年(798)条云吕温进士及第,而《旧唐书》卷一三七《吕渭传》谓温"贞元末登进士第"⑥。又柳宗元《送萧錬登第后南归序》称萧錬"逾时而名擢太常"。《柳宗元集注》云:"太常,礼部。贞元十二年(796),礼部侍郎吕渭知贡举,试《日五色赋》、《春台晴望诗》,錬中第。"⑦而《登科记考》卷一四贞元十二年条称是年萧錬进士及第。陈鸿《大统纪序》云:"贞元丁酉岁,登太常第,始闲居遂志,乃修《大统记》三十卷……七年书始就,故绝笔于元和六年辛卯。"⑧按《登科记考》卷一五贞元二十一年(805)条,将陈鸿列入进士科。白居易元和元年(806)十二月作《长恨歌》,有"前进士陈鸿撰《长恨歌传》"⑨。又《唐故朝议郎守尚书比部郎中上柱国赐绯鱼袋陇西李府君墓志铭并序》云:李蟾"元和六年登太常第,方以词赋擅美,就科选于天官。无何,故尚书孟公自给事中抚俗制(浙)东,开幕序贤,首膺辟命,授试秘书省正字,充观察推官"⑩。李蟾"以词赋擅美",登"太常第",开元、天宝以后进士考试重诗词,

---

① 周绍良《唐代墓志汇编》长庆二六号,第 2077 页。
② 《刘禹锡全集编年校注》卷一八《文》,第 1186 页。
③ 《新唐书》卷二〇三《文艺传下·欧阳詹传》,第 5787 页;《云溪友议》卷下《巢燕词》,收入《唐五代笔记小说大观》,第 1312 页。
④ 《登科记考》卷一三贞元九年条,第 479 页。
⑤ 〔清〕曹寅等奉敕辑《全唐诗》卷三七〇,北京:中华书局,1960 年,第 4160 页。
⑥ 《旧唐书》卷一三七《吕渭传附吕温传》,第 3769 页。
⑦ 《柳宗元集》卷二二《送萧錬登第后南归序》,第 602 页。
⑧ 《全唐文》卷六一二,第 6179 页。
⑨ 《白居易集》卷一二,第 235 页。按元和六年上溯七年为乙酉岁,丁酉岁为乙酉岁之误。
⑩ 周绍良《唐代墓志汇编》大和五八号,第 2137 页。

故李蟾所登太常第当指进士科①。

唐代明经科擢第亦可称太常第。如《唐故前国子监大学生武骑尉崔君墓志并序》云：崔韶"显庆四年，以承嫡，恩制赐勋，授武骑尉……总章元年，补国子监大学生。抠衣避席，研精四术之科……属咸亨之岁，炎冗成灾，凡在学□（馆），散归乡第……寻举□□明经，射策高第。宾庭利用，既升科于太常；渐陆于飞，方矫翼于曾汉"②。崔韶咸亨中明经及第，称为"升科于太常"，可见明经及第亦可称为"太常第"。又如《唐故隋州司法参军陆府君墓志铭并序》云："君□□□广成……皇考元海，善政秋浦……始以弱冠补国子生，明申公诗及左氏传，登太常第，调补隋州司法参军。"③陆广成"明申公诗及左氏传"，为明经科，此又一例将明经科及第称为"登太常第"。徐铉《大唐故中散大夫检校司徒使持节泰州诸军事兼泰州刺史御史大夫洛阳县开国子贾宣公墓志铭》云贾翃"以经术擢太常第，以才用为诸侯卿"④。翃为唐末人，以经术擢"太常第"，所指应该是明经科。《唐裴氏子墓志铭并序》云裴君"年十八，娶扶风窦氏，父瑞……七岁以孝廉登名太常，文词学业，衣冠名表"。此件墓志立于元和元年（806），墓主人年四十五岁，则窦瑞以孝廉登名太常约在代宗朝⑤。欧阳詹《送蔡沼孝廉及第后归闽觐省序》云："蔡侯沼，字虚中，予之邑人，又懿亲也。虚中以学，予谬以文，共受遣乎长吏，皆求试于宗伯。虚中登太常第，归宁故园，予有曝鳃之困，犹留京师。"⑥孝廉科在建中元年（780）停废，中晚唐的孝廉科多指明经科⑦。欧阳詹为晚唐人，此孝廉科当指明经科，所说登太常第指的是明经及第。

孝廉第被称为"太常第"在隋末唐初就已出现。《唐故王君（深）墓志之铭》记王深之父嵩"（隋）州部荐其鸿才，太常擢以上第，超授赵州大陆县令……粤者隋室不纲，域中波骇"。王深调露元年（679）年五十二岁，按此推

---

① 岑仲勉《登科记考订补》认为李蟾为进士及第。
② 周绍良《唐代墓志汇编》圣历一二号，第932页。
③ 周绍良《唐代墓志汇编》残志六四号，第2573页。
④ 《全唐文》卷八八五，第9252页。
⑤ 周绍良《唐代墓志汇编》元和八号，第1954页。
⑥ 《全唐文》卷五九六，第6030页。
⑦ 《登科记考·凡例》，第2—3页。

七、唐代太常第考论

其父王嵩登太常第的时间在隋末唐初，不过这种称法很可能是调露年间人们的语用习惯①。唐前期孝廉科及第也可称为太常第。如《大周故中大夫夏官郎中逯府君墓志并序》云逯君怀，"唐孝廉……张凭之太常高选，方应孝廉……出孝入悌之方，率由斯得"。按万岁登封元年(695)逯怀之子逯贞方年四十五②，可见唐初孝廉亦可称为"太常第"。垂拱中有杨承福"年弱冠，州举孝廉，太常对策，拜文林郎，调选授灵州回乐县主簿"③。此外，制举登科、吏部科目选登第也可称为太常第，前文已述，此处不再重复。

唐代太常第在很多时候泛指科举登第。元和初舒元舆《上论贡士书》云："陛下无以臣迹在贡士中，疑臣自谓。臣虽不敏，窃窥太常一第，不为难得。何以明之？若使臣为今日贡士之体，事便僻巧佞，驰骛关键，固非臣之所不能也，耻不为也。"④舒元舆后来在元和八年(813)进士及第，此篇上书中所说"贡士之体事"，指科举考试，可见"太常第"可以泛指科举及第⑤。如《唐故汴州封丘县令张(才)君墓志铭并序》云："猗欤乃祖，弈叶重光，策名府库，功传太常。"⑥墓志铭中并未明确说明张才所登科第为何科目，显然太常第泛指科第。张才显庆二年(657)卒，年七十七岁⑦。又如《大唐刘君墓志铭并序》云：刘弘"年才十八，业综三千，欲考太常之科，遽遘漳滨之疾。于是卜居洛河，葺宇伊瀍"。永淳二年刘弘年六十四岁，按其十八岁时为贞观十三年(639)⑧。《大唐故中散大夫守荆州大都督府司马上柱国南阳邓府君墓志铭并序》谓邓森"总章二年，任国子监学生；天授二年，应举□第。观光入辟，先飞隐士之星；射策登科，遽擢太常之第。蒙授右台监察御史里行"。立碑时

---

① 周绍良《唐代墓志汇编》调露一二号，第660页。
② 周绍良《唐代墓志汇编》神功三号，第914页。
③ 周绍良《唐代墓志汇编》景龙四二号《大唐故梓州铜山县尉弘农杨府君墓记并序》，第1110页。
④ 《全唐文》卷七二七，第7488页。
⑤ 《登科记考》卷一八元和八年条，第655页。
⑥ 周绍良《唐代墓志汇编》显庆二九号，第247页。
⑦ 周绍良《唐代墓志汇编》显庆二九号，第247页。
⑧ 周绍良《唐代墓志汇编》弘道二号，第709页。

间为景云二年①。此两例中的太常第皆泛指登科。

　　总之,太常第之名源于西汉武帝创始的察举制度,唐代太常第既泛指参加科举考试登第,如参选进士、明经、孝廉、制举、科目选等科及第,也可专指进士及第、明经及第。

---

① 周绍良《唐代墓志汇编》景云七号,第1121页;《登科记考订补》将"太常第"视作进士及第,不妥,上文已论,太常第的含义较为广泛,其情况应区别对待。

八、《登科记考》再补正

清代徐松《登科记考》的问世，极大地推动了学术界对唐代科举制度的研究。随着唐代科举制研究的逐渐深入和相关新史料的不断刊布，学者们对《登科记考》的增补、订正工作从未间断，至今此类文章已达二十多篇，极大丰富了人们对唐五代登科情况的了解。这方面比较突出的成果要属岑仲勉《登科记考订补》、罗继祖《〈登科记考〉补》、施子愉《〈登科记考〉补正》、张忱石《徐松〈登科记考〉续补》（上、下篇）等文①，集大成者当属孟二冬的《登科记考补正》一书，分为上中下三册②，集中展现了学界对《登科记考》和唐代科举制度研究的成果。此外，还有不少学者发表论文，对《登科记考》进行补正③。不过，由于《登科记考》所记内容丰富，其材料搜集颇难穷尽，也存在不

---

① 岑仲勉《登科记考订补》，历史语言研究所集刊编辑委员会编《历史语言研究所集刊》第11册，1987年，第87—100页（后附入中华书局1984年版点校本《登科记考》）；罗继祖《〈登科记考〉补》，《东方学报》1943年13册第3分；施子愉《〈登科记考〉补正》，《文献》1983年第1期，第137—152页；张忱石《徐松〈登科记考〉续补》，《文献》1987年第1期，第88—99页，《文献》1987年第2期，第97—109页。

② 〔清〕徐松撰、孟二冬补正，北京：北京燕山出版社，2003年。

③ 如胡可先《〈登科记考〉匡补》，《文献》1988年第1期，第86—96页；《〈登科记考〉匡补续编》，《文献》1988年第2期，第121—136页；《〈登科记考〉匡补三编》，《徐州师范学院学报》（哲学社会科学版）1989年第4期，第44—51页；卞孝萱《〈登科记考〉纠谬》，《学林漫录》第6集，北京：中华书局，1982年，第110—113页；陈尚君《〈登科记考〉正补》，《唐代文学研究》第4辑，1993年，第293—361页；杨希义《〈千唐志斋藏志〉中隋唐科举制度史料辑释》，《中原文物》1992年第1期，第38—48页；刘汉忠《〈登科记考〉摭遗》，《北京图书馆馆刊》1993年第3—4期，第129—133，145页；朱玉麒《〈登科记考〉补遗、订正》，《文献》1994年第3期，第187—211页；黄震云《〈登科记考〉甄补》，《文教资料》1996年第4期，第105—125页；王其祎、李志凡《〈登科记考〉补》，《台大历史学报》1996年第6期，第89—122页；陈冠明《〈登科记考〉补名摭遗》，《文献》1997年第4期，第199—210页；吴在庆《唐五代登科者考补》，《铁道师院学报》1998年第2期，第22—25页；王其祎、周晓薇《〈登科记考〉补续》，《碑林集刊》第六辑，2000年，第147—164页；孟二冬《〈登科记考〉补正》，《国学研究》第8卷，2001年，第291—314页；薛亚军《〈登科记考〉订补》，《古籍整理研究学刊》2002第5期，第29—31、47页；《〈登科记考〉拾补》，《文献》2003年第3期，第69—95页。

少后人重复补录的情况,以及未能见到新资料而漏补的情况。本章将在前人成果的基础上,主要搜集新近公布的墓志,结合相关史料对《登科记考》再进行增补、订正。

(一) 补遗

1. 年份可考之及第进士。

李无亏 《大周故太中大夫使持节沙州诸军事守沙州刺史兼豆庐经略使上柱国长城县开国公赠使持节嘉州诸军事嘉州刺史李府君(无亏)墓志铭并序》云:"公讳无亏,字有待。本陇西成纪人,汉丞相蔡之后也……初为国子生,麟德二年以进士擢第,即选授秘书省雠校。游道璧水,嘉誉比于林宗;射策金门,甲科同于稚圭,校书之职,叔师播美于东京……总章二年,授定州北平县丞……以延载元年八月七日终于官舍,时年五十八。"①据此,李无亏可补入麟德二年(665)进士科条。

李挺 《唐故监察御史李府君(挺)墓志铭并序》云:"公讳挺,其先陇西成纪人,西凉武昭王暠十一代孙……弱冠进士举,再赋登科,释巾授同州河西县主簿……洎哀疚外除,王途小泰,友朋敦劝,方议调集,一选超绝高第,授河南府参军兼水陆判官……至大历二年,太夫人弃背,公见星号赴,泣血千里,服阕从常。调判入高等,名到中书,未及拜职,遭疾,终长安开化里之客舍,享年卌有九……即以大历六年五月十一日归葬偃师县西原……铭曰:……三擢甲科,再登使幕。"②按:李挺大历二年(767)四十九岁(古人按虚岁计,虚加一岁),二十一岁登进士科在开元二十七年(739)。因此,其名可补入开元二十七年进士科下。

崔遂 《唐故秘书省秘书郎博陵崔公墓志铭并序》云:"前乡贡进士李仍叔纂。博陵崔公病,元和庚寅岁十二月二十八日……公讳遂,字通玄,建中

---

① 王团战《大周沙州刺史李无亏墓及征集到的三方唐代墓志》,《考古与文物》2004年第1期,第22—24页。
② 杨作龙、赵水森等《洛阳新出土墓志释录》,北京:北京图书馆出版社,2004年,第275页。

八、《登科记考》再补正

元年,以文字试礼部,省叶所择者,情书名姓进士籍,闻见天下人耳目。"①据此,崔遂可补入建中元年(780)进士科下。

2. 年份待考之及第进士。

崔悬解 《唐故陈王府长史崔君志文》云:"君讳尚……王父悬解,进士高第,坊州宜君县丞……君国子进士高第,中书令燕国公张说在考功员外时,深加赏叹,调补秘书省著作局校书郎……天宝四载七月九日,终于京师静恭里之私第,时年六十六。"②按,据墓志记载崔悬解之孙崔尚卒年和年龄来看,崔悬解进士登第大致在显庆前后。

李琦 《大唐故潞州屯留县令李府君琦墓志铭并序》云:"府君讳琦,字义琦,陇西成纪人也……府君幼挺聪敏,老成標器……志学初年,秀才高第,授建州录事参军,叶县、曲沃、屯留三县令……春秋七十七。呜呼!夫人清河崔……以开元廿四岁十一月十五日合祔于河南县龙门乡。"③按:永徽二年秀才科已废④,此后秀才科多指进士科,故李琦秀才高第当指登进士科。以其年龄和合葬时间来看,其登第大致在武则天统治之初。

李逢 《唐故陇西李夫人墓志》云:"夫人皇族也,其曾祖业,册惠仙太子,嗣薛王。祖琇,任太仆少卿;父逢,进士登科,任台州刺史。移官于南,寻复□为光禄少卿致仕……夫人即光禄之长女也……享年五十矣……遂定大和五年七月十三日葬于扶风县台。"⑤按:以李逢长女大和五年(831)五十岁计,其登第年当在建中前后。

张元度 《唐故扬州大都督府士曹参军张府君(林)合祔墓志铭并序》云:"长子元度,进士出身,监察御史、凤翔节度营田判官……越以元和六年八月廿八日迁窆于偃师县毫邑乡刘村之原,从先茔,礼也。"⑥按,墓志记载张元度在元和六年已经居官监察御史,若扣除其居官和参选的时间,则其进士

---

① 杨作龙、赵水森等《洛阳新出土墓志释录》第141页。
② 杨作龙、赵水森等《洛阳新出土墓志释录》第107—108页。
③ 杨作龙、赵水森等《洛阳新出土墓志释录》第248页。
④ 刘海峰《唐代秀才科存废与秀才名目的演变》,《中国史研究》1990年第1期,第8—15页。
⑤ 王团战《大周沙州刺史李无亏墓及征集到的三方唐代墓志》,《考古与文物》2004年第1期,第26页。
⑥ 杨作龙、赵水森等《洛阳新出土墓志释录》第297页。

登第年应该在贞元中。

杜子迁（杜恂） 《唐故朝请大夫□□□州诸军事守商州刺史兼御史中丞充本州防御使上柱国赐紫金鱼袋□尚书礼部侍郎杜府君墓志》云："□□子迁，京兆杜陵人……进士出身，□佐诸□府幕……除授商州刺史、充本州防御使。以咸通四年二月上旬寝疾，至于闰六月廿日终于城□□庄，享年七十一。"①按：以杜子迁咸通四年（863）七十岁推算，其登第时间大概在元和中。杜子迁与杜恂为同一人，子迁为字，恂为名②。

史宏 《全唐文·史宏小传》云："开成中擢进士第。"③据此，其名可补入开成中进士科条下。

朴仁范　金渥 朝鲜史籍赵在三《松南杂识·科举》在"东人唐第"条中说："唐长庆初，有金云卿者，始以新罗宾贡。又金夷鱼、金可纪、崔致远、朴仁范、金渥皆登唐第。"④据此，此二人当补入《登科记考》卷二七《附考》进士科下，及第时间大约在长庆至唐末。

李谷汝 《成化中都志》卷五《人才》云："（李谷汝）举进士，从事华、秦二州，晋天福中擢监察御史。"⑤按：据谷汝仕宦情况，其登第时间大概在后唐。

3. 年代可考之及第明经。

崔和 《唐故朝散大夫婺州长史柱国崔公（和）墓志铭并序》云："公讳和，字仲和，博陵安平人也……弱冠成均监，明经高第，调补相州安阳尉……春秋七十有四遇疾，终于婺州官舍……以开元廿六年十月廿日葬于河南府河南县万安山之南原。"⑥按：以崔和开元廿六年（738）七十四岁来算，其弱冠明经及第在麟德二年（665）。

崔安俨 《唐故朝散大夫汉州长史上柱国博陵崔公墓志铭并序》云："公

---

① 刘鹰、唐群《唐商州刺史杜子迁墓志铭考释》，《唐研究》第 6 卷，2000 年，第 413 页。
② 刘鹰、唐群《唐商州刺史杜子迁墓志铭考释》，《唐研究》第 6 卷，第 416 页。
③ 《全唐文》卷七一六，第 7368 页。
④ 见刘海峰《科举考试的教育视角》第 118 页。
⑤ 〔明〕黄璿《成化中都志》，收入李廷宝《天一阁藏明代方志选刊续编》第三三册，上海：上海书店出版社，1990 年，第 589 页。
⑥ 杨作龙、赵水森等《洛阳新出土墓志释录》第 251 页。

八、《登科记考》再补正　　111

讳安俨……弱冠明经擢第,解褐滑州参军……开元廿六年正月十八日遇疾终于东都归仁里之私第,春秋八十二。"①按:以开元廿六年崔安俨八十二岁,其弱冠登第应该在上元二年(675)。

陆亘　《唐故宣歙池等州都团练观察处置等使通议大夫宣州刺史兼御史大夫上柱国赐紫金鱼袋赠礼部尚书陆府君墓志铭并序》云:"公讳亘,字景山,吴郡人也……即苦节读书,年二十,通经及第……以大和八年甲寅岁八月廿二日,薨于宣城郡之官舍,春秋七十有一。"②以陆亘大和八年(834)七十一岁,其二十岁登第应在兴元元年(784)。

4. 年代待考之及第明经。

康慈感　《大唐范阳郡节度副使都知兵马使冠军大将军左威卫大将军上柱国山阴县开国子康府君墓志铭并序》云:"君讳令恽……祖慈感,孝廉擢第,名以彰于拾芥……解褐拜西平郡掾曹……迺薨于幕府……暨天宝四载二月十四日,迁窆于灞陵原。"③按:康慈感之孙天宝四载(745)卒,按常理推算其登第时间大概在高宗朝,孝廉科,即明经科。

萧守规　《唐故简州司马兰陵萧君(守规)墓志铭并序》云:"君讳守规,字宪,兰陵人也……公积庆王侯,延华戚属,孝友夷雅……起家以崇文馆学生擢第,授曹王府功曹参军,转益州唐隆县令,累迁苏、曹、简三州司马,加朝散大夫……以长寿二年正月一日终于位……其铭曰……明经太学,作赋梁园。"④若按唐代居官通常三年一转授来看,萧守规从明经及第至长寿二年间(693),至少已有十年,其登第大致在高宗永淳前后。

陈眞　《大唐故内常侍赠云麾将军左武卫将军梁公墓志铭并序》云:"常侍讳归朝,其先定安人也……以大历八年十二月十日寝疾……春秋五十有五。粤以明年二月三日迁于白鹿原……前弘文馆明经陈眞文。"据此,陈眞明经科及第当在大历九年(774)前不久。

钟怀　新近杭州市博物馆收藏了一方墓志《唐故前乡贡明经钟府君墓

---

① 杨作龙、赵水森等《洛阳新出土墓志释录》第82—83页。
② 杨作龙、赵水森等《洛阳新出土墓志释录》第188—189页。
③ 王育龙《唐长安城东出土的康令恽等墓志跋》,《唐研究》第6卷,2000年,第395—405页。
④ 杨作龙、赵水森等《洛阳新出土墓志释录》第231页。

志铭并序》,内云:"府君讳怀,字仁庆,其先颍川人也。自皇帝命典乐之官,因有钟氏……列考讳足,皇润州上元主簿,令望休问,位负良持。公少习儒风……琳琅振五都之价,明经登科,名高宦薄……以元和九年后八月十四日终于余姚县之□,春秋八十。"按:以钟怀元和九年(814)八十岁来计,其登第之年大致在建中以前。

崔晤 《唐故朝请郎行右卫骑曹参军马君墓志铭并序》云:"维贞元二年正月庚申晦,右卫骑曹参军马君卒,春秋廿,呜呼!君讳晤,扶风人也……君则司徒府君之弟三子也……十五而博通群书……方将射策东堂,待诏金马,其志未遂,以门荫弘文馆明经出身,解褐河南府参军……贞元二年二月廿四日,葬于万年县之同人原。"①按:崔晤贞元二年(786)廿岁,登第年龄又在十五岁之后,则其登第时间当在建中初。

刘应存 《巡礼碑题记》载:"咸通七年四月八日,南北巡礼五戒,烈名于后……刘建和侄男前乡贡明经应存、乡贡明经孙守德。"②按:刘应存明经及第应在咸通七年(866)前。

唐希颜 《忠肃集》卷一一《唐质肃神道碑》云:"公讳介,字子方,姓唐氏……有为唐山令曰熊者,居余杭,生子曰希颜。天复中,以明经为建威军推官,是为公之高祖。"③按,唐希颜天复中登明经科。

5. 年代可考之制科及第者。

王英 《唐故中大夫使持节都督兖州诸军事守兖州刺史上柱国王府君(英)墓志铭并序》云:"府君讳英,字人杰,太原祈人……府君……弱冠应制甲科,授洺州鸡泽主簿……又应制高第,授左拾遗,迁宫尹府司直……开元廿六年遘疾,八月九日薨于洛阳审教里之私第,春秋八十有三。"④按:若以开元廿六年(738)八十三岁计,则王英弱冠应制高第之年为咸亨五年(674)。

---

① 王育龙、程蕊萍《陕西西安新出唐代墓志铭五则》,《唐研究》第 7 卷,2001 年,第 445—456 页。

② 北京图书馆金石组、中国佛教图书文物馆石经组《房山石经题记汇编》第一部分《碑和题记》,北京:书目文献出版社,1987 年,第 45—46 页。

③〔宋〕刘挚《忠肃集》卷一一《唐质肃神道碑》,收入王云五主编《丛书集成初编》第一九二八册,北京:中华书局,1985 年,第 150 页。

④ 杨作龙、赵水森等《洛阳新出土墓志释录》第 254 页。

6. 时间待考之制科及第者。

李无亏 据前文年份可考进士条李无亏所引墓志云：李无亏"射策金门，甲科同于稚主"一句，指李无亏又登制科，其具体名目不详，时间在麟德二年(665)之后至总章二年(669)之前。因此，李无亏又可补入《登科记考》卷二七《附考》诸科条下。

崔谷神 《唐故陈王府长史崔君志文》云：崔尚"考谷神，制举高第，陕州河北县尉，文集三卷"①。按：崔尚在久视元年登第，详见下文，其父崔谷神制举高第应在高宗咸亨前后。

7. 年代可考之科目选及第者。

陆亘 《唐故宣歙池等州都团练观察处置等使通议大夫宣州刺史兼御史大夫上柱国赐紫金鱼袋赠礼部尚书陆府君墓志铭并序》云："公讳亘，字景山，吴郡人也……即苦节读书，年二十，通经及第。贞元九年，实以书判六节，擢甲科，得雠书集贤殿。"②又《旧唐书》卷一六二《陆亘传》云："亘以书判授集贤殿正字、华原县尉。"③陆亘可补在贞元九年(793)书判拔萃科下。

8. 年代待考之科目选及第者。

崔元翰 《旧唐书》卷一三七《崔元翰传》云："崔元翰者，博陵人。进士擢第，登博学宏词制科，又应贤良方正、直言极谏科，三举皆升甲第，年已五十余。"④又《新唐书》卷二〇三《文艺志下·崔元翰传》云："崔元翰名鹏，以字行……举进士、博学宏辞、贤良方正，皆异等。"⑤《南部新书》卷丙云："崔元翰晚年取应，咸为首捷，京兆解头，礼部状头，宏词敕头，制科三登敕头。"⑥据《登科记考》卷一一进士科条云崔元翰建中二年及第、卷一二贤良方正能直言极谏科条云其贞元四年(788)及第，则其登宏词科当在建中三年至贞元三年间(782—787)。

李挺 据前文所引李挺墓志铭记载，李挺在大历二年前"方议调集，一

---

① 杨作龙、赵水森等《洛阳新出土墓志释录》第107—108页。
② 杨作龙、赵水森等《洛阳新出土墓志释录》第188—189页。
③ 《旧唐书》卷一六二《陆亘传》，第4252页。
④ 《旧唐书》卷一三七《崔元翰传》，第3766页。
⑤ 《新唐书》卷二〇三《文艺志下·崔元翰传》，第5783页。
⑥ 《南部新书》卷丙，第35页。

选超绝高第",大历二年后"调判入高等",均指其吏部科目选平判入等科及第。因此,其名可补入《登科记考》卷二七《附考》诸科平判入等科下,时间为大历二年(767)前后的两个年份。

李师稷 《因话录》卷三《商部下》云:"杨仆射於陵在考功时,与李师稷及第。"①《唐语林》卷四《企羡》云:"杨仆射於陵在考功时,举李师稷及第。"②《新唐书》卷一六三《杨於陵传》云:"杨於陵字达夫……(韩)滉卒,乃入为膳部员外郎。以吏部判南曹,选者恃与宰相亲。"③韩滉卒于贞元三年(787)④,则杨於陵在考功的时间当在此后,其所放及第应为吏部科目选,但具体科目不详。据此,李师稷可补入贞元中科目选及第。

9. 科目待考者。

李魏相 《大唐故朝议郎润州司功陇西李公(魏相)墓志铭并序》云:"公讳魏相,字齐舒,行名楚琼……未登弱冠,擢秀高策。年二十四,调授苏州参军事,转润州司功参军……以开元二年岁次甲寅九月十一日终于东都永丰里之私第,春秋三十有七。"⑤按:以开元二年(714)李魏相年三十七岁计,其弱冠前登第应在神功元年(697)之前。墓志云"擢秀高策",应指进士科,神功元年前进士科考试尚重策,明经科重帖经,兹存疑。

10. 献药方及第。

孙嘉宾 《唐故太中大夫行殿中省尚药奉御孙府君二夫人赵氏崔氏墓志铭并序》云:"府君讳嘉宾,字药,安郡新安人……故挺生我府君元良。大林命世独出,栋杆之秀,宗庙之器,总角篇章,进方擢第……袭扁鹊之德,有韩康之风。春秋七十九,天宝十二载十月廿五日终咸宁县青门外庄私第。"⑥按:总角,古人指未成年即未弱冠,以嘉宾天宝十二载(753)七十九岁来算,其献方擢第之年在长寿二年(693)之前。

---

① 〔唐〕赵璘《因话录》,上海:上海古籍出版社,1979年,第83页。
② 《唐语林校证》卷四,第365页。
③ 《新唐书》卷一六三《杨於陵传》,第5031—5032页。
④ 《旧唐书》卷一二九《韩滉传》,第3603页。
⑤ 杨作龙、赵水森等《洛阳新出土墓志释录》第235页。
⑥ 汪勃《唐代两方墓志考》,《陕西历史博物馆馆刊》第2辑,西安:三秦出版社,1995年,第292—296页。

八、《登科记考》再补正　　　　　　　　　　　　　115

11. 以荐举得官者。

苏灵芝　《弘治易州志》卷七《官绩》云:"苏灵芝,武功人,初为逸士,以文学举,玄宗时授登仕郎,行本州录事。"①按:其被荐举的时间当在开元前后。

（二）订正

1. 年代可订正之进士及第者。

侯愉(俞)　《唐故吴县君侯氏墓志铭并序》云:"维唐长庆二年五月四日,前秘书少监陆君妻、吴县君侯氏卒于河南府河南县伊汭乡……享年四十四……先茔在雍,未遑归祔,力所不足,礼亦从权。县君讳紃,其先上谷令族;祖俞,进士出身,名高位下。父润,京兆府三原县尉,赠户部郎中。"②又《唐故朝议郎行陕州硖石县令上柱国侯公(绩)墓志铭并序》云:"祖讳愉,皇进士出身,幽州固安县令;父讳润,皇京兆府三原县尉。"③则两墓志人名记载有异,实际上是一个人。侯紃墓志立于长庆二年(822),穆宗讳"恒",因此该墓志中将"愉"写作"俞",当为避穆宗讳;侯绩墓志立于大和间似不必避穆宗讳。胡可先《〈登科记考〉匡补续编》、孟二冬《登科记考补正》未见侯紃墓志,径作"侯愉",似有不妥,兹特考辨以供参考。又崔国辅《杭州北郭戴氏荷池送侯愉》④,考崔国辅在开元十四年(726)为员外郎⑤,则侯愉进士及第当在开元十四年前后。

崔寅亮　《登科记考》、孟二冬《登科记考补正》均在卷二七《附考》进士科条下记有崔寅亮。据《唐故汴宋观察支使朝请郎殿中侍御史内供奉赐绯鱼袋崔府君(俌)墓志铭并序》云:"弟前乡贡进士寅亮谨述……以元和二年

---

① 〔明〕戴铣《弘治易州志》卷七《官绩》,收入《天一阁藏明代方志选刊》第七册,北京:中华书局,1965年,第7页。
② 杨作龙、赵水森等《洛阳新出土墓志释录》第187页。
③ 洛阳古代艺术馆编、陈长安主编《隋唐五代墓志汇编·洛阳卷》第一三册,天津:天津古籍出版社,1991年,第139页;周绍良《唐代墓志汇编》大和一〇〇号,第2166页。
④ 《全唐诗》卷一一九,第1201—1202页。
⑤ 《全唐文》卷五二八顾况《监察御史储公集序》,第5368页。

八月十七日葬于巩县合洛乡东原，衬于先茔，礼也。"①又《旧唐书》卷一六五《崔玄亮传》云："崔玄亮，字晦叔，山东磁州人也。玄亮贞元十一年登进士第……始玄亮登第，弟纯亮、寅亮相次升进士科。"又《光绪畿辅通志》卷三四《选举·唐·进士》云："德宗年，崔寅亮，元亮弟。"则崔寅亮进士及第时间当在贞元末。

周汉杰 吴在庆《唐五代登科者考补》据《闽书》卷一一七《漳州府龙溪县唐选举》下元和十三年（818）戊戌进士记有戴归德、戴添应（归德弟）、周汉杰（匡物子）三人②，并于周匡物小传中谓"子汉杰，令漳浦"，将周汉杰补在元和十三进士及第。按，周匡物在元和十一年（816）才进士及第，其子元和十三年及第的可能性不大，《唐五代登科者考补》恐误。

沈师黄 《唐故监察御史河南府登封县令吴兴沈公墓志》云："公讳师黄，字希徒，吴兴武康人也……弱冠而文章知外……始诣京兆府求荐，荐居上等，送入仪曹……擢进士高第，两就宏词，为力者所争，然所试文书，人皆念录，授太子正字。卢司空钧重其名，请为从事，同去南海，宾席三年，事皆决请……年六十三……以大中八年（卒）。"③按：《全唐诗》卷五六八李群玉有《将离沣浦置酒野屿奉怀沈正字昆弟三人联登高第》诗，"沈正字"即沈师黄。沈氏昆弟三人，指中黄、师黄、佐黄。《全唐诗人名考证》谓师黄"当此年（开成元年）或大和九年进士"④。沈中黄于开成二年（837）登进士第，与李群玉诗"联登高第"之言相佐，孟二冬将师黄进士及第定在开成二年，但保留商榷⑤。此说不妥。按：《旧唐书》卷一七七《卢钧传》云："卢钧……开成元年，出为华州刺史、潼关防御、镇国军等使。其年冬，代李从易为广州刺史、御史大夫、岭南节度使。"则沈师黄登进士第当在开成元年前。沈师黄登第后两就宏词科，按正常情况，一次在当年，一次在次年，因此其登进士第最早也只能在大和九年。

---

① 杨作龙、赵水森等《洛阳新出土墓志释录》第293页。
② 〔明〕何乔远《闽书》卷一一七《英旧志·缙绅·漳州府龙溪县》，福州：福建人民出版社，1994年，第3515页。
③ 周绍良《唐代墓志汇编》大中四八号，第2313页。
④ 陶敏《全唐诗人名考证》，西安：陕西人民教育出版社，1996年，第658页。
⑤ 〔清〕徐松撰，孟二冬补正《登科记考补正》卷二七，第1223页。

2. 及第科目可订正者。

陈希望 《唐故河南府河阳县丞陈府君(希望)墓志铭并序》云:"府君讳希望……年十有七,孝廉登科,历荆州枝江、相州滏阳二县尉……天宝八载八月十日遇疾,终于洛阳睦仁里第。"①孟二冬《登科记考补正》卷二七《附考》在进士科、明经条下均有补录,误。孟氏依据《唐故处士颍川郡陈府君(懿)夫人渔阳郡宁氏墓志铭并序》云:"公讳懿,颍川人也……故嗣子曰希望,硕迈弘敏,贤良方正,爰在弱冠,早著甲科,尉相之滏阳,丞汝之梁县,皆声华载路,惠化在人。"②将文中"早著甲科"视作"进士科",实际上是误解。兹据陈希望墓志铭相关记载,证其孝廉登科即明经科。《登科记考补正》进士条下陈希望当删,两条记载当为一人。

3. 及第姓名应订正者。

金夷鱼 《登科记考》、《登科记考补正》卷二七《附考》进士科条均作"金夷吾"。据朝鲜史籍赵在三《松南杂识·科举》"东人唐第"条中说:"唐长庆初,有金云卿者,始以新罗宾贡。又金夷鱼、金可纪、崔致远、朴仁范、金渥皆登唐第。"③则以"金夷鱼"为是。宋李昉等编《文苑英华》载张乔《送金夷鱼奉使归本国》④,明高棅编《唐诗品汇》卷六九《五言律诗·十四余响》有张乔《送金夷鱼奉使归本国》⑤,明曹学佺编《石仓历代诗选》卷八七《晚唐十四》有张乔《送宾贡金夷吾奉使归本国》⑥,《全唐诗》卷六三八有张乔《送金夷吾奉使归本国》。按,徐松《登科记考》依据《全唐诗》定作"金夷吾",不妥,应以《文苑英华》和朝鲜《松南杂识》为确。关于金夷鱼的登第时间,史书没有确切记载,但张乔生活的时代大致可考。据《唐摭言》记载:"张乔,池州九华人也,诗句清雅,复无与伦。咸通末,京兆府解,李建州时为京兆参军主试,同时有许棠与乔……谓之'十哲'。"⑦则张乔写这首诗的时间大致在僖宗朝,金夷鱼

---

① 杨作龙、赵水森《洛阳新出土墓志释录》第264页。
② 周绍良《唐代墓志汇编》天宝一八号,第1542—1543页。
③ 刘海峰《科举考试的教育视角》第118页。
④ 《文苑英华》卷二九七《诗》,第1515页。
⑤ 〔明〕高棅传《唐诗品汇》卷六九,上海:上海古籍出版社,1982年,第604页。
⑥ 〔明〕曹学佺编《石仓历代诗选》,收入《文渊阁四库全书》第一三八八册,第542页。
⑦ 《唐摭言》卷一〇《海叙不遇》,第114页。

进士及第当在此期间。

4. 补正推测及第时间者。

崔尚　崔尚进士高第之时间,《唐诗纪事》卷一四《崔尚》载:"尚,登久视六年进士第,官至祠部郎中。"①按,武则天年号久视仅一年,无六年,应为"元年"之误,《登科记考》卷四久视元年进士科崔尚条将"六"考订为"元"。考《唐故陈王府长史崔君志文》云:"君讳尚……君国子进士高第,中书令燕国公张说在考功员外时,深加赏叹。调补秘书省著作局校书郎……天宝四载七月九日终于京师静恭里之私第,时年六十六。"②按,崔尚墓志的发现为《登科记考》的推断提供了史料支持。据《旧唐书》卷九七《张说传》云:"长安初,修《三教珠英》毕,迁右史、内供奉,兼知考功贡举事,擢拜凤阁舍人。"可证明崔尚在久视元年登第,三年之后,正好值长安初张说兼知考功贡举事之时,崔尚以知赏调补秘书省著作局校书郎。因此,此条史料可补正《登科记考》推断的正确性。

---

① 〔宋〕计有功《唐诗纪事》,北京:中华书局,1965年,第210页。
② 杨作龙、赵水森等《洛阳新出土墓志释录》第107—108页。

下编 科举与社会变迁管窥

一、唐五代科举制度对童蒙教育的影响

关于唐五代科举制度对童蒙教育的影响,学界关注不够,且多将目光集中在唐五代科举制度、私学和童蒙教育的研究,很少有人从科举对童蒙教育的影响的角度进行深入研究。目前所见,仅有刘海峰《论书院与科举的关系》[①]、侯力《唐代家学与科举应试教育》[②]、金滢坤《唐五代童子科与儿童教育》[③]、马秀勇和王永平《论唐代童子科》等少数文章中[④],涉及科举考试与童蒙教育的关系问题。此外,陈来《蒙学与世俗儒家伦理》[⑤]、王炳照《配图蒙学十篇·序》[⑥]、徐梓《中国传统蒙学述评》和《〈蒙学须知〉序》[⑦]、乔卫平和程培杰《中国古代幼儿教育史》[⑧]、吴霓《中国古代私学发展诸问题研究》[⑨]、池小芳《中国古代小学教育研究》[⑩]、李润强《中国传统家庭形态及家庭教育——以隋唐五代家庭为中心》[⑪]、金滢坤《也谈中晚唐五代别头试与子弟之争》等论著中也论及相关内容[⑫],但由于关注的焦点均不在此,对这一问题的论述

---

① 刘海峰《论书院与科举的关系》,《厦门大学学报》(哲学社会科学版)1995年第3期,第104—109页。
② 侯力《唐代家学与科举应试教育》,《湘潭师范学院学报》1998年第1期,第39—43页。
③ 金滢坤《唐五代童子科与儿童教育》,《西北师大学报》(社会科学版)2002年第4期,第39—46页。
④ 马秀勇、王永平《论唐代童子科》,《齐鲁学刊》2001年第3期,第127—131页。
⑤ 陈来《蒙学与世俗儒家伦理》,《国学研究》第3卷,北京:北京大学出版社,1995年,第27—60页。
⑥ 王炳照《配图蒙学十篇·序》,夏初、惠玲校释《配图蒙学十篇》,北京:北京师范大学出版社,1993年,第1—16页。
⑦ 徐梓、王雪梅《蒙学须知》,太原:山西教育出版社,1991年,第1—19页。
⑧ 乔卫平、程培杰《中国古代幼儿教育史》,合肥:安徽教育出版社,1989年。
⑨ 吴霓《中国古代私学发展诸问题研究》,北京:中国社会科学出版社,1996年。
⑩ 池小芳《中国古代小学教育研究》,上海:上海教育出版社,1998年。
⑪ 李润强《中国传统家庭形态及家庭教育——以隋唐五代家庭为中心》,北京:人民出版社,2008年,第187—264页。
⑫ 金滢坤《也谈中晚唐五代别头试与子弟之争》,《浙江师范大学学报》(社会科学版)2008年第1期,第65—71页。

一、唐五代科举制度对童蒙教育的影响

也就不够深入。随着敦煌学研究的深入,郑阿财、朱凤玉《敦煌蒙书研究》[①],张新朋《敦煌写本〈开蒙要训〉研究》等论著[②],利用新见出土文献,大大推动了学界对唐五代童蒙读物的了解和研究。本章试图将唐五代科举与童蒙教育结合起来,借以探讨科举对童蒙教育的影响。

(一)科举制度促进了私学的发展

1. 唐代官学教育与科举考试相结合间接影响了童蒙教育。

唐代官学教育中童蒙教育的缺失,为私学发展提供了空间。唐代科举制度设立之初,就确立了官学教育与科举选士相结合的模式,官学教育机构和课程设置也基本上是为科举考试服务的。科举考试主要是为了选拔官员,因此,官学教育体系所面向的选拔对象是成年人。唐代的官学教育体系主要为科举考试培养和输送生员,其招收对象也是相对比较优秀的青少年,对童蒙教育则处于缺失状态。

唐代学校教育分两个层次:一是官学,二是私学。官学,分中央馆监官学和地方州县学官学。中央官学由国子监、崇文馆、弘文馆及广文馆组成,其中国子监包括国子学、太学、四门学、律学、算学、书学和广文馆。国子学、太学和广文馆主要面向皇亲国戚、高官子弟,四门学和律学、算学、书学主要面向低级官员子弟和百姓中的俊秀者。国子监六学和馆学的入学年龄大致为"限年十四以上,十九以下"[③],教育对象主要是青少年。律学为专门人才,年龄略高,限定在十八到二十五岁。显然,中央官学主要招收已经通过家学、私学、寺学、乡学等童蒙教育的生员,也就是说,官学系统基本上没有童蒙教育的功能。因此,唐代童蒙教育的任务主要由广义上的私学来完成。

唐代的国子监、弘文馆、广文馆以及州县学等官学均以"九经"、《论语》、《孝经》等儒家经典作为教育的主要内容,开元以后随着道举的设立,天宝二载(743)设崇玄馆,又增加了《老子》、《庄子》、《列子》、《文子》等道家经典。

---

① 郑阿财、朱凤玉《敦煌蒙书研究》,兰州:甘肃教育出版社,2002年。
② 张新朋《敦煌写本〈开蒙要训〉研究》,浙江大学博士学位论文,2008年。
③ 《新唐书》卷四四《选举志上》,第1160页。

随着时代的变迁,科举考试逐渐重文,进士科最受时人推崇,偏重经学的官学系统渐受轻视,举子渐轻两监出身而重"乡贡"出身①。私学因受官方的影响有限,能比较灵活地适应时代变化的需要,承担了诗赋等文学方面的教育功能。

科举在选举地位中的不断提高,极大地提高了唐人对童蒙教育的热忱。特别是开元、天宝以后,进士科出身者仕宦特别迅捷,以至于十数年便拟迹庙堂,成为中晚唐选官的"第一出身"、卿相的后备人选②。不仅如此,科举出身者成为时人择婿的最佳人选,一时间"榜下择婿"、"榜前择婿"成为社会时尚。科举地位的提高带动了整个世风,时人不分士庶,皓首穷经,以科举为业,社会上出现了一个非常庞大的举人群体。韩愈估计每年参加礼部省试的明经考生就有三千人③,进士上千数④。据《会昌五年举格节文》规定,每年乡贡举人、国子监贡送举人中,明经 1340 人,进士 633 人,总计为 1973 人⑤。总的来说,中晚唐每年参加省试的诸科举人在两三千人左右,若将当年落第举人,在国子监、州府试中的落第举人计算在内,全国每年从事科举考试的,少说也有十万⑥。科举考试的低端为儿童和少年,即童蒙阶段,其数量应当更大。

这种全民向学的庞大应试需求,直接促进了私学的发展。特别是开元、天宝之际,天下太平,"征文射策,以取禄位",成为人生的最佳选择。于是士大夫"父教其子,兄教其弟",希望获取功名,光大门第,"资身奉家",以致"五尺童子,耻不言文墨焉"⑦。可以说,科举考试极大促进了士大夫对童蒙教育的重视,士庶之家往往将培养孩子读书获取功名作为第一要务。

2. 科举考试促进了私学快速多样化发展。

唐代私学,包括家学、乡学、巷学、村学、小学、寺学、书馆、书院、社学等,

---

① 《唐摭言》卷一《两监》,第 5—6 页。
② 金滢坤《中晚唐五代科举与清望官的关系》,《中国史研究》2003 年第 1 期,第 81—87 页。
③ 《韩昌黎文集校注》卷四《赠张童子序》,第 249 页。
④ 《韩昌黎文集校注》卷四《送孟秀才序》,第 259 页。
⑤ 《唐摭言》卷一《会昌五年举格节文》,第 2 页。
⑥ 《通典》卷一五《选举典三》云:唐前期诸馆学学生 2210 人,州县学生 60710 人(第 362 页)。
⑦ 《通典》卷一五《选举典三》,第 358 页。

一、唐五代科举制度对童蒙教育的影响

比较庞杂。

唐代私学中,首推家学①。家学也就是钱穆先生所说的门第教育②,家学在唐代童蒙教学中扮演着重要角色。特别是唐前期,以明经科为主的经学在科举考试中占有重要位置,魏晋以来的经学世家在科举考试中仍保持优势。

唐前期以家族子弟为主要教育对象的家学有以下特点。父兄教授子弟、母亲与外族教诲子弟是其主要形式。唐五代家学主要由士大夫阶层承担,其文化程度一般较高,是唐代童蒙教育的重要力量。父兄教授子弟是唐五代家学教育的最基本形式,这种形式可以说是魏晋以来士族充分发展的结果。唐代家学在私学教育中占据重要地位,特别是武则天当政以后,"公卿百辟,无不以文章达"③,科名逐渐代替了门第,士族不得不更加注重子弟的教育。如刘知幾十二岁时,其父"藏器为授《古文尚书》,业不进,父怒,楚督之。及闻为诸兄讲《春秋左氏》,冒往听,退辄辨析所疑",其父得知后,便改授《左氏》。知幾"遂通览群史","与兄知柔俱以善文词知名",最后擢进士第④。其父刘藏器精通经史,对刘氏兄弟从幼童时期就开始进行严格的家学教育,为他们后来的登科考试打下了良好基础。贞元四年(788),工部员外郎胡珦被贬为献陵令,"居陵下七年,市置田宅,务种树为业以自给,教授子弟"⑤。胡珦曾为工部员外郎,后虽为县令,但文化程度很高,亲自教授子弟,教育质量自然不低。

唐代家学往往有着深厚的文化底蕴。如且州清阳人宋庭芬,"世为儒学,至庭芬有词藻。生五女,皆聪惠,庭芬始教以经艺,既而课为诗赋,年未及笄,皆能属文","德宗俱召入宫,试以诗赋,兼问经史中大义,深加赏叹"⑥。

---

① 侯力《唐代家学与科举应试教育》,《湘潭师范学院学报》(社会科学版)1998年第1期,第39—43页。
② 钱穆《中国知识分子》,收入其《国史新论》,北京:生活·读书·新知三联书店,2005年,第137—142页。
③ 《通典》卷一五《选举典三》,第358页。
④ 《新唐书》卷一三二《刘子玄传》,第4519页。
⑤ 《韩昌黎文集校注》卷七《唐故中散大夫少府监胡良公墓神道碑》,第467页。
⑥ 《旧唐书》卷五二《后妃传·宪宗女学士尚宫宋氏传》,第2198页。

后来五女之一的若昭官至女学士。像宋庭芬这样世为儒学、兼通诗赋、教授子弟者,在唐代士大夫中较为常见,此不赘述。在这种情况下,家学教育也不免出现了一些极端的做法。如柳子温家法非常严厉,"常命粉苦参、黄连、熊胆和为丸,赐子弟永夜习学含之,以资勤苦"①。可见士族对子弟教育的重视和科举竞争的激烈,激励和鞭策子弟及早读书、日夜勤勉用功成为时代风气。唐代家学教育秉承魏晋以来的风气,不仅为幼童编纂了很多童蒙读物,还制定了子弟培养计划。如唐中宗时期李恕《戒子拾遗》中就记载了子弟的培养方案:"男子六岁教之方名,七岁读《论语》、《孝经》,八岁诵《尔雅》、《离骚》,十岁出就师傅,居宿于外,十一专习两经。"②

唐五代时期母亲与外族是承担儿童教育的又一重要角色。往往在夫亡、家贫的情况下,母亲和外族便担当了子弟童蒙教育的重任。《旧唐书》卷一四六《薛播传》云:"初,播伯父元暧终于隰城丞,其妻济南林氏,丹阳太守洋之妹,有母仪令德,博涉五经,善属文,所为篇章,时人多讽咏之。元暧卒后,其子彦辅、彦国、彦伟、彦云及播兄据、总并早孤幼,悉为林氏所训导,以至成立,咸致文学之名。开元、天宝中,二十年间,彦辅、据等七人并举进士,连中科名,衣冠荣之。"③济南林氏之所以在夫丧之后,训导诸子、从子,使其连中高第,名扬天下,其重要原因是林氏出生于士族之家,有"母仪令德,博涉五经,善属文",具备传授家学的良好条件。唐代有不少政要和文化名人都是在父亡家贫的情况下因母训而登第,重振门第者亦不乏人。如杨凭,"虢州弘农人。少孤,其母训道有方。长善文辞,与弟凝、凌皆有名。大历中,踵擢进士第,时号'三杨'"④。又如牛僧孺父亡之后,"为母所训,遂习先业",后登进士科,官至宰相⑤。元稹八岁丧父,"其母郑夫人,贤明妇人也,家贫,为稹自授书,教之书学。稹九岁能属文。十五两经擢第"⑥。李绅,"六岁

---

① 《南部新书》卷丁,第50页。
② 〔宋〕刘清之《戒子通录》卷三,收入文渊阁《四库全书》第七〇三册,第37页。
③ 《旧唐书》卷一四六《薛播传》,第3955—3956页。
④ 《新唐书》卷一六〇《杨凭传》,第4970页。
⑤ 〔宋〕龙衮《江南野史十卷附提要》卷六《彭昌传》,收入《丛书集成新编》第一一五册,台北:新文丰出版公司,1985年,第230页。
⑥ 《旧唐书》卷一六六《元稹传》,第4327页。

一、唐五代科举制度对童蒙教育的影响　　　　　　　　　　　　　　　125

而孤,母卢氏教以经义",元和初,登进士第,后官至宰相①。杨收,"七岁丧父,居丧有如成人,而母长孙夫人知书,亲自教授。十三略通诸经义,善于文咏,吴人呼为'神童'"②。此类情况史书所记甚多。此外,唐代士大夫子弟在父亡之后,随母依附外族接受外家家学教育的情况也很常见。如李素,河南士族,"七岁丧其父,贫不能家,母夫人提以归,教育于其外氏。以明经选"③。韦丹,少孤,"以甥孙,从太师鲁公真卿学,太师爱之,举明经第"④。

　　当然,家学教育也有其缺陷:一是宗族内的儿童数量有限,缺乏规模,儿童之间的竞争力不足,难以调动其竞争意识和求知欲望;二是术有专攻,宗族内承担教授任务的主要为父兄和母族,很难做到通晓诸家经典以及诗文,往往以一家之言相授,容易造成子弟视野不宽、学业封闭的情况。随着科举制度的兴盛,及中晚唐常举、制举和科目选的全面发展,科举对举子的学识、文采提出了更多要求,家学已不能满足科举考试的需要。于是,家学开始向私塾转化,通过延聘师傅来补充其师资方面的不足。中唐宋若莘的《女论语·训男女章第八》云:"大抵人家,皆有男女……男入书堂,请延师傅,习学礼仪,吟诗作赋,尊敬师儒,束脩洒脯。"⑤一部分家学开始招收亲友故吏及社会子弟,使家学逐渐转换为私塾。如刘邺,其父三复为浙西观察使李德裕从事,邺"六七岁能赋诗,李德裕尤怜之,与诸子同砚席师学"⑥。又柳宗元少时就曾入学"乡间家塾"⑦。

　　安史之乱以后,士族逐渐衰落,家学的地位也随之衰弱,代之以乡学、巷学、村学、书馆、寺学、社学、书院等社会性更强的私学,并逐渐成为时代的主流。私学的发展在于其形式多样、招生范围扩大、层次差别大和内容丰富、教师学识各异,既满足不同层次儿童的需要,也适应科举考试的需求,是以往家学和官学所无法比及的。

---

① 《旧唐书》卷一七三《李绅传》,第4497页。
② 《宋本册府元龟》卷七七五《总录部·幼敏三》,第2809页。"毫",当读作"童",据明本改。
③ 《韩昌黎文集校注》卷六《河南少尹李公墓志铭》,第369页。
④ 《韩昌黎文集校注》卷六《唐故江西观察使韦公墓志铭》,第374页。
⑤ 〔唐〕宋若莘撰,〔清〕王相笺注《女四书女孝经》,北京:中国华侨出版社,2011年,第90页。
⑥ 《旧唐书》卷一七七《刘邺传》,第4617页。
⑦ 《柳宗元集》卷三四《与太学诸生喜诣阙留阳城司业书》,第869页。

乡学是唐代社会教育体制中对儿童教育最具影响力的教育形式之一。乡学主要面向社会中下层人家子弟,以乡村童子为对象。隋朝就开始出现"每乡立学"的情况。武德七年(624),唐高祖诏"州县及乡,并令置学"①,将立学的范围扩展到乡一级。天宝三载(744)玄宗下诏,令"乡学之中,倍增教授,郡县官长,明申劝课"②。七载(748),玄宗又下诏,"先置乡学,务令敦劝"③。此后在一些地方长官的推崇之下,乡学有了较大发展。如建中初常衮为福建观察使,"性颇嗜诱进后生"④,"为设乡校,使作为文章,亲加讲导,与为客主钩礼"⑤,极大促进了福建道乡学的发展和科举风气的兴盛。罗珦为庐州刺史后,"命乡塾党庠,缉其墙室,乡先生总童冠子弟"⑥,以《周礼》、《易》等儒家经典及百王之言教之。贞元三年(787),右补阙宇文炫上言,"请京畿诸县乡村废寺,并为乡学",未果⑦。

但乡学似乎在元和年间得到了很大发展。正如白居易所说:"自长安抵江西三四千里,凡乡校、佛寺","孀妇、处女之口",常有咏《秦中吟》、《长恨歌》等诗的⑧。唐人皮日休《伤严子重》序云:"余为童在乡校时,简上抄杜舍人牧之集,见有与进士严恽诗"⑨。乡校,即乡学,为乡村对儿童进行童蒙教育的重要场所。虽然目前还很难判定唐代乡学是否属于官学控制的范围,但乡学以乡村儿童为教育对象应该是没有问题的。既然《太公家教》由村落间的教师所作,唐代乡村乡学的数量和普遍性自然不可低估,也说明乡学教师有很高的文化素养,其教学水平也不低。《太公家教》作者自称"才轻德薄,不堪人师","辄以讨论坟典,谐读诗书,依经傍史,约礼时仪(宜),为书一卷,

---

① 《旧唐书》卷二四《礼仪志四》,第916页。
② 《全唐文》卷三一〇孙逖《天宝三载亲祭九宫坛大赦天下制》,第3150页。
③ 《宋本册府元龟》卷五九《帝王部·兴教化》,第94页。
④ 《全唐文》卷五四四李贻孙《故四门助教欧阳詹文集序》,第5514页。
⑤ 《新唐书》卷一五〇《常衮传》,第4810页。
⑥ 《全唐文》卷四七八杨凭《唐庐州刺史本州团练使罗珦德政碑》,第4885页。
⑦ 《唐会要》卷三五《学校》,第635页。
⑧ 《旧唐书》卷一六六《白居易传》,第4349页。
⑨ 《唐诗纪事》卷六六《严恽》,第994页。

一、唐五代科举制度对童蒙教育的影响

助诱童儿,流传在世"①。其内容和影响力都足以说明作者在学识和文采方面都有很高造诣。五代孙光宪《北梦琐言》卷一九《诙谐所累》云:"刘岳与任赞偶语,见道(冯道)行而复顾,赞曰:'新相回顾何也?'岳曰:'定是忘持《兔园册(策)》来。'道之乡人在朝者,闻之告道,道因授岳秘书监,任赞授散骑常侍。北中村墅(塾)多以《兔园册(策)》教童蒙,以是讥之。然《兔园册(策)》乃徐庾文体,非鄙朴之谈。"②可见《兔园策府》与《太公家教》相似,亦为乡村教师所作,而乡学在唐五代为民间儿童教育的重要场所。敦煌文书北敦5819V《兔园策府》题记云:"己巳年三月十六日悬泉学士武保会、判官武保瑞自手书记。"③此"悬泉学士",即指悬泉乡学学士郎。该题记为唐代存在乡学提供了有力的证据。

乡学之外,还有里学、巷学、社学。开元二十六年(738)正月十九日敕:"其天下州县,每乡之内,各里置一学,仍择师资,令其教授。"④关于里设学,仅有这一条记载。里是唐代最基层的单位,是否真正设立过学校,还有待进一步证实。S.4307《新集严父教一本》卷末有题记"丁亥年(987)三月九日定难坊巷学郎崔定兴自书手记之耳"⑤,说明城市中还存在巷学。关于唐代社学的情况,学界还不是很清楚,但 P.2904《论语》卷第二文末有题记"未年正月十九日社学写记了"⑥,说明社学的确存在,其具体形式史料阙如。

寺学充当了唐代儿童教育的一个重要角色。唐代佛教在中土鼎盛,实现了中国化,寺院也逐渐成为儒、佛、道三教融汇的中心。中唐以后,随着家学和官学教育的衰落,唐人习业于山林寺院之风尚渐兴⑦。严耕望先生在

---

① 斯一二九一号+斯一二九一号背《太公家教》,见郝春文、金滢坤《英藏敦煌社会历史文献释录》卷五,北京:社会科学文献出版社,2006年,第307页。
② 〔五代〕孙光宪撰、贾二强点校《北梦琐言》,北京:中华书局,2002年,第349—350页。
③ 《国家图书馆藏敦煌遗书》第七八册,第204页。
④ 《唐会要》卷三五《学校》,第635页。
⑤ 中国社会科学院历史所等编《英藏敦煌文献》卷六,成都:四川人民出版社,1990—1995年,第29页。
⑥ 上海古籍出版社、法国国家图书馆编《法藏敦煌西域文献》第一九册,上海:上海古籍出版社,1995—2005年,第382页。
⑦ 严耕望《唐人习业山林寺院之风尚》,收入其《唐史研究丛稿》,香港:新亚研究所,1969年,第370页。

《唐人习业山林寺院之风尚》中列举了终南山、华山及长安南郊区,嵩山及其近区诸山,中条山、太行山区,泰山及其近区诸山,敦煌诸寺院等十四个唐人读书的著名山林寺院,概括了唐人读书山林寺院的大致原由①。唐五代山林寺院不仅是中青年士大夫论学读书的地方,还是童蒙教育的重要场所。唐代佛教继魏晋南北朝之后日渐兴盛,寺院经济也不断发展,山林寺院逐渐成为唐代士大夫习学论道之地,不仅集中了高僧大德,也因环境幽雅吸引了许多文人、举子隐居其中,潜心习业。如裴休佛学修养很高,在其出任凤翔节度使、河东节度使期间,游历凤翔、太原附近名山、寺院,"游践山林,与义学僧讲求佛理"②。太原、凤翔诸山佛寺中义学僧造诣极高,他们还吸引一些封疆大吏一起讨论佛理,都足以说明中晚唐寺学有相当高的师资力量。当然寺学比较重佛理教授。

敦煌文书中保存的大量敦煌寺学学士郎读物、作业中,记有当时学郎题记,为研究唐五代敦煌寺学提供了宝贵材料。唐五代敦煌地区共有寺院十六所,其中九所设有寺学,敦煌文书中儿郎题记为此提供了可靠证据。如 P.2808《百行章跋尾》末题有净土寺(学)郎阴义进、P.609《俗务要名林残卷》背有灵图寺学仕郎强盈润、P.2712《贰师泉赋》有龙兴寺学郎张安八、P.3189《开蒙要训》有三界寺学士郎张彦宗、P.3381《秦妇吟》有金光明寺学仕(郎)张龟信、P.3569《太公家教》有莲台寺学士索威建、S.1386《孝经》有永安寺学士郎高清子、S.5463《开蒙要训》有大云寺学士郎、北盈76背《目连变文》有德寺学士郎杨愿受③。寺院内设置的义学传授儒家学说、诗赋的情况极为普遍。敦煌文书中保留了大量寺学学士郎题记的童蒙读物,如《千字文》、《开蒙要训》、《太公家教》、《兔园策府》、《百行章》、《孝经》等④,有力地说明寺学主要教育对象是儿童,是童蒙教育的重要场所。

唐五代寺院经济发达,寺学带有明显的社会公益性质,常提供免费食宿,于是便成为衰落士族子弟、贫寒子弟接受童蒙教育的重要场所,许多寒

---

① 严耕望《唐人习业山林寺院之风尚》,收入《唐史研究丛稿》,第 377—409 页。
② 《旧唐书》卷一七七《裴休传》,第 4594 页。
③ 李正宇《敦煌学郎题记辑注》,《敦煌学辑刊》1987 年第 1 期,第 26—40 页。
④ 李正宇《敦煌学郎题记辑注》。

家子随僧洗钵,论学读书,而至通显者,史不绝书。如王播少孤贫,尝客扬州惠昭寺木兰院,随僧斋餐,后相穆宗①;刘轲少为僧,隐于庐山,既而进士登第,文章与韩、柳齐名②;孔述睿少孤,与弟俱隐於嵩山③;吕向少孤,投奔外祖母隐陆浑山④;徐彦伯七岁能为文,结庐太行山下⑤;如此等等,不一而足。

村学,或称小学,实际上就是私人讲学,也就是后来的私塾,是童蒙教育的一种重要形式。唐代村学一部分由家学招收乡里子弟读书转变而来;一部分为个人造舍,以讲学为业,讲者靠教授乡村子弟为生。如元和中,有田先生者,"隐于饶州鄱亭村,作小学以教村童十数人"⑥。此小学同书又称为"村学",说明二者可以等同,"小学"主要说明教学对象为孩童。又窦相易直,幼时家贫,"受业村学"⑦。村学的规模似乎不小,不完全是自然村的孩童,还招收附近村庄的孩童。唐代甚至有村学住宿的情况。《太平广记》记:开元二十九年(741),修武县有一村庄,"村中有小学,时夜学,生徒多宿"⑧。大概村学教学质量通常比较差,以致卢仝教诲子孙"莫学村学生,粗气强叫吼"⑨,是把村学生当作反面教材记录下来。显然,村学教育在私学体系中相对比较薄弱,大概多限于扫盲和文化普及,跟家学教育存在一定差距。

唐五代私人讲学非常盛行,仅敦煌文书中记载的敦煌私学就有张球学、白侍郎学、汜孔目学、孔目官学、安参谋学、就家学、郎义君学、李家学等众多私学⑩。唐代私人讲学应包括了家塾、村学、巷学等形式,私人讲学的发展在很大程度上又增进了童蒙教育的发展。

晚唐五代社会大乱,大族之私庄、别业尽遭扫荡,加之科举制度的兴起,促进了士族的没落,家学随之衰落,小姓、寒族接受教育的机会与需求反而

---

① 《唐摭言》卷七《起自寒苦》,第73页。
② 《唐摭言》卷一一《反初及第》,第120页。
③ 《旧唐书》卷一九二《隐逸传·孔述睿传》,第5130页。
④ 《新唐书》卷二〇二《文艺传·吕向传》,第5758页。
⑤ 《新唐书》卷一一四《徐彦伯传》,第4201页。
⑥ 《太平广记》卷四四《神仙四十四·田先生》引《仙传拾遗》,第274页。
⑦ 〔唐〕赵璘《因话录》卷六《羽部》,上海:上海古籍出版社,1979年,第112页。
⑧ 《太平广记》卷四九四《杂录二·修武县民》引《纪闻》,第4056页。
⑨ 《全唐诗》卷三八七卢仝《寄男抱孙》,第4369页。
⑩ 李正宇《唐宋时代敦煌的学校》,《敦煌研究》1986年第1期,第44—45页。

增大,私人讲学与寺观学也随之发达,趋于合流,从而出现了以山林、寺院为中心的大规模的讲学组织——书院。书院不但有名师、图书、学舍,供诸生学习、居住,而且有仓廪以给诸生。比较知名的书院有白鹿、睢阳、嵩阳、岳麓,号称四大书院。晚唐五代书院的发展,为童蒙教育提供了新的学习环境。中晚唐士族之家往往自建"学院"、"学舍"、"书堂"作为教授子弟的场所,也是家学转变的一种形式。如"李德裕太尉未出学院,盛有词藻,而不乐应举"①。崔圆"少贫贱落拓,家于江淮间,表丈人李彦允为刑部尚书,崔公自南方至京,候谒,将求小职,李公处于学院,与子弟肄业"②。晚唐牛希济曾"自云早年未出学院,以词科可以俯拾"③。晚唐学院似乎已有学生寄宿,并且具有一定规模。元和中,王建有诗云:"初从学院别先生,便领偏师得战名。"④晚唐韦琛幼年时"尚在学院,冬节夜,捧书以归"⑤。学院一般供同宗和亲表兄弟学习。元和初,韩愈有疏从子侄投奔自己,便让其"学院中伴子弟"读书⑥。后晋太常卿崔梲少年游学时,"往至姑家,夜与诸表昆季宿于学院"⑦。唐末后梁之际,窦禹钧"家尚俭,建书院四十间,藏书万卷,延文行师儒,有志于学者,听其自至",其五子并登第⑧。窦禹钧建书院四十间,生员自然不光是自家子弟,社会子弟应该不少。此时的书院不仅将教学、读书和藏书的功能结合起来,而且将生员面向了社会。

在唐末五代家学性质的私人书院中,最具代表性的是九江德安县之陈氏义门书院。大顺元年(890)订立的《陈氏家法》规定:"立书屋一所于住宅之西,训教童蒙。每年正月择吉日起馆,至冬日解散。童子年七岁令入学,至十五岁出学,有能者令入东佳。逐年于书堂次弟抽一人归训,一人为先

---

① 《唐语林校证》卷一《言语》,第50页。
② 《太平广记》卷一四八《定数三·崔圆》引《逸史》,第1069页。
③ 《北梦琐言》·逸文·牛希济梦异》,第389页。
④ 《全唐诗》卷三〇〇王建《赠田将军》,第3408页。
⑤ 《太平广记》卷三六六《妖怪八·韦琛》引《唐阙史》,第2909页。
⑥ 〔唐〕段成式撰、方南生点校《酉阳杂俎》卷一九《草篇》,北京:中华书局,1981年,第185页。
⑦ 《太平广记》卷四六七《水族四·崔梲》引《玉堂闲话》,第3852页。
⑧ 〔宋〕李昌龄《乐善录》卷上,收入《丛书集成初编》第二六八七册,第3页。

一、唐五代科举制度对童蒙教育的影响

生,一人为副。其纸、笔、墨、砚并出宅库,管事收买应付。"① 显然,家学性质的学馆对培养和选拔家族内适龄儿童有着重要作用,并选拔"有能者"进入更高层次的"东佳馆",专门进行科举应试教育,以便参加科考获取功名。陈氏义门书院按年龄、才能将子弟分为童蒙教育和科举应试教育两个层次,充分体现了科举对家学和书院的影响。陈氏书院设先生一人,副手一人,也初步具备了书院由多人讲学的特点。晚唐五代的学院、学舍发展到一定程度,便逐渐向书院发展②。

唐五代童子科的产生和发展与同时代的家学、乡学、寺学、私人讲学、书院等不同形式的童蒙教育有着密切联系。唐五代社会教育体制的变迁与完善,特别是私学的兴起,为儿童教育提供了多样的教育环境,补充了国家官学教育体制十四岁以下儿童教育上的不足,成为唐五代童子接受早期教育的主要途径。随着社会的发展与形势的变迁,尽管各种教学形式在不同时期所起的作用不一,但都对同时期童子科的发展与童蒙教育起到积极作用。

(二) 童子科的设置促进了童蒙教育的发展

唐代科举考试为及早培养合格的治国人才,专门设立童子科,鼓励和促进儿童从小立志从事举业,荣登显宦③。随着童子科的逐步完善及影响日渐扩大,童子科考试自然也就影响了童蒙教育的发展。

1. 童子科的设置。

唐代童子科与汉魏南北朝时期的"童子郎"、"童子奉车郎"、"童子"等名号有着直接的渊源关系。东汉顺帝尚书令左雄奏:"召海内名儒为博士,使公卿子弟为诸生,有志操者,加其俸禄。及汝南谢廉、河南赵建章年始十二,

---

① 费成康《中国的家族法规》,上海:上海社会科学院出版社,1998年,第239—241页。
② 李才栋《唐代书院的创建与功能》,《江西教育学院学报》(社会科学版)2000年第1期,第69—75页。
③ 可参看卢开万《唐代科举制度中贡举类特殊科目及其考试》,《魏晋南北朝隋唐史资料》第十四辑,1996年,第89—99页;金滢坤《唐五代的童子科》,《光明日报·史学理论版》2001年1月16日第3版;马秀勇、王永平《论唐代童子科》,《齐鲁学刊》2001年第3期,第127—131;金滢坤《唐五代童子科与儿童教育》,《西北师大学报》(社会科学版)2002年第4期,第39—46页。

各能通经,雄并奏童子郎。"①自此,能通经的童子便以"童子郎"之名征召入仕。汉魏晋南北朝时,童子科正处于萌芽阶段,童子郎成为针对儿童的一种选举方式。然而在此后数百年间,仅有臧洪、公孙、司马伯达等数人得拜童子郎,可谓凤毛麟角,其影响并不大。南朝梁天监七年(508)九月,置"童子奉车郎",岑之敬年十六拜为"童子奉车郎",庾质八岁拜为"奉车郎";此类"童子奉车郎"、"奉车郎",应系从东汉童子郎发展而来②。这与唐代科举制下的"童子科"有质的差别。

唐代童子科是通过考试选拔天才儿童入仕,系科举考试一个常科科目。唐初高祖就下诏,要求百官重视儿童教育。武德七年(624)七月诏曰:"宁州罗川县前兵曹史孝谦,守约丘园,伏膺道素,爰有二子,年并幼童。讲习《孝经》,咸畅厥旨。义方之训,实堪励俗。故从优秩,赏以不次,宜普颁示,咸使知闻。如此之徒,并即申上,朕加亲览,特将褒异。"③高祖将此事颁布天下的目的是鼓励士大夫积极教导幼童早习儒家经典,从而尽快培养出新政权所需之官员。从幼童"讲习《孝经》,咸畅厥旨",就可以"并即申上,朕加亲览,时将褒异","故从优秩,赏以不次",说明唐初童子仍是由地方向皇帝荐举,童子科作为常科科目尚在形成之中。贞观年间,童子仍通过举荐而被征召、见用。如贾嘉隐七岁时就"以神童召见",十一二岁的时候(贞观中)就被举为童子④。这说明贞观年间童子科尚未设立⑤,贾嘉隐是通过童子的名目,以举荐的形式入仕的。《旧唐书·杨炯传》云:"(杨炯)神童举,拜校书郎。"⑥徐松《登科记考》卷二谓炯举神童在显庆六年(661),这是笔者所见最早明言登神童举者⑦。据《旧唐书·裴耀卿传》载:耀卿"数岁解属文,童子举,弱冠拜秘书正字,俄补相王府典签"⑧。又王维《裴仆射齐州遗爱碑》记耀卿八

---

① 《文献通考》卷三五《选举考八·童科》,第329页。
② 《玉海》卷一一五《唐童子科》,第2136页。
③ 《册府元龟》(明本)卷九七《帝王部·奖善》,第1153—1154页。
④ 〔唐〕刘𫗧撰、程毅中点校《隋唐嘉话》卷中,北京:中华书局,1979年,第33页。
⑤ 高明士《隋唐贡举制度》认为贞观年间已有神童科,确切年代不详(第86页)。
⑥ 《旧唐书》卷一九〇上《杨炯传》,第5000页。
⑦ 《登科记考》卷二显庆六年条,第50页。
⑧ 《旧唐书》卷九八《裴耀卿传》,第3079—3080页。

一、唐五代科举制度对童蒙教育的影响

岁,"神童举,试《毛诗》、《尚书》、《论语》及第"①。徐松以裴耀卿天宝二载(743)年六十三岁推之,其登第之时在垂拱四年(688)。以上两例说明唐前期已有"神童举"及第者,"神童举"以童子为对象,在高宗朝似已发展为常科科目②。

唐代初期,童子科当与科举考试的其他科目一起进行,由吏部考功员外郎主持。高祖武德四年(621)科举考试由考功员外郎申世宁主考,"自是考功之试,永为常式"③。但到开元二十四年(736),因考功员外郎李昂与考生发生冲突,为考生反唇相讥,廷议"以省郎位轻,不足以临多士,乃诏礼部侍郎专之矣"④。此后,科举考试归由礼部主持,童子科也不例外。大历三年(768)四月二十五日敕:"童子举人,取十岁以下者……仍每年冬本贯申送礼部。同明经举人例考试讫闻奏。"⑤开成三年(838)十二月敕规定:诸道应荐童子等,"有官者合诣吏曹,未仕者即归礼部"⑥。两道敕文均明确记载童子科由礼部主持考试。

2. 童子科为童子入仕开辟了捷径。

唐代童子科及第便可授官,如杨炯神童举及第便拜校书郎。随着中晚唐童子科及第人数的增加和选举员额的不足,即使童子及第后不能马上授官,也往往到其弱冠之后参选授官。理论上说童子科及第者小小年纪就能入仕,必然会造成其及第后不思进取,一意参选入仕,于是便出现童子岁数和参选伪滥的现象。如张童子九岁便童子科及第,十一岁"益通二经。有司复上其事,繇是拜卫兵曹之命"。由此声名大噪,"人皆谓童子耳目明达,神气以灵",他不免沉浸在赞美和应酬之中。韩愈对此表示担忧,他认为张童子应该"勤乎其未学者可也"⑦,此童子日后果然未见有大的发展。这种情况到五代更加严重,往往是童子"及名成贡院,身返故乡,但刻日以取官,更无

---

① 《全唐文》卷三二六王维《裴仆射齐州遗爱碑》,第3305页。
② 高明士《隋唐贡举制度》认为童子科其实就是神童举,自贞观以后属于常科科目(第86页)。
③ 《唐摭言》卷一五《杂记》,第159页。
④ 《唐摭言》卷一《进士归礼部》,第11页。
⑤ 《唐会要》卷七六《贡举中·童子》,第1399页。
⑥ 《唐会要》卷七六《贡举中·童子》,第1399页。
⑦ 《韩昌黎文集校注》卷四《赠张童子序》,第250—251页。

心而习业"①。虽说童子科出身"滥觞徭役,虚占官名",其负面作用不小,但对个人来讲,又确实能获得诸多好处,这也无疑增强了士大夫对童蒙教育的重视,希望子弟及早成才的心理可以说在当时已经非常普遍。

为鼓励聪颖童子向学、从事举业,一些开明君王还通过赏赐加以鼓励。玄宗曾下《赐蒲州童子敕》云:"蒲州童子吴豸之,薄缀小篇,兼记古事,不稍优异,无申奖劝。宜赐其父绢十匹,令更习学,便有成就。"②在童子科的影响下,中晚唐人应举往往自小从应童子科开始,童子科及第,或释褐为官,或继续参加进士等更高的科目;若不第,长大再应明经或进士等科。如翁袭明"早举童子"不第,遂持之以恒,长大后再参加进士等科的考试③。这都充分说明童子科对唐代童蒙教育的发展起到了促进作用。

3. 童子科的考试内容促进了蒙书的发展。

据《唐会要·童子》所载大历三年(768)四月敕:"童子举人,取十岁以下者,习一经兼《论语》、《孝经》,每卷诵文十科,全通者与出身。"④唐代科举考试对所试经书的规定:《礼记》、《春秋左氏传》为大经,《诗》、《周礼》、《仪礼》为中经,《易》、《尚书》、《春秋公羊传》、《穀梁传》为小经,合称"九经"⑤,敕文所言"通一经"当指此九经里的任意一经。垂拱四年(688),裴耀卿八岁中神童举,试《毛诗》、《尚书》、《论语》及第。其中《毛诗》、《尚书》为九经中"通一经"之经,《论语》为兼习之经,正合相关记载。唐代童子科的考试内容是在不断调整和加大难度的。宣宗大中十年(856)五月,中书门下省颁发的一条整顿童子科条令中明令诸道荐送的童子,对所习经文要能"精熟",并"经旨全通,兼自能书写"⑥。由于童子年龄小,学识有限,难以做到"九经""经旨全通",因此许多蒙书都对《论语》、《孝经》以及"九经"大义、典故进行简明扼要的改编、注解,以便初学者使用。

---

① 《全唐文》卷八五五张允《请罢童子科奏》,第8968页。
② 《全唐文》卷三四《赐蒲州童子敕》,第376页。
③ 《全唐文》卷八二四黄滔《送外甥翁袭明赴举序》,第8685—8686页。
④ 《唐会要》卷七六《贡举中·童子》,第1399页。
⑤ 《新唐书》卷四四《选举志上》,第1160页。
⑥ 《唐会要》卷七七《科目杂录》,第1402页。

4. 童子科的弊端与停废。

唐代童子科因其所取对象年幼、聪慧,往往需贤者发现、举荐才能被皇帝和选举机构知晓,故童子科取士时,荐举占了上风。诸道荐送童子既多,便容易产生年龄不实、鱼龙混杂的情况,颇使知举者不易甄别虚实。广德二年(764)礼部侍郎杨绾奏:乡贡童子岁数越众,有失其实,怕成侥幸之路,要求暂停童子科。是年,童子科停①。至大历三年(768),恢复童子科,仍每年冬本贯申送礼部,同明经例考试。大历十年(775)五月二十五日敕,再停童子科,但时间不长,旋又恢复②。到晚唐时,童子科的伪滥、延引、请托之风仍然未减,文宗遂于开成三年(838)十二日下敕停之③,但不久后又复置。宣宗大中十年(856)五月,中书门下奏请将童子科暂停三年,一同停举的还有开元礼、三礼、三传、三史、学究、道举、明法、明算等科,原因是上述九科取人颇滥④。奏章中还特别提到诸道荐送童子的种种弊端,如"诸道所荐送者,多年齿已过,考其所业,又是常流"。因此,奏章要求"起今后,望令天下州府,荐童子并须实年十一、十二已下,仍须精熟,经旨全通,兼自能书写者。如违条例,本道长吏,亦宜议惩罚"⑤。明言诸道长吏若荐送童子不实,就要给予惩罚。这说明中晚唐童子科请托、虚荐、延引等不正之风屡禁不止,并延续到五代。

当然,过早进行童蒙教育,让儿童追逐科名,贪图名利,不仅违背了教育规律,也对儿童的教育和发展产生了不少负面影响。后周显德二年(955)五月,翰林学士尚书礼部侍郎知贡举窦仪上《条陈贡举事例奏》就批驳了童子科中出现的问题。归结起来,有以下两点值得注意:一、童子科设置的初衷是"禀神异之性",选拔"精采英奇",顺其自然,不必强求。但现实截然相反,家长往往"抑嬉戏之心,教念诵之语。断其日月,委以师资。限隔而游思不容,扑挟而痛楚多及",完全是拔苗助长,限制儿童娱乐,进行强化教育,甚至

---

① 《宋本册府元龟》卷六四〇《贡举部·条制二》,第2103页。
② 《唐会要》卷七六《贡举中·童子》,第1399页。
③ 《唐会要》卷七六《贡举中·童子》,第1399页。
④ 《唐会要》卷七七《贡举下·科目杂录》,第1401—1402页。
⑤ 《唐会要》卷七七《贡举下·科目杂录》,第1402页。

加以棍棒,违背"孩童之意",罔顾孩童天性及生长规律。二、童子参加省试之际,岁数难知,年貌难辨,很少有念诵精通者,结果造成知贡举者定去留时"家人之诉讼",纠纷不断。因此,窦仪建议停罢,任改就别科赴举①。从窦仪的建议来看,童子科的设置似乎过大于功,对童蒙教育和选拔官员都不是很好的办法,这大概也是童子科在唐五代时期屡被革废的原因。

童子科的伪滥状况,正好说明唐代童子科对广大童子参加科举考试有很大的吸引力。虽然其中出现诸多伪滥情况,但童子们仍积极应举,这无疑对童蒙教育的发展起到很好的促进作用。

(三) 科举制度促进了蒙书的蓬勃发展

早在周秦之际,童蒙教育就有了初步发展。幼儿出生后接受"保傅之教",七八岁之后"出就外傅",接受蒙养教育。这时出现中国最早的蒙学教材《史籀篇》。到两汉南北朝时期,童蒙教育趋于成熟,宫廷和达官、士族之家已经普遍存在蒙学机构。在蒙书教材编写方面也取得很大成就,比较著名的有司马相如的《凡将篇》、史游的《急就篇》、蔡邕的《劝学》、周兴嗣的《千字文》等,主要是一些有关识字、名物介绍和小百科全书性质的读物,其中以《千字文》影响最大。

唐代科举制度的发展,极大地刺激了童蒙教育的发展,蒙书的编纂也出现前所未有的态势。唐前期在官学教育考核标准基本上跟科举考试相一致的情况下,童蒙教育势必顺应科举考试的要求,这就决定了童蒙教学为科举服务的宗旨。随着中晚唐五代科举考试标准的不断调整,童蒙教育也随之发生变化,蒙书较之前代也出现新的特点。

第一,唐五代蒙学教材由综合性读物向侧重某一方面的专精发展,蒙书内容和性质呈现多元化趋势。唐代之前比较有名的蒙书《急就篇》和《千字文》是典型的小百科全书、综合性读物,极具代表性。唐代新出了很多有影响的蒙书,但综合性蒙书数量减少。唐代流通较广的综合性识字类蒙书,除

---

① 《宋本册府元龟》卷六四二《贡举部·条制第四》,第2119页。

一、唐五代科举制度对童蒙教育的影响

《千字文》外,仅有《开蒙要训》和《新合六字千文》,后者只是对《千字文》重新组织而成,内容上二者并不相悖,只是形式上由四字变成六字而已,本质上《新合六字千文》乃是《千字文》的新版①。综合性知识类蒙书也仅有《杂抄》和《孔子备问书》两种②。与此同时,唐代蒙书在专精方面却得到了快速发展。以识字类蒙书为例,综合性识字类蒙书之外,还出现杂字类蒙书,如《俗务要名林》、《杂集时用要字》;俗字类蒙书有《碎金》、《白家碎金》等;习字蒙书有《上大夫》等③。从目前所见唐五代新出蒙书的性质来看,多以识字、名物典章、历史故事、伦理道德、家教格言、劝学等特色和类型为主。

第二,蒙书在识字、知晓名物典章和历史知识之外,逐渐增加了立志、儒家修身、养性、齐家、治国、平天下的内容,从而规范儿童的言行、志趣,使其学会为人处世、侍奉尊长等。唐代出现的《蒙求》、《古贤集》、《太公家教》、《新集严父教》等庶民童蒙教材,通过讲述历史典故、人物事迹、格言训教,向孩童灌输历史知识,通过历史人物的前言往行,用忠孝仁爱等观念来规范孩童的德行。杜正伦的《百行章》则为唐代官方颁布的启蒙教材,是童蒙道德伦理教育方面的集大成者④。全书以"孝行章"开始,讫至"劝行章",共八十四章,以忠孝节义统摄全书,多摘录儒家经典中的警句、典故而成,警句多出自《论语》、《孝经》,典故多出自《史记》、《说苑》等书。作者在《百行章》开头就说:"至如世之所重,唯学为先,立身之道,莫过忠孝。"⑤明确其编撰意图,也体现了唐初社会风气不振、忠孝不行的情况,作者期望以忠孝匡正世风,教化天下⑥。此外,他还极力主张以孝治家,进而以孝治乡,从而实现以孝治国。

第三,唐代科举考试重文,童蒙教材中不仅出现诗词类蒙书,而且在蒙书编纂上普遍存在重音韵、对偶的现象。以往学者认为童蒙诗歌是宋以后

---

① 郑阿财、朱凤玉《敦煌蒙书研究》第 40—51 页。
② 郑阿财、朱凤玉《敦煌蒙书研究》第 165—227 页。
③ 郑阿财、朱凤玉《敦煌蒙书研究》第 10—164 页。
④ 福井康顺《百行章につての诸问题》,《东方宗教》2001 年第 13—14 合刊,第 1—23 页;邓文宽《敦煌写本〈百行章〉述略》,《文物》1984 年第 9 期,第 65—67 页。
⑤ 郑阿财、朱凤玉《敦煌蒙书研究》第 326 页。
⑥ 郑阿财、朱凤玉《敦煌蒙书研究》第 344—345 页。

童蒙读物的特色,尤以《神童诗》、《千家诗》、《唐诗三百首》最为著名①。实际上,晚唐五代以诗歌形式编写的童蒙读物已有了很大发展,其内容往往将格言融入诗歌,训诫儿童立身处世。敦煌文书中发现的大量《王梵志诗》、《夫子劝世词》都是诗词形式的童蒙读物,充分说明晚唐五代童蒙读物发展的新趋势。这一发展趋势与晚唐五代进士科考试重诗赋有着密切联系。《王梵志诗》在敦煌地区颇为流行,它往往和《太公家教》抄写在一起,内容相近,充满教训、说理、处世格言等童蒙性质的诗篇,文辞浅近俚语,琅琅上口,通俗易懂②。《夫子劝世词》在敦煌文书中仅存一件(P. 4094),为五言韵语,类似后世的劝世诗,其性质以劝世为宗,如"生死天曹注,衣食冥司判;祸福不由人,并是神官断",充满宿命论的意味。这种劝世诗歌,与宋代《训蒙诗》、《神童诗》中的劝世思想颇为接近③。

第四,随着唐代科举考试日渐成熟,出现了应试范文类型的蒙书。杜嗣先《兔园策府》便是显例。它针对唐代常科和制举试策的情况,以四六骈文纂古今事,设问对策,分四十八门,共十卷,作为童蒙习摹的范文,以便童子学习对策之精要,也是备科考的基本教材。现存敦煌文书中仅保存《兔园策府》序和卷一,内容为"变天地"、"正历数"、"议封禅"、"征东夷"、"均州壤"五个门类。《兔园策府》在唐五代流传甚广,为乡村私塾童蒙教学的重要读物。后唐宰相冯道携《兔园策府》上朝,不慎将之遗留朝堂,为同僚所讥消④,这恰好说明《兔园策府》深受时人喜爱,即便身居高位者也改变不了少年时代的喜好。

第五,唐代科举常科考试因科目不同,可以选择"九经"中不同的经书应考,这直接影响到唐代"九经"精粹类童蒙读物的出现。唐代进士科、明经科、道举、三礼科、三传科、一史科、三史科、五经科、九经科、童子科等科目都要根据各自科目,选取"九经"中不同的经书作为必考内容,因此"九经"便成

---

① 王炳照《配图蒙学十篇·序》,夏初、惠玲校释《配图蒙学十篇》第 4 页。
② 郑阿财、朱凤玉《敦煌蒙书研究》第 424—425 页。
③ 郑阿财、朱凤玉《敦煌蒙书研究》第 439 页。
④ 周丕显《敦煌古钞〈兔园策府〉考析》,《敦煌学辑刊》1994 年第 2 期,第 17—29 页;刘进宝《敦煌本〈兔园策府·征东夷〉产生的历史背景》,《敦煌研究》1998 年第 1 期,第 111—116 页;屈直敏《敦煌本〈兔园策府〉考辨》,《敦煌研究》2001 年第 3 期,第 126—129 页。

一、唐五代科举制度对童蒙教育的影响

为举子学习的必备教材。但对初学的孩童来讲,"九经"不仅艰涩难懂,而且瀚如烟海,很难掌握其要领,不知如何入门。随着私学的发展,民间学童对"九经"的学习范围不断扩大,从"九经"中辑录精粹言论的方式应运而生。它是用通俗易懂的文字对"九经"进行删繁节要,并分门别类加以编撰,供儿童学习和便览,使其在较短时间内获得"九经"的精粹,激发孩童的学习兴趣,提高学习效率。于是便出现《新集文词九经抄》、《文词教林》、《勤读书抄》、《励忠节抄》等摘要、略抄、摘抄"九经"的通俗读物。以《新集文词九经抄》为例。该书为一部"训俗安邦,号名家教"的通俗蒙书,具有"罗含内外"、"通禅内外"的三教融合特点。其"援今引古"、征摭典籍非常丰富,共计八十九种之多①,主要以《易》、《诗》、《书》、"三礼"、"三传"等九经及《论语》、《孝经》为主,兼及《老子》、《庄子》、《列子》、《文子》,充分显示了此类童蒙读物为科举服务的宗旨,特别是对《老子》、《庄子》、《列子》、《文子》四书内容的大量摘抄,正好说明开元以后道举的设立②,直接影响到童蒙读物编纂时对道教文献的重视。《新集文词九经抄》的编纂结构及体例、援引内容对《文词教林》存在明显的抄袭痕迹,郑阿财认为《新集文词九经抄》为《文词教林》之后新编撰的童蒙读物,故其征引了《文词教林》的很多内容③。由此可见《文词教林》在当时应该有很大的影响力,才被不断重新编辑,出现像《新集文词九经抄》、《新集文词教林》等童蒙读物,这无疑是与当时科举制度的推动分不开的。

第六,唐代社会重科举风气甚浓,故蒙书中劝学应举的内容也不断加重。敦煌文书 P.2564《虾蟆书》是唐五代在敦煌广为流行的民间童蒙读物,其中有劝学歌词《十二时·劝学》云:

> 平旦寅。少年勤学莫辞贫。君不见朱〔买〕未得贵,由自行歌皆负薪。
>
> 日出卯。人生在世须史老。男儿不学读诗书,恰似园中肥地草。

---

① 郑阿财、朱凤玉《敦煌蒙书研究》第 303 页。
② 魏明孔《唐代道举初探》,《甘肃社会科学》1993 年第 6 期,第 142—143 页;林西朗《唐代道举制度述略》,《宗教学研究》2004 年第 3 期,第 134—138 页。
③ 郑阿财、朱凤玉《敦煌蒙书研究》第 320 页。

食时辰。偷光凿壁事殷勤。丈夫学问随身宝,白玉黄金未是珍。①

又 P.2952《二十时·劝学》残卷亦云:

〔平旦寅。〕奉劝有男须入学,莫言推道我家贫。从小父娘□□□,到大倿猡必越人。纵然未得一官职,笔下安国养二亲。

……

正南午。读书便是仕(随)身宝。高官卿相在朝廷,幼时入学曾辛苦。②

同卷《十二时·求官》云:

晡时申。劝君交(教)子胜留银。不见昔时勤学仕,意(衣)锦还乡朱买臣。

……

黄昏戌。官职比来从此出。文章争不尽心学,有智勿令生愧悔。

人定亥。先王典籍合敬爱。若能读得百家书,万劫千生名榎(价)在。

夜半子。春榜即写才文字。朝唐(堂)上下聘词章,万个之中无有二。

鸡鸣丑。权隐在尘非长久。一朝肥马意(衣)轻裘,富贵荣华万物有。③

这些通俗易懂的童蒙读物,集中体现了当时科举制度对社会底层的深远影响。"丈夫学问"、"读书"便是"随身宝"的观念已被时人接受,成为时人劝夫教子专事举业的精神支柱。在中晚唐五代科举考试以"写才文字"、"词章"为取士原则的情况下,"官职比来从此出"的观念已经根植于时人心目中。若能以"学问"、"读书"登科而入仕清流,便可"一朝肥马意(衣)轻裘,富贵荣华万物有",这也成为当时人的共识。特别值得注意的是,这些童蒙读物还

---

① 《法藏敦煌西域文献》第一六册,第14页。
② 《法藏敦煌西域文献》第二〇册,第213页。
③ 《法藏敦煌西域文献》第二〇册,第213页。

激励家道贫寒者莫辞家贫而不学诗书,因为"男儿不学读诗书,恰似园中肥地草"。这都打破了当时的士庶概念,增强了家道贫寒者勤奋读书,通过科举获取功名、官位的信心,也足见科举制度对当时社会影响之广泛、深远①。又如《太公家教》云:"明珠不莹,焉发其光;人生不学,言不成章";"善男不教,为人养奴;养女不教,不如养猪"②。《王梵志诗》云:"黄金未是宝,学问胜珠珍。丈夫无伎艺,虚霑一世人。"③这些童蒙读物中明确将读书与登科、仕宦联系在一起,敦劝孩童树立以"学问"、"读书"登科而入仕清流的观念,明确了读书人的目的,反映了科举对童蒙教育价值观念的深刻影响。

第七,晚唐五代随着家学教育逐渐向私塾、学院、书院教育的转变,童蒙教育的对象也从魏晋以来讲究门第转向面向天下、四海、百姓,具体地说,就是转向以乡村和地域为中心的私塾、学院和书院教育,蒙书编纂也体现了这一转变。魏晋以来士族制度得到充分发展,士族十分重视门风、家风和家学,家学教育集中体现了门第教育的特点。为了标榜门第,士族都比较注重"家风"、"家教"、"家规"、"家训"方面的教育,其内容无非是劝学、劝孝、戒斗、戒淫等处世准则和规范。颜之推的《颜氏家训》堪称典范,到了唐代此类蒙书得到了较大发展。颜之推之后颜真卿又作《家教》三卷,可惜已经失传。传世典籍中流传较广的唯有宋若莘《女论语》十卷。敦煌文书《太公家教》、《武王家教》、《辩才家教》、《新集严父教》、《崔氏夫人训女文》的发现,则为学界了解唐代道德伦理类蒙书的发展提供了新资料,改变了学界对唐代此类蒙书的认识。敦煌文书《太公家教》为现存最早的格言、谚语类家训蒙书,在敦煌流传极广,现存四十二件之多④。《太公家教》从古代诗书、经史中选取先贤名言、警句,适当增减,多用四言韵语,编辑而成,通过劝诫忠孝、修身、礼节、劝学、处世等内容,达到童蒙教育的目的。其取材主要来自《礼记》、《论语》、《孝经》、《荀子》、《庄子》、《老子》、《淮南子》、《韩诗外传》、《说苑》、

---

① 参韩昇《南北朝隋唐士族向城市的迁徙与社会变迁》,《历史研究》2003年第4期,第49—67页。
② 周凤五《敦煌写本太公家教研究》,台北:明文书局,1986年,第24—26页。
③ 〔唐〕王梵志撰、项楚校注《王梵志诗校注》,上海:上海古籍出版社,1991年,第483页。
④ 郑阿财、朱凤玉《敦煌蒙书研究》第349页。

《烈女传》《抱朴子》《颜氏家训》《汉书》《晋书》《傅玄箴》《千字文》等书[①]。唐代道德伦理类蒙书摆脱了魏晋时代"家训""家教"以某一姓、一宗为童蒙教育对象,重在标榜自家门风,培养和规范本宗子弟为人处世、入仕为宦的道德伦理的局限,将童蒙对象扩展到天下、四海、百姓。这反映出唐代士族衰落,小姓和寒素兴起,普通百姓均有接受童蒙教育的需求,童蒙教育在这一时期得到快速发展。一姓、一宗的"家教"已经满足不了时代的需求。因此,《太公家教》《武王家教》的作者不敢自称是某姓、某宗的"家教",而是借圣贤为名,目的就是以百姓、天下的童蒙教育为目的,这是童蒙教育史上一个时代性的进步。《辩才家教》《新集严父教》也有意回避某姓"家教"的问题,道理也是一样。

(四)小　　结

唐代科举制度在设立之初就确立了官学教育与科举选士相结合的模式,官学教育机构和课程设置也基本上是为科举考试服务的。唐代的官学教育体系,主要为科举考试培养和输送生员,其招收对象也是相对优秀的青少年,童蒙教育尚处于缺失状态,这就为唐代私学的发展提供了空间。唐五代社会教育体制的变迁与完善,特别是私学的兴起,为儿童教育提供了多样的教育环境,补充了官学教育体制下十四岁以下儿童教育的不足,成为唐五代儿童接受早期教育的主要途径。唐代童子科的设置为童子入仕开辟了捷径,尽管童子科第有"滥蠲徭役,虚占官名"等负面影响,但童子及第对其个人来讲,的确可以获得诸多好处,这无疑助长了士大夫对童蒙教育的重视,希望子弟及早成才的心理在当时可谓非常普遍。在童子科的影响下,中晚唐人应举往往自小从应童子科开始,如不第,等成年后再应明经或进士科。这种情况充分说明童子科对唐代童蒙教育的发展起到了促进作用。当然,童子科并未完全起到选拔"精采英奇"的作用,反而因使童子过早接受启蒙教育,限制其娱乐,强化应试教育,甚至加以棍棒,强迫"孩童之意",让其追

[①] 郑阿财、朱凤玉《敦煌蒙书研究》第360页。

一、唐五代科举制度对童蒙教育的影响

逐科名,贪图名利,而违背教育规律,难免有拔苗助长之嫌。参加省试的童子往往是岁数难知,年貌难辨,很少有名实相符者,结果造成纷争不断,舆论四起,对儿童的教育和发展产生了不少负面影响。也因此,童子科在中晚唐五代一直受到世人诟病,屡有停废。

不过,唐代科举制度的发展,极大地刺激了童蒙教育的发展,蒙书编纂也出现前所未有的态势。唐前期在官学教育考核标准基本上跟科举考试相一致的情况下,童蒙教育势必顺应科举考试的要求,这就决定其为科举服务的宗旨。随着中晚唐五代科举考试标准不断调整,童蒙教育也相应发生了变化。唐代蒙书较之前代出现以下新的特点:第一,蒙学教材由综合性读物向侧重某一方面专精发展,蒙书的内容和性质呈多元化发展;第二,蒙书在识字、知晓名物典章和历史知识之外,逐渐增加立志、儒家修身、养性、齐家、治国、平天下的思想,从而规范儿童言行、志趣,使其学会为人处世、侍奉尊长;第三,唐代科举考试重文,童蒙教材不仅出现诗词类蒙书,而且蒙书编纂也普遍存在重音韵、对偶的现象;第四,随着科举考试日渐成熟,出现了应试范文类型的蒙书;第五,唐代科举考试因科目不同,遂选择"九经"中不同经书应考,也直接影响到唐代"九经"精粹类童蒙读物的出现;第六,唐代社会重科举风气也使得蒙书中劝学应举的内容不断增多;第七,晚唐五代随着家学教育逐渐向私塾、学院、书院教育的转变,童蒙教育的对象从魏晋以来讲究门第的特点,转向天下、四海、百姓,具体地讲,就是转向以乡村和地域为中心的私塾、学院和书院教育的普通生员,蒙书编纂也体现了这一转变。

二、中晚唐五代科举与清望官的关系

关于科举与清望官的研究，毛汉光在《唐代大士族的进士第》、《科举前后（公元600干300）清要官型态之比较研究》两文中通过大量统计分析，指出门第与进士第为影响唐代士族官宦的两大因素①，但对中晚唐五代科举与清望官关系的统计和分析还不够充分，其分析的层面和唐代前后期的对比分析也过于简单。卓遵宏《唐代进士与政治》一书也对唐代进士出身的宰相进行过统计分析，但所统计的内容过于简单，分析亦不够深入（第3—5页）。吴宗国在《唐代科举制度研究》一书中对此也做了深入论述，文中使用了不少统计数据，认为进士科在德宗朝已经成为高级官吏的主要来源②；但吴氏仅统计了宪宗至懿宗朝宰相的科第出身，对宰相的社会身份未做统计分析，也未对其统计资料进行分期及前后对比分析。笔者在诸位前贤的研究基础上，对这一问题再做探讨，着重讨论中晚唐五代时期科举出身、社会阶层出身与清望官的关系。

唐代清望官指内外三品以上官、三省长官、诸寺、监、东宫长官及诸司尚书、侍郎等。据《唐六典》卷二《尚书吏部》吏部郎中条云：

> 清望官，谓内外三品已上官及中书、黄门侍郎，尚书左右丞，诸司侍郎，并太常少卿、秘书少监，太子少詹事、左右庶子、左右率，及国子司业。③

---

① 毛汉光《唐代大士族的进士第》，收入中研院历史语言研究所编《中研院成立五十周年纪念论文集》第二辑《人文社会科学》，第593—614页；毛汉光《科举前后（公元600年干300）清要官型态之比较研究》，收入中研院国际汉学会议论文集编辑委员会《中研院国际汉学会议论文集——历史考古组》，第379—404页。
② 吴宗国《唐代科举制度研究》第164—199页。
③ 《唐六典》卷二《尚书吏部》，第33页。

二、中晚唐五代科举与清望官的关系

本章中清望官的界定以此界说为准①。唐代清望官不仅权力和地位显赫,而且是唐代选官界定官吏清浊的最后界限②。这种吏部限制浊吏出身者参选清望官的背后隐藏着一个重要因素,就是中晚唐科举出身成为入仕清望官的主要来源。

唐前期的科举制度虽处在创立发展阶段,但对选官制度的影响却日渐明显。从《唐会要》卷一《帝号上》、两《唐书》各相关列传记载高祖、太宗、高宗、则天、玄宗、肃宗、代宗朝的宰相登科人数即可看出(见下表):

朝代	宰相	进士科	制科	明经	秀才	其他科目
高祖	16	1	0	0	0	1
太宗	29	1	0	0	1	1
高宗	47	8	0	2	0	1
则天	78	9	0	11	0	2
玄宗	34	8	7	3	0	2
肃宗	16	4	2	0	0	1
代宗	12	4	2	0	0	0

从统计情况来看,高祖、太宗朝科举出身者在宰相中所占比例极低,高宗朝科举出身的宰相占到总数的23%,则天朝占到28%。显然,高宗、则天朝科举出身者在宰相中的比重大为提升,这应该是高宗和武则天崇重科举所致。到玄宗朝进士、制科、明经科加起来占59%,科举出身者在诸色出身中略占优势,由此引发唐代宰相等清望官选拔的一大转变,打破了隋唐以来"文武不殊途,而将相可兼任"的将相选举观念,逐渐形成以科举文词作为择相标

---

① 唐代五品以上的职官有时也可称为清望官。《旧唐书》卷八八《韦思谦传附韦嗣立传》云:"自今以往,应有迁除诸曹侍郎、两省、两台及五品已上清望官,先于刺史、县令中选用。"(第2872—2873页)

② 《唐会要》卷六七《伎术官》记武则天时为加强对流外入流的限制,神功元年(697)敕规定:"有从勋官、品子、流外、国官、参佐、亲(视)品等出身者,自今以后,不得任京清要著望等官;若累阶应至三品者,不须阶进。"(第1183页)《旧唐书》卷四二《职官志》一载:"神功元年制:勋官、品子、流外、国官出身,不得任清资等官。应入三品,不得进阶。"(第1806—1807页)参阅楼劲、李华《唐仕途结构概要》,《兰州大学学报》(社会科学版)1997年第2期,第117—127页。

准,最终导致将相文武分途,入相不能不由翰林学士出,出将非蕃将不得胜任,最终促使关陇集团完全崩溃①。因此,玄宗朝以进士科为代表的科举制度是中古选拔卿相观念的重大转折,对后世影响巨大,这一转变在中晚唐得以巩固,奠定了以科举制度为选拔标准的文官官僚制度的基础。

  肃代年间,虽然经历了安史之乱,朝廷宰相的选任比较注重理财能力,科举出身者比例略有下降,但仍占46%②。科举出身的新官僚与旧士族也在此期间展开了首次较量③。代表旧世族的李揆入相后,力排元载等以科第出身而家境不显者,并讥笑其"龙章凤姿之士不见用,麞头鼠目之子乃求官"④。元载入相后,多择用朝中有文学才望之人,杨炎便是元载最得意的人选,"载亲重炎,无与为比"⑤。元载得罪被贬后,以进士出身的常衮入相,他公然宣称"非以辞赋登科者,莫得进用"⑥。虽然博陵崔祐甫也是进士出身,在德宗朝代常衮为相,但他一反常衮的举措,荐延推举故旧,无复疑滞,日除十数人,作相未至一年,"凡除吏几八百员,多称允当"。于是有人指责他"所除拟官,多涉亲故",而他坚持选士"必须谙其才行","若与其相识,方可粗谙"⑦。与其说崔祐甫是为自己多用亲辩护,不如说他在坚持门第与才行相结合的选举理念。但是崔祐甫坚持的这一标准,在德宗朝以后逐渐发生根本的变化,其"才行"的内容即以进士科代表的"文才"逐渐变得重要,门第反渐居其次。

(一) 中晚唐科举与清望官的相关数理分析

  关于中晚唐五代科举与选官、社会阶层变革的史料记载很多,笔者首先

---

① 参阅陈寅恪《唐代政治史述论稿》第48页。
② 肃宗宰相,进士出身者四人:韦见素、苗晋卿、吕諲、李揆;制科出身二人:崔圆、元载;神童科:刘晏。代宗宰相,进士出身者四人:常衮、杨绾、杜鸿渐、苗晋卿;制科二人:王缙、元载。
③ 详见韩国磐《唐朝的科举制度与朋党之争》,收入其《隋唐五代史论集》,第267—283页。
④ 《旧唐书》卷一二六《李揆传》,第3561页。
⑤ 《旧唐书》卷一一八《杨炎传》,第3419页。
⑥ 《旧唐书》卷一一九《崔祐甫传》,第3440页。
⑦ 《旧唐书》卷一一九《崔祐甫传》,第3440页。

二、中晚唐五代科举与清望官的关系

对该时期宰相等清望官科第出身、社会阶层出身及其入仕途径等进行较为细致的统计、分析,然后再对该时期科举与清望官相关记载进行评论。

关于唐代社会阶层的划分是一个非常复杂的问题,前辈学者已经做了不少研究,如毛汉光《唐代统治阶层社会变动》①、《中国中古社会史论》等著作对这一问题已经有很深的研究。唐代社会阶层中最热门的问题是士族问题,学界对士族的划分标准各持己见。如陈寅恪强调士族的礼法、门风、学业②;钱穆注重大士族的学业、品德、家学、家风③;唐长孺侧重于门阀的形成与衰落④;宫崎市定以官品为划分士庶的标准⑤;毛汉光则主张士族需要两大条件:累官三世以上,任官需达五品以上者等⑥。毛氏的标准基本上涵盖了当朝冠冕、宗室,却将一部分魏晋以来已经衰落的旧士族排除在外,归到小姓。但从广义上讲小姓也属于士族⑦,这就基本上把魏晋以来的旧士族和当朝冠冕、宗室都包括在内,构成了广义上的士族。之后,韩昇发表《中古社会史研究的数理统计与士族问题——评毛汉光先生〈中国中古社会史论〉》,对毛氏主张的士族、小姓、寒素的概念和划分标准提出不同看法⑧。不过,笔者还是赞同毛氏的主张,这里试着借用一些社会学和数理统计方面的研究方法,对中晚唐科举与社会阶层的问题作新的解析和认识。

事实上在门阀序列上,"崇重今朝冠冕"的原则自门阀形成之日起就是如此。士族的等第升降从来就取决于"今朝冠冕",唐代也不例外⑨。显庆四年(659)的《姓氏录》"以皇朝得五品者,书入族谱"⑩,比《氏族志》的官本位标

---

① 毛汉光《唐代统治阶层社会变动》,台湾政治大学政治研究所高级研究生论文,1968年。
② 陈寅恪《唐代政治史述论稿》第69、74页。
③ 钱穆《略论魏晋南北朝学术文化与当时门第之关系》,收入其《中国学术思想史论丛》卷三,合肥:安徽教育出版社,2004年,第125—186页。
④ 唐长孺《门阀的形成及其衰落》,《武汉大学人文科学学报》1959年第8期,第1—24页。
⑤ 参考宫崎市定《九品官人法の研究》,东京:同朋舍,1956年第1版,1974年第2版,第208—300、528—544页。
⑥ 毛汉光《中国中古社会史论》第33页。
⑦ 毛汉光《唐代大士族的进士第》,收入中研院历史语言研究所编《中研院成立五十周年纪念论文集》第二辑《人文社会科学》,第593—614页。
⑧ 《复旦学报》(社会科学版)2003年第5期,第91—98页。
⑨ 参阅唐长孺《魏晋南北朝隋唐史三论》,武汉:武汉大学出版社,1993年,第389—390页。
⑩ 《唐会要》卷三六《氏族》,第664—665页。

准更为彻底①。先天二年(713)《姓系录》的编撰者在判定等次时,虽参照了名德时望即传统的"士林标准",一定程度上照顾到社会舆论,不像显庆《姓氏录》纯粹唯以官品为断,但基本上仍坚持"崇重今朝冠冕"的原则②。笔者着重考察的是中晚唐五代科举与社会阶层的变迁,所以在确定士族时尽可能地以唐人判定士族的标准为原则。在上文所举多种判定士族的标准中,毛汉光的主张最接近唐人判定士族的标准。因此,笔者大致采用毛氏的判定标准,并根据本章主旨和唐代士族变化的规律进行了适当界定③。

至中唐以后,科举出身者在清望官中所占比例大为增强,现以唐德宗至后周恭帝朝的宰相为例,考察其社会阶层出身、科第出身及入仕途径等情况,制成《中晚唐五代宰相社会出身与科第出身分析简表》和《中晚唐五代宰相社会出身与科第出身简表示意图》,进而分析其中的变化。

此表首先将中晚唐五代按政治事件和时代特点分为四个时期:Ⅰ.德宗建中元年至顺宗永贞元年(780—805),共二十六年;Ⅱ.宪宗元和元年至宣宗大中十三年(806—859),共五十四年;Ⅲ.懿宗咸通元年至哀帝天祐四年(860—907),共四十八年;Ⅳ.后梁太祖开平元年至后周恭帝显德七年(908—960),共五十三年。第一时期从德宗开始,时间仅为二十六年,其他三个时期时间大致相当,时代特点较为明显,科举与社会变迁的关系反映得也较为明显。

---

① 《唐会要》卷三六《氏族》,第665页;《旧唐书》卷六五《高士廉传》,第2443—2444页;《新唐书》卷九五《高俭传》,第3841—3842页。
② 唐长孺《魏晋南北朝隋唐史三论》第389—390页。
③ (一)士族:魏晋以来旧世族、唐代三世显宦、宗室和归顺外族大蕃,并要符合以下两大条件:其一,累官三世以上,曾祖、祖父、父,合为三世;其二,任官需达五品以上(本书按三世中有两世任官在五品以上;或为旧世族,但已衰落,三世中仍有一世成员官品达五品者,包括三世内所有从父祖、叔侄、兄弟成员)。(二)小姓:其一,已没落士族(世系清楚,虽累代为宦,但三世中已经无五品官以上的人物);其二,低品酋豪,包括累世下品、地方大族;其三,父祖有一代五品以上者。(三)寒素:指士、农、工、商、兵、自由民、奴婢、门客等,以及低级官宦子弟。详见毛汉光《唐代统治阶层社会变动——从官吏家庭背景看社会变动》,台湾政治研究所高级研究生毕业论文,1968年,第21—23页;毛汉光《唐代统治阶层下降变动之研究》,《国家科学委员会研究汇刊》(人文及社会科学)1993年第3卷第1期,第1—12页;毛汉光《唐代大士族的进士第》,收入《中研院成立五十周年纪念论文集》,第593—614页。

二、中晚唐五代科举与清望官的关系

表一　中晚唐五代宰相社会阶层出身与科第出身分析简表

朝代	宰相	士族	士族兼进士	小姓	小姓兼进士	寒素	寒素兼进士	进士	明经	制科	科目选	门荫	非科第	进士兼制科	进士兼科目选
德宗	35人	13人 37%	3人 9%	14人 40%	4人 11%	8人 23%	6人 17%	13人 37%	3人 9%	3人 9%	7人 20%	9人 26%	18人 52%	2人 6%	5人 14%
顺宗	7人	1人 14%	0人 0%	4人 57%	2人 29%	2人 29%	1人 14%	3人 43%	1人 14%	3人 43%	2人 29%	1人 14%	2人 29%	2人 29%	1人 14%
德顺	42人	14人 33%	3人 7%	18人 43%	6人 14%	10人 24%	7人 17%	16人 38%	4人 10%	6人 14%	9人 21%	10人 24%	20人 48%	4人 10%	6人 14%
宪宗	28人	15人 54%	10人 36%	10人 36%	7人 25%	3人 11%	0人 0%	17人 61%	3人 11%	7人 25%	10人 36%	4人 14%	9人 32%	7人 25%	9人 32%
穆宗	13人	7人 54%	4人 31%	5人 38%	5人 38%	1人 8%	0人 0%	9人 69%	1人 8%	7人 54%	4人 31%	1人 8%	3人 23%	6人 46%	3人 23%
敬宗	7人	3人 43%	3人 43%	4人 57%	4人 57%	0人 0%	0人 0%	7人 100%	0人 0%	4人 57%	4人 57%	0人 0%	0人 0%	4人 57%	4人 57%
文宗	24人	14人 58%	9人 38%	6人 25%	6人 25%	4人 17%	4人 17%	19人 79%	1人 4%	7人 29%	7人 29%	2人 8%	3人 13%	7人 29%	6人 25%
武宗	15人	10人 67%	7人 47%	4人 27%	4人 27%	1人 7%	1人 7%	12人 80%	0人 0%	2人 13%	4人 27%	2人 13%	2人 13%	2人 13%	3人 20%
宣宗	23人	13人 57%	12人 52%	6人 26%	6人 26%	2人 9%	2人 9%	21人 91%	1人 4%	5人 22%	2人 9%	1人 4%	2人 9%	5人 22%	2人 9%
宪宣	110人	62人 56%	45人 41%	35人 32%	32人 29%	11人 10%	7人 6%	85人 77%	6人 5%	32人 29%	31人 28%	10人 9%	19人 17%	31人 28%	27人 25%
懿宗	21人	15人 71%	14人 67%	5人 24%	5人 24%	1人 5%	1人 5%	20人 95%	0人 0%	0人 0%	4人 19%	1人 5%	1人 5%	0人 0%	4人 19%
僖宗	23人	16人 70%	15人 65%	6人 26%	6人 26%	1人 4%	1人 4%	22人 96%	0人 0%	0人 0%	0人 0%	1人 4%	2人 9%	0人 0%	2人 9%
昭宗	25人	16人 64%	14人 56%	4人 16%	3人 12%	4人 16%	3人 12%	20人 80%	1人 4%	0人 0%	0人 0%	0人 0%	4人 16%	0人 0%	0人 0%
哀帝	6人	6人 100%	5人 83%	0人 0%	0人 0%	0人 0%	0人 0%	5人 83%	0人 0%	0人 0%	0人 0%	0人 0%	1人 17%	0人 0%	0人 0%
懿哀	75人	53人 71%	48人 64%	15人 20%	14人 19%	6人 8%	5人 7%	67人 89%	1人 1%	0人 0%	6人 8%	1人 1%	7人 9%	0人 0%	6人 8%

续表

朝代	宰相	士族	士族兼进士	小姓	小姓兼进士	寒素	寒素兼进士	进士	明经	制科	科目选	门荫	非科第	进士兼制科	进士兼科目选
后梁太祖	8人	4人 50%	3人 38%	3人 38%	1人 13%	0人 0%	0人 0%	4人 50%	0人 0%	0人 0%	0人 0%	0人 0%	4人 50%	0人 0%	0人 0%
后梁末帝	8人	6人 75%	5人 63%	0人 0%	0人 0%	0人 0%	0人 0%	5人 63%	0人 0%	0人 0%	1人 13%	0人 0%	3人 38%	0人 0%	0人 0%
后唐庄宗	5人	3人 60%	2人 40%	2人 40%	1人 20%	0人 0%	0人 0%	3人 60%	0人 0%	0人 0%	0人 0%	0人 0%	2人 40%	0人 0%	0人 0%
后唐明宗	10人	4人 40%	3人 30%	3人 30%	0人 0%	3人 30%	1人 10%	4人 40%	1人 10%	0人 0%	1人 10%	0人 0%	5人 50%	0人 0%	1人 10%
后唐闵帝	3人	0人 0%	0人 0%	1人 33%	0人 0%	2人 67%	1人 33%	1人 33%	0人 0%	0人 0%	1人 33%	0人 0%	2人 67%	0人 0%	1人 30%
后唐末帝	6人	2人 33%	2人 33%	1人 17%	0人 0%	2人 33%	2人 33%	4人 67%	0人 0%	0人 0%	1人 17%	0人 0%	2人 33%	0人 0%	1人 17%
后晋高祖	5人	0人 0%	0人 0%	1人 20%	1人 20%	4人 80%	2人 40%	3人 60%	0人 0%	0人 0%	0人 0%	0人 0%	2人 40%	0人 0%	0人 0%
后晋少帝	6人	0人 0%	0人 0%	2人 33%	1人 17%	4人 67%	2人 33%	3人 50%	0人 0%	0人 0%	0人 0%	0人 0%	3人 50%	0人 0%	0人 0%
后汉高祖	4人	1人 25%	1人 25%	1人 25%	1人 25%	2人 50%	0人 0%	2人 50%	1人 25%	0人 0%	0人 0%	0人 0%	1人 25%	0人 0%	0人 0%
后汉隐帝	5人	0人 0%	0人 0%	1人 20%	1人 20%	3人 60%	0人 0%	1人 20%	1人 20%	0人 0%	0人 0%	0人 0%	3人 60%	0人 0%	0人 0%
后周太祖	7人	0人 0%	0人 0%	1人 14%	1人 14%	6人 86%	3人 43%	4人 57%	1人 14%	0人 0%	0人 0%	0人 0%	2人 29%	0人 0%	0人 0%
后周世宗	5人	0人 0%	0人 0%	2人 40%	1人 20%	3人 60%	2人 40%	3人 60%	1人 20%	0人 0%	0人 0%	0人 0%	1人 20%	0人 0%	0人 0%
后周恭帝	3人	0人 0%	0人 0%	1人 33%	1人 33%	2人 67%	1人 33%	1人 33%	2人 67%	0人 0%	0人 0%	0人 0%	1人 33%	0人 0%	0人 0%
五代	75	20人 27%	16人 21%	19人 25%	9人 12%	31人 41%	14人 19%	38人 51%	7人 9%	0人 0%	4人 5%	0人 0%	31人 41%	0人 0%	3人 4%

二、中晚唐五代科举与清望官的关系　　　　　　　　　　　　　　　151

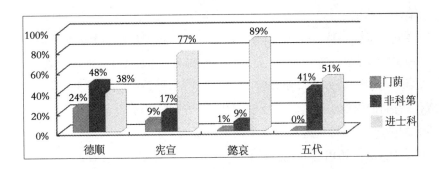

图一　中晚唐五代宰相社会出身与科第出身简表示意图

现据两表所统计的数据,进行分析解说。

　　首先,根据表一、图一的统计数据,四个时期宰相的入仕途径总的趋势是科举出身者逐渐占主导地位;以门荫出身者升迁宰相的几率逐步衰落(其比例依次为:24%→9%→1%→0%);非科第出身者在前三个时期升迁宰相的几率也大为减少(其比例依次为:48%→17%→9%),反而在五代非科第出身升迁宰相的几率增加,其原因主要是朝代频繁更替、军人用事、铨选失序,这些因素很大程度上抑制了科举出身者升迁为宰相的机会。在科举出身的宰相中,进士科出身在宰相总数中所占的比例最高,进士科出身由第一时期的38%,升至第二时期的77%,至第三时期竟然高达89%,到五代又下降至51%,说明中晚唐五代诸色入仕升迁宰相的几率中,进士科出身占绝对优势。即使在五代社会动荡、武人用事的时期,进士科出身者仍在宰相中占多数,反映了中唐以后进士科对整个社会的价值观影响极大,整个社会都很注重进士科,其出身"位极人臣,常十有二三,登显列十有六七"①,即使未能仕显宦,亦"终身为闻人"②。在四个时期科举出身的宰相中,明经科、制科、科目选所占比例呈下降趋势,杂科所占比例甚微。只有在宪宣时期,宰相为制科出身者达29%,保持了较高比例;而同时期也是制科取士最为得人的时候,说明制科考试在一定程度上起到了不次选拔异能的作用③。在第

　　① 《唐语林校证》卷二《文学》,第184页。
　　② 《唐国史补》卷下,第55页。
　　③ 参阅吴宗国《唐代科举制度研究》第66—95页。

三、第四时期则未见有制科出身的宰相,其原因是大和二年(828)以后制科基本停废,五代后梁开平三年(909)、后周显德四年(957)虽有重设,其不次选拔人才的功能已经丧失[①]。吏部科目选出身(包括已有其他出身者),在第一、第二时期分别占到宰相总数的21%、28%,保持了一定比例,但在唐末、五代所占比例仅为8%、5%,反映了唐末、五代随着吏部科选的科目和选拔名额的增加[②],科目选在仕宦中的地位反而下降。

其次,从宰相出身的社会阶层来分析士族、小姓、寒素升迁高官的几率与社会阶层的关系(参表一)。这里对社会阶层出身不确者暂且不计。在第一时期,士族、小姓、寒素的比例为33∶43∶24,小姓所占比例最高,其次是士族,若将士族加上小姓,则其比例达76%,可见其在中唐政治中的优势地位。第二时期,除去二人身份不明,士族、小姓、寒素在宰相总数中所占比例为56∶32∶10,该时期士族在政治中的优势地位更加稳固,若结合小姓,则高达90%,宰相士族化的倾向非常明显。第三时期,除去一人社会身份不明外,士族、小姓、寒素在宰相总数中所占比例为71∶20∶8,该时期士族在诸阶层竞争宰相中已取得绝对优势,若结合小姓,则高达91%,寒素子弟升迁宰相的机会仅为8%,可谓仕途艰难。第四时期,除去四人社会身份不明外,士族、小姓、寒素在宰相总数中所占比例为27∶25∶41,士族在四个时期中所占比例已降为最低,略高于小姓,寒素首次大比例超过士族和小姓。其原因很多,除科举考试因素外,黄巢起义对士族的打击和朱温对士族的残害也是重要原因。五代士族因此衰落,不再在宰相中占多数[③]。

再次,从科举与社会阶层的相互关系分析其中变化。兹从士族兼进士、小姓兼进士、寒素兼进士在各时期宰相总数中所占比例来看(见图二)。

第一时期,其比例为7∶14∶17,三者的差别不是很明显,说明战乱和社会动荡,不利于士族的发展,寒素和小姓得到更多获取科名和入相的机会。第二时期,其比例为41∶29∶6,士族兼进士占宰相总数的41%,可见

---

① 参阅吴宗国《唐代科举制度研究》第66—95页。
② 参阅吴宗国《唐代科举制度研究》第96—108页。
③ 参阅孙国栋《唐宋之际社会门第之消融——唐宋之际社会转变研究之一》,《新亚研究学报》第4卷第1期,1959年,第212—301页。

二、中晚唐五代科举与清望官的关系

在社会稳定发展的情况下,士族在考取进士科第、升迁高官乃至宰相的仕途中均占绝对优势。第三时期,其比例为 64∶19∶7,说明士族兼进士出身在这一时期升迁宰相中占居主导地位,小姓兼进士、寒素兼进士则处劣势,可见晚唐士族在宰相等清望官中所占比重很高,士族已将获取进士科名作为入仕的正途,科名成为士族升迁清望官的主要因素,门第因素退居其次。这是因为唐前期科举制度实行了一百多年,使不少小姓、寒素子弟进入次清官和清望官的选人之列,无形中增强了士族阶层仕宦圈的竞争压力,故士族内部不但要论姓氏、地望、房支,而且要论科第;进士科出身成为增加其圈内竞争优势的最主要因素[①]。第四时期,三者兼进士出身在宰相总数中所占比例为 21∶12∶19,五代社会动荡,政局更替频繁,士族阶层成为首先遭受打击的对象。但士族兼进士出身在诸色入仕升迁中仍保持一定优势,可见在影响五代士族仕宦的诸因素中,科第因素的重要性超过了门第等其他因素。从四个时期总的情况来看,士族兼进士出身入仕、升迁宰相等清望官的机会一直处于优势地位,直到五代才略有下降,小姓兼进士出身入仕升迁的机会亦大于寒素兼进士出身者,表明科举制在诸色入仕与升迁中,对士族和小姓更为有利。

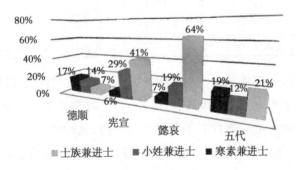

图二 中晚唐五代宰相社会出身与进士出身简表示意图

五代宰相中士族仅占 27%,而进士科出身者高达 51%,说明在社会动荡中,士族门第已不及科第更能持久地维系社会地位的不衰和家族的不败。

---

① 毛汉光《唐代大士族的进士第》,收入《中研院成立五十周年纪念论文集》第二辑《人文社会科学》,第 593—614 页。

五代宰相的社会阶层出身中,士族、小姓所占比例与中晚唐相比已大为下降,而科举出身仍保持较高比例,反映了影响五代仕宦的诸多因素中,科举出身比门第更为重要。这一倾向到宋代表现得尤为明显①。从某种程度上说,科举出身成为士族与小姓在入仕与升迁的竞争中取得仕宦优势的一个重要砝码。同时,科举制度也只选拔了寒素阶层中极少数的精粹、英彦进入统治阶层,对绝大多数寒素阶层的人来说,取得科第仍是一件极为困难的事,寒素入仕后仅凭科第而获得好升迁,亦是困难重重。就唐代总的情况来看,科举出身者69%是士族,13%是小姓,18%是寒素②,虽然在数据上寒素阶层在科举选拔中并不占优势,反而是士族利用科举制延长其政治地位的不衰,但科举考试最关键的因素是给寒素阶层提供了公平竞争的机会,使"朝为田舍郎,暮登天子堂"成为现实,鼓励社会各阶层积极向学,征文射策,以取禄位。以士族、小姓、寒素出身的宰相,其登进士科的大致情况如下表:

表二 中晚唐五代宰相社会出身与进士出身简表

朝代	士族	士族兼进士	小姓	小姓兼进士	寒素	寒素兼进士	不明	不明兼进士
德顺	14人	3人(21%)	18人	6人(33%)	10人	7人(70%)	0人	0人(0%)
宪宣	62人	45人(73%)	35人	32人(91%)	11人	7人(64%)	2人	1人(50%)
懿哀	53人	48人(91%)	15人	14人(93%)	6人	5人(83%)	1人	0人(0%)
五代	20人	16人(80%)	19人	9人(47%)	31人	14人(45%)	4人	0人(0%)

从此表数据来看,三者兼进士的比例在第一至第三时期总的趋势均在上升,其中以士族上升最快,增幅高达70%,第三时期小姓所占比例最高,为93%。到第四时期,三者均有不同程度的下降,其中士族下降的比例不大,仍保持在80%的比例,小姓和寒素的下降比例较大,反映了在五代社会动荡的情况下,士族仍比小姓、寒素阶层能获得更多受教育和登科的机会,士族科第的重要性已经胜过门第。德顺年间进士科在寒素出身的宰相中所占

---

① 参阅孙国栋《唐宋之际社会门第之消融——唐宋之际社会转变研究之一》,《新亚研究学报》第4卷第1期,1959年,第212—301页。
② 毛汉光《唐代大士族的进士第》,收入《中研院成立五十周年纪念论文集》第二辑《人文社会科学》,第593页。

比例最大,小姓出身其次,士族出身最次,说明士族和小姓入仕途径较多,可借助其他因素升任宰相,进士科尚未在士族和小姓升迁宰相诸途中占绝对优势。宪宣年间,小姓带进士科出身者在宰相中所占比例最大、增长最快,该时期士族、小姓、寒素三者带进士科出身的比例都大为增长,士族为73%,小姓为91%,寒素为64%,说明该时期进士科出身为影响升迁宰相诸因素中的主要因素,升迁宰相的几率最高。懿哀年间士族、小姓、寒素三者带进士科出身的比例均达到最高,分别为91%、93%、83%,说明该时期三者升迁宰相等清望官的主要因素为进士科,其中士族和小姓略占优势。五代时期进士科在士族、小姓、寒素三个阶层中的比例变化较大,士族最高为80%,小姓其次为47%,寒素最低为45%,较前个时期都有大幅下降,反映了社会动荡不利于统治者通过科举制度选拔清望官,亦说明在社会动荡的情况下,科第对士族和小姓阶层尤为重要。总之,晚唐五代门荫衰落后,进士科成为士族和小姓维系门第不衰、问津高官的敲门砖,进士出身成了士族和小姓在圈内竞争中增加砝码的决定性因素。

(二) 中晚唐科举对清望官选任的影响

中晚唐以后进士科出身者成为宰相的主要后备人才。德顺年间人符载云:进士擢第,"不十数岁,公卿之府,缓步而登之"①。可见中晚唐进士及第,在正常情况下不用十年便可官至公卿,宰相之位也唾手可得。又如宪宗朝元稹云:"臣窃观今之备朝选而不由文字者,百无一二焉。"②《唐语林》卷八《补遗》云:"春官氏每岁选升进士三十人,以备将相之任。"③都说明唐代进士科考试是选拔来日之将相的后备人才。《唐国史补》卷下云:

> 进士为时所尚久矣。是故俊乂实集其中,由此出者,终身为闻人。故争名常切,而为俗亦弊……其风俗系于先达,其制置存于有司,虽然贤士

---

① 《全唐文》卷六九〇符载《送袁校书归秘书省序》,第7070页。
② 《元稹集》卷二八《才识兼茂明于体用策一道》,第336页。
③ 《唐语林》卷八,第278页。

得其大者,故位极人臣,常十有二三,登显列十有六七。①

此处大致说的是开元至长庆年间进士入仕的情况,显然进士出身者升迁清望官的几率很高,即使未能任显官,亦"终身为闻人",其中一个重要原因是"其风俗系于先达,其制置存于有司",即社会主流意识对科举制度的崇重,直接影响到铨选制度对科举出身的崇重。开成元年(836)十月,中书门下奏:"朝廷设文学之科,以求髦俊,台阁清选,莫不由兹。"②这与文宗朝进士出身占宰相总数79％的情况相一致。乾符二年(875)正月《厘革新及第进士宴会敕》亦云:"进士策名,向来所重,由此从官,第一出身。"③进士出身在中晚唐五代不仅是入仕为官的"第一出身",也是荣升清望官的第一出身。宋人马永卿言:

> 唐开元以前,未尝尚进士科,故天下名士杂出他途。开元以后,始尊崇之,故当时名士中此科者十常七八。以此卜之,可以见矣。④

在中晚唐选官的诸色出身中,进士仕宦尤为迅捷,其出身者不仅成为升迁宰相所要经历的最主要次清官、清望官中的"八俊"之一⑤,而且多能官至清望。中唐以后诸科出身中以进士科出身入仕最为迅捷,制举次之,并高于其他仕途⑥。乾符二年(875)正月辛卯南郊大赦曰:

> 词科出身,士林所重,本贵践历,渐至显荣。近者唯扇浇风,皆务躁进,麻衣才脱,结绶王畿。是前十年宦途,今来半岁迁授,颇为讹弊,须与重明。⑦

晚唐进士及第升迁尤为迅捷,以致出现进士及第后数年便登宰相者。明人胡震亨说:

---

① 《唐国史补》卷下,第55—56页。
② 《唐会要》卷七六《贡举中·进士》,第1382页。
③ 《唐大诏令集》卷一〇六,第550页。
④ 〔清〕顾炎武撰、〔清〕黄汝成集释,秦克诚点校《日知录集释》卷一七《进士得人》,长沙:岳麓书社,1994年,第608页。
⑤ 《封氏闻见记校注》卷三《制科》,第16页;《唐语林》卷八《补遗》,第277页。
⑥ 《封氏闻见记校注》卷三《制科》,第16页。
⑦ 《唐大诏令集》卷七二《乾符二年南郊赦》,第404页。

二、中晚唐五代科举与清望官的关系

> 唐初及第人多从赤尉或幕辟入台省,渐陟枢要,非回旋数十年,不能致相位。迨末季崔昭纬登第七年相,柳璨登第四年相矣。国事逾亟,仕路乃逾捷,有国者之殷鉴也。①

故五代人王定保评论进士科第与仕宦关系时云:

> 科第之设,沿革多矣。文皇帝拨乱反正,特盛科名,志在牢笼英彦。迩来林栖谷隐,栉比鳞差,美给华资,非第勿处;雄藩剧郡,非第勿居。斯乃名实相符,亨达自任,得以惟圣作则,为官择人。有其才者,靡捐于瓮牖绳枢;无其才者,讵系于王孙公子!莫不理推画一,时契大同。垂三百年,擢士众矣。②

此段记载,虽掺杂不少溢美之词,但王氏所说"美给华资,非第勿处,雄藩剧郡,非第勿居",却道出进士科与中晚唐五代高级官吏的密切关系。只是"有其才者,靡捐于瓮牖绳枢;无其才者,讵系于王孙公子!莫不理推画一,时契大同"的说法似与事实不符。中晚唐五代科举取士的确选拔了不少寒素阶层有才华者,但其数量有限,科举对士族和小姓阶层更为有利,中晚唐虽一度出现"限制"子弟应举的现象③,但从进士及第者多为士族、小姓阶层来看,王定保所云"莫不理推画一,时契大同",似乎有以点盖面的嫌疑。这虽与中晚唐寒素阶层在科举考试中尚缺乏公平竞争的现实不是很相符,但无法否认科举考试的公平性。

随着晚唐进士科成为仕宦"第一出身",影响仕宦的主要因素也自然成为科举与门第④。《南部新书》卷丁云:"陈夷行、郑覃在相,请经术孤单者进用。李珏与杨嗣复论地胄,词彩者居先。"⑤此处的"地胄、词彩"当指门第与

---

① 〔明〕胡震亨《唐音癸签》卷二六《谈丛二》,上海:上海古籍出版社,1981年,第279页。
② 《唐摭言》卷三《慈恩寺题名游赏赋咏杂纪》,第43—44页。
③ 参阅傅璇琮《论唐代进士的出身及唐代科举取士中寒士与子弟之争》,《中华文史论丛》1984年第2辑,第97—113页;吴宗国《唐代科举制度研究》第237—253页。
④ 毛汉光亦认为门第与进士第是影响士族官宦的两大因素。见毛汉光《唐代大士族的进士第》,收入《中研院成立五十周年纪念论文集》第二辑《人文社会科学》,第593—614页。
⑤ 《南部新书》卷丁,第52页;《唐语林》卷三《识鉴》略同,第98页。

进士出身①,牛党李珏与杨嗣复重门第与进士出身,不是单纯与李党针锋相对②,也是顺应当时社会崇重进士出身的实际情况需要。另据《唐语林》卷三《赏誉》云:

> 宣宗舅郑仆射光,镇河中。封其妾为夫人,不受,表曰:"白屋同愁,已失凤鸣之侣;朱门自乐,难容乌合之人。"上大喜,问左右曰:"谁教阿舅作此好语?"对曰:"光多任一判官田询者掌书记。"上曰:"表语尤佳,便好与翰林一官。"论者以为不由进士,又寒士无引援,遂止。③

宣宗想提拔有才之士,却因无进士出身和门第遭到宰臣非议而罢,亦说明进士出身和门第在晚唐成为影响仕宦的重要因素,即使贵为天子也不能左右时代的风气。

五代科举与清望官的相关记载不多,对这一问题的探讨也只限于大致梳理和尝试性研究。其主要原因是由于社会动荡致使及第举人无法按时参加吏部铨选,五代铨选制度变革较为紊乱,各朝虽尽量对前朝遗留下的及第举人资格给予认可,但其升迁已不及中晚唐那样迅捷④。如后周广顺元年(951)五月诏曰:"朝廷设爵命官,求贤取士,或以资叙进,或以科级升。至有白首穷经,方阶一第;半生守选,始遂一官。是以国无辜(幸)民,士无滥进。"⑤反映了后周初科举出身虽为入仕重要途径,但其仕途优势地位已经受到冲击。

关于科举对社会阶层变革的深刻影响,王定保概括得极为精辟:"殊不知三百年来,科第之设,草泽望之起家,簪绂望之继世;孤寒失之,其族馁矣;

---

① 词彩,当指进士出身。李、杨皆进士出身,见《旧唐书》卷一七三《李珏传》,第 4503 页;《旧唐书》卷一七六《杨嗣复传》,第 4555 页。李浩《从士族郡望看牛李党争的分野》一文认为"地胄词彩,即士族文学"(《历史研究》1999 年第 4 期,第 174—178 页)。此种提法颇可商榷,王力平《地域分野难以界说党派之争——〈从士族郡望看牛李党争的分野〉商榷》便对李浩的观点进行了反驳(《历史研究》2000 年第 4 期,第 182—185 页)。

② 陈寅恪《唐代政治史述论稿》之中篇《政治革命及党派分野》一文认为,牛党重进士科,李党重门第家风(第 84—92 页)。

③ 《唐语林》卷三《赏誉》,第 104—105 页。

④ 参考《宋本册府元龟》卷六三二《铨选部·条制第四》,第 2041—2047 页。

⑤ 《宋本册府元龟》卷六三四《铨选部·条制第六》,第 2060 页;《旧五代史》卷一四九《职官志》略同,第 2003 页。

二、中晚唐五代科举与清望官的关系

世禄失之,其族绝矣。"①指出科举制度对中晚唐五代社会阶层变革所起的巨大作用,士族藉之簪绂继世,小姓藉之维系门第不衰,寒素则藉之起家。也正是由于此,科举出身名正言顺成为当时士大夫仕宦的第一出身。诚然,中晚唐五代科举制度有效选拔了社会各阶层中的英彦,但实际上士族和小姓在获取科第和升迁的机会上远远高于寒素阶层。科举制度对两汉魏晋南北朝以来贵族官僚政治的最大冲击,就是中晚唐五代选官不再以门第为最主要因素;科第,特别是进士科出身,成为选任清望官的最主要因素。中晚唐五代门第因素在世人入仕中的作用逐渐减弱,从根本上改变了贵族官僚政治以门第选官的准则,从而促使贵族官僚政治衰落,逐步确立了以科举制度选拔官吏方式的新的官僚政治制度,这一转变到宋代基本完成。

综上所述,中晚唐进士出身在诸色出身中仕宦尤为迅捷,多历次清官、清望官,逐渐成为宰相等清望官的主要后备人选。五代科举仍为重要的入仕途径,但科举出身者升迁清望官的机会不如晚唐。从前文所列四个时期宰相入仕出身的统计分析来看,总的趋势是科举出身者逐渐占主导地位,以门荫升迁宰相的几率逐步下降,非科第出身者升迁宰相的几率也大为减少。从四个时期的不同特点来看,士族兼进士第入仕、升迁的机会一直处于优势地位,直到五代才略有下降,小姓兼进士第入仕升迁机会亦大于寒素兼进士第,表明科举制在不同社会阶层入仕与升迁中,对士族和小姓更为有利。但是士族、小姓虽占优势,却在性质上发生了变化,士族和小姓入仕、升迁的资本主要是看才华,而非门第,士族已经不能垄断高官。五代宰相中士族仅占27%,而进士科出身者高达51%,说明在社会动荡中,士族的门第已不及科第更能持久地维系其社会地位的不衰、家族的不败。中晚唐五代科举制度作为国家重要选官工具,起到了加强中央集权的作用,并对晚唐五代士族的彻底衰亡起到了促进作用。

---

① 《唐摭言》卷九《好及第恶登科》,第97页。

三、中晚唐铨选制度变化与
科举及第入幕的关系

科举制度自隋代设立以后,经唐前期不断的发展和变革,科举出身在社会上的地位不断提高。开元、天宝以后出现"太平君子,唯门调户选,征文射策,以取禄位"的景况①。社会上则出现了一大批科举出身者和追求科名的举人,科举出身很快成为中晚唐诸色入仕中最具影响的出身。与此同时,高宗朝以下诸色入流的数量大增,但官员的员额有限,进士科出身也出现了入仕无门的情况。开元、天宝以后,大量及第举人涌入使府。这里主要考察入幕及第举人及其升迁的情况。关于举人入幕的问题,张国刚《唐代藩镇研究》一书已作了重要研究②,笔者重点从中晚唐铨选制度的变化与及第举人入幕的关系进行探讨。

(一) 盛唐铨选制度的变革对及第举人入幕的影响

开元、天宝年间吏部铨选失序,一方面出现中下层官员久滞不调,另一方面出现朝廷卿士入而不出、聚集在京华地区的情况,于是士大夫阶层对铨选制度改革的呼声不断高涨。盛唐吏部铨选开始要求选人先须历地方佐官、长官,方可参选中央次清官、清望官。开元三年(715),左拾遗张九龄上书曰:

> 故臣以为欲理之本,莫若重刺史、县令,此官诚重,智能者可行。正宜悬以科条,定其资历:凡不历都督、刺史,虽有高第者,不得入为侍郎、

---

① 《全唐文》卷四七六沈既济《词科论》,第4868页。
② 张国刚《唐代藩镇研究》第181—199页。

三、中晚唐铨选制度变化与科举及第入幕的关系

> 列卿;不历县令,虽有善政者,亦不得入为台郎、给、舍;虽远处都督、刺史,至于县令,递次差降,以为出入,亦不十年频任京职,又不得十年尽任外官。如此设科以救其失,则内外通理,万姓获安。①

张九龄提出此议,意在剔除京华衣冠子弟不劳而获之弊,真正选拔贤能。该建议虽未能及时采用,但为以后中央清望官者需先历州县佐官的程式开了先声。开元十八年(730),侍中裴光庭为缓解选人人数过多而官员职位有限的局面,建言颁布《循资格》,按选人资历深浅叙阶②。

天宝年间《循资格》确立的按选人资历深浅序阶的原则,限制了科举出身者入仕和升迁的速度。天宝九载(750)三月十三日敕:

> 吏部取人,必限书判,且文学政事,本自异科,求备一人,百中无一。况古来良宰,岂必文人,又限循资,尤难奖擢。自今已后简县令,但才堪政理,方圆取人,不得限以书判,及《循资格》注拟。诸畿、望、紧、上、中,每等为一甲,委中书门下察问选择堪者,然后奏授大理评事。其朝要子弟中有未历望畿县,便授此官,既不守文,又未经事。自今已后有此色及朝要至亲,并不得注拟。③

此条敕文强调选官"但才堪政理,方圆取人,不得限以书判,及《循资格》注拟",说明天宝年间选人多按《循资格》及书判为标准,影响了科举出身者的入仕和升迁速度,他们必然会另寻出路,方镇使府便成为好去所。此条敕文还规定,升迁大理评事者,必须先历"望畿县",然后再授此官,权要子弟也不例外。大理评事为升迁中央次清官、清望官所必经的"次清望官"之一④,所以诸色选人,包括科举出身者,若想升迁中高层清望官,大都要先历望、畿县及一般州、县诸曹参军或县尉等佐官。广德二年(764)三月诏:"中书门下两省五品以上……诸王、驸马、中要,周〔期〕已上亲及女婿、外甥,不得任京兆

---

① 《通典》卷一七《选举典五》,第413页。
② 《宋本册府元龟》卷六三〇《铨选部·条制二》,第2027页。
③ 《宋本册府元龟》卷六三〇《铨选部·条制二》,第2028页。
④ 毛汉光《唐代荫任之研究》,收入《中研院历史语言研究所集刊》第55本第3分,1984年,第459—542页。

府判司、畿令、赤县丞簿尉。"①此条敕令一部分权要子弟不得历"畿令、赤县丞簿尉",他们为取得先历州县的资历,只能到一般州县入仕低级职官,随后被诸使府辟为幕府从事的机会才会增大。在这种情况下,有相当一部分及第举人入幕,不仅取得升迁资历,而且从幕府中获取了一定的从政经验。宋人曹彦约评论唐人入辟使府的情况云:"及其久于幕府,习熟事机,一旦朝廷用之便为显官,在内则论思献纳,在外则仗钺守边,惟其所用,无施不可。"②畿尉尤以长安、万年尉为最:"京国士子进士成名后,便列清途,屈指以期大用。故事:若登廊庙,须曾扬历于宗人,遂假途于长安、万年之邑,或驾在东洛,亦为河南、洛阳之宰。数月之后,必迁居阁下,京尹不可俟也。"③

安史之乱爆发后,玄宗为解燃眉之急,下制放宽了诸使自择幕僚的权力。贾至《元(玄)宗幸普安郡制》云:

> 其诸路本节度采访支度防御等使、虢王巨等,并依前充使,其署官属及本路郡县官,并各任便自简择。五品以下任署置讫,闻奏。六品以下任便授已后,一时闻奏。其授京官九品以上,并先授名闻,奏听进止。④

此条制文确立了诸使自择六品以下幕佐,然后闻奏吏部的原则,纯属应急措施。此举虽在平定安史之乱中起到不次用人的作用,且发挥了重要作用,但也为藩帅自辟僚佐、壮大羽翼提供了方便,肃代之际,藩镇割据因之形成。肃宗很快也注意到诸使"自简择"佐署的弊端,开始对诸使、诸州自择佐官加以限制。肃宗乾元二年(759)九月下《申戒刺史考察县令诏》云:"其刺史非兼节度,但有防御使者,副使、判官委于本州官中推择,亦不得别奏人,并委中书门下,著为常法,庶使官无失位,政有常经。"⑤

---

① 《宋本册府元龟》卷六三〇《铨选部·条制二》,第 2029 页。
② 〔宋〕曹彦约《经幄管见》卷四,收入文渊阁《四库全书》第六八六册,第 64 页。
③ 〔五代〕尉迟偓撰、恒鹤校点《中朝故事》,收入《唐五代笔记小说大观》,第 1782 页。
④ 《全唐文》卷三六六,第 3720 页。
⑤ 《全唐文》卷四三肃宗《申戒刺史考察县令诏》,第 474 页。

（二）中晚唐铨选制度变化与科举入仕的关系

德宗对诸使辟署的限制逐步明确化。《唐会要》卷五四《省号上·中书省》载贞元二年(786)五月二十八日敕:"中书门下两省供奉官,及尚书省、御史台现任郎官、御史等,自今已后,诸司、诸使并不得奏请任使,仍永为常式。"①这是针对肃代间诸使多有召辟郎官、御史入幕的现象,而采取的限制措施。如大历中李抱玉镇凤翔,辟监察御史孙成为幕僚②,肃宗朝关内节度使王思礼辟殿中侍御史张延赏为从事③。但贞元二年敕未能得到很好实行,贞元中后期,张舟就以"检校尚书礼部员外郎,换山南东道节度判官"④。元和三年(808)三月诏云:

> 秘书省、弘文馆、左春坊、司经局校书郎、正字,宜委吏部。自今于平留选人中,择取志行贞退,艺学精通者注拟。综核才实,唯在得人,不须以登科及第,其校书、正字,限考入畿县簿、尉,任依常格。⑤

这无形中减少了科举出身者注拟中央次清官的机会。

元和十五年(820),中书门下又奏:

> 见任正员官充职掌等,比限两考,及授官经二周年已上,方许奏请,然后与依资改转,有才在下位者,不免留滞。请自今已后,诸道使应奏请正员官充职掌,经一年者,即依资与改转。如未周者,即量予同类试官,如此处分,庶将得中。(敕旨依奏。)⑥

正员官当包括刚及第举人入仕者,入辟诸使府经一年,即可依资与改转,比

---

① 《唐会要》卷五四《省号上·中书省》,第928—929页。
② 周绍良《唐代墓志汇编》贞元二六号《唐故中大夫守桂州刺史兼御史中丞充桂州本管都防御经略招讨观察处置等使上柱国安乐县开国男赐紫金鱼袋孙府君墓志铭并序》,第1855—1856页。
③ 《旧唐书》卷一二九《张延赏传》,第3607页。
④ 《柳宗元集》卷一〇《唐故中散大夫检校国子祭酒兼安南都护御史中丞充安南本管经略招讨处置等使上柱国武城县开国男食邑三百户张公墓志铭并序》,第240页。
⑤ 《宋本册府元龟》卷六三一《铨选部·条制三》,第2033页。
⑥ 《唐会要》卷七五《选部下·杂处置》,第1365页。

按规定的三考即三年,缩短了很多,这在很大程度上加快了幕僚的晋升速度,增加了对及第举人入幕的吸引力。

大和三年(829)十二月,中书门下奏:

> 伏准五月八日敕节文:诸道诸使奏判官,所奏虽官资相当,并请限曾任正官经六考以上者,比拟监察侍御史;九考以上者,与比拟殿中侍御史,以上节级各加三考,如曾诸色登科,超资授官者,不得在此限。所奏宪官,特置考限,以防侥幸,深合至公。然节文之中,或有未尽,臣等再四商量。如京六品以上清资官,并两府判官,及进士出身、平判入等、诸色登科授官人,不在此限。其在使府及监察已上者,亦任准元和七年八月二十二日敕节文,依月限处分,余望准前敕施行。(依奏。)①

此条奏文规定了诸色科第人在诸道、诸使中供职者不受敕文限制,可超资授官,为科举出身者入辟使府,迅速升迁中央次清官、清望官开了方便之门。

文宗大和九年(835)十二月,中书门下奏:

> 伏以国家取士,远法前代,进士之科,得人为盛。然于入仕,须更指撝,必使练达,固在经历。起来年进士及第后,三年任选,委吏部依资尽补州府参军,紧县簿、尉。官满之后……不在奏改限。如任江淮官,特与免其纲使。(可之)②

此条奏文亦反映了进士出身者多以文辞见长,对台阁仪范颁行准则,始知一班一级,处署案牍多从干吏意愿行事。因此,进士出身者出任地方州县参军、簿、尉,锻炼办事能力,熟习政务,就成为其能否从州县参佐、幕僚之职升迁到中央清望之职的关键。

及第举人入幕,对其积累从政经验也有很大裨益。白居易评论方镇辟府曰:"求贤乞能,以自参贰,则其宾寀宜有以称之。故求吾俊造之英,勋列之胄,达朝仪而练戎事者与焉。"③杜牧《与浙西卢大夫书》云:

---

① 《唐会要》卷七九《诸使下·诸使杂录下》,第1445—1446页。
② 《宋本册府元龟》卷六四一《贡举部·条制三》,第2108页。
③ 〔唐〕白居易著、朱金城笺校《白居易集笺校》卷四八《张洪相里友略并山南东道判官同制》,上海:上海古籍出版社,1988年,第2899页。

三、中晚唐铨选制度变化与科举及第入幕的关系

> 某年二十六,由校书郎入沈公幕府。自应举得官,凡半岁间,既非生知,复未涉人事,齿少意锐,举止动作,一无所据。至于报效施展,朋友与游,吏事取舍之道,未知东西南北宜所趋向。此时郎中六官一顾怜之,手携指画,一一诱教,丁宁纤悉。两府六年,不嫌不怠,使某无大过,而粗知所以为守者,实由郎中之力也。①

杜牧大和二年(828)进士及第,同年制科中第,后从事沈师傅廉察江西宣州。他以一介书生入幕"复未涉人事",在幕府府主的提携下,亲历"吏事取舍之道",六年之后,"无大过而粗知所以为守"。足见入幕使府对锻炼及第举人从政能力起到了重要作用。

中晚唐及第举人入幕还与决策阶层的选举观念的变化有关。《旧唐书》卷一七三《郑覃传》云:

> 覃虽精经义,不能为文,嫉进士浮华,开成初,奏礼部贡院宜罢进士科。初,紫宸对,上语及选士,覃曰:"南北朝多用文华,所以不治。士以才堪即用,何必文辞?"帝曰:"进士及第人已曾为州县官者,方镇奏署即可之,余即否。"覃曰:"此科率多轻薄,不必尽用。"帝曰:"轻薄敦厚,色色有之,未必独在进士。此科置已二百年,亦不可遽改。"覃曰:"亦不可过有崇树。"②

郑覃大和九年(835)十一月入相,与文宗论选士,当在大和九年十二月敕之前。从谈话内容来看,文宗初年进士及第人历州县官后,方镇方可奏署,文宗强调进士及第人入幕须先历州县官。大和九年十二月敕文规定,及第进士历州县参军、簿、尉,经三考后方可入幕,其实就是郑覃所主张的进士科"率多轻薄,不必尽用"的政治观点,在具体政令中对进士科入仕有所限制的一种表现。

武宗后又对及第进士大量入幕使府采取了一些限制措施。会昌二年(842)四月二十三日《加尊号敕文》云:

---

① 〔唐〕杜牧《樊川文集》卷一二,上海:上海古籍出版社,1978年,第186页。
② 《旧唐书》卷一七三《郑覃传》,第4491页;《新唐书》卷一六五《郑珣瑜传附郑覃传》,第5067页。

> 准太和元年十二月十八日敕：进士初合格，并令授诸州府参军，及紧县尉。未经两考，不许奏职。盖以科第之人，必宏理化，黎元之弊，欲使谙详。近者诸州长史，渐不遵承，虽注县寮，多縻使职，苟从知己，不念蒸民，流例寝成，供费不少。况去年选格，改更新条，许本郡奏官，便当府充职。一人从事，两请料钱，虚占吏曹正员，不亲本任公事。其进士宜至合选年，许诸道依资奏授试官充职，如奏授州县官，即不在兼职之限。①

此条敕文除重申大和元年（827）敕文的规定内容外，还透漏了一些新的信息。大和九年至会昌二年间（835—842），进士出身者担任诸州府参军及紧县簿尉，不至两考（按原来规定须三考），还未能体察民情，熟悉吏治，便在本郡使府中供职。出现了一人在两处供职，两请俸料，虚占官位，又不亲历政务的情况。这种情况虽被禁止，却反映了中晚唐进士出身者喜从幕职，因其有直接的经济利益。《通鉴》卷二四三胡注云："使府，节度使幕府也。御史，幕僚所带寄禄官，亦谓之宪官。"②中晚唐诸使僚佐多带宪衔，可见两请俸料之普遍。

会昌二年（842）加尊号敕的规定，后来得到进一步补充，会昌五年（855）六月敕：

> 诸道所奏幕府及州县官，近日多乡贡进士奏请，此事已曾厘革，不合因循，且无出身，何名入仕。自今以后，不得更许如此，仍永为定例。③

由于会昌四年（854）四月李德裕"以州县佐官太冗，奏令吏部郎中柳仲郢裁减，六月，仲郢奏减一千二百一十四员"④。因此，会昌五年六月敕是对进士及第者、进士奏请诸使、州县佐官的限制，也是柳仲郢奏减州县佐官的一个反映。

---

① 《唐会要》卷七五《选部下·杂处置》，第1367—1368页；《宋本册府元龟》卷六三二《铨选部·条制四》略同，第2041页；《全唐文》卷七八武宗《加尊号赦文》略同，第2041页。
② 《资治通鉴》卷二四三唐文宗大和二年闰三月条，第7858—7859页。
③ 《唐会要》卷七九《诸使下·诸使杂录下》，第1450页。
④ 《资治通鉴》卷二四七唐武宗会昌四年四月条，第8001页。

三、中晚唐铨选制度变化与科举及第入幕的关系　　　　　　　　　　167

大中年间科举出身者入幕使府和考选限制的放宽,加快了其晋升速度。大中二年(848),中书门下奏:

> 从贞元元年,太和九年秋冬前,皆是及第,便从诸侯府奏试官,充从事,兼史馆、集贤、宏文诸司诸使奏官充职。以此取人,常多得士,由是长不乏材用。大和、会昌末,中选后四选,诸道方得奏充州县官职;如未合选,并不在申奏限。臣等昨已奏论,面奉进止。自今已后,及第后第三年,即任奏请。(从之)①

此条奏文总述了贞元至大中年间进士及第后入辟诸侯府和考选升迁的大致情况。文中明确指出从贞元元年到大和九年(785—835)十二月,进士及第后便从诸侯府之辟,或在史馆、集贤、弘文馆诸司授校书郎、正字等官。此制实行了近五十年,成为中央、地方用人的主要方式。大和九年十二月敕只是限定了进士及第后须经三考方可入辟使府,会昌二年、五年改制亦基本遵循前制,只将三考改为两考,而大中二年(848)奏文则进一步放宽进士入幕的限制,只要及第后三年就可入辟幕府,不再受先历州县、考选年限的限制,大大方便了进士入辟诸府的机会。于是大中年间出现了及第举人多不参加关试的现象。如《玉泉子》记大中七年(853),崔瑶知贡举,放宗人崔瓘进士第。崔瓘向崔琮云:"夫一名男子,饬身世以为美也,不可以等埒也。近岁关试内多以假为名,求适他处,甚无谓也。今乞侍郎不可循其旧辙。"②崔瑶以为然。文中所云"关试内多以假为名,求适他处",正反映了大中年间进士及第多不参加吏部关试便求入幕使府的社会风气。

故此乾符二年(875)便对进士及第便入辟使府的情况加以限制。乾符二年正月辛卯,南郊大赦。制曰:

> 词科出身,士林所重,本贵践历,渐至显荣。近者唯扇浇风,皆务躁进,麻衣才脱,结绶王畿。是前十年宦途,今来半岁迁授,颇为讹弊,须与重明。自今已后,进士及第,并须满二周年后,诸道藩镇及户部度支、

---

① 《唐会要》卷七六《贡举中·进士》,第1383页。
② 《玉泉子》,收入《唐五代笔记小说大观》,第1425页。

盐铁,及在京诸司,方得奏请。如未及奏官限内,有摄职处,一任随牒摄。其弘文馆、集贤院奏请直馆校理,并依此月限。如出身后,诸道奏已请初衔,未得两考者,辄便奏畿内尉充。在职两考,方得依资除官改转。其授使下官,先自有月限资序,一一须守旧规,不得超越比拟。准咸通十四年十月九日敕文。①

此条敕文反映了大中二年(848)进士入辟使府的条件放宽之后,出现及第进士"皆务躁进,麻衣才脱,结绶王畿,是前十年宦途,今来半岁迁授,颇为讹弊"。所以乾符二年(875)南郊赦规定与会昌旧制不同的是及第进士不必历州县,反强调"进士及第,并须满二周年后,诸道藩镇及户部度支、盐铁,及在京诸司方得奏请"。这一时期又出现了及第进士未经诸使奏官,便有摄职,不在正常选官之限内,指"未授王命"②。又有一部分进士及第后,由弘文馆、集贤院奏请为直馆校理之职者,亦须满两年后方可依资授官,这反映了晚唐诸色出身人选官不断增加,员额有限,从而以时限缓解选官压力的情况。此外,对进士及第后已在诸使府中任职位者,又奏请畿内尉者,须历职满两考,方得依资除官。这一方面反映了员额有限与不次选拔之间的矛盾,另一方面也反映了晚唐进士出身者多为超资升迁,一枝独秀。

及第举人参加吏部铨选艰难,为其入幕的又一重要因素。韩愈贞元八年(792)登第进士,十一年上宰相书,称自己"四举于礼部乃一得,三选于吏部卒无成,九品之位其可望",遂抱怨不如归隐,"求老农老圃而为师"③。韩愈博学强识,然"三选于吏部卒无成",一定程度上反映了中唐及第举人由吏部铨选而入仕的机会甚少。晚唐李商隐进士及第后,亦"三选于天官,方阶九品"④。及第举人参加吏部铨选艰难,成为及第举人转而入幕的重要原因。

中晚唐铨选制度的变化与及第举人入幕的关系,亦可从进士科及第者在不同时期入幕统计人数的变化反映出来。德顺时期入幕人数为183人

---

① 《唐大诏令集》卷七二《乾符二年南郊赦》,第404页;《新唐书》卷九《僖宗本纪》,第265页。
② 《云麓漫钞》卷四,第60—61页。
③ 《韩昌黎文集校注》卷三《上宰相书》,第155页。
④ 〔唐〕李商隐《樊南文集补编》卷八《献舍人彭城公启》,上海:上海古籍出版社,1988年,第763页。

次,宪宣时期为555人次,懿哀朝为156人次①。这仅为史书所记载的部分数据,可作为科举出身者入幕风气的大致情况。从统计数据来看,宪宣朝及第举人入幕最多,正反映了唐代大和三年(829)、大和九年(835)、会昌二年(842)、大中二年(848)的几次大幅度放宽及第举人入幕的限制,导致了入幕人数的大幅增加。而德顺朝入幕人数较少,除其他因素外,德宗对使府辟属的权力限制当为一重要原因。懿哀时期,入幕科第人大为减少的主要原因是黄巢之乱,中央控制藩镇的力量减弱、铨选失序,科第人入幕后升迁中央清望官的机会减少,一定程度上影响了科第人入幕的积极性。

(三) 中晚唐诸科出身人入幕与清望官的选拔关系

中晚唐科举出身人入幕后的迁升与使府的强弱、府主的地位高低有着直接联系。因此,入幕及第举人又视首辟之使府为恩地。《金华子杂编》卷下云:"以恩地为恩府,始于唐马戴。戴,大中初为掌书记于太原李司空幕,以正言被斥,贬朗州龙阳尉。戴著书自痛不得尽忠于恩府,而动天下之浮议。"②马戴进士及第在会昌四年(844),于大中初入李司空幕,并视其幕府为恩地,可见及第举人对府主的感激之情。又《北梦琐言》卷三《杜审权斥冯涓》云:"大中四年,进士冯涓登第……初除京兆府参军,恩地即杜相审权也。"③亦知及第进士视首辟之府地为恩府。

关于中央与藩镇在用人方面的关系。陆贽认为才能之士,"列之于朝则王室尊,分之于土则藩镇重"④。因此,中央政府非常注重吸引藩镇人才入京做官,藩镇幕僚也渴望京官。及第进士即使在藩镇幕府任职,其志仍在效忠中央政权,故杜甫《二十韵呈严公》云:"胡为来幕下,只合在舟中。束缚酬知

---

① 参考金滢坤《中晚唐五代科举与社会变迁》第185页。
② 〔五代〕刘崇远撰、阳羡生校点《金华子杂编》,收入《唐五代笔记小说大观》,第1768页;《唐语林校证》卷二《文学》略同,第161页;《唐诗纪事》卷五四《马戴》略同,第819页。按:李司空不知何人,疑《金华子杂编》有误。
③ 《北梦琐言》卷三,第59页。
④ 《陆贽集》卷二一《论朝官阙员及刺史等改转伦序状》,第695—696页。

己,蹉跎效小忠。"①贞元八年(792),中书侍郎赵憬议擢用诸使府僚属曰:

> 诸使辟吏,各自精求,务于得人,将重府望。既经试效,能否可知,擢其贤能,置之朝列。或曰外使须才,固不可夺。臣知必不然也。属者使府宾介,每有登朝,本使殊以为荣,自喜知人,且明公选。大凡才能之士,名位未达,多在方镇,日月在上,谁不知之,思登阙庭,如望霄汉,宜须博采,无宜久滞。②

这种诸使府辟僚佐,各自精求,务在得人,以重府望,中央需要人才,又取自方镇,使府参佐一旦登朝为显官,使府亦以此为荣。及第举人视朝廷为"日月"、"霄汉",足见其对京官的渴望之情。又如杜牧《李承庆除凤翔节度副使冯轩除义成军推官等制》云:

> 敕:朝义郎、前守太常丞、上柱国李承庆等,以文学升名于有司,以才能入仕于官次。诸侯辟之,以佐于宾席;天子用之,升于朝廷。次第等级,大小高下,亦与古之乡举里选,考德试言,无以异也。尔等皆吾卿大夫之令子弟也,清风素范,克肖家声,属辞雕章,能取科第。既有知己,皆为才人,贤观与游,达视所举。今尔宾主,两皆得之,义则进,否则退,无为美疢,以求苟容。可依前件。③

说明及第举人以文学、才能入辟幕府,而后天子召用于朝廷,宾主之间"义则进,否则退",相对自由,"无为美疢,以求苟容"。

辟府与升迁清望官的关系。中晚唐及第举人入幕除了获得一官半职之外,入幕还有将来获得升迁清望官的机会。元和年间白居易云:"今之俊乂,先辟于征镇,次升于朝廷,故幕府之选,下台阁一等,异日入而为大夫公卿者十八九焉。"④

在中晚唐诸方镇以辟士相高风气下,大多数朝廷卿相都有入幕经历。"故当时布衣韦带之士,或行著乡闾,或名闻场屋者,莫不为方镇所取。至登

---

① 〔宋〕洪迈《容斋续笔》卷一《唐藩镇幕府》,上海:上海古籍出版社,1996年,第223页。
② 《旧唐书》卷一三八《赵憬传》,第3778页。
③ 《樊川文集》卷一九,第288页。
④ 《文苑英华》卷四一二《中书制诰·授温尧卿等赐绯充沧景江陵判官制》,第2088—2089页。

三、中晚唐铨选制度变化与科举及第入幕的关系　　　　　　　　　171

朝廷、位将相,为时伟人者,亦皆出诸侯之幕。如元衡所记裴度、柳公绰、杨嗣复,皆相继去为本朝名将相,亦可谓盛矣哉"①。如贞元中冯宿进士及第,"为彭门仆射张建封所器异,因表为试太常寺奉礼郎充节度□官。张公杰迈简达,尊贤礼能,幕府始建,群彦翘首,与公同升者李藩、韩愈之伦,皆诸侯之选"②。贞元末韦夏卿以检校工部尚书兼御史大夫,"充东都留守,东都畿汝州都防御史","开府辟士,则有今右司郎中敦煌段平仲、仓部员外郎安定皇甫鏄、礼部员外郎清河张贾、权京兆尹韦嗣、陇西李景俭、中山卫中行、平阳路随,皆群彦之秀出,一时之高选"③。"其后多至卿相,世谓之知人",足见中晚唐幕僚升迁清望官机会之多④。可举者如上举元和年间,西川节度使幕府中从事裴度、柳公绰、杨嗣复等,"皆相继去为本朝名将相"⑤。穆敬时期,山南东道节度使柳公绰所辟郑朗、卢简辞、崔嶼、夏侯孜、韦长、李续、李拭等从事,后"皆至公卿"⑥。权德舆亦云:"今名卿贤大夫,由参佐而升者十七八,盖刷羽幕廷,而翰飞于朝,异日之济否,视所从之轻重。"⑦可见元和年间公卿贤大夫由幕府参佐而升者达十之七八,而府主地位的轻重直接影响到参佐升迁机会的大小,入幕者往往也会按府主地位的轻重选择使府。

　　大和九年至开成元年(835—836),李固言以门下侍郎同平章事出为成都尹、剑南西川节度使⑧,其幕僚有"李珪郎中、郭圆员外、陈会端公、袁不约侍郎、来择书记、薛重评事,皆远从公,可谓莲幕之盛矣"⑨。杜牧《裴诒除监

---

① 〔宋〕欧阳修撰、李逸安点校《欧阳修全集》卷一四二《集古录跋尾》卷九《唐武侯碑阴记》,北京:中华书局,2001年,第2291页。
② 《金石萃编》卷一一三《冯宿碑》,之1页。
③ 〔唐〕吕温《吕和叔文集》卷六《故太子少保赠尚书左仆射京兆韦府君神道碑》,收入张元济等辑《四部丛刊·集部》第一一九册,上海:上海古籍出版社,1989年,第4—5页。《唐语林》卷三《识鉴》,第95页。
④ 《旧唐书》卷一六五《韦夏卿传》,第4298页。
⑤ 《欧阳修全集》卷一四二《集古录跋尾》卷九《唐武侯碑阴记》,第2291页。
⑥ 《旧唐书》卷一六五《柳公绰传》,第4305页。
⑦ 《权德舆文集》卷二七《送李十兄判官赴黔中序》,第379页;《文苑英华》卷七二八,第3781页;《全唐文》卷四九二,第5019页。
⑧ 《旧唐书》卷一七三《李固言传》,第4507页。
⑨ 〔唐〕范摅《云溪友议》卷中《白马吟》,收入《唐五代笔记小说大观》,第1295—1296页;《唐诗纪事》卷六〇《袁不约》略同,第911页。

察御史里行桂管支使等制》云:"(裴)诒等士族之中,有政事科名,清廉公谨,尝经职守,〔众〕称有才能。"① 这里所谓的"才能",指有士族子弟之"政事科名"。崔衍为宣歙池观察使,"所择从事,多得名流,时有士者得宾僚,率轻傲,衍独加礼敬,幕中之士,后多显达"②。文宗大和八年至开成三年(834—838),王质为宣歙观察使时,"辟崔珦、刘蕡、裴夷直、赵晳为从事,皆一代名流。视其所与,人士重之"③。

入幕科第人升迁中央清望官的主要方式。入幕科第人由府主荐举入中央台省次清官、清望官。贞元八年(792)四月,陆贽为宰相,外议云:"诸司所举,多引用亲党,兼通赂遗,不得实才。"陆贽论奏此事云:"南宫举人,才至十数,或非台省旧吏,则是使府佐僚,累经荐延,多历事任。"④ 可见使府幕佐多由幕帅荐举,升迁中央次清官、清望官。在幕府中的及第举人中央可直接召入台省。如崔铉大和元年(827)进士及第,入辟荆南节度使李石幕府,后召入为左拾遗,两年后又升为宰相⑤。又如刘伯刍进士及第,贞元年间,淮南节度使杜佑辟为从事,久之,征拜右补阙⑥。跟随府主入台省者,如刘禹锡进士及第,又登宏辞科,从事淮南节度使杜佑幕,从佑入朝,为监察御史⑦。此外,入幕及第举人还可随府主转迁。主要是府主转迁他镇或转迁他官时,往往会带一些亲信、旧僚、子弟,作为自己控制使府的亲信和骨干。如杨收进士及第后,杜悰表其为淮南推官,"杜悰领度支,又节度剑南、东西川,辄随府三迁"⑧。元和二年(807),窦巩进士及第,"故相淮阳公镇滑台,辟为从事,释褐授秘校。淮阳移镇渚宫,迁岘首,改协律郎。二府专掌奏记"⑨。

综上所述,盛唐吏部铨选开始要求选人先须历地方佐官、长官,方可参

---

① 《樊川文集》卷一九,第291页;《文苑英华》卷四一二《中书制诰·授裴诒监察御史里行桂管支使等制》,第2090页;《全唐文》卷七四九,第7764页。称有才能,《文苑英华》作"众称有才"。
② 《宋本册府元龟》卷六八七《牧守部·礼士》,第2374页。
③ 《旧唐书》卷一六三《王质传》,第4268页。
④ 《旧唐书》卷一三九《陆贽传》,第3801页。
⑤ 《旧唐书》卷一六三《崔元略传附崔铉传》,第4262页;《唐语林》卷四《企羡》,第138页。
⑥ 《旧唐书》卷一五三《刘迺传附刘伯刍传》,第4085页。
⑦ 《旧唐书》卷一六〇《刘禹锡传》,第4210页。
⑧ 《新唐书》卷一八四《杨收传》,第5393—5394页。
⑨ 《全唐文》卷七六一褚藏言《窦巩传》,第7911页。

三、中晚唐铨选制度变化与科举及第入幕的关系

选中央次清官、清望官。到开元以后,为中央清望官者,需先历州县佐官的原则逐步确立。开元十八年(730)《循资格》的颁布,确立了按选人资历深浅叙阶①。安史之乱爆发后,玄宗为解决当务之急,下制放宽了诸使自择幕僚的权力。在这种情况下,及第举人参加吏部铨选艰难,迫于压力,遂纷纷涌入藩镇。肃宗、德宗很快就注意到诸使"自简择"佐署的弊端,开始对诸使、诸州自择佐官采取限制措施。但此后元和十五年中书门下奏、大和三年中书门下奏、大和九年中书门下奏、武宗会昌二年《加尊号赦文》、会昌五年六月敕、乾符二年南郊赦,都在不同程度上放宽了入幕及第举人的考限,超资授官,为科举出身者入辟使府,迅速升迁中央次清官、清望官开了方便之门。在中晚唐使府与中央用人关系方面,诸使府辟僚佐,各自精求,务在得人,以重府望,中央需要人才,又取自方镇,及第举人遂视朝廷为"日月"和"霄汉",并多能迁至卿相者。故中晚唐及第举人乐从幕职,是有其直接的经济利益和政治利益的。

---

① 《宋本册府元龟》卷六三〇《铨选部·条制二》,第 2027 页。

四、中晚唐及第举人入幕的若干问题

关于科举与入幕的关系,张国刚《唐代藩镇研究》、宁欣《唐代选官研究》、尚永亮《科举之路与宦海浮沉》以及拙文《中晚唐铨选制度变化与科举及第入幕的关系》等论著[①],对相关问题已经进行了深入探讨,以下在前人基础之上,就这一问题再作探讨。

(一)中晚唐及第举人入幕风气与方镇辟府标准的关系

科举制度自隋代设立以后,经唐前期不断发展和变革,科举出身者在社会上的地位不断提高,以致开元、天宝以后,"太平君子,唯门调户选,征文射策,以取禄位"[②],科举出身随之成为中晚唐诸色入仕中最具影响力的出身。与此同时,自高宗以来诸色入流的数量大增,但职官员额有限,进士科出身也一度出现入仕无门的情况。主要原因是《循资格》的颁布,确立了按选人资历深浅叙阶的原则,直接影响科举出身人的仕途[③]。在这种情况下,及第举人参加吏部铨选艰难,迫于铨选制度的压力大量涌入藩镇。肃宗、德宗对诸使、诸州自择佐官采取了限制措施,此后中央不断放宽入幕及第举人的考选时限,超资授官,为科举出身者入辟使府,超资升迁中央次清官、清望官开了方便之门[④]。中晚唐社会变迁与及第举人入幕使府的关系包含的范围很广,本章仅从社会变革与及第举人入幕风气的形成、入幕的原因等方面进行

---

① 《人文杂志》2002 年第 4 期,第 110—116 页。
② 《文苑英华》卷七五九《杂论中・词科论一首(沈既济)》,第 3974 页;《全唐文》卷四七六沈既济《词科论》,第 4868 页。
③ 《宋本册府元龟》卷六三〇《铨选部・条制二》,第 2028 页。
④ 详见金滢坤《中晚唐铨选制度变化与科举及第入幕的关系》,《人文杂志》2002 年第 4 期,第 110—116 页。

四、中晚唐及第举人入幕的若干问题　　　　　　　　　　　　　175

探讨,重点从方镇辟府和举人入幕使府的双向角度来探讨及第举人入幕使府的相关问题。

　　1. 及第举人入幕风气的形成。

　　促使中唐及第举人入幕使府的因素很多,其中一个最主要因素是来自铨选制度方面的变革。关于这个问题,笔者已在《中晚唐铨选制度变化与科举及第入幕的关系》中做了详细论述,下面仅对相关问题略作阐述。一方面,天宝年间《循资格》颁布后,致使一些及第举人参加正常调选难以获得职官和升迁,从而出现及第举人入仕无门,转而入幕使府寻求发展的现象。另一方面,肃、代两朝为了平定安史之乱,不断放宽藩镇征辟的权力,便利了藩镇召辟科举出身人入幕;同时吏部铨选一再要求参选中央清望官的官员均须先历地方官,方可选任①。这些铨选制度方面的变化,开启了科举出身人入幕方镇的方便之门。因此,《容斋续笔》卷一《唐藩镇幕府》云:"唐世士人初登科或未仕者,多以从诸藩府辟署为重。"②这一记载大致概括了肃、代以来登科举人入幕使府的情况。

　　导致这一变化的另一重要因素,是安史之乱后藩镇割据问题加剧,大小藩镇都在积极扩充自己的实力,招揽人才,与中央争夺天下英彦,其中以进士出身者最为明显。特别是当时一些跋扈藩镇,"总揽英雄以图霸业"③,不仅招纳勇略之士,更注重吸引文士。贞元八年(792),中书侍郎赵憬在讨论擢用诸使府僚属时曰:"诸使辟吏,各自精求,务于得人,将重府望。既经试效,能否可知;擢其贤能,置之朝列。或曰外使须才,固不可夺。臣知必不然也。属者使府宾介,每有登朝,本使殊以为荣,自喜知人,且明公选。"④显然,德宗朝方镇自辟僚佐、各自精求、务在得人、以重府望的现象在当时已经相当普遍,而且方镇在与中央争夺贤能时毫不示弱。甚至有人公开声称"外使须才,固不可夺",从方形成"大凡才能之士,名位未达,多在方镇"的局面⑤。

----

　① 详见金滢坤《中晚唐铨选制度变化与科举及第入幕的关系》,《人文杂志》2002年第4期,第110—116页。
　② 《容斋续笔》第223页。
　③ 《资治通鉴》卷二六〇唐僖宗乾宁三年五月条,第8488页。
　④ 《旧唐书》卷一三八《赵憬传》,第3778页。
　⑤ 《旧唐书》卷一三八《赵憬传》,第3778页。

即便是听命于中央的藩镇也不例外,如贞元中冯宿进士及第,"为彭门仆射张公建封所器异,因表为试太常寺奉礼郎充节度□官。张公杰迈简达,尊贤礼能,幕府始建,群彦翘首,与公同升者李藩、韩愈之伦,皆诸侯之选"①。如元和五年至九年(810—814)乌重胤镇河阳,"求贤者以自重",听说石洪"有至行,举明经","公卿数荐,皆不答",重胤"乃具书币邀辟,洪亦谓重胤知己,故欣然戒行。重胤喜其至,礼之"②。文宗大和八年至开成三年(834—838),王质为宣歙观察使时,"辟崔珦、刘蕡、裴夷直、赵晳为从事,皆一代名流。视其所与,人士重之"③。大和九年至开成元年(835—836),李固言以门下侍郎同平章事出为成都尹、剑南西川节度使④,李珏郎中、郭圆员外、陈会端公、袁不约侍郎、来择书记、薛重评事等人,"皆远从公,可谓莲幕之盛矣"⑤。不仅如此,方镇还想方设法吸引已经入仕中央的朝官入幕,"求贤乞能,以自参贰;则其宾寀,宜有以称之。故求吾俊造之英,勋列之胄,达朝仪而练戎事者与焉"⑥,以致"新及第人,例就辟外幕"⑦。

面对方镇如此争夺贤能入幕之风气,中央只好利用方镇僚佐普遍存在的"思登阙庭,如望霄汉"的心理,借助高官厚爵吸引方镇僚佐升迁中央清望官,"擢侯府之彦,升诸周行"⑧。使府参佐一旦登朝为显官,原来的方镇府主亦以为荣,这种选用官吏模式在一定程度上适应了当时方镇和中央选拔贤能的需要,也解决了官僚选举久滞不调的问题。"故当时布衣韦带之士,或行著乡间,或名闻场屋者,莫不为方镇所取。至登朝廷、位将相、为时伟人者,亦皆出诸侯之幕,如元衡所记,裴度、柳公绰、杨嗣复,皆相继去为本朝名将相,亦可谓盛矣哉"⑨。如贞元末,东都畿汝州都防御使韦夏卿"开府辟士,

---

① 《金石萃编》卷一一三《冯宿碑》,之1页。
② 《新唐书》卷一七一《乌重胤传》,第5188页。
③ 《旧唐书》卷一六三《王质传》,第4268页。
④ 《旧唐书》卷一七三《李固言传》,第4507页。
⑤ 《云溪友议》卷中《白马吟》,收入《唐五代笔记小说大观》,第1295—1296页;《欧阳修全集》卷一四二《集古录跋尾》卷九《唐武侯碑阴记》略同,第2291页。
⑥ 《白居易集》卷四八《张洪相里友略并山南东道判官同制》,第1018—1019页。
⑦ 《唐音癸签》卷二七《谈丛三》,第285页。
⑧ 《全唐文》卷八三七薛延珪《授裴迪太仆卿元镐京兆少尹卢玭国子司业等制》,第8816页。
⑨ 《欧阳修全集》卷一四二《集古录跋尾》卷九《唐武侯碑阴记》,第2291页。

四、中晚唐及第举人入幕的若干问题

则有今右司郎中敦煌段平仲、仓部员外郎安定皇甫鏄、礼部员外郎清河张贾、权京兆尹嗣、陇西李景俭、中山卫中行、平阳路随，皆群彦之秀出，一时之高选"①，"其后多至卿相，世谓之知人"②。

藩镇不仅与中央争夺人才，藩镇之间在辟僚佐问题上也是激烈竞争，诸使府之间以辟得名士、科第人为盛，以礼义相高。苻载《送崔副使归洪州幕府序》云：

> 今四方诸侯，裂王土荷天爵，开莲花之府者，凡五十余镇焉。以礼义相推，以宾佐相高，长城巨防，悬在一士。苟人非髦彦，延纳失所，虽地方千里，财赋百倍，有识君子咸举手而指之。③

可见当时诸府为争辟髦彦，往往"以礼义相推，以宾佐相高"，不惜持高额聘金，不远千里，争相招聘英彦入幕。在当时人眼中，科举出身者自然是髦彦的代名词，为诸使府争聘的主要对象。如权德舆《送水部许员外出守郢州序》云："其初以献赋射策，取甲科如地芥，交诸侯之聘，车不辍軏，繇外台察视，入佐著作，休声日扬。"④又建中前后，王仲周"以进士甲科，使车交辟，以廷尉评摄监察御史，佐元侯外任"⑤。贞元中，于敖登进士第，"释褐秘书省校书郎，湖南观察使杨凭辟为从事；府罢，凤翔节度使李鄘、鄂岳观察使吕元膺相继辟召"⑥。元和六年（811），王质进士登第，"东诸侯交辟之，从主者书记于岭南，授正字"⑦。开成四年（839），有张不疑进士擢第，宏词登科，"当年四府交辟，江西李中丞凝、东川李相回、淮南李相绅、兴元归仆射融，皆当时盛府"⑧。有时藩镇在争聘名士问题上针锋相对，甚至出现矛盾升级、致使皇帝

---

① 《吕和叔文集》卷六《故太子少保赠尚书左仆射京兆韦府君神道碑》，第645页。
② 《旧唐书》卷一六五《韦夏卿传》，第4298。
③ 《全唐文》卷六九〇，第7070页。
④ 《全唐文》卷四九〇，第5007页。
⑤ 《权德舆文集》卷四《唐故太子右庶子集贤院学士赠左散骑常侍王公神道碑铭（并序）》，第50—51页。
⑥ 《旧唐书》卷一四九《于休烈传》，第4009页。
⑦ 《刘禹锡集》卷三《唐故宣歙池等州都团练观察处置使宣州刺史兼御史中丞赠左散骑常侍王公神道碑》，第42—44页。
⑧ 《唐语林校证》卷四《企羡》，第373页；《南部新书》卷己略同，第79页。

不得不出面调停的情况。如元和中孔戡进士及第,入辟昭义节度使卢从史幕下,后与卢从史发生摩擦,遂以疾辞去,卧居东都。"当是时,天下以为贤,论士之宜在天子左右者,皆曰'孔君孔君'云。会宰相李公镇扬州,首奏起君,君犹卧不应。从史读诏曰:'是故舍我而从人耶!'即诬奏君前在军有某事。上曰:'吾知之矣。'奏三上,乃除君卫尉丞,分司东都。诏始下,门下给事中吕元膺封还诏书,上使谓吕君曰:'吾岂不知戡也,行用之矣。'"①显然像孔戡这样科举出身的知名人士,备受众多府主的青睐。李吉甫出镇,自恃前宰相及使相的身份,征辟已在家休养的昭义节度使卢从史的前从事孔戡,引发卢的嫉恨。卢上奏宪宗诬蔑孔戡,宪宗不得不从中周旋,改任孔戡他职,以缓解府主之间的矛盾。此事在当时影响很大。给事中吕元膺《封还授孔戡卫尉寺丞分司东都诏奏》云:"孔戡以公为卢从史所忌,且离职已久,李吉甫以宰相出镇,辟请非涉嫌疑,推类言之……从史以嫌忿,干黩朝典,岂可曲徇其志。且孔戡官序,虽非黜退,但因此改易,则长奸邪之心,臣恐忠正之士,各怀疑虑,事不可许。"②此制虽然遭到给事中吕元膺的封驳,但宪宗还是令中使宣谕元膺,最终孔戡还是调任他职。

以上诸多铨选制度的变化和藩镇问题的出现及其引起的中央与地方用人制度的变化,都促使了及第举人入幕风气的增长。

2. 及第举人入幕与方镇辟佐标准的关系。

由于中晚唐方镇辟府的目的是选拔贤能以重府望,所以辟府的标准基本上以选拔贤能之士或者以名士为重。宣歙观察使崔龟从"以德行文章,有位于明时","自开幕府已来,辟取当时之名士,礼接待遇,各尽其意"③。崔衍为宣歙池观察使,"所择从事,多得名流,时有士者得宾僚,率轻傲,衍独加礼敬,幕中之士,后多显达"④。在方镇府主辟府以得"名士"、"名流"为盛的情况下,"名士"、"名流"的标准则是以科名来衡量。文章是中晚唐进士科考试的最主要标准,崔龟从辟取"名士"即是以"文章"为标准的。在中晚唐以文

---

① 《韩昌黎文集校注》卷六《唐朝散大夫赠司勋员外郎孔君墓志铭》,第386—387页。
② 《全唐文》卷四七九,第4891页。
③ 《樊川文集》卷一三《上宣州崔大夫书》,第189页。
④ 《宋本册府元龟》卷六八七《牧守部·礼士》,第2374页。

四、中晚唐及第举人入幕的若干问题　　　　　　　　　　　　　　　179

章即科名辟府的情况很普遍。如贞元二年(786),李罕"始以文学居辟选之首,遂参帷席,复以谋能当器任之重,留总军府,美公之政大备"①。如宝历元年至大和三年(825—829),元稹镇浙东②,"所辟幕职皆当时文士",其中以进士出身的副使窦巩,最受元稹欣赏,"海内诗名,与稹酬唱最多",两人还留下了"兰亭绝唱"③。又柳公绰"凡六开府幕,得人尤盛。钱徽掌贡之年,郑朗覆落,公绰将赴襄阳,首辟之;朗竟为名相。卢简辞、崔珙、夏侯孜、韦长、李续、李拭,皆至公卿"④。其中卢简辞、崔珙、夏侯孜均进士及第,崔珙又制策登科,郑朗进士及第后被覆落,可见柳公绰辟僚佐的一个重要标准就是科名。又如大和八年至开成二年(834—837),王质为宣歙观察使,"羔雁所礼",所辟幕僚名士,以裴夷直、赵晳、李行方、陆绍、刘蕡、崔珦最著,时"咸曰得士"⑤。其中,裴夷直、李行方、刘蕡三人为科举出身,可见藩镇辟府和名士标准很大程度上是以科名为依据的,时人以此为荣。有些方镇为选得贤才甚至不惜得罪权贵,拒绝聘用无能之辈。如《新唐书·沈传师传》记宝历二年(826),传师"复出江西观察使,徙宣州","更二镇十年,无书贿入权家。初拜官,宰相欲以姻私托幕府者,传师固拒曰:'诚尔,愿罢所授。'故其僚佐如李景让、萧寘、杜牧,极当时选云。"⑥沈传师不畏权贵,所辟僚佐皆进士出身,"极当时选云",说明沈传师辟僚佐最看重科名,故拒绝宰相请托。

在中晚唐进士出身声望日盛的情况下,方镇辟府不可避免地特别重视进士及第中之有盛名者。如令狐楚贞元七年(791)登第,"桂管观察使王拱爱其才,欲以礼辟召,惧楚不从,乃先闻奏而后致聘"⑦。王质"文儒家子","以文学茫洋当世","既登第,东诸侯交辟之。从主者书记于岭南,授正字,

---

① 《全唐文》卷六二一李罕《唐检校右散骑常侍兼御史中丞容州刺史李公去思颂(并序)》,第6267页。
② 〔清〕吴廷燮《唐方镇年表》卷五《浙东》,北京:中华书局,1980年,第782—783页。
③ 〔宋〕沈作宾修、施宿等纂《嘉泰会稽志》卷二,收入中华书局编辑部编《宋元方志丛刊》第七册,北京:中华书局,1990年,第6750页。
④ 《旧唐书》卷一六五《柳公绰传》,第4305页。
⑤ 《刘禹锡集》卷三《唐故宣歙池等州都团练观察处置使宣州刺史兼御史中丞赠左散骑常侍王公神道碑》,第45页。
⑥ 《新唐书》卷一三二《沈既济传附子沈传师传》,第4541页。
⑦ 《旧唐书》卷一七二《令狐楚传》,第4459页。

参谋于淮右"①。元和七年,李固言"擢进士甲科,江西裴堪、剑南王播皆表署幕府,累官户部郎中"②。元和中,沈师黄进士高第,两就宏词科,历太子正字、鄠县尉,时王起镇南郑,自相府以下,清举名人。王起从容言曰:"余心系一人,未尝展用,今首奏吴兴耳",授师黄监察里行判观察事。沈师黄深受感动,曰:"'士为知己者死',某于太原公得死所矣。"③这在某种程度上反映了方镇重金招聘贤能入幕的真实目的所在。

方镇辟府注重科名的倾向在中央授方镇僚佐的相关制书中也有体现。杜牧《郑碣除江西判官李仁范除东川推官裴虔馀除山南东道推官处士陈威除西川安抚巡官等制》云:"敕:浙江西道都团练判官将仕郎监察御史里行郑碣、李仁范暨虔馀等,咸以文行,策名清时,诸侯知之,命为幕吏……并可依前件。"④其中郑碣和裴虔馀为进士出身,制书中特别强调"咸以文行,策名清时",就是指他们的进士出身。又杜牧《卢籍除河东副使李推贤除殿中丞高浞除湖南推官薛廷杰除桂管支使等制》云:"敕……若张政化,得以助业。某等上言,咸举可用。籍等或负才器,倜傥不群,或以文章,策名俊秀,或有干局,可佐图圄。"⑤也强调了所奏请之人"或以文章,策名俊秀"的重要特性,其中高浞就是进士出身。此类授官制书很多,不烦举例。

当然,方镇辟佐注重科第的同时,也很在意门第之辨。这一点在方镇请辟府佐的奏状中有很明确的说明。大和八年(834),李商隐《为安平公(崔戎)兖州奏杜胜等四人充判官状》云:

赵晳。右件官洛下名生,山东茂族;仁实堪富,天爵极高;妙选文场,亟仕侯国;珪璋特达,兰杜芬馨。今臣廉问大藩,澄清列部,藉其谟

---

① 《刘禹锡集》卷三《唐故宣歙池等州都团练观察处置使宣州刺史兼御史中丞赠左散骑常侍王公神道碑》,第43页。
② 《新唐书》卷一八二《李固言传》,第5357页。
③ 周绍良《唐代墓志汇编》大中八四号《唐故监察御史河南府登封县令吴兴沈公墓志》,第2313页。
④ 《全唐文》卷七四九,第7764页。
⑤ 《全唐文》卷七四九,第7764页。

四、中晚唐及第举人入幕的若干问题

画,共赞朝经。伏请赐守本官,充臣观察判官。①

此状强调赵晢出身"山东茂族",又"妙选文场",实际上就是当时吏部铨选和辟府注重门第与科第标准的反映。中央下达方镇辟佐的制书中也体现了这一点。杜牧《李承庆除凤翔节度副使冯轩除义成军推官等制》云:"李承庆等,以文学升名于有司,以才能入仕于官次。诸侯辟之,以佐于宾席……尔等皆吾卿大夫之令子弟也,清风素范,克肖家声,属辞雕章,能取科第。"②此件授节度使僚佐的制文特别强调其"以文学升名于有司","尔等皆吾卿大夫之令子弟",明确反映了当时选举重科名和门第的原则。杜牧《裴诒除监察御史里行桂管支使等制》云:"诒等士族之中,有政事科名,清廉公谨,尝经职守,称有才能。古人于一饭之恩,尚有杀身以报,况于知己,得不勉之。可依前件。"③桂管观察使奏请裴诒为其支使时强调"诒等士族之中,有政事科名",也突出了使府选择幕僚时注重门第、科名的标准。又如柳公绰子仲郢于元和十三年(818)进士擢第,牛僧孺镇江夏辟其为从事。仲郢有乃父风范,劝修礼法,僧孺叹曰:"非积习名教,安能及此。"④显然牛僧孺是考虑门第、名教与科第因素,才辟柳仲郢为从事的。王德权通过对中晚唐方镇僚佐升迁的统计分析,得出方镇幕僚同时具备科举出身和门第优势,获得升迁的机会就比较大的结论⑤,这实际上也反映了中晚唐方镇和中央选举制度均重视科举出身和门第的时代风气。

使府辟府看中科名的原因,除了受社会风气的影响之外,还与方镇僚佐具体的职责有关。这一点从世人举荐及第举人入幕的书信中可以看出。崔颢《荐齐秀才书》云:"愚以为军中之书记,节度使之喉舌。指事立言而上达,思中天心;发号出令以下行,期悦人意。谅非容易,而可专据。"⑥因此,崔颢

---

① 〔唐〕李商隐著,〔清〕冯浩详注,〔清〕钱振伦、钱振常笺注《樊南文集》卷二,上海:上海古籍出版社,1988年,第103页。
② 《樊川文集》卷一九,第288页。
③ 《樊川文集》卷一九,第291页。
④ 《旧唐书》卷一六五《柳公绰传》,第4305页。
⑤ 王德权《中晚唐使府僚佐升迁之研究》,《"国立"中正大学学报》(人文分册)第5卷第1期,1994年,第267—302页。
⑥ 《全唐文》卷三三〇,第3349页;《全唐文》卷五四三令狐楚《荐齐孝若书》略同,第5506页。

盛誉前进士齐孝若"文皆雅正,词赋甚精,章表殊健;疏眉目,美风姿,外若坦荡,中甚畏慎。执事倘引在幕下,列于宾佐,使其驰一檄、飞一书,必能应马上之急求,言腹中之所欲"①。韩愈在《徐泗濠三州节度掌书记厅石记》中强调了掌书记的重要性:"书记之任亦难矣!元戎整齐三军之士,统理所部之甿,以镇守邦国,赞天子施教化,而又外与宾客四邻交,其朝觐、聘问、慰荐、祭祀、祈祝之文,与所部之政,三军之号令升黜,凡文辞之事,皆出书记。非闳辨通敏兼人之才,莫宜居之。"②韩愈又特别在文中指出张建封为豪、寿、庐三州观察使的十一年中,所辟掌书记者有许孟容、杜兼、李博三人,均进士出身,称赞"其所辟,实所谓闳辨通敏兼人之才者也","蔚乎其相章,炳乎其相辉"。

　　这些情况足以说明方镇辟府注重科名,实际上也看中及第举子的文才和才能,为其起草各种公文,达到提高政务效率、提升府望的目的。张建封征辟僚佐的标准在当时很有普遍意义,时称"张公杰迈简达,尊贤礼能,幕府始建,群彦翘首",以致冯宿、李藩、韩愈之伦"皆诸侯之选"③,其中冯宿和韩愈为进士出身。《柳宗元集》卷二二《送邠宁独孤书记赴辟命序》云:"仆间岁骤游邠疆,今戎帅杨大夫时为候奄,尽护群校……今又能旁贵文雅,以符召文士之秀者河南独孤宁,署为记室,俾职文翰,翕然致得士之称于谈者之口。盖朝廷以勇爵论将帅,岂滥也哉?独孤生与仲兄实连举进士,并时管记于汉中、新平二连帅府,俱以笔砚承荷旧德,位未达而荣如贵仕,其难乎哉!"④方镇中判官职位重要,也往往需要文才出众的才能之士。李观《浙西观察判官厅壁记》云:"观闻国朝置观察判官故事,于今之老成人,则曰迩乎哉,乃本而言之。厥自兵兴,上忧天下列郡无纲纪文章,是用命忠臣登车为观察使,而镇抚其民人。今来亦三纪于兹……观其所以,察其所由,使乱不得长,使理不得渝,犹川之有防,犹户之有枢,其系厚矣,其临高矣。其下宾佐,实有常

---

　　① 《全唐文》卷三三〇,第3349页。
　　② 《全唐文》卷五五七,第5634页。
　　③ 《全唐文》卷六四三王起《银青光禄大夫检校礼部尚书使持节梓州诸军事兼梓州刺史御史大夫充剑南东川节度副大使知节度事管内观察处置静戎军等使上柱国长乐县开国公食邑一千五百户赠吏部尚书冯公神道碑铭(并序)》,第6507—6508页。
　　④ 《柳宗元集》卷二二,第590—591页。

四、中晚唐及第举人入幕的若干问题 183

任。其大者曰观察判官一人,谋以济美,佐以成能,必求贤者,礼而居之;无则阙如,不苟其人。"①显然,方镇的军政大任多由掌书记、判官等僚佐主持,这些僚佐的才能直接影响到整个方镇的实力,其声望也影响到整个方镇的地位,因此,方镇辟僚佐时往往选用才能与声望相结合之人,即及第举人。

(二) 中晚唐及第举人入幕对使府的选择

中晚唐使府的政治、经济地位直接影响及第举人的入幕去向,多数科举出身者则更注重仕宦前途。中晚唐及第举人入幕藩镇的情况较为复杂,为了分析方便,本章按方镇的不同类型,分析及第举人入幕与方镇的关系。张国刚依据杜牧《战论》②、李吉甫《元和国计簿》中的相关记载③,将藩镇分为河朔割据型④、中原防遏型⑤、边疆御边型⑥、东南财源型⑦等四种藩镇类型⑧。以下按及第举人入幕此四种类型藩镇的情况进行分类探讨。

及第举人入幕河朔割据型藩镇的时期主要在中唐。其原因是中唐吏部铨选对科举出身超资授官的选限过长,按资序阶,不利于其参选、升迁,致使一部分入仕无门的及第举人转而北游河朔。特别是"德宗多猜贰,仕进之途塞,奏请辄报罢,东省闭阒累月,南台惟一御史。故两河诸侯竞引豪英,士之喜利者多趋之,用为谋主,故藩镇日横,天子为旰食"⑨。故《南部新书》壬曰:

> 贞元中,仕进道塞,奏请难行,东省数月闭门,南台唯一御史。令狐楚为桂府白身判官,七八年奏官不下。由是两河竞辟才俊,抱器之士往

---

① 《全唐文》卷五三四,第5421—5422页。
② 《樊川文集》卷五,第91—93页。
③ 《资治通鉴》卷二三七唐宪宗元和二年十二月条,第7647页。
④ 魏博、成德、卢龙(幽州)、义武(易定)、平卢(沧景、淄青)、义昌、淮西。
⑤ 宣武、忠武、武宁、河阳、义成、昭义、陕虢、河中、河东、天平、泰宁,其中河中、天平、泰宁,张国刚《唐代藩镇研究》未归入(第81页)。
⑥ 西北边疆:凤翔、邠宁、鄜坊、泾原、振武、夏绥、朔方(灵武)、天德;西南边疆:山南西道、西川、东川、黔中、桂管、容管、邕管、安南、岭南东道、岭南西道。
⑦ 山南东道、浙西、浙东、淮南、江西、鄂岳、福建、湖南、荆南、宣歙。
⑧ 张国刚《唐代藩镇研究》第78—82页。
⑨ 《新唐书》卷一三一《李石传》,第4515页。

往归之,用为谋主,日以恣横。元和以来,始进用有序。①

故韩愈慨叹入幕河朔者往往"不得志于有司,怀抱利器,郁郁适兹土"②。在这种情况下少数科举出身人、落第举子,入仕无他途,铤而走险入幕河朔,谋求功名。又如肃宗朝宰相李揆之族子李益,登进士第,贞元末,"以是久之不调,而流辈皆居显位,益不得意,北游河朔,幽州刘济辟为从事"③。如会昌元年至二年间(841—842),卢践言"连举进士,不得志于有司,遂佐戎于东平府(天平军)"④。但入幕此类藩镇者多前途黯淡,由于中晚唐此类割据藩镇在政治、经济、军事上与中央对抗,其自辟僚佐、任免辖内官员往往得不到中央的认可,更不用说日后升迁中央清望官了。因此,入幕此类藩镇者升迁中央次清官、清望官的机会较少,很难得到重用,反而有不少人丧命河朔。如高沐贞元中擢进士第,以家托郓,淄青节度使李师古辟为判官,后来继任节度使李师道叛乱,高沐见害⑤。又有丘绛进士为魏博节度使田绪从事,后被继任节度使田季安活埋⑥。因此,大概在元和以后及第举人入幕此类方镇的人数明显减少,屈指可数,并不像韩愈等人说得那么严重。如窦巩元和二年(807)进士及第后,入幕平卢节度使⑦。大和二年(828),崔黯进士及第,为青州从事⑧。入幕此类藩镇的人数非常少,三个时期分别是8、31、4人次,共计43人次,仅占中晚唐及第进士入幕总数895人次的5%⑨,而此类藩镇实际控制地域不下于全国面积的1/3。

中原防遏型藩镇为护卫京师、控遏河朔的藩镇,既是征伐叛镇的主要力量;又是保护漕运,确保东南财富、粮草运到京师的主要力量。此类藩镇基于以上诸多重任,战事繁多,加之靠近京畿地区,多由宰相出镇,或者以使相

---

① 《南部新书》壬,第145页。
② 《韩昌黎文集校注》卷四《送董邵南序》,第247页。
③ 《旧唐书》卷一三七《李益传》,第3771页。
④ 周绍良《唐代墓志汇编》大中三号《唐故京兆府泾阳县尉范阳卢君墓志铭并序》,第2254页。
⑤ 《新唐书》卷一九三《忠义传下·高沐传》,第5557页。
⑥ 《旧唐书》卷一四一《田承嗣传附田季安传》,第3847页。
⑦ 《全唐文》卷七六一褚藏言《窦巩传》,第7911页。
⑧ 《旧唐书》卷一一七《崔宁附从孙黯传》,第3404页。
⑨ 参考金滢坤《中晚唐五代科举与社会变迁》第198页。

四、中晚唐及第举人入幕的若干问题　　　　　　　　　　　　　185

身份出镇。如中晚唐时期宰相裴度、张弘靖、李程、令狐定就出了镇河东节度,宰相杜黄裳、李固言、张弘靖、李程、陈夷行就出镇河中节度①。正如敬宗时柳公绰所云:"方镇重宰相,所以尊朝廷也。"②由于出任此类方镇府主的地位较高,其幕僚升迁的机会自然随之增多,因此,从幕僚升迁的角度来讲,此类方镇为及第举人较为理想的去处之一。三个时期入幕此类方镇的及第进士分别为:43、136、50,共计229人次,占总数895人次的26%,足见此类方镇深受及第进士的向往。现实情况也证实了这一点,中晚唐许多进士及第入辟此类方镇者,后多能显达。如入幕河东节度使者有令狐楚、杜元颖、高锴、李石、白敏中、韦正贯等幕僚,多位至卿相③。

中晚唐边疆型藩镇,可分为西北和西南两类边疆型藩镇。西北边疆型藩镇,主要防范西北吐蕃、回纥等周边部族的侵扰。因此,此类藩镇经济文化落后,多供馈不足,土地贫瘠。其主帅多出自禁军,由宦官统领,中央朝廷在政治、军事、财政上对此类藩镇控制相对较少。因此,此类藩镇中幕僚升迁到中央职官的机会很少。幕僚在升迁中央职官时处于不利地位,以致及第举人往往被召辟而不乐应辟。如贞元初,崔弘礼进士及第,平判异等,"灵武李栾表为判官,以亲老不应,更署东都留守吕元膺参谋"④。崔弘礼不从灵武判官,而转辟东都留守参谋,说明进士及第者一般不愿入幕边疆型幕府,其原因与灵武节度使从事的升迁机会和经济收入不佳有密切关系。西南边疆型藩镇,除西川、东川道和山南西道等少数方镇属于相对繁华、重要的"宰相回翔地"之外⑤,大多数方镇地处边鄙,与吐蕃、南诏的战争不断,不少此类使府幕职又多属南选之范围,直接参加吏部铨选受到一定的限制。因此,此类藩镇幕僚,除山南西道、西川道、东川道三镇外,桂管、容管、邕管、安南等使府幕僚升迁中央次清官、清望官的机会相对较小,及第举人入辟此类幕府的情况较少,往往被召辟而不乐应辟。如张署贞元二年(786)进士及第,又

---

① 参考《唐方镇年表》卷四《河东》、卷四《河中》,《旧唐书》《新唐书》各自本传。
② 《资治通鉴》卷二四三唐敬宗宝历元年正月条,第7842页。
③ 见金滢坤《中晚唐五代科举与社会变迁》第199页。
④ 《新唐书》卷一六四《崔弘礼传》,第5050页。
⑤ 《唐语林校证》卷一《政事上》,第65页;参考《资治通鉴》卷二三七唐宪宗元和二年十月条,第7641页。

举宏词科,为校书郎,自京兆武功尉拜监察御史,为幸臣所谮,徙江陵掾,被邕管观察使奏辟为判官,改殿中侍御史而不赴,可见士人对邕管之地的偏见之深①。又如贞元七年(791),令狐楚登第后,桂管观察使王珙爱其才,"欲以礼辟召,惧楚不从,乃先闻奏而后致聘"。令狐楚感念王珙厚意,勉强赴桂林,一年之后,以奉养双亲为由乞归太原。总体来讲,三个时期入幕边疆型方镇的及第进士分别为66、154、37,共计257人次,占总数的29%②,所占比例相对较高。

东南财源型藩镇,为中晚唐中央最为重要的赋税来源地,"赋出于天下,江南居十九"③,"军国费用,取资江淮"④,虽经大乱,"而唐终不倾者,东南为之根本也"⑤。这些藩镇府主很少用武人,多为儒帅,像淮南、浙东等道,多为宰相回翔之地,其府主往往是"来罢宰相,去登宰相"⑥。淮南与西川,"时号扬、益,俱为重藩"⑦。晚唐人卢求亦云:"大凡今之推名镇,为天下第一者曰扬、益,以扬为首,盖声势也。人物繁盛,悉皆土著,江山之秀,罗锦之丽,管弦歌舞之多,伎巧百工之富,其人勇且让,其地腴以善,熟较其要妙,扬不足以俦其半。"⑧荆南节度,亦为大府。白居易《授温尧卿等赐绯充沧景江陵判官制》云:"荆门、景城,南北大府,而尧卿等或已参军要,或方受征书,各命以官,分试其事,名秩章绶,分而宠之。"⑨唐代人登科取第的目的,士族、小姓之家借以维系门第不衰,寒素之家借以奉身养家。因此举人及第后,获得俸禄的高低对小姓和寒素之人尤为重要。中晚唐地方官的俸禄往往高于中央相同品级官员的俸禄。如杜牧为比部员外郎时,曾有《上宰相求杭州启》,说因其官微,俸禄不足以养活弟妹,"今天下以江淮为国命,杭州户十万,税钱五

---

① 《韩昌黎文集校注》卷七《唐故河南令张君墓志铭》,第460页。
② 见金滢坤《中晚唐五代科举与社会变迁》第311—319页。
③ 《韩昌黎文集校注》卷四《送陆歙州诗序》,第231页。
④ 《全唐文》卷六三宪宗《上尊号赦文》,第677页。
⑤ 〔清〕王夫之《读通鉴论》卷二六《宣宗九》,北京:中华书局,1975年,第818页。
⑥ 《樊川文集》卷一〇《淮南监军使院厅壁记》,第159页。
⑦ 《全唐诗》卷三一七武元衡《奉酬淮南中书相公见寄并序》,第3564页。
⑧ 《全唐文》卷七四四卢求《成都记序》,第7702页。
⑨ 《文苑英华》卷四一二《中书制诰》,第2089页。

四、中晚唐及第举人入幕的若干问题　　　　　　　　　　　　　　　　　　187

十万,刺史之重,可以杀生,而有厚禄"①,请求出任杭州刺史。比部员外郎为唐代官员升迁清望官所必经的主要职官之一,杜牧竟然舍弃员外郎而求杭州刺史,以求厚禄。方镇幕僚的俸禄也不例外,也较中央同品级略高。白居易《策林三·省官并俸减使职》云:"兵兴以来,诸道使府,或因权宜而置职,一置而不停……至使职多于郡县之吏,俸优于台省之官。"②所以,从经济角度考虑,东南藩镇成为及第举人最为理想的去处之一。如许康佐,贞元十八年(802)进士及第,又登宏词科,以"家贫母老,求为知院官,人或怪之,笑而不答。及母亡,服除,不就侯府之辟"③。可见经济原因,也是及第举人入幕的主要原因之一。因此,方镇的高额聘金对及第举人入幕也很有吸引力。李商隐《为同州张评事谢聘钱启》曰:

> 潜启:钱若干。伏蒙仁恩,赐备行李,重非两,轻异五铢,子母相权,饥寒顿解。细看铜郭,徐忆牙筹,虽云神有鲁褒,便恐癖如和峤。办褒无阙,通刺有期,感戴之诚,不知所喻。谨启。④

可见聘金对多数刚入仕的及第举人解决经济上的燃眉之急尤为重要,聘金也无疑成为及第举人入幕使府的一个重要因素。而且东南财源型藩镇,幕帅变换频繁,基本上在2.8—3.6年之间⑤,而且幕帅多由使相担任。在幕职多由幕主奏请的情况下,此类使府幕佐升迁的机会自然就多,而幕帅更换频繁,又增加了幕佐的人事变动和升迁机会。三个时期入幕及第进士的人次为58、221、58,此类方镇的及第进士入幕人次最多达337人次,占总数的38%⑥,足见及第进士对此类方镇的热衷。

兹据《登科记考》、《旧唐书》、《新唐书》、《唐方镇文职僚佐考》等相关史籍、论著的记载和研究成果,考察中晚唐进士科出身者入幕方镇的分布情况,制成《中晚唐及第进士入幕人次与方镇分布简表》。为了便于分析、对比

---

① 《樊川文集》卷一六,第249页。
② 《白居易集》卷六四,第1338页。
③ 《旧唐书》卷一八九下《儒学传下·许康佐传》,第4979页。
④ 《全唐文》卷七七七,第8108页。
⑤ 张国刚《唐代藩镇研究》第100页。
⑥ 详见下列《中晚唐及第举人入幕与藩镇类型示意图》。

该时期内前后入幕的变化情况,本文将中晚唐划分为德顺朝、宪宣朝、懿哀朝三个时期。现将此三个时期入幕人数的方镇名单列表说明。

中晚唐及第进士入幕人次与方镇分布简表①

时期	方镇名称与入幕人次	人次
德顺	西川13、山南西道13、武宁11、东畿10、山南东道8、淮南8、江西8、宣歙7、河中7、湖南7、浙东6、义成6、河东6、朔方6、邠宁5、昭义5、廊坊5、桂管5、浙西5、宣武4、凤翔4、平卢4、鄂岳4、岭南东道4、荆南3、魏博3、陕虢2、河阳2、泾原2、天德2、容管2、福建2、东川1、岭南西道1、振武1、幽州1、黔中1、邕管1	184
宪宣	西川40、淮南36、山南东道33、荆南30、河东26、宣歙24、东川24、江西23、义成22、山南西道21、浙西21、河中17、湖南16、浙东16、凤翔15、河阳15、宣武14、鄂岳13、桂管11、岭南东道10、忠武9、福建9、泰宁8、东畿7、魏博7、昭义7、武宁6、天平6、陕虢6、义武6、泾原6、邠宁5、平卢5、廊坊4、夏绥4、幽州4、潼关4、淮西4、岭南西道4、朔方3、成德3、黔中3、同州2、义昌2、邕管2、振武1、容管1	555
懿哀	河东17、西川16、淮南13、河中8、浙西8、福建8、凤翔7、义成6、宣歙6、宣武5、忠武5、岭南东道5、荆南5、江西5、山南东道5、浙东4、潼关4、山南西道3、武宁3、河阳3、魏博3、邠宁3、陕虢2、鄂岳2、容管2、东川1、武贞1、天平1、义武1	156

从单个藩镇情况来看,进士及第者入幕西川节度使的人次最多,在前两个时期均占第一,第三个时期也是名列第二。这是因为西川不仅为天下最富庶地区,"时号扬、益,俱为重藩"②,有宰相"回翔"地之美誉③,而且是中晚唐中央控制、防御吐蕃、南诏和西南夷的重镇,其经济、政治地位都非常高。因此,及第举人入幕该方镇不仅收入颇丰,而且升迁中央次清官的机会也较多。而及第举人入幕割据型藩镇中的魏博、平卢、幽州人数最多,三个时期分别为:3、7、3、4、5、0、1、4、0,共计27人,充分说明及第举人入幕割据方镇的情况很有限,与韩愈所说的"不得志于有司,怀抱利器,郁郁适兹土"情况存在一定的差距。

---

① 本表只统计了建中元年以后进士及第人幕方镇的情况,为分析中晚唐不同时期及第进士入幕方镇的特点,分为三个时期统计,同一个人在不同时期入幕同一方镇按两次计算,但在同一时期入幕同一方镇的不同府主,只按一次计算。
② 《全唐诗》卷三一七武元衡《奉酬淮南中书相公见寄并序》,第3564页。
③ 《唐语林》卷一《政事上》,第26页。

四、中晚唐及第举人入幕的若干问题

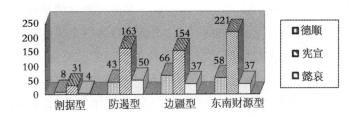

中晚唐及第举人入幕与藩镇类型示意图

中晚唐及第举人在入幕藩镇方面有明显的类型特点,并与中晚唐的政局有着密切联系。从德顺时期及第举人入幕藩镇的主要分布情况来看,入幕人次最多的是边疆型藩镇,占同时期总数的36%,主要集中在西南的西川、山南西道和西北的朔方、邠宁、鄜坊、凤翔等边疆地区,安史之乱后这些地区屡遭吐蕃、回纥、南诏的侵扰,德宗即位后加强了对吐蕃、南诏的用兵,以期夺回失地,巩固边防[①],因此中央非常重视此类藩镇将帅的选拔,多派中央卿相及神策军将领前往担任藩镇府主,这不仅为入幕此类藩镇的及第举人提供了升迁中央官的机会,也为入幕此类藩镇的及第举人提供了建功立业的机会。其次,是财赋型藩镇,占同时期的31%,主要集中在山南东道、淮南、江西、湖南、宣歙、浙东等道。其重要原因是安史之乱对该地区破坏较小,中央对其控制也较为稳固,经济也较为繁荣,中央赋税主要依靠江南八道,在该地区的各级官僚俸禄也较有保障,逐渐成为吸引中央卿相出任此类镇帅的重要因素,从而吸引了不少及第举人入幕此类藩镇。再次,是防遏型藩镇,占同时期的23%,主要集中在与河朔叛镇毗邻的武宁、河中、河东、义成、昭义等藩镇。其主要原因是安史之乱后,河朔叛镇势力急剧增强,德宗试图以武力削藩,反而招致四镇之乱,河朔藩镇一度失控[②]。因而,此类藩镇成为中央讨伐河朔叛镇的主要力量,幕帅多由卸任宰相、使相担任,其政治地位也随之提高,此类方镇僚佐的升迁机会自然增多,无疑吸引了大量及第举人入幕此类方镇,以期建功立业。相反,该时期入幕河朔叛镇的及第举人

---

① 参阅王永兴《论韦皋在唐和吐蕃、南诏关系中的作用》,收入其《陈门问学丛稿》,南昌:江西人民出版社,1993年,第422—441页。

② 参阅王寿南《唐代藩镇与中央关系之研究》,台北:大化书局,1978年,第55—66页。

很少,仅有8人,占总数的4%,主要因素应该是此类藩镇的镇帅往往世袭,或由镇将和士卒推举,不受中央的任命,其僚佐自然很难得到中央的认可,日后升迁中央的机会更是渺茫,因此入幕此类藩镇的及第举人情况与韩愈所说的情况并不符合。

宪宣时期及第举人入幕方镇的人数急剧增加,占三个时期总数的62%。同时期分布情况与前一个时期相比有所变化,入幕东南财赋型藩镇的人数大为增加,跃居第一。如入幕淮南、山南东道、荆南、宣歙、东川、江西、浙西、浙东、湖南、鄂岳等东南财源型藩镇的人数明显增加,占同时期的40%。其原因主要有两个方面:一是该时期唐朝与吐蕃、南诏在边疆的冲突趋于缓和,边疆较为稳定;河朔藩镇经过宪宗讨伐后,暂时趋于稳定。二是该时期中央的赋税多出自该地区,中央卿相往往乐迁此类藩镇府主,及第举人也愿意入幕此类藩镇以期获得更多升迁机会和丰厚俸禄。其次,是边疆型藩镇,占同时期的27%,主要集中在西北的凤翔、泾原、邠宁、鄜坊、夏绥、朔方等镇和西南的西川、桂管、岭南东道、山南西道、黔中等镇。虽然,该时期这一地区的边疆问题趋于稳定,但民族矛盾并没有彻底解决,危机时有发生。因此,唐朝防范吐蕃和南诏进攻与反叛的任务仍然很重,中央对这些地区都很重视,府主不乏由使相和卸任宰相以及皇帝器重之人担任,入幕此类藩镇的及第举人在升迁方面还有一定的优势。再次,是防遏型藩镇,也能占到25%,主要集中在河东、义成、河中、凤翔、河阳、宣武、忠武、东畿、泰宁、昭义、天平、陕虢、武宁等藩镇。其原因是宪宗主要依靠此类藩镇对河朔割据藩镇进行积极的攻势,平定了淮西、淄青等割据藩镇①,这一过程为此类藩镇幕僚提供了建功立业的机会,于是吸引了不少及第举人入幕此类藩镇。最后,是入幕河朔叛镇,仅占6%,比前一个时期所占比例略微上升,主要是此类藩镇积极吸引及第举人入幕的结果。

懿哀时期,及第举人入幕方镇的数量较前一个时期大为下降,除入幕河朔藩镇的比例略微下降外,其他分布情况渐趋均等。入幕人数较多的是河东、河中、凤翔、义成、忠武、宣武、陕虢等防遏型藩镇,占同时期总数的

---

① 参阅王寿南《唐代藩镇与中央关系之研究》第66—69页。

四、中晚唐及第举人入幕的若干问题

32%,其主要原因是黄巢起义之后河朔叛镇的势力增加,中央不断加强防遏藩镇的地位,以巩固中央的安全,因此及第举人入幕此类藩镇的人数随之增强。其次,是淮南、浙西、福建、宣歙、荆南、江西、山南东道、浙东、岭南东道等东南财源型方镇,占37%,入幕人数相对较多,但较德顺朝、宪宣朝的人数明显减少。反映出黄巢起义后中央对东南财源型藩镇的控制能力逐渐减弱,入幕此类藩镇的及第举人随之减少。该时期入幕河朔藩镇的人数最少,仅占3%,显然是黄巢起义以后,中央完全失去了河朔叛镇的控制力,入幕此类藩镇等同走上背叛中央的道路,很难得到升迁中央官的机会,因此入幕此类藩镇的人数下降也在情理之中。

综上所述,随着中晚唐吏部铨选不断放宽对及第举人入幕使府的限制,并鼓励其入幕历练从政经验,使得大批及第举人涌入使府。与此同时,一些不得志于有司或出于经济、仕途因素的及第举人,逐渐入幕使府。藩镇征辟幕僚在注重科名与门第的同时,也受世旧、亲故、座主门生等社会关系的影响。若以边疆御边型、中原防遏型、东南财源型、河朔割据型四类来看,及第举人在不同时期选择使府的标准有所不同,与中晚唐的政局紧密相连,其命运和机遇与入幕藩镇类型的不同有明显差异。影响中晚唐及第举人选择入幕使府类型的主要因素有二:一为使府的经济实力在国家财政中所占地位,这直接影响到及第举人的升迁和经济收入,从而影响到及第举人入幕的选择;二为方镇在政局变化中的政治、军事地位,与府主的身份直接相关,从而使府主的身份和地位间接地影响到入幕及第举人的升迁和前途。

五、中晚唐五代座主门生与科场风气

关于唐代座主门生、同年关系的形成,陈寅恪先生早在《唐代政治史述论稿》中篇《政治革命及党派分野》中,就已经提出以进士科起家的新兴阶级,"用科举座主门生及同门等关系,勾结朋党,互相援助","以巩固其新贵党类之门阀",并以此缔结成牛党①,高度概括了唐代座主门生、同年对社会阶层以及党争的关系。吴宗国在《唐代科举制度研究》中对座主门生产生的时间等具体问题又进行了深入探讨②。本章将在此基础上,重点探讨座主门生的产生与朋党的关系,进而解析座主门生向天子门生转变的原因。

中晚唐同年及第举人与座主在长达三四个月的时间内,通过参加一系列游宴活动,不仅增进了座主门生关系,也大大加深了同年在学业、友情、志向等各方面的了解和情感联系,为其在以后仕宦中相互援引、共同仕进打下了良好的社会基础,从而使座主门生关系成为他们在官场上朋党和仕进的重要纽带。随着晚唐朋党之争危害皇权统治的不断加深,一些进取的宰相和开明的皇帝逐渐认识到其危害性,对座主门生进行了限制,并使之逐渐向天子门生的方向发展。

(一) 中晚唐五代座主门生、同年与仕进的关系

中晚唐五代座主门生关系是科举出身者在仕宦中所凭借的最为重要的纽带之一。贞元中,杨承和应科目选,当时考官辛秘予其登科第。虽然杨后来被中书省覆落,但他"甚感秘恩"。后为内官以至朱紫,元和中,他再见辛秘时问:"座主记得门生否?"辛秘方才得知杨承和已贵,便以事相请,云:"老

---

① 陈寅恪《唐代政治史述论稿》第 78—79 页。
② 吴宗国《唐代科举制度研究》第 210—221 页。

五、中晚唐五代座主门生与科场风气

夫不忘也！有一子婿仰累。"于是，在杨的帮助下，辛婿牛僧孺借着"座主"岳父的"门生"杨承和之力，终于在穆宗朝入相。虽然辛秘未曾知贡举，只担任过科目选考官，但内官杨承和非常认同这位"座主"，可以说正是"座主门生"的观念帮助牛僧孺荣登宰相宝座①。李商隐《上座主李相公状》云：

> 伏见恩制，相公以五月十九日登庸，清庙降灵，苍生受福，动植之内，欢呼毕同。某下情不任抃贺踊跃之至。相公禀润咸池，承光太极，业传殷相，族预周盟，为群生之司南，作九流之华盖。②

此处暂且不分析李商隐的座主是谁③，仅从李商隐为座主拜相，"情不任抃贺踊跃之至"，视其为"群生之司南"，足见座主对门生在仕宦提携方面的重要性。李商隐《为弘农公上两考官状》云："伏见前月十九日恩制，座主相公登庸。某科等受恩，伏增荣抃。阁下同德比义，契重交深。载惟爰立之荣，伫见汇征之吉。下情不任迎贺踊跃之至。"④后唐清泰初，裴皞门生马裔孙知举，发榜后引新进士谒谢裴皞，裴欢宴永日，书一绝云："宦途最重是文衡，天与愚夫作盛名。"⑤其中，"宦途最重是文衡"一句，道出了门生尊崇座主的真实目的，和座主门生之间的紧密关系。因此，通常座主得势后，首先想要荐拔的对象往往便是自己最喜爱的门生。如大中四年（850），冯涓进士登第，因文誉最高，颇受座主杜审权的钟爱，不久杜审权"有江西之拜，制书未行，先召长乐公密话，垂延辟之命，欲以南昌笺奏任之，戒令勿泄"。熟料冯涓在大街上遇见友人郑賨，喜形于色，"遽以恩地（座主）之辟告之，荥阳寻捧刺诣京兆门谒贺，具言得于冯先辈也"。杜审权听了以后"嗟愤，而鄙其浅露。泪

---

① 〔唐〕刘轲《牛羊日历》，收入〔清〕缪荃孙编《藕香零拾》第五册，北京：中华书局，1999年，第104页。
② 《樊南文集补编》卷五《上座主李相公状》笺曰："李回也。"（第656页）《旧唐书》卷一八上《武宗本纪上》云：会昌五年三月，李回为中书侍郎、同中书门下平章事。若按此，李商隐的座主当为李回，但史籍中未见有李回知贡举的记载。《旧唐书》卷一九〇《文苑传·李商隐传》云："李商隐……开成二年方登进士第。"（第5077页）
③ 李商隐开成二年进士及第，座主为高锴。
④ 《樊南文集补编》卷五，第643页。
⑤ 《容斋五笔》卷七《门生门下见门生》，第889页；〔宋〕阮阅编、周本淳校点《诗话总龟》前集卷一八《丙集·纪实门》引《郡阁雅谈》，北京：人民文学出版社，1987年，第205页。

制下开幕,冯不预焉"。冯涓"由是嚣浮之誉,遍于搢绅,竟不通显"①。可见门生一旦遭到座主非议,其在同年之间和缙绅之中的名声都会大大受损,终身不得重用。显然,座主的评价对门生的前途和名德尤为重要。王凝知贡举时,放司空图进士及第,同年之中有人对司空图颇有微辞,于是王凝召门生开筵,当众宣布:"某叨忝文柄,今年榜帖,全为司空先辈一人而已。"司空图"由是声采益振,尔后为御史分司"②。当然,座主和门生的关系是相互的,门生显贵后也会援引座主,并恩及座主子弟。如元和二年(807),权德舆之子权璩擢进士,时"宰相李宗闵乃父门生,故荐为中书舍人"③。

同年之间往往胶固在一起,相互提携、援引,甚至在危难中相互救援。据《广卓异记》卷七《礼部同年三人同时在相位》云:"贞元七年,礼部侍郎杜黄裳下三十人及第,其后令狐楚、皇甫镈二人先在相位,乃同表荐萧俛拜相。"④萧俛拜相,完全是得益于同年皇甫镈和令狐楚的关系,"两人同辅政,数称其善,故帝待俛厚"⑤。后来,宪宗崩,"天下怒皇甫镈之奸邪",穆宗即位,"宣诏贬镈,将杀之。会萧俛作相,托中官救解,方贬崖州"⑥。此例,足见同年关系在仕进中之重要。永贞革新中的主要人物——刘禹锡和柳宗元就是同年⑦,其中自然有同年相互提携的因素。元和七年(812)正月,宰相李绛出京兆尹元义方为鄜坊观察使,尔后除同年许季同京兆少尹,结果元义方把此事面奏宪宗,宪宗责问李绛曰:"人于同年固有情乎?"李绛对曰:"同年乃九州四海之人,偶同科第,或登科然后相识,情于何有?"⑧宰相李绛援引同年许季同是显而易见的,所说"同年无情,乃牛党强自辩护之词"⑨,并不符合事实。又如《南部新书》乙云:"元和中,李绛、崔群同掌密命,韦贯之、裴度知制

---

① 《北梦琐言》卷三《杜审权斥冯涓》,第59页。
② 《北梦琐言》卷三《王文公叉手睡》,第46页。
③ 《新唐书》卷一六五《权德舆传附权璩传》,第5080页。
④ 收入《四库全书存目丛书·史部》第八七册,济南:齐鲁书社,1996年,第549页。
⑤ 《新唐书》卷一〇一《萧瑀传附萧俛传》,第3957页。
⑥ 《旧唐书》卷一七二《令狐楚传》,第4460页。
⑦ 《柳宗元集》卷三〇《与顾十郎书(顾少连座主)》,第804页。
⑧ 《资治通鉴》卷二三八唐宪宗元和七年正月条,第7689—7690页;《新唐书》卷一六二《许容传附季同传》略同,第5001页。
⑨ 陈寅恪《唐代政治史述论稿》第80页。

五、中晚唐五代座主门生与科场风气

诰,李夷简中丞,并裴垍在翰林日所举,皆相次入辅。"(第25页)其中,李绛和崔群为贞元八年(792)进士同年,裴度也在同年制举登科,此三人相次入相,估计三人之间的相互提携、延引故不可少。又如宝历初,敬宗嗣位,李逢吉用事,"素恶李绅,乃构成其罪,祸将不测",时韦处厚与李绅"皆以孤进,同年进士",而韦处厚不为"侵毁加诬",上书为李绅说情①。又如《太平广记》云:"武元衡与韦贯之同年及第。武拜门下侍郎,韦罢长安尉,赴选,元衡以为万年丞。过堂日,元衡谢曰:'某与先辈同年及第,元衡遭逢,滥居此地。使先辈未离尘土,元衡之罪也。'贯之呜咽流涕而退。后数月,除补阙。"②又如《南部新书》卷己云:"武翊皇以三头冠绝一代。后惑婢薛荔,苦其冢妇卢氏。虽李绅以同年为护,而众论不容,终至流窜。"③亦见同年关系为科举出身者在仕宦中相互提携之纽带,同年之间肝胆相照之情。又如白敏中在郎署时,深得李德裕的器重,李卫公出资,让白敏中设酒肴大会朝官,适逢同年贺拔惎员外求官未得,特意来告别。白敏中得知贺拔惎羁游之困后,感叹曰:"岂有美馔上邀当路豪贵,而遗登第故人?"遂招待同年贺拔惎先宴,"既而朝客来,闻与惎宴,众人咸去"。后来,白敏中又把贺拔惎推荐给了李卫公,结果受到大用,竟然先于白敏中入相,白敏中后来的入相,很难说没有贺拔惎的推引④。五代邓洵美登后晋进士第,周行逢署馆驿巡官,但"礼遇渐薄","同年生王溥、李昉为中朝显官,溥闻洵美不得志,贻以诗,曰:'彩衣我已登黄阁,白社君犹困故庐。'行逢稍稍优给之"⑤。后晋天福九年(944),孟宾于进士及第,"与诗人李昉同年情厚。后宾于来仕江南李主,调滏阳令,因犯法抵罪当死。会昉拜翰林学士,闻在缧绁,以诗寄之……后主偶见诗,遂释之,迁水部郎中"⑥。此外贞元十年(794),贤良方正、能直言极谏科十四人

---

① 《旧唐书》卷一五九《韦处厚传》,第4184页。
② 《太平广记》卷一五四《定数九·韦贯之》引《续定命录》,第1110页。
③ 《南部新书》卷己,第79页。
④ 《唐语林校证》卷三《赏誉》,第280—281页。
⑤ 〔清〕吴任臣撰,徐敏霞、周莹点校《十国春秋》卷七五《邓洵美传》,北京:中华书局,1983年,第1032页。
⑥ 傅璇琮《唐才子传校笺》卷一〇《孟宾于》,第四册,北京:中华书局,1987年,第487—489页。

登科,"其后裴垍等五人相次拜相"①,虽说制举不像常举那样重视同年关系,但同科之中五人连续拜相,很难说"同年"关系没有起作用。

即便是同年之间有嫌隙,迫于时代观念的压力,往往选择相互提携为明智之举。陈通方登进士第,与王播同年。王播当时已经五十六岁,陈通方年纪甚轻,期集之时,抚王播背云"王老奉赠一第",意在嘲笑王播年老及第等同赠官,王播因此很憎恨他。熟料陈通方后来仕途辛苦万状,反而求助王播,王播不得已,还是推荐其为江西盐铁院官②。

当然,座主、门生在仕途和政治上的"进退取舍"往往与共,座主、门生、同年有事,也会受到牵连③。主司牵连门生者,如张仲方,贞元中吕渭知贡举进士擢第,后来吕渭、羊士谔诬告宰相李吉甫阴事,"二人俱贬,仲方坐吕温(渭)贡举门生,出为金州刺史"④。又如胡澂为贾𫗧大和七年(833)知贡举时所放门生,大和九年(835)甘露之变,贾𫗧受牵连,胡澂因贾𫗧之恩,藏匿𫗧于户所,胡澂因而受牵连被戮。门生牵连主司者,如柳宗元给座主顾少连书云:"大凡以文出门下,由庶士而登司徒者,七十有九人。执事试追状其态,则果能效用者出矣。然而中间招众口飞语,哗然诟张者,岂他人耶?夫固出自门下。赖中山刘禹锡等,遑遑惕忧,无日不在信臣之门,以务白大德。顺宗时……不意琐琐者,复以病执事,此诚私心痛之,堙郁汹涌,不知所发,常以自憾。"⑤显然,门生当权,不一定能为座主"效用",门生中间若"招众口飞语",座主肯定也逃不了非议。柳宗元因和同年刘禹锡参加永贞革新被贬,反而"病执事",连累座主顾少连。又如刘蕡,"杨嗣复门生也,对策以直言忤时,中官尤所嫉妒。中尉仇士良谓嗣复曰:'奈何以国家科第放此风汉耶?'嗣复惧而答曰:'嗣复昔与刘蕡及第时,犹未风耳。'"⑥开成三年(838),高锴

---

① 〔宋〕乐史《广卓异记》卷七《制科同年五相》,收入《四库全书存目丛书·史部》第八七册,第550页。
② 〔宋〕尤袤《全唐诗话》卷二《陈通方》,收入《丛书集成初编》第二五五六册,第35页。
③ 吴宗国《唐代科举制度研究》认为"既然座主、门生形成了一种既定的关系,社会舆论也就要求座主对门生的行为负责"(第217页)。
④ 《旧唐书》卷一七一《张仲方传》,第4443页。
⑤ 《柳宗元集》卷三〇《与顾十郎书(顾少连座主)》,第805页。
⑥ 《玉泉子》,收入《唐五代笔记小说大观》,第1431页。

五、中晚唐五代座主门生与科场风气

知贡举,放柳棠进士及第。柳棠东归得罪了东川节度使杨汝士,杨汝士写信责备其座主高锴,曰:"柳棠者,凶悖嚚竖,识者恶之。狡过仲容,才非犬子。且膺门之贵,岂宜有此生乎?"高锴只得替门生向杨汝士致歉:"其所忤黩尊威,亦予谬举之过也。"①可见座主门生关系在仕途中非常重要,若是门生出了问题,座主亦难幸免。

甚至在科举考试中,座主门生关系也是获取科名的重要凭借。如元和十年(815),中书舍人崔群知贡举,为避亲故,不让其座主陆贽之子简礼参加礼部贡举考试,竟然被自己的妻子讥笑为"陆氏一庄荒"②。这说明门生为座主子弟谋取科名本来是理所应当之事,崔群虽然想保存自己的清誉,但并未躲掉社会的议论。既然座主崔群的榜样没做好,其门生对他似乎也不怎么尽情意。秘书监刘禹锡的儿子咸允"久在举场无成,禹锡愤惋宦途,又爱咸允甚切,比归阙,以情诉于朝贤"③。大和四年(830),"故吏部崔群与禹锡深于素分,见禹锡踬蹬如此,尤欲推挽咸允。其秋,群门生张正甫充京兆府试官。群特为禹锡召正甫,面以咸允托之,觊首选焉。及榜出,咸允名甚居下"。崔群因此大怒,戒门人曰:"张正甫来,更不要通。"④不过,这两个例子是有忤时代座主门生的观念,因而作为反面例子来告诫所谓的"门生"的。更多的门生还是鼎力为座主子弟延誉,谋取科名。如会昌二年(842),郑从谠之所以能登进士第,释褐秘书省校书郎,是因为"故相令狐绹、魏扶,皆父贡举门生,为之延誉"的缘故⑤。

不过,中晚唐五代座主门生关系是官场上潜在的观念,并未制度化,在功利面前还是很难完全恪守。往往是若有座主、门生"显增荣谥,扬于天官,敷于天下,以为亲戚门生光宠","大抵当隆赫柄用,而蜂附蚁合,煦煦趄趄,便僻匍匐","咸曰我知恩";"一旦势异,则电灭飚逝,不为门下用矣"。而能

---

① 《云溪友议》卷中《弘农忿》,收入《唐五代笔记小说大观》,第1293页。
② 〔唐〕李冗撰,张永钦、侯志明点校《独异志》卷下《崔群庄园》,北京:中华书局,1983年,第59页。
③ 《太平广记》卷一五六《定数十一·张正矩》引《续定命录》,第1120页。
④ 《太平广记》卷一五六《定数十一·张正矩》引《续定命录》,第1120页。
⑤ 《旧唐书》卷一五八《郑馀庆传》,第4169页。

真正做到"确固自守,蓄力秉志,不为向者之态"者①,毕竟是少数。作为一种社会观念,在任何时候都不能刻意追求唯一性,在官场功利面前更没有不变的道德观念。虽说如此,座主门生的观念,在中晚唐五代士大夫仕进中的作用仍不可小觑。

当然,任何事都没有绝对的,同年反目的实例也有。会昌元年(841),薛逢进士及第,"与杨收、王铎同年,而逢文艺最优。收辅政,逢有诗云:'谁知金印朝天客,同是沙堤避路人。'收衔之,斥为蓬、绵二州刺史。及铎相,逢又赋诗云:'昨日鸿毛万钧重,今朝山岳一毫轻。'铎怒"②。不过,世人多"鄙逢褊傲",这在一定程度上也说明同年反目,往往只是个性的问题,或者说属个案,并不影响"同年"关系在仕进中普遍存在相互提携的观念。

(二)中晚唐五代座主门生、同年与朋党的关系

座主门生关系是中晚唐党争形成的重要因素。清人顾炎武曾云:"贡举之士,以有司为座主,而自称门生。自中唐以后,遂有朋党之祸。"③大和九年(835),李训、郑注窃弄威权,凡是不附己者,便以李宗闵、李德裕朋党为借口,尽数贬逐,"中外震骇,连月阴晦,人情不安",于是在九月,文宗下诏安抚政局,曰:

> 顷者,或台辅乖弼违之道,而具僚扇朋附之风,翕然相从……今既再申朝典,一变浇风,扫清朋比之徒,匡饬贞廉之俗……应与宗闵、德裕或亲或故及门生旧吏等,除今日已前,黜远之外,一切不问,各安职业,勿复为嫌。④

显然,从文宗朝"具僚朋附之风,翕然相从"局面形成的情况来看,朋党的主要构成来自牛李党的"或亲或故及门生旧吏等"官员。因此,文宗此次肃清

---

① 《柳宗元集》卷三〇《与顾十郎书(顾少连座主)》,第804—805页。
② 《唐才子传》卷七《薛逢》,见傅璇琮《唐才子传校笺》第三册,第294—295页。
③ 《日知录集释》卷一七《座主门生》,第620页。
④ 《旧唐书》卷一七六《李宗闵传》,第4553页。

五、中晚唐五代座主门生与科场风气

牛、李朋党的主要对象,就是牛、李党的亲族、门生、旧吏,"门生"包括了"座主门生",指座主和门生,充分说明座主、门生是构成中晚唐朋党的一个重要原因。既然座主、门生是朋党的主要力量,在政治斗争的浪尖上,往往是荣辱、进退与共的。据《旧唐书·杨嗣复传》载:

> 嗣复与牛僧孺、李宗闵,皆权德舆贡举门生,情义相得,进退取舍,多与之同。四年,僧孺作相,欲荐拔大用,又以於陵为东都留守,未历相位,乃令嗣复权知礼部侍郎。宝历元年二月,选贡士六十八人,后多至达官。①

杨嗣复与牛僧孺、李宗闵为同年关系,所以"情义相得,进退取舍,多与之同",容易在政治上达成某种共识,结成盟友,即所谓的朋党。因此,牛僧孺入相后,便荐拔大用杨嗣复知贡举,杨嗣复所选贡士六十八人,后多至达官。这些门生的显贵,是与座主杨嗣复利用朝中的朋党关系、奖拔门生分不开的。据刘轲《牛羊日历》云:

> 僧孺乃与虞卿兄弟,驱驾轻薄……虞卿又结李宗闵。宗闵之门人尽驱之牛门。此外有不依附者,皆潜被疮痛,遭之者谓之"阴毒伤寒"。故京师语曰:"太牢笔,少牢口,南北东西何处走!"(太牢僧孺,少牢虞卿)又曰:"门生故吏,非牛则李。"又曰:"丑侯眈眈,多用牛装。"(言僧孺取人多取登朝及宗闵之门生。故谓之牛装)及宗闵为相,又引僧孺。②

可见,李宗闵的门生借助牛党牛僧孺、三杨等朋党力量,很快得到荐拔,"凡在宗闵门生,虽卑冗,不周岁皆至大僚","凡在朋党,四十余人"③,座主门生关系孳生朋党孽根无需多言。李宗闵在牛僧孺的援引之下,出任宰相以后,对自己门生的奖拔更是有过之而无不及,"或政紊彝伦,迹涉党比","而乃事每怀私","近者别登俊彦","惟进奔竞之徒,莫修恭慎之道"④。加之牛党成

---

① 《旧唐书》卷一七六《杨嗣复传》,第 4556 页。
② 收入《藕香零拾》第五册,第 104 页;《旧唐书》卷一七二《牛僧孺传》:"德裕南迁,所著《穷愁志》,引里俗犊子之谶以斥僧孺。又目为'太牢公',其相憎恨如此。"(第 4473 页)
③ 《牛羊日历》,收入《藕香零拾》第五册,第 104 页。
④ 《全唐文》卷七〇文宗《贬李宗闵明州刺史制》,第 736 页。

员韦贯之、李逢吉、杨嗣复、李汉、李景让都曾知贡举过,其门生之多,可以想见,这些门生也自然会借助座主关系,依托朋党力量,居官显要,最终出现"门生故吏,遍满朝行"的局面①。当时牛杨的势力极度膨胀,牛"僧孺新昌里第与虞卿夹街对门,虞卿别起高榭于僧孺之墙东,谓之南亭。列烛往来,里人谓之'半夜客',亦号此亭为'行中书'"②。牛、杨、李等牛党代表人物结党,气焰嚣张,直到文宗耳闻之后,与朝臣论朋党之时,李德裕方借机向文宗进言朋党之祸的危害:"方今朝士三分之一为朋党。"③文宗也无可奈何,感叹道:"去河北贼非难,去此朋党实难。"④中晚唐朋党依靠座主、门生关系大力壮大自己势力的结果,就是助长了朋党之祸。如果说座主是核心,那么众多的门生就成为朋党的主干力量。因此,陈寅恪先生认为,由进士出身的新兴阶级,"用科举座主门生及同门等关系,勾结朋党,互相援助,如杨於陵、嗣复乃杨虞卿、汝士等,一门父子兄弟俱以进士起家,致身通显,转成世家名族,遂不得不崇尚地胄,以巩固其新贵党类之门阀,而拔引孤寒之美德高名翻让与山东旧族之李德裕矣"⑤。

同年关系是构成朋党最为可靠的关系之一。中晚唐牛李党核心人物也是由同年组成。牛党领袖牛僧孺,就"少与李宗闵同门生,尤为德裕所恶"⑥,两人在对付李党方面最为突出。李党也如此,李党重要人物韦处厚与李绅,"皆以孤进,同年进士"。后来敬宗嗣位,宰相"李逢吉用事,素恶李绅,乃构成其罪,祸将不测",权知兵部侍郎韦处厚,"心颇伤之",上疏为李绅辩解:"今群党得志,谗嫉大兴",完全是"逢吉门生故吏,遍满朝行,侵毁加诬,何词不有? 所贬如此,犹谓太轻"。因此,他疾呼当时朋党相顷危害之深云:"宰相朋党,上负朝廷。杨炎为元载复仇,卢杞为刘晏报怨,兵连祸结,天下不平。"⑦此外,李党成员杜元颖也是元和元年(806)宏词科及第,元稹同年制科

---

① 《全唐文》卷七一五韦处厚《请明察李逢吉朋党疏》,第 7345 页。
② 《牛羊日历》,收入《藕香零拾》第五册,第 104 页。
③ 《资治通鉴》卷二四四唐文宗大和七年二月条,第 7883 页。
④ 《旧唐书》卷一七六《李宗闵传》,第 4554 页。
⑤ 陈寅恪《唐代政治史述论稿》第 78 页。
⑥ 《旧唐书》卷一七二《牛僧孺传》,第 4473 页。
⑦ 《旧唐书》卷一五九《韦处厚传》,第 4184 页。

五、中晚唐五代座主门生与科场风气

及第,也在一定程度上可与李绅和韦处厚视为同年关系。实际上,李绅和元稹的关系也非常密切。正如《旧唐书·李德裕传》所云:"时德裕与李绅、元稹俱在翰林,以学识才名相类,情颇款密。而逢吉之党深恶之。"①

因此,防止座主门生朋党的一项重要措施,就是限制座主援引门生,特别是一些重要的清望官更是如此。《旧唐书·郑覃传》云:"(开成元年)李固言复为宰相。固言与李宗闵、杨嗣复善,覃憎之。因起居郎阙,固言奏曰:'周敬复、崔球、张次宗等三人,皆堪此任。'覃曰:'崔球游宗闵之门,且赤墀下秉笔,为千古法,不可朋党。如裴中孺、李让夷,臣不敢有纤芥异论。'乃止。"②这件事的关键在于崔球是杨嗣复的门生,而起居郎属于皇帝身边的近臣,"录天子之言动法度"③,可以"分侍左右仗下,秉笔随宰相入禁殿"④,皇帝若不临朝决事,往往"命起居郎、舍人对仗承旨,仗下,与百官皆出,不复闻机务",至于起居郎"犹因制敕,稍稍笔削"的事更不在话下⑤。如果牛党在文宗皇帝身边安插亲信,必然日毁夜短李党,因此,郑覃抓住崔球曾游李宗闵之门,又为杨嗣复门生的把柄,坚决主张"赤墀下秉笔为千古法,不可朋党",最终阻止了此事。

继郑覃之后,李德裕对座主、门生、同年关系造成朋党的严重后果认识尤为深刻,因此最为坚决主张限制"座主门生关系"。会昌三年(843),李德裕再度入相,在十一月二十二日上中书复奏云:

> 奉宣旨,不欲令及第进士呼有司为"座主",趋附其门,兼题名、局席等,条疏进来者。伏以国家设文学之科,求贞正之士,所宜行敦风俗,义本君亲,然后申于朝廷,必为国器。岂可怀赏拔之私惠,忘教化之根源!自谓门生,遂成胶固。所以时风浸薄,臣节何施?树党背公,靡不由此。臣等商量,今日已后,进士及第任一度参见有司,向后不得聚集参谒,及于有司宅置宴。其曲江大会朝官及题名、局席,并望勒停。缘初获美

---

① 《旧唐书》卷一七四《李德裕传》,第4510页。
② 《旧唐书》卷一七三《郑覃传》,第4492页。
③ 《旧唐书》卷四三《职官志二》,第1845页。
④ 《唐会要》卷五六《起居郎起居舍人》,第963页。
⑤ 《新唐书》卷四七《百官志二》,第1208页。

名,实皆少俊;既遇春节,难阻良游。三五人自为宴乐,并无所禁;唯不得聚集同年进士,广为宴会,仍委御史台察访闻奏。谨具如前。"(奉敕:"宜依。")①

李德裕清楚地认识到新"及第进士呼有司为座主",座主视其为门生,"遂成胶固",是结党之弊端,"树党背公,靡不由此"。陈寅恪先生评论此事云:"李德裕所谓朋党,即指新兴阶级浮薄之士藉进士科举制度座主门生同门等关系缔结之牛党也。"②为了触痛皇帝的神经,李德裕还特意指出进士科考试是为国家"求贞正之士,所宜行敦风俗,义本君亲",然"座主门生"的观念使之成为"怀赏拔之私惠,忘教化之根源"!李德裕进一步将座主门生关系概括为"附党背公,自为门生"③,奏请停废期集、参谒宰相、曲江宴、慈恩塔题名等,以绝座主、门生相互胶固之祸。李德裕的一席真言,似乎惊醒了梦中人,于是武宗开始意识到"座主门生"对皇权统治的诸多不利因素,遂接纳李德裕的建议,限制"座主门生"之间的聚会。不过,这一主张并不是反对进士科本身及同年之间正常的"三五人自为宴乐",而是反对"聚集同年进士,广为宴会"等带有朋党性质的座主、门生间相互援引的不正之风。李德裕的奏议是完全站在维护专制皇权的立场,从科举制发展的角度来看,他的建议不仅符合科举考试的规律,而且具有前瞻性,并非出于时人所指责的其"不由科第,故设法以排之"的理由。在中晚唐科举制度兴盛,特别是进士科出身在清望官中占据主导地位的情况下,李德裕的主张定然会遭到反对,随着李德裕的失势,其主张也最终被废。但不能否认的是这一建议是符合中央集权的君主制要求。

晚唐五代在禁止座主门生相互胶固的同时,天子门生的观念逐渐形成。天子门生观念最初出现在"天子自诏,以待非常之才"的制举考试中。《杜阳

---

① 《唐摭言》卷三《慈恩寺题名游赏赋咏杂纪》,第28—29页;《新唐书》卷四四《选举志上》,第1168—1169页;〔唐〕李德裕著,傅璇琮、周建国校笺《李德裕文集校笺》卷四《停进士宴会题名疏》略同,石家庄:河北教育出版社,2000年,第718页。

② 陈寅恪《唐代政治史述论稿》第79页。

③ 《新唐书》卷四四《选举志上》,第1169页;《旧唐书》卷一七三《郑覃传》,第4490页;《新唐书》卷一六五《郑珣瑜传附郑覃传》,第5067页;陈寅恪《唐代政治史述论稿》第72页。

五、中晚唐五代座主门生与科场风气

杂编》卷上记：德宗"试制科于宣政殿，或有词理乖谬者，即浓笔抹之至尾。如辄称旨者，必翘足朗吟。翌日，则遍示宰臣、学士曰：'此皆朕门生也。'"① 德宗虽然主持的是制举考试，但其所言"朕门生"，即"天子门生"的观念已经比较明确地提了出来。晚唐敕赐进士及第的出现，进一步促使进士科考试中天子门生观念的产生。大中十四年（860）十月，宣宗敕赐刘邺进士及第，韦岫贺云："禁门而便是龙门，圣主而永为座主。"②敕赐及第开启了"圣主而永为座主"的先河，最高统治者想以天子门生取代座主门生之间的紧密关系，直到宋代实行了殿试制度以后这一转变才真正地完成③。敕赐刘邺及第，开启了"天子门生"的先例，正因为如此，刘邺对宣宗感激得五体投地。他在《谢进士及第让状》中云："右伏奉今日敕，赐臣进士及第者……今蒙别赐出身，实惭有亏大体。既无前例，岂敢辄当……其特赐进士及第敕，伏乞陛下却寝成命，俯遂愚衷……沥胆鐈肝，非同饰让，无任感恩涕泗兢惶之至。"④此状充分表达了刘邺对宣宗的感激之情，第一次超越了座主门生观念，也说明晚唐五代"座主门生"向"天子门生"的根本转变。此后，皇帝特赐进士及第的人数有所增加，懿、僖二宗先后赐韦保乂、杜升、秦韬玉、王彦昌进士及第⑤，到五代十国逐渐增多，后梁赐皮光业、何泽进士及第⑥，后晋赐曹国珍及第⑦、马拯进士及第⑧，都表明皇权在科举考试中逐渐加强了影响力。当然晚唐五代特赐及第很有限，很多朝臣奏请皇帝特赐有才华而累举不第的进士及第，都未能如愿。如吴融《代王大夫请追赐方干等及第疏》云："前件人俱无显遇，皆有奇才……伏乞宣赐中书门下，追赠进士及第，各赠补阙拾遗，见存明代。惟罗隐一人，亦乞特赐科名，录升三级。便以特敕，显示

---

① 〔唐〕苏鹗撰、阳羡生校点《杜阳杂编》，收入《唐五代笔记小说大观》，第1379页。
② 《唐摭言》卷九《敕赐及第》，第98页。
③ 祝尚书《宋代科举与文学考论》，郑州：大象出版社，2006年，第84—110页。
④ 赵和平《敦煌本〈甘棠集〉研究》，台北：新文丰出版公司，2000年，第154页。
⑤ 《唐摭言》卷九《敕赐及第》，第98页。
⑥ 《唐摭言》卷九《表荐及第》，第99页；《登科记考》卷二五乾化三年、贞明二年进士科条，第941、942页。
⑦ 《旧五代史》卷九三《晋书十九·曹国珍传》，第1234页。
⑧ 〔宋〕宋某《新编分门古今类事》，卷一五《祥兆门·马拯同名》，收入《丛书集成初编》第二七二二册，第192页。

恩优。俾使已升冤人,皆沾圣泽。后来学者,更厉文风。"①方干等便未能特赐进士及第。但皇帝特赐累举不第的高龄进士及第,却成为宋代笼络举子的一个重要方式②。

　　五代对"座主门生"关系的限制更加明显。后唐长兴元年(930)六月,中书门下奏:"时论以贡举官为丘门恩门,及以登第为门生。门生者,门弟子也。颜、闵、游、夏等,并受仲尼之训,即是师门。大朝所命春官,不曾教诲举子,举子是国家贡士,非宗伯门徒。况又斥先圣之名,失为儒之体。今后及第人放榜时……不得呼春官为恩门、师门,不得自称门生。除赐宴外,不得辄有率敛,别谋欢会。(敕旨从之)"③这是继李德裕奏议之后,在科举制度史上座主门生观念的又一巨大转变,它首次明令禁止春官与及第举人之间相互以"座主"、"门生"相称,限制座主门生关系的目的,在于树立"天子门生"的观念,增强皇权对科举考试的影响力。五代自后唐以来,及第举人与知贡举主司之间的宴集费用基本上禁止其自行聚敛,改由官府供给,其用意是通过皇帝赐宴、"优待贤隽"的方式,提升"天子门生"的意识。如显德六年(959)正月甲戌诏曰:"每年新及第进士及诸科举人闻喜宴,宜令宣徽院指挥排比。先是礼部每年及第人闻喜宴,皆自相醵敛以备焉,帝以优待贤隽,故有是命。"④

　　晚唐五代的"圣主座主"发展到宋代,最终形成了"天子门生"。雍熙二年(985),宋太宗亲自主持殿试,创殿前唱名、皇帝亲赐及第之制,及第进士成为"天子门生",在很大程度上削弱了座主门生关系⑤。但是天子门生不是绝对的,在竞争激烈的科举考试中,礼部省试知贡举主司的作用非同小可,因此,座主门生的关系也一直存在,到了明代"座主门生"结为朋党,朋党之

---

① 《全唐文》卷八二〇,第 8643 页。
② 祝尚书《宋代科举与文学考论》第 105—108 页。
③ 《宋本册府元龟》卷六四二《贡举部·条制四》,第 2114 页;《五代会要》卷二三《缘举杂录》,第 283 页。
④ 《宋本册府元龟》卷六四二《贡举部·条制四》,第 2120 页。
⑤ 何忠礼《试论北宋科举制的特点及其历史作用》,收入邓广铭、郦家驹等主编《宋史研究论文集》,郑州:河南人民出版社,1984 年,第 427 页。

五、中晚唐五代座主门生与科场风气

祸并不减于唐代①。

总之,中晚唐五代举人及第后,通过参加谢恩、过堂、期集、关宴、雁塔题名等一系列谢恩游宴活动,逐步确立了相对稳定的座主门生关系,从而成为中晚唐党争形成的重要因素。座主门生、同年关系是官僚仕宦相互提携的重要纽带,是中晚唐朋党形成和党争的重要因素。不过,座主门生、同年关系是官场上潜在的观念,并不是制度化的东西,在功利面前还是很难被一概遵守。正是由于座主门生、同年关系容易导致党争,在政治上易受牵连,同时对国家官僚队伍的建设产生了不良影响,妨碍了皇权,因此,中晚唐五代的座主、门生关系也逐渐受到限制,转而向"圣主门生"的观念转变,这就为宋代"天子门生"的形成创造了条件。

---

① 钱穆《国史大纲》,北京:商务印书局,1992年,第488页。

六、论唐五代科举对婚姻观念的影响

科举对婚姻的影响作为科举对传统社会影响最为深远的一个方面,理应受到研究者重视,但学界对此关注很少,仅有少数学者论及。张邦炜在《试论宋代"婚姻不问阀阅"》、《婚姻与社会》中,论述了宋代榜下择婿的风气,并对唐代科举与婚姻的关系略有论述①。侯力《科举制度与唐代社会》②、妹尾达彦《"才子"与"佳人"——九世纪中国新的男女认识的形成》也论及相关问题③。尽管仕宦和婚姻是中国古代士大夫最为重要的两件大事④,但是学者在研究科举制度时往往只关注科举对个人仕宦的作用,而忽视科举对个人婚姻的影响。本章将重点探讨科举与唐五代人婚姻观念变迁的关系、原因等问题。

(一) 唐五代科举与婚姻观念的变迁

唐前期由于科举制度还处在发展阶段,科举对婚姻的影响还不是很明显,世人选婿更注重门第。特别是大士族之间相互通婚,形成了所谓的五姓大士族婚姻圈⑤。尽管唐高宗曾出面干预七姓十三家大士族"恃其族望,耻

---

① 《历史研究》1985年第6期,第26—41页;《婚姻与社会》(宋代),成都:四川人民出版社,1989年,第149—164页。
② 侯力《科举制度与唐代社会》第285—295页。
③ 收入邓小南主编《唐宋女性与社会》,上海:上海辞书出版社,2003年,第695—722页。
④ 参阅陈寅恪《唐代政治史述论稿》第70、74页。
⑤ 参考毛汉光《中古大族著房婚姻之研究——北魏高祖至唐中宗神龙年间五姓著房之婚姻关系》,《中研院历史语言研究所集刊》第56本第4分,1985年,第619—698页;毛汉光《中古山东大族著房之研究——唐代禁婚家与姓族谱》,《中研院历史语言研究所集刊》第54本第3分,1983年,第19—62页。

六、论唐五代科举对婚姻观念的影响　　　　　　　　　　　　　　　　207

与他姓为婚"的现象①,但被禁婚的五姓士族反而自号"禁昏家",更是相互尊崇,"密装饰其女以送夫家"②,"潜相聘娶,天子不能禁"③。以致中宗也在神龙中重申禁婚令,"以五姓婚媾,冠冕天下,物恶大盛,禁相为姻"④,但仍未改变世家大族崇重门第的婚姻观念,及至大历四年(769)李华仍说"山东士大夫以五姓婚姻为第一"⑤。从上述情况来看,唐前期在科举制度对贵族官僚政治还未产生深远影响的情况下,世人重门第婚聘的观念就连皇权都很难改变它。

但是随着中晚唐科举出身社会地位的提高以及士族的衰落,唐人婚聘逐渐从先前重"五姓女"即门第的观念,向科名、门第并重的观念发展。如《唐国史补》卷上云:"伊慎每求甲族以嫁子,李长荣则求时名以嫁子,皆自署为判官。"⑥德宗朝伊慎、李长荣嫁女,分别喜好求"甲族"、"时名"(即科名),代表了中唐婚姻观念的变化,尚甲族的观念已开始动摇,注重门第并不是世人婚聘看重的唯一因素,两人的婚聘观念在当时很具有代表性,因此被《唐国史补》记在一起,以示鲜明对比。又宪宗朝太师李光颜欲出嫁爱女,其"幕僚谓其必选佳婿,因从容语次,盛誉一郑秀才词学门阀,人韵风流异常,冀太师以子妻之"。但他却出乎意料地将其女以一健儿嫁之⑦。然李光颜的幕僚以"词学门阀"为"佳婿"的标准,则真实反映了元和年间时人普遍的择婿标准。不仅如此,就连贵为天子的皇帝为公主择婿时也不能脱俗,亦非常在乎科名。如开成中文宗以真源、临真二公主降士族,诏宗正卿取世家子弟尚主,并慨叹:"民间修昏姻,不计官品而上阀阅。我家二百年天子,顾不及崔、卢耶?"值得特别注意的是,后来文宗召尚公主的人选杜中立、卫洙,分别为

---

① 《隋唐嘉话》卷中,第33页;参考《唐会要》卷八三《嫁娶》,第1528页;《太平广记》卷一八四《氏族》,第1377页;《旧唐书》卷八二《李义府传》,第2769页。
② 《隋唐嘉话》卷中,第33页;参考《唐会要》卷八三《嫁娶》,第1528页。"七姓十三家",实际上为"五姓",所以唐人往往称为"五姓氏族"、"山东五姓"。
③ 《新唐书》卷九五《高俭传》,第3842页;参考韩国磐《隋唐五代时的阶级分析》,收入其《隋唐五代史论集》,第1—87页。
④ 《文苑英华》卷九〇〇《碑·唐赠太子太师崔公神道碑(李华)》,第4740页。
⑤ 《文苑英华》卷九〇〇《碑·唐赠太子太师崔公神道碑(李华)》,第4741页。
⑥ 《唐国史补》卷上,第29页。
⑦ 《北梦琐言》卷三《李光颜太师选佳婿》,第45页;《唐语林校证》卷四《豪爽》,第345页。

进士出身的杜羔之子和新进士及第者,均是以科第起家的新兴士族子弟①。虽然文宗在口头上对世人婚姻重阀阅轻官品的风气羡慕不已,但在尚公主的实际问题上更注重科名,这足以说明科名对婚姻观念影响之大。当然门第阀阅仍有很大市场,但计官品的现象亦不可小视,在中晚唐科名逐渐与官品等同的情况下,文宗嫁女也就免不了兼顾科名、门第俱美。无独有偶,宣宗皇帝也特别喜欢从及第进士中择子弟为婿。如《东观奏记》卷上云:"万寿公主,上(宣宗)女。钟爱独异,将下嫁,命择郎婿。郑颢,相门子,首科及第,声名籍甚,时(待)婚卢氏。宰相白敏中奏选尚主,颢衔之。"②郑颢乃相门之子,门阀世显,又首科进士及第,可谓良婿佳选。又于琮进士擢第,授左拾遗。起初,宣宗准备将永福公主嫁之,却因公主吃饭时乱发脾气,"折匕箸",宣宗认为此女配不上及第进士,就更以广德公主许之③。此事充分说明宣宗对及第进士的钟爱。又大中十一年(857),京兆士族王徽进士及第,时逢宣宗诏宰相"于进士中选子弟尚主,或以徽籍上闻"。但是王徽生性淡泊名利,不愿尚公主,无奈之下只好通过贿赂宰相刘瑑,方才免去被天子"裔婿"之命运④。宣宗贵为天子,却非常喜欢从士族子弟中选择及第进士尚公主,实际上是晚唐人婚聘重科名和门第观念的反映。时人选婿和朝廷选官的标准极为相似,而且相互影响,往往是"为闺门重,则为朝廷尚"⑤。其实,中晚唐五代民间闺门重科名的实质,是朝廷选官重科名的结果。正如晚唐郑仁表诗云:"文章世上争开路,阀阅山东拄破天。"⑥晚唐人入仕的标准恰恰以科名、门第出身最为重要,二者若能兼顾,则更能为时人崇重,升迁也最为迅捷。如郑仁表咸通九年(868)进士及第,"自谓门地、人物、文章具美",史书也颇为认可,"文章尤称俊拔"⑦。显然,他炫耀自己的"门地、人物(才能)、文章",

---

① 参考《新唐书》卷一七二《杜兼传附杜中立传》,第5204—5207页;《新唐书》卷一六四《卫次公传附卫洙传》,第5045—5046页。
② 参考《新唐书》卷一一九《白居易传附白敏中传》,第4306页。
③ 《新唐书》卷一〇四《于志宁传附于琮传》,第4009—4010页。
④ 《旧唐书》卷一七八《王徽传》,第4640页。
⑤ 《欧阳行周文集》卷八《与郑伯义书》,第50—51页。
⑥ 《唐摭言》卷一二《自负》,第136页。
⑦ 《旧唐书》卷一七六《郑肃传》,第4574页。

就是晚唐人仕宦、婚嫁时判定人物的标准。

随着晚唐人婚聘重科名和门第观念的增强,甚者有以诗赋标格高低择婿者。如《金华子杂编》卷下记李郢大中十年(856)进士及第前,曾在杭州与人争聘邻家女子,在门第和财礼都不能定夺的情况下,女方便"请各赋一篇,以定胜负"。结果进士李郢以诗赋标格胜出,成为邻家佳婿①。这正反映了中晚唐人婚聘重五姓女的观念已被打破,科名逐渐成为社会婚聘的首选。这在中古社会婚姻观念转变上具有重要意义,反映了婚姻观念取舍标准逐渐从重门第向科名的转变,门第的观念逐渐减轻。

五代婚姻观念更是发生了巨大的变化,时人"取士不问家世,婚姻不问阀阅"②,大大动摇了中晚唐人仕宦、婚嫁时以门第和科名判定人物的标准。中晚唐五代婚姻观念的变化无疑对魏晋以来已经衰落的士族政治以沉重打击。

以科第择婿的风气至五代宋初逐渐发展为榜下择婿③。宋人选婿的标准是但择科举出身者,不问其家世,延续了五代以来婚姻不问家世、阀阅的风气④。宋人赵严卫评论唐宋婚姻观念变迁时云:"唐人推崔、卢等姓为甲族,虽子孙贫贱,皆家世所重。今人不复以氏族为事,王公之女,苟贫乏,有盛年而不能嫁者;间阎富室,便可以婚侯门,婿甲科。"⑤这一评论清楚地概述了唐人婚聘重甲族,至宋代婚嫁更注重门第与科举甲科的渐变过程,科第出身已经逐渐成了宋人婚聘的首选。这种婚姻观念上的巨大差异,正反映了科举制度对唐末五代士族衰亡的重要影响。

(二)中晚唐五代的科名与选婿

中晚唐五代科举对婚姻观念影响最直接的表现是世人选婿时逐渐注重

---

① 收入《唐五代笔记小说大观》,第1763页;《唐语林》卷二《文学》略同,第60页。
② 《通志》卷二五《氏族序》,第439页。
③ 详见张邦炜《婚姻与社会》(宋代)第145—179页。
④ 〔宋〕朱彧《萍洲可谈》卷一,收入《丛书集成初编》第二七五四册,第16页。
⑤ 《云麓漫钞》卷三,第51页。

科名,科名与门第日趋并重,乃至出现选婿时往往科名比门第更为重要的现象。士大夫为选得有科名的快婿,往往各尽所能,用尽办法希望选个有科名者为婿。简要概括起来,若按举人登科前后来分的话,大致分为榜下择婿和榜前择婿两大类。下文主要以进士科为主探讨科举与选婿的关系。

1. 榜前择婿的出现。

榜前择婿指时人选择那些尚未及第的举子为婿的情况。在中晚唐人嫁女喜择科名的社会风气影响下,往往是女方在判断某举子将来登第势在必得的前提下先下赌注,抢先与举子定婚事,以期窝个有科名的佳婿。这种情况可以分为榜前订婚、成婚两种情况。如玄宗时,吕諲少"孤贫不自业,里人程氏财雄于乡,以女妻諲",后来进士及第①。如李翱典江淮郡时,进士卢储向其投卷,李翱的女儿见其文卷后断言:"此人必为状头。"李翱随后选卢储为婿,储来年果然状头及第,径赴嘉礼。有催妆诗曰:"昔年将去玉京游,第一仙人许状头。今日幸为秦晋会,早教鸾凤下妆楼。"②此例为典型的榜前订婚、榜后完婚的情况。另一种则是榜前完婚、婚后登第的情况。如进士李频"于诗特工",请给事中姚合品第其诗,姚"大加奖挹,且爱其标格,即以女妻之"。李频也不负其望,于大中八年(854)进士擢第③。晚唐萧楚公许配爱女于进士裴筠,不久裴筠便擢进士第。罗隐以一首诗刺之,揭穿了唐人喜纳进士为婿的实质,诗云:"细看月轮还有意,信知青桂近嫦娥。"④五代江南人钟辐,"恃少年有文,气豪体傲","时樊若水女才质双盛,爱辐之才而妻之。始燕(晏)尔,科诏遂下。时后周都洛,辐入洛应书,果中选于甲科第二"⑤。当然,以上实例都是善于择婿者,所选佳婿最终都能登科,而更多的情况是所选"佳婿"名落孙山。尽管这样,时人还是喜欢择举人为婿,因此唐五代墓志中,往往对亡者某女嫁给某进士、明经的事大书特书,实际上是时人将选得举子为婿视为一种荣耀、资本的体现。

---

① 《新唐书》卷一四〇《吕諲传》,第 4648 页。
② 《太平广记》卷一八一《贡举四·李翱女》引《抒情诗》,第 1346—1347 页。
③ 《唐才子传》卷七《李频》,见傅璇琮《唐才子传校笺》第三册,第 380—382 页。
④ 《唐摭言》卷九《误掇恶名》,第 95 页。
⑤ 〔宋〕文莹撰,郑世刚、杨立扬点校《湘山野录》卷中,北京:中华书局,1984年,第 37 页。

六、论唐五代科举对婚姻观念的影响

中晚唐人要想纳赀得有一定声誉的举子为婿也不是一件容易的事,通常各显其能,借助权势和金钱等方式,利诱、强迫有望登科的进士为婿。如大中年间故相牛僧孺之子牛蔚兄弟为当时豪门巨室子弟,看中了福建进士邓敞,欲纳其为妹婿。于是便跟邓敞说:"吾有女弟未出门,子能婚乎?当为君展力,宁靳一第乎?"邓敞顾虑到自己应举孤寒无助,便答应了这门婚事。在牛氏兄弟的帮助下邓敞于大中二年(848)登第,遂如约与牛氏成亲①。当然,也不乏借助权势强迫进士为婿的现象。唐末五代人高越,将举进士,"文价蔼然,器宇森挺,时人无出其右者。鄂帅李公贤之,待以殊礼,将妻以爱女。越窃谕其意,因题《鹰》一绝,书于屋壁",不告而别②。以重金赘进士为婿的现象,在当时也屡见不鲜。大和初李敏求应进士举,伊慎诸子求其为妹婿。起初李敏求方以仕进为务,没有答应,但后来连续十举未能登第。在无所生计的情况下,李敏求最后还是答应此门婚事,并以"钱二百四十贯"的"身价",被伊慎诸子赘为妹婿③。伊慎诸子一反其父"求甲族以嫁子"的选婿标准,转而以重金赘婿,反映了两代人在选婿观念上的巨大变化。这正是大和年间世人选婿看重进士科名的社会风气在伊慎父子身上的具体反映。这种花钱纳进士为婿的做法,发展到北宋便成为了"系捉钱"。

在中晚唐人榜前择婿的风气推动下,出现了《莺莺传》、《霍小玉传》等传奇小说,多以科场举子与士族小姐、歌伎之间的恋爱为主题,开创了中国才子佳人的恋爱小说模式④。此类小说正好反映了中晚唐人婚嫁渐重科名的现实情况。

2. 榜下择婿风气的形成。

随着唐前期科举制度的发展,特别是进士科在选官入仕和社会其他方面地位的提高,科举登第者成为时人嫁女争相赘婿的对象,从而出现了榜下择婿的社会风气。

---

① 《玉泉子》,收入《唐五代笔记小说大观》,第1424页。
② 〔宋〕郑文宝《南唐近事》卷二,收入《文渊阁四库全书》第一○三五册,第934页。
③ 《太平广记》卷一五七《定数十二·李敏求》引《河东记》,第1128页。
④ 参考〔日〕妹尾达彦《"才子"与"佳人"——九世纪中国新的男女认识的形成》,收入邓小南主编《唐宋女性与社会》,第695—722页。

中晚唐进士及第后，要参加各种宴集活动，这种公开的宴集活动便成了公卿择及第进士为婿的最佳场所，其中以曲江宴最为有名。据《唐摭言》记载："曲江之宴，行市罗列，长安几于半空。公卿家率以其日拣选东床，车马阗塞，莫可殚述。"①中晚唐进士关宴在曲江亭举行之日，"公卿家倾城纵观于此，有若中东床之选者，十八九钿车珠鞍，栉比而至"②。中晚唐进士及第后要在曲江举行游宴，公卿借机从中选择佳婿，其成者"十有八九"，未免有些夸张，但榜下择婿的风气已兴是不言而喻的。

中晚唐榜下择婿的例子很多。如建中四年（783）郑高进士及第，"士林指目"，"来抵门间，以嘉姻为请；金谓得选，是克配焉"③。刘茂贞元和二年（807）"年廿一，明经登第，元舅平仲以公人器不常，志在成立，遂以女妻之"④。一代文豪韩愈尤喜纳进士为女婿，元和三年（808），周况进士及第，韩便将长女好好嫁给了周况⑤。又元稹于贞元九年（793）明经及第，仆射韦夏卿便以爱女嫁之，纳其为婿⑥。又独孤郁于贞元十四年（798）进士及第，"文学有父风（父独孤及），尤为舍人权德舆所称，以子妻之"⑦，宪宗竟因此对权德舆羡慕不已，慨叹道："我女婿不如德舆女婿。"⑧宣宗宰相白敏中曾想纳前进士侯温为子婿，后来担心别人讥笑二人为"白侯"而作罢⑨。但白敏中始终

---

① 《唐摭言》卷三《散序》，第 25 页。
② 《唐摭言》卷三《慈恩寺题名游赏赋咏杂纪》，第 32 页。
③ 《隋唐五代墓志汇编·洛阳卷》第一二册《大唐故清河崔夫人权厝墓铭》，第 201 页。
④ 周绍良《唐代墓志汇编》大和三一号《唐故泗州司仓参军诸道盐铁转运等使巡覆官刘府君墓志》，第 2118 页。
⑤ 〔唐〕韩愈撰，陆费逵总勘，高时显、吴汝霖辑校，丁辅之监造《昌黎先生集》卷三五《四门博士周况妻韩氏墓志铭》，樊注："元和元年况中进士第，是岁公以好好适况。"（收入《四部备要·集部》，上海：上海中华书局，据东雅堂本校刊，1936 年，第 309 页）不仅如此，韩愈兄孙女婿李干也是进士及第，见屈守元、常思春主编《韩愈全集校注·文长庆三年·唐故太学博士李君墓志铭》，成都：四川大学出版社，1996 年，第 2571 页。
⑥ 《韩愈全集校注·文元和四年·监察御史元君妻京兆韦氏夫人墓志铭》，第 1771 页。
⑦ 《旧唐书》卷一六八《独孤郁传》，第 4381 页。
⑧ 《唐国史补》卷中，第 41 页。
⑨ 《玉泉子》，收入《唐五代笔记小说大观》，第 1426 页。

没死心,最终还是纳出身酒肆之家的及第进士陈会为婿①,了却了爱慕科名的心愿②。这与当时士子耻与商人为婚的观念形成很大反差,而改变这一观念的因素就是科名。皇帝、宰相尊贵至极,选婿反而羡慕进士出身,可见当时社会对进士出身尊崇倍至的程度。

"榜下择婿"的情形对男方来说就是"榜下娶妻",将登科与婚姻直接联系到一起。晚唐陈峤数举不第,孑然无依,至耳顺之年才获科名,"乡里以(其)宦情既薄,身后无依,乃以儒家女妻之,至新婚近八十矣"③。陈峤登第前后遭遇反差如此之大,正可见晚唐人嫁女重科名之风气。难怪后人用"洞房花烛夜,金榜挂名时"来形容人生得意之事,它从侧面也生动描述了科举对时人婚姻观念影响之深刻④。这种观念发展到后来,就成为宋真宗所说的"娶妻莫恨无良媒,书中有女颜如玉"⑤。

唐末五代榜下择婿即"脔婿"的风气,发展到宋初便更为常见⑥。宋代有钱有势者择婿更注重科第出身,特别是进士科出身在社会上尤受青睐。至北宋中期进士卖婚日盛,以致进士"娶妻论财,全乖礼义","玷辱恩命,亏损名节,莫甚于此"⑦。这充分说明科举制度对中晚唐五代以及宋代婚姻观念影响之深远,从而加速了唐代士族的衰亡。

(三)唐五代婚姻观念变迁的原因

唐初科举制度尚处在创始阶段,科举对选举制度的影响还很有限。随

---

① 《北梦琐言》卷三《陈会螳螂赋》云:"蜀之士子,莫不酷酒,慕相如涤器之风也。陈会郎中,家以当垆为业,为不扫街,官吏殴之。其母甚贤,勉以修进,不许归乡,以成名为期。每岁糇粮纸笔,衣服仆马,皆自成都赍致。郎中业八韵,唯《螳螂赋》大行。大和元年及第,李相固言览报状,处分厢界,收下酒旆,阖其户,家人犹拒之,逡巡贺登第,乃圣善奖训之力也。后为白中令子婿,西川副使,连典彭、汉两郡而终。"(第62—63页)
② 《北梦琐言》卷三《陈会螳螂赋》,第62—63页。
③ 《南部新书》卷戊,第72页。
④ 〔宋〕洪迈《容斋四笔》卷八《得意失意诗》,第701页。
⑤ 〔清〕钱德苍辑《解人颐》卷一《宋真宗劝学诗》,长沙:岳麓书社,2004年,第33页。
⑥ 详见张邦炜《婚姻与社会》(宋代)第149—152页。
⑦ 〔宋〕吕祖谦编、齐治平点校《宋文鉴》卷六一丁骘《请禁绝登科进士论财娶妻》,北京:中华书局,1992年,第905页。

着唐高宗和武则天时期大力推崇进士科,科名在社会上日渐崇重,科举对婚姻观念的影响也渐显端倪。如高宗宰相薛元超,曾视"不以进士擢第,不得娶五姓女,不得修国史",为平生之"三恨"①。因此,随着科举制影响的日益扩大,进士科出身逐渐与魏晋以来形成的门阀士族、婚姻崇尚"娶五姓女"相提并论②。

开元、天宝以来,随着科举考试制度逐渐成为入仕清流的主要途径,科举制度对士族官僚政治的冲击日渐明显,它打破了士庶界限,致使中晚唐士族、小姓和寒素等社会阶层的升沉发生了深刻变化,科名随之成为深刻影响婚姻观念转变的因素。中唐以降,进士科出身升迁尤为迅捷,世人"以进士登科为'登龙门',释褐多拜清紧,十数年间拟迹庙堂"③。故进士出身者,"终身为闻人","位极人臣,常十有二三,登显列十有六七"④。笔者曾作过一些统计,若按统计资料显示,仅进士科在宰相中所占比例而言,德顺时期为38％、宪宣时期为74％、懿哀时期为89％、五代时期为47％⑤,足见中晚唐时期进士出身在仕宦中前程似锦,社会上对登进士科者尤加青睐更是不言而喻,科名自然就成为世人择婿的首选。

在士大夫以"征文射策,以取禄位"的社会风气蔚然成风的同时⑥,以真才实学获取科名、官位的观念也悄然深入人心。这一点可从晚唐五代的一些启蒙读物和劝学篇中找到答案。敦煌文书 P.2564《鈅匐书》是唐五代敦煌流行的民间童蒙读物,其中有劝学歌词《十二时·劝学》云:"人生在世须臾老,男儿不学读诗书,恰似菌中肥地草……丈夫学问随身宝,白玉黄金未是珍。"⑦又 P.2952《二十时·劝学》残卷亦云:"读书便是仕(随)身宝,高官

---

① 《隋唐嘉话》卷中,第 28 页。
② 参见毛汉光《中古大族著房婚姻之研究——北魏高祖至唐中宗神龙年间五姓著房之婚姻关系》、《中古山东大族著房之研究——唐代禁婚家与姓族谱》二文。
③ 《封氏闻见记校注》卷三《贡举》,第 17 页。
④ 《唐国史补》卷下,第 56 页。
⑤ 参见金滢坤《中晚唐五代科举与社会变迁》第 162—175 页。
⑥ 《文苑英华》卷七五九《论、词科论并序(沈既济)》,第 3974 页。
⑦ 见《法藏敦煌西域文献》第一六册,第 14 页;参考潘重规《敦煌变文集新书》下册,台北:中国文化大学中文研究所,1984 年,第 1198—1199 页。

六、论唐五代科举对婚姻观念的影响

卿相在朝廷。"①同卷《求宦》云:"官职比来从此出,文章争不尽心学……若能读得百家书,万劫千生名朴(价)在。夜半子,春榜即写才文字,朝唐(堂)上下聘词章,万个之中无有二。鸡鸣丑,权隐在尘非长久,一朝肥马意(衣)轻裘,富贵荣华万物有。"这些通俗易懂的童蒙读物,集中体现了当时科举制度对社会底层的深远影响。"丈夫学问"、"读书",便是"随身宝"的观念已被世人接受,成为世人劝夫教子专事举业的精神支柱。在中晚唐五代朝廷通过科举考试以"写才文字"、"词章"为取士原则的情况下,"官职比来从此出"的观念已经根植在世人心目中,世人婚聘崇重科名就在所难免。若能以"学问"、"读书"而登科、入仕清流者,"一朝肥马意(衣)轻裘,富贵荣华万物有",自然在社会上备受青睐。可见当时不论士庶只要勤奋读书就可以通过科举考试,获取高官厚禄,这种观念已经深入人心。因此,反映在婚姻观念上,只要嫁给有科名的佳婿,自然意味着高官厚禄、光大门庭,世人婚嫁自然无须过分强调门第因素。

随着科举制度的发展,科举出身者的社会地位不断提高,科举出身与门第一样,逐渐被社会尊崇。如中唐李益进士及第,与宗人庶子同名,俱出姑臧公,时人谓"尚书为文章李益,庶子为门户李益"②。文中"文章"显然就是进士出身,正反映了世人对科名和门第观念已略有改变,科名的地位也超过了门第。此外,随着中晚唐五代科举出身者社会地位的不断提高,他们的经济特权也不断扩大,经济特权有利于其社会地位的提高,从而形成了所谓的"衣冠户"③。科举出身者经济地位的提高,自然也会影响世人婚聘时对及第者的厚爱。

在中晚唐五代科举制度与选官制度紧密结合的情况下,科举出身者多居显官、清列,该时期的婚姻观念也必然受其影响。中晚唐五代婚嫁尚科举出身人,本质上还是尚官人的体现。如韩愈所讲高处士嫁女的故事:有高处士扬言嫁女,"必嫁官人",王适为迎合高处士,竟谎称"明经及第,且选,即官

---

① 《法藏敦煌西域文献》第二〇册,第213页;参考任半塘《敦煌歌辞总编》下册,上海:上海古籍出版社,1987年,第1557—1558页。
② 《唐语林校证》卷四《企羡》,第363页。
③ 参阅韩国磐《科举制和衣冠户》,收入《隋唐五代史论集》,第284—293页。

人",并以卷书假冒告身,骗娶了高处士的爱女①。这则轶事道出唐人喜嫁科举出身者的实质,就是好女嫁"官人"。又如敦煌文书 P. 3305《论语序》下题:"可连(怜)学生郎,其(骑)马上天唐(堂)。谁家有好女,嫁以(与)学生郎。"②此诗虽为学士郎的幼稚习作,但学郎用"其(骑)马上天唐(堂)"的美丽诗句,自诩将来要登科名、做大官,借以媚取邻家女子好感的用意是非常明显的。其实质仍然是好女嫁官人社会观念的反映。当中晚唐科名在仕宦中成为第一出身的情况下,好女嫁官人的观念自然会变为好女嫁科名人的观念。如有宇文氏,其父"每贤之,为人曰:'是女当宜配科名人'"③,正是当时人好女嫁科名人的内心表露。相反,若是不好女子就不能嫁进士,如王承升之妹国色天香,"德宗纳之,不恋宫室",德宗恶其面带"穷相",便将其赶出宫,还特别"敕其母兄,不得嫁进士、朝官"④。德宗用意当然是担心女子"穷相"命毁了进士的前程,正好从反面证明进士理应配好女的社会心态。

世人婚聘重科名的观念在中晚唐已经融入了民间雅俗文化,甚至渗透到当时婚礼仪式中。据 P. 3350《下女夫词》云:"女答:本是何方君子,何处英才……儿答:本是长安君子,进士出身。选得刺史,故至高门……女答:何方所管,谁人伴换……儿答:敦煌县摄,公子伴涉;三史明闲,九经为业。"⑤《下女夫词》为晚唐五代敦煌地区婚礼仪式上的唱词⑥,男、女对答内容,并非事实,但从男、女对答话语中可知,女方所期盼的如意郎君,是或以"进士出身"或"三史明闲"或"九经为业"的科第出身者,理想仕宦官位为刺史之类的高官,反映了世人嫁女,企羡嫁与科举出身人,更希望其佳婿将来能官运亨通。

---

① 屈守元、常思春《韩愈全集校注·文元和九年·试大理评事王君墓志铭》,第 2034—2036 页。

② 《法藏敦煌西域文献》第二三册,第 136 页。参考李正宇《敦煌学郎题记辑注》,《敦煌学辑刊》1987 年第 1 期,第 40 页。

③ 《全唐文·唐文拾遗》卷三二李郴《唐秘书省秘书郎李君夫人宇文氏墓志铭》,第 10731 页。

④ 〔唐〕韦绚撰、阳羡生校点《刘宾客嘉话录·正编》,收入《唐五代笔记小说大观》,第 803 页。

⑤ 《下女夫词》,还见于 P. 2976、P. 3893、P. 3909、S. 3227、S. 3877、S. 5643、S. 5515、S. 5949 等号文书。

⑥ 李正宇认为《下夫词》产生的时间在中和四年至乾宁元年间(884—894)。见李正宇《〈下夫词〉研究》,《敦煌研究》1987 年第 2 期,第 40—50 页。

六、论唐五代科举对婚姻观念的影响

在现实生活中,丈夫一旦登科,不仅在家族和姻亲中的地位倍增,也会成为一个家族兴旺的寄托。如钱起《送张参及第还家》云:"大学三年闻琢玉,东堂一举早成名。借问还家何处好,玉人含笑下机迎。"[①]可以说登第不仅意味着个人的功成名就,也给整个家族带来了荣誉和希望。

在整个社会以科名为尊的情况下,夫君若无科名,妻子便会觉着低人一等,没有颜面。因此,激劝丈夫追求科名,便成了当时妇女的最高理想。如贞元初杜羔累举不中,将至家门,其妻刘氏寄诗与之,曰:"良人的的有奇才,何事年年被放回。如今妾已羞君面,君到来时近夜来。"杜羔见到妻子的诗文,倍加愧疚,发奋励志,终于在贞元五年(789)进士及第[②]。无独有偶,贞元七年(791),彭伉进士擢第,家人为其置宴庆贺,湛贲也应邀赴宴,被安置在后阁,并不觉难堪,湛贲妻却深感羞辱,忿然责之曰:"男子不能自励,窘辱如此,复何为容!"湛贲受其感悟,孜孜学业,未数载一举登第[③]。这两则故事堪称中国科举制度史上贤妻良母相夫教子、追求科名的生动案例,也是中晚唐科举取仕对社会的深刻影响在普通人婚姻、家庭中的正常反映。

总之,唐五代人婚姻观念变迁的根本原因在于科举制度对选官制度的深刻影响,当科举出身成为时人入仕的第一出身时,也必然会成为选婿的首要条件。在中晚唐选举以门第、科第并重的情况下,婚姻自然也是科第和门第并重。宋代以科举制度为基础的文官制度基本确立,反映在社会变革方面的一个显著变化,就是婚姻观以官位高低、科第出身来选择配偶,门第因素逐渐成为次要因素。从唐前期人婚聘重甲族,至晚唐五代重门第与科第,再到宋代重科第与官位,正反映了科举制度对社会变迁的深刻影响。科举对婚姻的影响作为科举对社会影响的一个重要层面,最能客观地反映科举对社会的影响。

[①] 《全唐诗》卷二三九,第 2688 页。
[②] 《玉泉子》,收入《唐五代笔记小说大观》,第 1427—1428 页。
[③] 《唐摭言》卷八《以贤妻激劝而得者》,第 89 页。

七、中晚唐制举试策与
士大夫的社会意识
——以"子大夫"的社会意识为中心

"士大夫"问题是近年来学术界探讨的一个热点①。最近,黄正建《唐代"士大夫"的特色及其变化——以两〈唐书〉用词为中心》一文在前人基础上,对唐代"士大夫"一词及其意义进行了深入探讨,认为士大夫在唐代并没有形成一个有固定特色的阶级,社会对他们还没有比较统一的认识和要求,社会舆论的主要担当者是"士君子"。到宋代,"士大夫"不再指门阀士族,甚至成为士族的对立面。宋代的"士大夫"具备了唐代"士君子"所具有的操守和左右舆论的能力,成为一个成熟的有自己固定特质的阶级②。关于唐代"士大夫"特色和含义的探讨,目前以黄氏的论点最为深入,但其对唐代"士大夫"的认识是建立在两《唐书》记载基础之上,似乎受两《唐书》编撰者观念的影响较大,尚有讨论之处。其实这一点黄氏在论文中已经提到,并仔细对比了相同史实两书记载的不同,显然,两《唐书》并不能全面反映唐人的士大夫概念。

要谈唐代"士大夫"的概念或特征,不能将其与宋代"士大夫"的概念和特征相割裂。关于宋代"士大夫",王水照先生曾指出:"宋代士人的身份有

---

① 阎步克在《士大夫政治演生史稿》一书中认为"士大夫"就是"行政文官和知识分子两种角色的结合",指出在中古时期,士人、士大夫"几乎就成了士族的同义语","随着士族的衰微和社会流动的活跃,科举制度破土而出","士大夫官僚政治仍然是演进的最终定局,并且发展到更成熟的形态"(第5、476—479页)。包弼德《斯文:唐宋思想的转型》(南京:江苏人民出版社,2001年)一书则认为:在7—12世纪这六个世纪中,"那些自称'士'、'士人'或'士大夫'的人支配了中国的政治与社会","然而,士的身份随时代而变化。在7世纪,士是家世显赫的高门大族所左右的精英群体;在10和11世纪,士是官僚;最后,在南宋,士是为数更多而家世却不太显赫的地方精英家族"(第4页)。

② 《中国史研究》2005年第3期,第119—124页。

一个与唐代不同的特点,即大都是集官僚、文士、学者三位于一身的复合型人才,其知识结构一般远比唐人渊博融贯,格局宏大","政治家、文章家、经术家三位一体,是宋代'士大夫之学'的有机构成"①。沈松勤《北宋文人与党争——中国士大夫群体研究之一》和郭学信《试论宋代士大夫的社会角色》都有类似看法②。陈峰认为宋代以前士大夫主要局限于特权阶层,"庶族出身的普通文官与读书人基本上处于依附的地位,很难跻身权力中心,在通常情况下也自然不能被视作士大夫"③。此外,张培锋《论中国古代"士大夫"概念的演变与界定》也探讨过"士大夫"在不同时期的概念④。下面将在前贤的讨论基础上,充分利用唐代制举策问和对策内容的相关史料,以"子大夫"为例,从唐宋"士大夫"充当的社会角色、社会意识等层面,来探讨中晚唐"士大夫"的含义,及其社会群体意识的形成和相关历史原因。

(一) 制举对策与士大夫群体意识形成的关系

1. 制举考试与"士大夫"的关系。

唐代制举考试促进了以"子大夫"为主体的士大夫群体意识的产生。唐代制举策问往往把想应考制举的举人称为"子大夫",并逐渐作为制举举人的专称,无形中增强了举人对"子大夫"称谓的认同感,促进了其社会群体责任感的形成。制举考试中称考生为"子大夫",由来已久,在西汉武帝察举考试策问中就已经称应举者为"子大夫"。西汉元光元年(前134)五月,汉武帝诏贤良曰:"朕之不敏,不能远德,此子大夫之所睹闻也。贤良明于古今王事之体,受策察问,咸以书对,著之于篇,朕亲览焉。"⑤此后"子大夫"多被指

---

① 王水照《宋代文学通论》,开封:河南大学出版社,1997年,第27页。
② 沈松勤《北宋文人与党争——中国士大夫群体研究之一》,北京:人民出版社,1998年,第115页;郭学信《试论宋代士大夫的社会角色》,《山东师范大学学报》(人文社会科学版)2007年第6期,第127—130页。
③ 陈峰《政治选择与宋代文官士大夫的政治角色——以宋朝治国方略及处理文武关系方面探究为中心》,《河南大学学报》(社会科学版)2007年第1期,第7—13页。
④ 《天津大学学报》(社会科学版)2006年第1期,第46—49页。
⑤ 《汉书》卷六《武帝本纪》,第160—161页。

代参加察举和制举考试之人。就笔者所见,"子大夫"一词在唐代制举考试中最早出现的时间是在载初元年(689),张说词标文苑科策问第二道云:"子大夫等学富三冬,才高十室,刑政之要,寔所明闲,倾此虚襟,伫闻良说。"①此后,长寿三年(694),临难不顾徇节宁邦科策问:"圣皇提象膺符,顺天革命……子大夫博古强学,见贤思齐,一善或同,千载相遇。"②神龙三年(705),贤良方正科策问:"朕闻处域中之……子大夫讲圣人之高议,明王事之大纲,蓄愤谋忠,历年载矣,何施而反本于古?"③开元二年(714),贤良方正科策问:"朕闻理国莫尚乎任贤……子大夫光我弓旌,应斯扬择,为政作法,岂无前范,安人济时,亦有令蹢。"④在建中以前,制举策问中"子大夫"一词出现的次数不是很多,显然"子大夫"专指制举举人的意向还不明显。但是到建中以后,几乎现存的每篇制举策问都把制举举人群体称之为"子大夫"。如建中元年(780),直言极谏科策问:"子大夫戢翼藏器,思奋俟时。"⑤贞元元年(785),贤良方正能直言极谏科策问:"子大夫蕴畜才器,通明古今,副我虚求,森然就列。匡朕之寡昧,拯时之难灾。毕志直书,无有所隐。"⑥贞元八年(792),博通坟典达于教化科策问:"今子大夫博习坟典,深明教化,褒然充举,咸造于庭。其极思精心,以喻朕之未寤。"⑦贞元二十一年(805),茂才异等科策问:"子大夫志行修洁,学术通赡,储思于天下之际,研精于大道之极。"⑧元和元年(806),才识兼茂明于体用科策问:"子大夫得不勉思朕言而茂明之?"⑨元和三年(808),贤良方正直言极谏科策问:"至若穷神知化,以盛其德,经纬文武,以大其业,考古会极,通教化之源,明目达聪,周视听之表,斯夙夜之所志也,子大夫将何以匡逮(建)而致之乎?"⑩长庆元年(821),贤良

---

① 《文苑英华》卷四七七《策·词标文苑策科第二道(问)》,第2435页。
② 《文苑英华》卷四七九《策·应临难不顾徇节宁邦策第一道(问)》,第2443页。
③ 《文苑英华》卷四八〇《策·贤良方正科第一道(问)》,第2450页。
④ 《文苑英华》卷四八三《策·贤良方正策七道(问)》,第2464页。
⑤ 《文苑英华》卷四九一《策·直言极谏策(问)》,第2512页。
⑥ 《陆贽集》卷六《策问贤良方正能直言极谏科》,第188页。
⑦ 《陆贽集》卷六《策问博通坟典达于教化科》,第190页。
⑧ 《文苑英华》卷四九一《策·茂才异等策(问)》,第2513页。
⑨ 《文苑英华》卷四八七《策·才识兼茂明于体用策第二道(问)》,第2483页。
⑩ 《文苑英华》卷四八九《策·贤良方正直言极谏策(问)》,第2498页。

七、中晚唐制举试策与士大夫的社会意识　　　　　　　　　　　　221

方正能直言极谏科策问云:"子大夫是宜发所蕴畜,沃予虚怀。极意正词,勿有隐讳……子大夫其勉之。"①宝历元年(825),贤良方正直言极谏科策问云:"子大夫皆蕴器应荐,愤愤悱悱,思所以奋者,于日久矣。当极其虑,开予郁滞。"②大和二年(828),贤良方正直言极谏科策问云:"子大夫皆识达古今,志在康济。造庭待问,副朕虚怀。必当箴主之阙,辨政之疵。"③皇帝宣布举行制举考试的制敕,也多以"子大夫"指代应试的举人。如宪宗《试制科举人制》云:"子大夫等藏器斯久,贲然而来,白驹就维,洪钟待扣,膺兹献纳,朕甚嘉之。"④穆宗《御宣政殿试制科举人制》云:"子大夫覃思于六经,驰骛于百氏,得不讲求至论,以沃朕心"⑤敬宗《试制举人敕》云:"子大夫庭列俨然,各应其品……当竭诚虑,无有蕴藏,宜坐食讫就试。"⑥文宗《试制举人诏》云:"子大夫达学通识,俨然来思,操觚濡翰,条诲宿滞,慰我虚伫,必宏嘉猷。"⑦从上述情况来看,绝大多数制举策问、试制举制诏中都把参加制举的考生称为"子大夫",特别是建中以后,所见每科策问都将其称为"子大夫",说明"子大夫"的称谓已被强化,"子大夫"成为制举举人比较固定的尊称,这有助于其群体意识的形成和社会责任感的增强,在一定程度上反映了士大夫阶层的兴起。

　　由于制举考试主要面向已经取得入仕资格的中低级官员,所以"子大夫"也涵盖了这些人,并不是专指进入考场参加考试的那些人,而是指整个中低级官员阶层。那么"子大夫"与"士大夫"的关系又怎样呢? 唐代《汉书》颜师古注对"子大夫"有个比较清楚的解释,云:"子者,人之嘉称。大夫,举官称也。志在优贤,故谓之子大夫也。"⑧显然,"子大夫"就是嘉官,即"贤大夫",这与士大夫的含义非常接近,是士大夫的主干力量。颜师古对汉代"子

---

① 《文苑英华》卷四九〇《策·贤良方正直言极谏策(问)》,第2508—2509页。
② 《文苑英华》卷四九〇《策·贤良方正直言极谏策(问)》,第2504页。
③ 《文苑英华》卷四九三《策·贤良方正直言极谏第一道(问)》,第2521页。
④ 《全唐文》卷五六,第606—607页。
⑤ 《全唐文》卷六四,第684页。
⑥ 《全唐文》卷六八,第716页。
⑦ 《全唐文》卷七一,第745页。
⑧ 《汉书》卷六《武帝本纪》,第162页。

大夫"的解释,也包含了唐人对当朝"子大夫"含义的界定。唐代"子大夫"也是可以称作"贤士大夫"的,贞元八年(792),陆贽在《策问博通坟典达于教化科》中将应举者称作"贤士大夫"、"子大夫"①。显然两者只是对考生的不同称谓,说明二者含义差别不大。既然士大夫包括有文化的官员,唐代制举考生又是以广大中低级官员为对象,那么"子大夫"自然就是士大夫阶层的主要组成部分,甚至是主干力量。显然以广大士大夫为招考对象的制举考试,无疑加强了士大夫群体的稳固,进而促进了士大夫群体意识的加强。既然,"子大夫"是"贤大夫",即士大夫的主干力量,因此,制举试策中所反映"子大夫"的社会思想意识,在很大程度上就代表了唐代士大夫的社会思想意识。"子大夫"在参加试策考试过程中,逐渐培养起来的社会责任心、使命感及群体意识,随着时间的推移,无疑也会扩大到整个士大夫阶层。

2. 制举考试与士大夫群体意识的增强。

制举考试促进了士大夫"天下者,为天下之天下"的群体意识形成。随着中晚唐制举对策直言极谏风气的形成,举人不畏汤镬之险、直书时弊、诚献良策,希祈皇帝采用其谏言的意识逐渐增强。独孤郁便声称:"陛下不能用臣言,不当问也;谓臣不能言其事,不当来也。既来矣,陛下问状,宜直其辞;既问矣,微臣尽忠,宜采其策。"该对策当然不仅仅是停留在表达举人是否尽忠,敢于直言极谏的层面上,而是希望皇帝能够重视广大举人的忠言,并能采纳其对策。他强调广大举人的这种参政议政意识一旦受到伤害,便会自觉"忠未见尽,直必有咎"②,也会挫伤整个士大夫对圣上的忠心和进谏的热忱。即便如此,他还是呼吁广大士大夫应该"以天下为忧","内不疑其身,外不疑于人,忧君而不顾其己,济物而不求其利者,孰肯悃悃款款,出于骨髓,发于肝膈,如此其切于天下乎"。正是在广大士大夫这种积极参与治理社会责任感和使命感的驱动下,独孤郁才在制举对策中大胆地提倡"夫天下者,为天下之天下"的观念,明确了士大夫的国家认同感和社会责任感,也体现了士大夫为国君分忧的使命感。

---

① 《陆贽集》卷六,第190页。
② 《文苑英华》卷四八八《策·对才识兼茂明于体用策(独孤郁)》,第2492页。

七、中晚唐制举试策与士大夫的社会意识

中晚唐所谓的"子大夫"社会责任感和自觉意识的增强,无疑提升了整个士大夫群体的社会责任意识。这一观念经历了唐末五代士大夫的进一步发展,到了宋代,士大夫的社会责任感又得到了进一步升华,士大夫更加勇于承担社会责任,产生了强烈的国家认同感,进而发展为文彦博向宋神宗提出的"为与士大夫治天下"的观念①。显然,晚唐子大夫着意提倡"夫天下者,天下之天下"的观念,是东晋士大夫"王与马共天下"观念形成之后的又一次重大转变②,为宋代"为与士大夫治天下"观念的提出,起到承上启下的作用。中晚唐士大夫已经认识到只有"天下安,微臣得保其生;不安,微臣不保其死"③,视"天下者,为天下之天下",君安则臣安,显示了以举人为代表的士大夫社会责任感明显加强。这也为宋代士大夫"先天下而忧"观念的出现提供了思想基础。

中晚唐制举对策中还体现了士大夫为国君分忧的使命感和责任意识。特别是元和元年(806),独孤郁制举对策中提出了"是以怀其效,以天下为忧;不怀其身,以天下为念"的观念④。这种舍弃小我、实现大我的精神,无疑为士大夫以天下为己任观念的形成提出了一个响亮的口号,这在中晚唐有着非常积极的意义,对号召士大夫拥护、辅佐岌岌可危的皇权有着重要现实意义。他们还倡导"知所以责难于君者,宜尽忠言;知所以尽忠于己者,宜及天下"⑤。这种自觉的社会责任心意义重大,为士大夫群体"自觉精神"的出现提供了思想基础。正如钱穆所说:"宋朝的时代……一种自觉的精神,亦终于在士大夫社会中渐渐萌苗。所谓'自觉精神'者,正是那辈读书人渐渐自己从内心深处涌现出一种感觉,觉得他们应该起来担负着天下的重任。"⑥

---

① 〔宋〕李焘《续资治通鉴长编》卷二二一宋神宗熙宁四年三月条,北京:中华书局,1980年,第5370页。
② 田余庆《论东晋门阀政治》,《北京大学学报》(哲学社会科学版)1987年第2期,第32—46页。
③ 《文苑英华》卷四八八《策·对才识兼茂明于体用策(独孤郁)》,第2492页。
④ 《文苑英华》卷四八八《策·对才识兼茂明于体用策(独孤郁)》,第2492页。
⑤ 《文苑英华》卷四八八《策·对才识兼茂明于体用策(独孤郁)》,第2492页。"宜尽忠言;知所以尽忠于己者",《全唐文》卷六八三独孤郁《对才识兼茂明于体用策》,作"所以怀其身,所以怀其身者"(第6986页)。
⑥ 钱穆《国史大纲》第558页。

显然,这种"自觉精神"在中晚唐制举对策中已经出现,而且很有代表性,说明制举对策在很大程度上促成了士大夫群体意识的形成。这种"以天下为忧"、"以天下为念"的观念,被宋代士大夫所继承,范仲淹只不过是其中的典型代表。他以天下为己任的责任意识,在宋代优礼当朝文士政策的激发下,更加增强了"兼济天下"之志①。晚年他写下了"先天下之忧而忧,后天下之乐而乐"的千古绝唱②,成为宋代士大夫的最高追求,从而大大提升了宋代士大夫以天下为己任的社会责任意识及对社会现实关注的热情。

中晚唐士大夫"以天下为己忧"的意识还体现在呼吁国君治国忧患意识方面。中晚唐制举考试中,子大夫提出的圣明君主应该具备"以有天下为己累,而不以位为乐"的社会意识,尤为重要。这实际上是士大夫社会意识增强的一个重要标志,在中国专制主义皇权制度下,士大夫的社会意识和责任感离开缺乏社会责任意识的皇帝是无论如何也无法实现的。因此,这一观念的提出,实际上是士大夫推行其社会理想的先决条件。元和三年(808),贤良方正直言极谏科策问曰:"盖闻昔之令王,体上圣之姿,御大宁之时,犹惧理之未至也;求贤以致用,犹惧动之不中也;咨谏以闻过,矧唯寡昧,膺受多福,思负荷之重,警风波之虞,求贤咨谏……子大夫将何以匡逮而致之乎?"皇甫湜对策云:"此陛下之忧切至也。臣闻尧舜以有天下为己忧,而未以位为乐也。"③此句,《全唐文》作"臣闻尧舜天下为己忧,而未以位为乐也"④。皇甫湜首次提出了贤明国君必须具备"以天下为己忧,而未以位为乐也"的忧患意识和社会责任感,比当时宰相杜黄裳所说的"王者上承天地宗庙,下抚百姓四夷"的天命观更为进步,在很大程度上反映了当时士大夫在增强自身社会忧患意识和社会责任感的同时,也在有意呼吁皇帝也应增强

---

① 郭学信《试论宋代士大夫的社会角色》,《山东师范大学学报》(人文社会科学版)2007年第6期,第127—130页。
② 〔宋〕范仲淹《范文正公集》卷七《岳阳楼记》,收入张元济《四部丛刊初编·集部》第一三五册,第4页。
③ 〔唐〕皇甫湜《皇甫持正文集》卷三《对贤良方正直言极谏策》,收入张元济《四部丛刊初编·集部》第一一九册,第3—4页。《文苑英华》卷四八九《策·贤良方正直言极谏策(皇甫湜)》略同,第2498—2499页。
④ 《全唐文》卷六八五《皇甫湜·对贤良方正直言极谏策》,第7014页。

七、中晚唐制举试策与士大夫的社会意识　　　　　　　　　　　　　225

社会责任感和忧患意识。这一思想意识在当时子大夫心中带有普遍性。如宝历元年(825)舒元褒《对贤良方正直言极谏策》云：

> 臣闻三代之理，以义化天下……虽负至圣之姿，常若不足，在求贤以辅，张谏以规，忧天下之忧，乐天下之乐，未尝枉一物而私其功也。三代之后……既不知其苦，必轻用其人……上之用无节，则有转死沟壑之患，生于无节，足以为生人之刀锯也。①

舒元褒把国君的社会责任感和忧患意识更加明确、具体化，大胆地提出国君应该具有"忧天下之忧，乐天下之乐"意识的理念。显然在士大夫的眼中，君王"忧天下之忧，乐天下之乐"是盛世的根本，一旦君王没有这种忧患意识，便会出现用度无节制、使百姓转死沟壑的现象。他认为"今陛下欲追踪乎三代，则莫若用三代之理"。只有君王具有"忧天下之忧，乐天下之乐"的忧患意识，才会"以其德理天下，则思求贤以广其覆载；以贞明并日月，则思纳谏以助其照临"，从而做到"无使有求恩之名，无使有得幸之号；无使内干外政，无使中夺外权；无垂饰喜之赏，无行迁怒之罚；无求悦目之华，无好荡心之巧"②。相反，国君缺乏忧患意识，距离亡国之时就不远了。又如大和二年(828)，刘蕡在制举对策中尽管承认文宗皇帝"忧劳之至"，但他认为"不宜忧而忧者国必衰，宜忧而不忧者国必危"。在他看来，当时最应该忧虑的是"宫闱将变，社稷将危，天下将倾，海内将乱"的问题，而要解决这些问题，须"委用贤士，亲近正人"③。但当时的情况却是"纪纲日紊，国祚日衰，奸凶日强，黎元日困"，他深刻认识到文宗可忧患之事多矣④，其对策反映了士大夫阶层对中晚唐宦官专政不断增强现象的担忧，皇帝被宦官等奸佞之臣包围，值此危机之时，国君的忧患意识最为可贵，若皇帝能举忠贤，日日与公卿大夫讲论政事的意义就非同一般，这在当时有非常重要的现实意义。制举对策中"子大夫"提出君王"忧天下之忧，乐天下之乐"的忧患意识，无疑在很大程度

---

① 《文苑英华》卷四九〇《策·对贤良方正直言极谏策(舒元褒)》，第2505页。
② 《文苑英华》卷四九〇《策·对贤良方正直言极谏策(舒元褒)》，第2505页。
③ 《文苑英华》卷四九三《策·对贤良方正直言策一道(刘蕡)》，第2522页。
④ 《文苑英华》卷四九三《策·对贤良方正直言策一道(刘蕡)》，第2524页。

上反映了这一时期士大夫的社会忧患和责任意识的增强。

中晚唐士大夫群体社会责任意识的增强,主要体现在士大夫参与国家事务的强烈社会责任感、要求君臣职责明晰、君臣以礼相待等方面。中晚唐制举对策还体现了士大夫勇于为君分忧、承担社会责任的群体意识。贞元元年(785),穆赞在《对贤良方正能直言极谏策》中尖锐地指出:"陛下一则罪己,二则罪己。若然者,复何用宰相乎?何用有司乎?"①他大胆提出天下大事、国家事务不是天子一人之事的重要观念,而应该由天子与百官、有司即士大夫共同分担。皇帝与百官、有司各司其职,也就意味着明确各自的社会责任。子大夫这种强烈的参与国家社会事务的责任感,无疑对士大夫群体社会意识的增强起到促进作用。

要求君臣以礼相待、各司其责的观念,也是士大夫社会意识增强的一个具体表现。杜元颖在制举对策中提出"子骄者不志孝,臣骄者不志忠",只要皇帝"训将帅以礼,示师徒以义,则伏节犯难者"能尽忠尽职,从而实现"朝有济理之士,边有死难之臣"②。制举考试便是一种通过皇帝策问、考生对策的形式,"使上获其益,下输其情",君臣上下得到有效沟通,效仿大禹和汉武帝等盛世明君所奉行的"大道",从而君臣之间各得其所,"骥然相与"③。

士大夫社会责任意识的增强还体现在子大夫对策中有关君臣各就其位、各司其职的观念日渐成熟。独孤郁在制举对策中还借用《周易》卦象,说:"乾为君,坤为臣。君意下降,臣诚上达,则是天地交,泰之时也;君意不下降,臣诚不上达,则是天地不交,否之时也。"④从天命的角度密切了君臣之间的关系,有意让皇帝明白即便像太宗这样的圣明之君,也"每一视朝,未尝不从容问群臣政之得失","是以无遗才,无阙政,巍巍荡荡,与天无穷者,上下交泰也"⑤。因此,他建议宪宗"上法天,下法地,中法太宗,每坐朝宣旨,使群臣各有所陈";"言语侍从之臣,得以奉其职";"谏诤之官,与闻其政而献替

---

① 《文苑英华》卷四八六,第2480页。
② 《文苑英华》卷四九一《策·对茂才异等策(杜元颖)》,第2516页。
③ 《文苑英华》卷四八八《策·对才识兼茂明于体用策(独孤郁)》,第2490页。
④ 《文苑英华》卷四八八《策·对才识兼茂明于体用策(独孤郁)》,第2490页。
⑤ 《文苑英华》卷四八八《策·对才识兼茂明于体用策(独孤郁)》,第2490页。

之"①;这样国家就能成为上下交泰的盛世。其观点的核心就是认为皇帝的职责在于远小人,亲贤臣,选拔天下贤能,调动广大士大夫参政、议政的责任心和使命感,使其充分参加国家事务的管理。元和元年(806),白居易在制举对策中对这一观念的分析更为明晰,认为国君专权过度和臣下擅权都会败坏政体。他主张:"夫委下而用私,专上而无效者。"他认为君臣各就其位,贵在各尽其责,不应相互侵权,"上下异位,君臣殊道,盖大者简者,君道也;小者繁者,臣道也。臣道者,百职小而众,万事细而繁,诚非人君一聪所能偏察,一明所能周览也。故人君之道,但择其人而任之,举其要而执之而已矣"。如果能做到这一点的话,"君得君之道,虽专之于上,而下自有以展其效矣;臣得臣之道,虽委于下,而人亦无以用其私矣"②。这种要求皇帝放权,加强百官职责,使整个社会发挥更高效益的观念,充分显示了士大夫社会责任意识的增强。

　　士大夫要求君臣各就其位、各司其职意识的提高,还反映在"子大夫"对策中要求君臣之间以礼相待上。他们疾呼天子"若以得人为务,社稷之计为心,则不宜待之如是也。夫王者,其道如天,其威如神,以聘问先之,以礼貌接之,造膝而言,虚心以受,犹恐惧殒越,而不得自尽其所怀,况乎坐之阶庭,试以文字,拳曲俯偻,承问而上对乎"③。要求皇帝"以礼貌接之,造膝而言",这不仅容易使君臣之间彼此增近信任和了解,而且体现了士大夫对其群体以天下为己任的责任感和积极参与国家社会事务意识的增强,希望自己得到应有的尊重。

(二) 制举对策批评时政风气促进了士大夫群体意识的增长

　　中晚唐正处在唐朝由盛转衰的转折时期,朝廷上下弊病丛生,内忧外患

---

① 《文苑英华》卷四八八《策·对才识兼茂明于体用策(独孤郁)》,第2490页。
② 《白居易集》卷四七《试策问制诰·才识兼茂明于体用策一道》,第990—991页。
③ 《皇甫持正文集》卷三《对贤良方正直言极谏策》,收入张元济《四部丛刊初编·集部》第一一九册,第2页;《文苑英华》卷四八九《策·对贤良方正直言极谏策(皇甫湜)》,第2499页。

不断,虽然历任皇帝都力图革除陈弊、振兴朝纲,但新皇帝往往年纪尚轻,缺乏政事经验和能力,加之中晚唐国家官僚机构日趋败坏,选举贤能就成为新主从政的首要任务和希望所在,制举考试便肩负了这一使命。中晚唐制举策问和对策都十分注重现实问题,而且都非常尖锐、具体,集中地反映了这一时期朝野上下锐意求变、重振盛世的思潮和使命,相对开明的政治风气为"子大夫"直言极谏提供了一个大的环境,从而出现了"子大夫"对策敢于直言、批评时政的风气,这在一定程度上助长了士大夫群体的责任意识。以下就从两个方面对此进行探讨。

1. 制举策问注重时政与鼓励批判时弊。

中晚唐大多数皇帝力图革新,都有通过制举考试倾听民意的愿望,这是由当时专制主义中央集权的皇帝制度造成的。由于这些年轻的皇帝从小"长于深宫,涉道日浅",不谙政务,等到"继列圣之鸿绪,抚万宇之烝人"时,往往缺乏治国经验。即便其"夙夜严恭,不敢有懈",也"实惧烛理未究,省躬未明"。加之这一时期,宦官专政和党争等问题严重[①],君臣、君民沟通渠道被堵塞,国君往往不能体恤民情。面对"宰相卿士,未有转时之对"、"千门之深,羽卫之隔,则堂上之远,岂止于千里"的情况,即便皇帝"雄杰聪明,极思虑而忧天下",也无可奈何,以致"法吏之舞文,权臣之弄柄,朋党连结,货贿公行;以中外重位,出入迭居"[②]。所以制举策问便成了皇帝"详求谠言,以辅不逮"的一个重要途径。特别是随着中晚唐宦官专政程度的日益加深,皇帝纳谏渠道日益闭塞,对锐意进取的子大夫来说,秉直对策显得尤为重要。制举对策通过天子亲试的形式,可以直接传达士大夫的心声,起到沟通皇帝与朝官及士大夫阶层的重要作用。于是,新即位的皇帝在策问之时,所说"子大夫是宜发所蕴蓄,沃予虚怀;极意正词,勿有隐讳"之语[③],就并非虚美之辞了,而有着社会现实意义。所谓的"子大夫"在对策时,也对皇帝充满了期待,往往在策尾不忘对皇帝亲试再三表达感激之情:"伏惟陛下留神独听,无

---

① 参陈寅恪《唐代政治史述论稿》第49—124页;胡如雷《唐代牛李党争研究》,《隋唐政治史论集》,石家庄:河北教育出版社,1997年,第331—352页。
② 《文苑英华》卷四九〇《策·对贤良方正直言极谏策(舒元褒)》,第2508页。
③ 《文苑英华》卷四九二《策·贤良方正直言极谏策(问)》,第2508页。

七、中晚唐制举试策与士大夫的社会意识

惑于左右,则四海九州幸甚!"①显然,奸佞当道,皇帝要做到如此,实在很困难。即便如此,中晚唐策问中"询求过阙,咨访谟猷"等也并非套话②,某种程度上说明了制举的目的,兼有选才和献策两种功能。于是,子大夫这种希望"进谏者词旨恳切,陛下既嘉其忠,亦允其请"的观念,无疑促成了士大夫社会群体意识的觉醒。

中晚唐制举策问较之前期促请举人直言、极谏的语气更为诚恳,鼓励举人关注社会、时政、时弊,为举人敢于直言极谏和批评时政,提供了较为宽松的社会环境。中晚唐策问鼓励举人对策的直言、极谏风气主要体现在以下两个方面。

一是策问鼓励举人直言极谏,敢于评论朝政弊端。制举考试中皇帝亲试以待"非常之才"的特点,理论上是由皇帝亲自策问,或者以皇帝的口气发问,即便是考策官代作,形式上也是代表皇帝的。在中晚唐皇帝求新思变的情况下,制举策问注重时务就成为形势所在,直言极谏不再是官样"虚策",而是"废虚文之无用者,奖至言之斥己者"的实际需要③,也表达了皇帝的真实意愿。如长庆元年(821)制策问曰:"至于朝廷之阙,四方之弊,详延而至,可得直书。退有后言,朕所不取。"显然,此类策问不能简单地当作制举试题,也不是政治作秀,而是有着很强的现实意义,与当时藩镇割据再度失控有着密切联系。穆宗不仅可以通过策问,"垂问以朝廷之阙,四方之弊",以期"跻人于善道,补政之阙遗",而且能获得"取士任贤","任贤于上,待人于下"的效果,还使朝廷之阙、四方之弊得到及时修补④,吸引社会的关注和讨论,从而使朝政"既往者且追救于弊后,将来者宜早防于事先",达到"保邦恒在于未危,恭己常居于无过"的目的⑤。中晚唐制举不常设,往往在大赦、灾疫频发、更改年号等特殊时期,有时新皇帝甚至选择嗣位之日举行制举考试,通过"首以直言极谏,徵夫贤良方正之士,而虚心以问"的方式,激发举人

---

① 《文苑英华》卷四九〇《策·对贤良方正直言极谏策(舒元褒)》,第2508页。
② 《文苑英华》卷四九三《策·对贤良方正直言极谏策一道(刘蕡)》,第2521页。
③ 《白居易集》卷四七《试策问制诰·才识兼茂明于体用策》,第987页。
④ 《文苑英华》卷四九〇《策·对贤良方正直言极谏策(庞严)》,第2511页。
⑤ 《白居易集》卷四七《试策问制诰·才识兼茂明于体用科策一道》,第992页。

对策的使命感和热情①。因此,皇帝亲试和不常设的制举特点,也有助于培养举人的使命感和对策谠直之风。对"天路甚高,无由上达"的举人来讲,须把握难得的时机,"愿就汤镬之诛,愿尽吐成败利害之根,愿解天下元元倒悬之急也,亦不枝蔓藻饰以为言,上缘圣问,下切人情","昧死上言"②。皇帝策问要求举人直言的语气也极为至诚,一旦皇帝下制诏宣告举行制举考试,举人往往对圣恩的感激之情无以言表,非常珍惜应举对策的机会。正如庞严所说:"今蒙陛下亲策于赤墀之下,惧所以烛理未究,省躬未明,乃使臣极意正词,勿有隐讳。臣其敢不直不极,而有阙陋哉!臣生三十年,实沐唐化,恨无以自效于日月之下。乃逢昌运,获进狂言,愿增天高,以益地厚。恳迫激切,不知所裁。谨昧死上对。"③此类记载很多,虽然有时是出于对策文体需要的溢美之词,但这种敢于批评朝政的直言极谏精神是不可否认的。

二是策问多针对重要的时政问题。中晚唐制举考试针对时政、时弊进行策问的情况明显增多,鼓励举人直言极谏,无形中不仅助长了举人针砭时弊、直言极谏的风气,而且很好地引导包括举人在内的广大士大夫关注民生、时政。中晚唐多数皇帝和宰相比较开明,锐意革新的意图比较明显,制举策问便充分体现了这一点。元和元年(806),宪宗制举策问曰:"朕观古之王者……靡不思贤能以济其理,求谠直以闻其过……朕所以叹息郁悼,思索其真,是用发恳恻之诚,咨体用之要,庶乎言之可行,行之不倦。"从而达到"上获其益,下输其情,君臣之间,懽然相与"的效果。而制举考试的主要对象"子大夫",多来自中下级官员,其中不乏一些"褐衣小臣",他们对制举考试充满信心,认为制举考试"有匡国致君之术,无位而不得行;有犯颜敢谏之心,无路而不得进"④,要想实现自己的政治理想,应举对策无疑是最佳的机会。因此,所谓的"子大夫"不但在对策之时,满怀对圣上的崇敬之情,"沐浴斋戒",极为郑重;同时在社会历练、观察思考的基础上,对重要的社会问题都有较为深刻的认识和见解,能很大程度上弥补君民之间沟通不足的状况。

---

① 《文苑英华》卷四九〇《策·对贤良方正直言极谏策(舒元褒)》,第 2504 页。
② 《文苑英华》卷四九〇《策·对贤良方正直言极谏策(舒元褒)》,第 2504 页。
③ 《文苑英华》卷四九〇《策·对贤良方正直言极谏策(庞严)》,第 2509 页。
④ 《旧唐书》卷一九〇下《文苑传下·刘蕡传》,第 5056 页。

七、中晚唐制举试策与士大夫的社会意识

"子大夫"非常关注现实问题,平常练习对策时,就非常关注和思索现实弊病,"固已揣摩,必穷利病",对策时往往是"明徵末失之渐,具陈兴盛之谟"①。他们"常欲与庶人议于道,商旅谤于市",深入社会各个阶层,广泛探讨社会问题和时弊,在一定程度上代表了民间的呼声和民意。如白居易《策林》就是其平时学习和思考的练习之作。这些有志之士往往是"少从师学,讲论载籍,为皇为帝为王为霸之所行,理乱兴衰之所由起"。加之这些子大夫正当壮年,虽"身处穷贱",但思想都比较成熟,社会阅历丰富,"又得农桑工贾之利病,人情风俗之厚薄,思愿一发于明天子之前,郁抑于中无因自致"②。因此,多数制举对策的确是高水准的政论文,对君王之道有很大的帮助。他们如此倾注心血而完成的对策,若能"得通上听",自然会"一悟主心"。即使"被妖言之罪,无所悔焉"③;"举直言,而直言未得上达,举之不以其人也"④,也不言弃。此外,制举考试由皇帝亲试,到中晚唐制举出身授官往往高于诸色出身,一般都授予左补阙、右拾遗等次清官,为将来卿相准备人选。从德宗到宣宗的宰相中有制举科名者占宰相总数的20.5%⑤。这也鼓舞了举人对策的信心,以至于中晚唐"贵族并应制举,用为男子荣进"⑥。甚至入卿相者,非"进士出身、制策不入","同僚迁拜,或以此更相讥弄"⑦。

制举策问最后还不忘消除举人的担忧,往往以"兴自朕躬,无悼后害"之类语句结束,举人因此备受鼓舞,荣幸至极,信誓旦旦。白居易就在对策中声称:"臣生也得为唐人,当陛下临御之时,睹陛下升平之始,斯则臣朝闻而夕死足矣!"并誓言:"今所以极千虑,昧万死,当盛时,献过言者,此诚微臣喜朝闻,甘夕死之志也。不然,何轻肆狂瞽,不避斧锧,若此之容易焉?伏惟少垂意而览之,则臣生死幸甚!生死幸甚!谨对。"⑧总之,制策提问多与时政

---

① 《沈下贤集校注》卷一〇《贤良方正直能言极谏策(长庆元年)》,第213页。
② 《文苑英华》卷四九〇《策·对贤良方正直言极谏策(庞严)》,第2509页。
③ 《文苑英华》卷四九三《策·贤良方正直言极谏策一道(刘蕡)》,第2521页。
④ 《文苑英华》卷四八六《策·贤良方正直言极谏策(穆贽)》,第2481页。
⑤ 宰相名单来源于《唐会要》卷一《帝号》,有多次入相者按一次计算。参考《登科记考补正》。
⑥ 《唐诗纪事》卷三七《元稹》,第563页。
⑦ 《封氏闻见记校注》卷三《制科》,第16—17页;《唐语林校证》卷八《补遗》略同,第717页。
⑧ 《白居易集》卷四七《试策问制诰·才识兼茂明于体用科策一道》,第986—987、992页。

有关,有助于举人关注时政,思考解决现实问题的对策,培养了子大夫阶层观注时政、参预政治的意识。

2. 朝政革新风气对举人对策的影响。

中晚唐朝政革新的风气不断,相对开明的风气,为"子大夫"对策提供了相对宽松的环境,激发了"子大夫"对策的激切之情,逐渐形成对策谠直、敢于批评时政的社会风气,从而促进了士大夫群体社会责任意识的增强。之所以出现这一风气,是由当时朝野政治风气决定的。元和初,谏官地位的提高及直谏和纳谏的开明风气,助长了举人对策的直言、激切,进而促使整个士大夫阶层的群体意识的发展。如皇甫湜元和三年(808)对策就对当时的政治弊病进行了犀利剖析,并逐一提出了对策。针对宪宗朝谏官和宰相的权利受宦官专权和党争的干扰,其职能大受影响的情况①,皇甫湜在对策中大胆指出:"今宰相之进见亦有数,侍从之臣皆失其职。""今职备而不举,法具而不行,谏诤之臣备员,不闻直声,弹察之臣塞路,未尝直指。"②在他看来,像左右补阙、拾遗等侍从之臣是"唯正之供,必有足信者,必有知礼者,出使足以尽情伪,居常足以助听览。左右之臣既如是矣,而又口与公卿大夫讲论政事,吏书其举,官箴其阙,以至于百工庶人,莫不谏而谤焉,济济多士,为之股肱"。一旦宰相失职,便会出现朝中进奏、皇帝诏敕出纳、重大决策无人负责的局面;侍从左右之臣失职,就会出现无人朝夕侍皇帝起居,"从游豫,与之论臣下之是非,赏罚之臧否者"的情况;最终的结果必然是"股肱不得而接,何疾如之;爪牙不足以卫,其危甚矣"③!这些认识可谓入木三分,非常犀利,与当时的情形十分相符④,充分体现了制举对策的激切和谠直之风。

---

① 宪宗永贞元年(805)七月二十八日被宦官俱文珍等拥立,掌握大权后便任命杜黄裳、袁滋为宰相;八月正式即位,任命郑余庆、郑絪为宰相,元和二年又以武元衡为宰相,这些人都是支持或拥立宪宗的有功之人。这些宰相的确建树较少,唯有杜黄裳、李吉甫在削藩等方面对宪宗劝谏有加。参李天石《唐宪宗》,长春:吉林文史出版社,1994年,第60—72页。

② 《皇甫持正文集》卷三《对贤良方正直言极谏策》,收入张元济《四部丛刊初编·集部》第一一九册,第7页;《文苑英华》卷四八九《策·对贤良方正直言极谏策(皇甫湜)》略同,第2500、2502页。

③ 《皇甫持正文集》卷三《对贤良方正直言极谏策》,收入张元济《四部丛刊初编·集部》第一一九册,第3页;《文苑英华》卷四八九《策·对贤良方正直言极谏策(皇甫湜)》略同,第2500页。

④ 李天石《唐宪宗》第72页。

七、中晚唐制举试策与士大夫的社会意识

皇甫湜对策中有关宪宗初谏官失职的论述也非常准确①。元和初,宪宗忙于清除二王集团和征讨藩镇叛乱,多与宦官、翰林学士独断,在决策方面未能顾及宰相的意见,更不用说考虑谏官的意见了。左右拾遗、左右补阙、左右散骑常侍、谏议大夫等谏官形同虚设,从宪宗即位到元和元年(806)四月,宪宗一次都未召见谏官②,就引起谏官的极度不满,是月辛酉日刚刚制举登科的元稹授左拾遗之后,意气风发,上疏论述谏官的作用和皇帝纳谏的意义。其疏云:

> 昔太宗以王珪、魏徵为谏官,宴游寝食未尝不在左右,又命三品以上入议大政,必遣谏官一人随之,以参得失,故天下大理。今之谏官,大不得豫召见,次不得参时政,排行就列,朝谒而已。近年以来,正牙不奏事,庶官罢巡对,谏官能举职者,独诰命有不便则上封事耳。君臣之际,讽谕于未形,筹画于至密,尚不能回至尊之盛意,况于既行之诰令,已命之除授,而欲以咫尺之书收丝纶之诏,诚亦难矣。愿陛下时于延英召对,使尽所怀,岂可置于其位而屏弃疏贱之哉!③

元稹以太宗之圣明,尚以谏官随身侍从,"以参得失"为例,说明谏官在圣明皇帝成就"天下大理"过程中的重要性。他认为宪宗自即位以来,长期不见谏官,使得谏官不能参与政事,形同虚位,以致出现重大筹划有失缜密、诰令疏失都很难补救的情况,有失国家设置谏官的本意。稍后,他又上疏云:

> 自古人君即位之初,必有敢言之士,人君苟受而赏之,则君子乐行其道,竞为忠说;小人亦贪得其利,不为回邪矣。如是,则上下之志通,幽远之情达,欲无理得乎! 苟拒而罪之,则君子卷怀括囊以保其身,小人阿意迎合以窃其位矣。如是,则十步之事,皆可欺也,欲无乱得乎……陛下践阼,今以周岁,夫闻有受伏伽之赏者。臣等备位谏列,旷日弥年,不得召见,每就列位,屏气鞠躬,不敢仰视,又安睱议得失,献可

---
① 李天石《唐宪宗》第69—89页。
② 《元稹集》卷三二《献事表》,第370页。
③ 《资治通鉴》卷二三七唐宪宗元和元年四月条,第7631页。

否哉！供奉官尚尔，况疏远之臣乎！此盖群下因循之罪也。①

显然，元稹进一步论证了谏官进言和皇帝纳谏的重要性及意义所在。他认为是否敢于听取忠言、善于纳谏是新皇帝稳固皇权的关键所在，如果皇帝广开言路、善于纳谏，则君子乐于施展政治才华，小人自然有所顾忌，君臣之间志通情达，国家自然治理有方。若皇帝偏信谗言，君子不敢直言以求自保，小人因阿谀奉承而得位，国家败亡将是迟早的事。因此，元稹感慨朝廷虚设谏官而不得召见，以致谏官在位也不敢谏言，朝政紊乱就在所难免了。后来，元稹又向宪宗条奏十事，其中有"无时召宰相以讲庶政"、"序次对百辟以广聪明"、"复正衙奏事以示躬亲"、"许方幅纠弹以慑奸佞"等四条，都是建言广开君臣之间进言纳谏、相互沟通的渠道，使皇帝能够充分听取百官意见，确保正言流通无碍。他还声称："使言之而是，是而见用，非臣之福也，天下之福也。"②无疑，元稹为急于思考如何成为贤明之君的宪宗提供了很好的建议，宪宗也很快接受了元稹的建议，开始重视求谏和纳谏。元和元年（806）以后，宪宗大力提倡、鼓励百官积极进谏，并在制度上恢复了正牙奏事制度，及时听取谏官的意见。在元和三年（808）制举考试之前，已经出现类似贞观、开元年间较为开明的风气，出现像李绛、元稹、裴垍、白居易、裴度、李吉甫等敢于直谏的一大批朝臣③。这期间不仅进谏的数量逐渐增多，而且言辞也比较尖锐，有时让宪宗都觉得很委屈。如元和二年（807）十一月，宪宗问李绛："谏官多谤讪朝政，皆无事实，朕欲谪其尤者一二人以儆其余，何如？"李绛对曰："此殆非陛下之意，必有邪臣欲壅蔽陛下之聪明者。人臣死生，系人主喜怒，敢发口谏者有几！就有谏者皆昼度夜思，朝删暮减，比得上达，什无二三。故人主孜孜求谏，犹惧不至，况罪之乎！如此，杜天下之口，非社稷之福也。"④结果，李绛之对让宪宗欣然释怀。正是元和初君臣之间形成的这种良好、开明的进谏与纳谏关系，促成了元和三年（808）制举对策中举人敢于苦诋时弊、评议时政的结果。不过，皇甫湜所批驳谏官失职的情况，在宪

---

① 《资治通鉴》卷二三七唐宪宗元和元年四月条，第7631—7632页。
② 《元稹集》卷三二《献事表》，第373页。
③ 李天石《唐宪宗》第76—89页。
④ 《资治通鉴》卷二三七唐宪宗元和二年十一月条，第7646页。

宗初的确存在,但在其对策时已经有很大改观,这或许就是宪宗鼓励进谏和纳谏的风气所致。

中晚唐制举考试的选才标准助长了举人对策言辞激切、苦诋时政的风气,考官也很看重对策谠直急切之人,如贞元十年(794)十月制举考试时,中书舍人权德舆、吏部郎中相君、右补阙崔君为试策官,有许进士对策激切,以至于众考官相顾踌躇道:"直言者方讥切吾党,其可舍诸?"结果权德舆"抚手贺之,以为得隽",诏下及第,授校书郎①。显然,举人之所以言词激切是因为其"以为词不切,志不激,则不能回君听,感君心",就无法得到皇帝和考官的赏识,更不可能获得名第,这种风气激励了举人的谠直和真切。因此,这一时期,举人在对策时往往砥砺名节,言辞激切,"昧死上对"②。如元稹、白居易在应制举时,无不"指病危言,不顾成败,意在决求高等"③。元和三年(808)诏举贤良,皇甫湜、牛僧孺、李宗闵对策便是以"其言激切","苦诋时政"④,不畏权势,敢于指斥权贵,因此"恩奖登科"。虽然考策官杨於陵、韦贯之,覆策官裴垍、王涯及相关官员卢坦、王播先后因此事被贬,却引起士大夫阶层的极度不满,"上自朝廷,下至衢路,众心汹汹,惊惧不安,直道者疢心,直言者杜口"。究其原因,主要是宦官贵幸和宰相李吉甫利用落第举人的不满,妄加指斥考官试策不公⑤。此次制举考试中举人以苦诋时政而登第,虽然连累了考官,但最终导致当朝宰相出阁,考官裴垍入相,这充分说明制举考试中士大夫直言极谏的风气得到社会舆论的肯定。在这种朝野崇尚谠直、直言风气的带动下,遂出现另一情况,即举人虽因对策谠直落第,却因此受到时誉的称赞,如大和二年(828),刘蕡因参加制举考试指斥权贵,由此而声名大振。

虽然很多举人对策对中晚唐的社会问题剖析得很透彻,提出不少好的

---

① 《权德舆文集》卷二八《送许协律判官赴西川序》,第393页。
② 《白居易集》卷四七《试策问制诰·才识兼茂明于体用科策一道》,第987—988页。
③ 《元稹集》卷一〇《酬翰林白学士代书一百韵》,第117页。
④ 《旧唐书》卷一四八《裴垍传》,第3990页。
⑤ 岑仲勉《隋唐史》下册,第430页;唐长孺《山居存稿》第212—216页;程奇立《元和制举案辨正——兼与岑仲勉、傅璇琮先生商榷》,《烟台师范学院学报》(哲学社会科学版)1990年第1期,第37—41页。

解决方案,但是随着当时朝政的日渐败坏,使得即使是好的方案也很难得到实施。元稹在对策中就指出:

> 我唐列圣君临,策天下之士者多矣。异时莫不光扬其名声,宠绥其爵禄。然而曾不闻天下之人曰:"某日天子降某问,得某士,行某策,济某功。"抑不知直言之诏屡下,而直言之士不出耶?①

从元稹的对策来看,真正采纳制举对策的情况还是比较少的。这与制举对策自身的局限性也有一定关系。一方面,是举人对策本身有很大局限性,"天下之事,虽一二以疏",举人往往很难全面、深入地解决策问提出的问题,而且也很难符合考官的心意,"举臣所当言,又有非臣下所宜闻知";另一方面,虽然多数皇帝希望举人直言极谏,但权贵们并不乐意,正所谓"清问所不说,又郁而不得发,强附之于篇,考视者必以为余烦,又摈而不得通矣"。虽然,偶有举人希望皇帝能够亲试,"于冕旒之前"当面应答,"可采则行之,无用则罢之"②,但是随着中晚唐朝政日趋败坏,天子真正能做到这一点实在不容易。因此即便有非常好的对策,在宦官专政和党争不断的情况下,也很难得到皇帝亲览,更不用说赏识和重用了。

虽然中晚唐许多制举对策中的好的意见没被采纳,但很少有因言词激烈而受到处罚的。正如元稹对策所云:"伏愿陛下以臣此策,委之有司,苟或可观,施之天下……则臣始终之愿毕矣。如或言不适用,策不便时,则臣有瞽圣欺天之罪,将置于典刑,陛下固不得而宥之矣,亦臣之所甘心焉。"③这反映了中晚唐以皇帝为核心的统治集团对制举对策的宽容度。不管举人对策再怎么尖锐,中晚唐制举考试一般也不会处罚举人,反而是举人因对策激切而中第,这无形中减轻了举人对直言、激切的顾虑,促进了制举对策直言、批判时弊的社会风气,也增强了士大夫阶层的社会意识和责任感。如贞元元年(785),"德宗皇帝初即位年,亦征天下直言极谏之士,亲自临试,问以天

---

① 《元稹集》卷二八《才识兼茂明于体用策一道》,第332页。
② 《皇甫持正文集》卷三《对贤良方正直言极谏策》,收入张元济《四部丛刊初编集部》第一一九册,第2页;《文苑英华》卷四八九《策·贤良方正直言极谏策(皇甫湜)》,第2499页。
③ 《元稹集》卷二八《才识兼茂明于体用策》,第333页。

七、中晚唐制举试策与士大夫的社会意识

旱。穆赞对云:两汉故事,三公当免;卜式著议,弘羊可烹。此皆指言当时在权位而有恩宠者。德宗深嘉之,自第四等拔为第三等,自畿尉擢为左补阙;书之国史,以示子孙"①。尽管现实与皇帝诏书所说内容往往相去甚远,但是真正因举人在对策中敢于抨击时政而被刊落者实为少数。其可考者,仅有元和元年(806)王适等少数人因对策太直而落第②。因此,即便屡屡出现制举对策激切之语触怒权贵的情况,但也未能改变其谠直、激切的风气。如元和三年(808),皇甫湜、牛僧孺等对策,"其语激切","苦诋时政",名震一时,却招致权贵谗忌,宪宗不得已,贬相关考官和复核官杨於陵、韦贯之,罢翰林学士裴垍。幸好"宪宗知垍好直,信任弥厚",李吉甫罢相后,遂拜裴垍为宰相③。这充分说明当时谠直之风是深受宪宗肯定,考策官之贬谪,仅仅是出于政治上的某种权宜之计,这就进一步助长了制举对策的谠直之风。只是到了晚唐,特别是文宗以后宦官专权日益严重,出现考策官畏惧宦官、不敢放抨击宦官的举人及第的情况。如《通鉴》卷二四三唐文宗大和二年三月条云:

> 自元和之末,宦官益横,建置天子在其掌握,威权出人主之右,人莫敢言。上亲策制举人,贤良方正昌平刘蕡对策,极言其祸,其略曰:"陛下宜先尤者,宫闱将变、社稷将危、天下将倾、海内将乱。"……又曰:"忠贤无腹心之寄,阉寺持废立之权,陷先君不得正其终,致陛下不得正其始。"④

这次制举考试刘蕡批判宦官专政之祸可谓直言不讳,切中政局要害,虽然考官左散骑常侍冯宿等非常叹服刘蕡的对策,但因畏惧宦官竟不敢取⑤。此事对当时朝野震动颇大,对策中提出的宦官问题、纲纪败坏、藩镇问题、赋税苛重,都是当时最为严重的社会问题。虽然刘蕡未能中第,但得到广大士大夫

---

① 《白居易集》卷五八《奏状·论制科人状》,第1231页。
② 《唐摭言》卷一二《自负》,第137页。
③ 《旧唐书》卷一四八《裴垍传》,第3990页。
④ 《资治通鉴》卷二四二唐文宗大和二年三月条,第7856页;《旧唐书》卷一九〇下《文苑传下·刘蕡传》,第5067—5068页。
⑤ 《旧唐书》卷一九〇下《文苑传下·刘蕡传》,第5077页。

的支持和共鸣①。后来的"甘露之变"等重大政治事件的发生也是为解决这些问题,这与刘蕡对策内容不无暗合,可见举人对策在剖析和解决政局弊端方面,的确能提出很好的政见。

以上种种开明风气,无疑激发了举人关注现实、勇于批判时弊的社会风气。参加制举考试的"子大夫"对策往往激切、谠直,无不以"敢爱一身之死,而不直乎"为荣②,"言无不直,直不惧于罪也。若谏无不极者"③。

综上所论,中晚唐正处在唐朝由盛而衰的转折时期,朝廷上下弊病丛生,内忧外患不断,选举贤能就成为皇帝新政的首要任务和希望所在,从而出现一个相对开明的社会风气,为"子大夫"对策敢于直言极谏提供了一个大环境。唐代制举考试主要面向全国中低级官员即所谓的"子大夫","子大夫"成为制举考生比较固定的称谓,无形中增强了其群体认同感,促进其社会群体责任感的形成,在一定程度上反映了以"子大夫"为主干的士大夫阶层的兴起。因此,制举试策中所反映的"子大夫"的社会思想意识,在很大程度上就代表了唐代士大夫的社会意识。"子大夫"在参加试策考试过程中,逐渐培养起来的社会责任心、使命感,随着时间的推移,逐渐扩大到整个士大夫阶层。由于中晚唐制举策问多针对时务策问,所以"子大夫"非常关注现实问题,"固己揣摩,必穷利病",甚至"常欲与庶人议于道,商旅谤于市",在一定程度上代表了民间的呼声和民意。制举对策中着重提倡"天下者,为天下之天下"的观念,明确了士大夫对国家的认同感和社会责任感,也体现了士大夫为国君分忧的使命感。这一观念,是东晋士大夫"王与马共天下"观念形成之后的又一重大转变,为宋代士大夫"为与士大夫治天下"观念的出现,起到了承上启下的作用。中晚唐独孤郁制举对策中提出的"是以怀其效,以天下为忧;不怀其身,以天下为念",即舍弃小我、实现大我的观念,无疑为士大夫以天下为己任的意识的形成起到推动作用。这在中晚唐有着非常积极的意义,对号召士大夫拥护、辅助岌岌可危的皇权有着重要的现实意义。这种自觉的社会责任心的逐渐萌芽意义重大,为士大夫群体"自觉精

---

① 《新唐书》卷一七八《刘蕡传》,第 5306 页。
② 《文苑英华》卷四九〇《策·对贤良方正直言极谏策(舒元褒)》,第 2508 页。
③ 《沈下贤集校注》卷一〇《贤良方正能直言极谏策(长庆元年)》,第 223 页。

七、中晚唐制举试策与士大夫的社会意识

神"的出现提供了思想目标。而"以天下为忧"、"以天下为念"的观念,更是被宋代士大夫所继承,范仲淹提出的"先天下之忧而忧,后天下之乐而乐"的千古绝唱,成为宋代士大夫的最高追求,从而大大提升了宋代士大夫的社会责任意识和对社会现实关注的热情。中晚唐制举考试中,子大夫提出的圣明君主应该具备"天下为己之累,而不以位为乐"的社会责任意识,尤为重要。这实际上是士大夫社会群体责任意识增强的一个重要标志,在中国专制主义皇权制度下,士大夫的社会责任意识和群体感一旦与国君的社会责任意识脱节是无论如何也无法实现的,因此,这一观念的提出,实际上是士大夫推行其社会理想和意识的先决条件。显然在士大夫的眼中,君王"忧天下之忧,乐天下之乐"是盛世的根本,一旦君王缺乏这种忧患意识,便会出现用度无节、百姓转死沟壑,距离亡国之时就为期不远了。因此,"子大夫"在制举对策中,还体现了勇于为君分忧、承担社会责任的群体意识。子大夫这种强烈的参与国家事务的社会责任感,无疑对士大夫群体社会意识的增强起到促进作用。而要求君臣以礼相待、各司其职的观念,也是士大夫社会意识增强的一个具体表现。

八、中晚唐制举对策与政局变化
——以藩镇问题为中心

关于唐代制举考试的研究,目前学术界研究的不是很多,傅璇琮《唐代科举与文学》①、吴宗国《唐代科举制度研究》等论著②,对唐代制举考试程序和相关制度进行了概括性研究。此外,刘恩惠《唐代制举初探》、丁爱华《唐代制举述略》、程奇立《元和制举案辨正——兼与岑仲勉、傅璇琮先生商榷》、何汉心《唐朝制举和制科》③等文又对制举考试发表了不同看法。值得注意的是,陈飞《唐代试策的形式体制——以制举策文为例》④、拙文《试论唐代制举试策文体的演变》⑤,对制举考试文体发表了各自的看法,但将制举考试与社会变迁、政局变化相结合研究的文章甚少,仅有拙文《中晚唐制举试策与士大夫的社会意识——以"子大夫"的社会意识为中心》重点探讨了制举考试对以"子大夫"为中心的士大夫社会意识的形成,其中涉及一些中晚唐制举对策敢于批判时政的相关问题⑥。中晚唐制举对策中有关藩镇问题的见解,近乎直言不讳,比较真实地反映了当时的历史,对研究中晚唐藩镇问题具有重要的史料价值;但目前学界普遍对制举对策内容真实性持怀疑态度,认为制举对策都是应试作文,没有实际意义,多为假设之语、空泛之辞。其

---

① 傅璇琮《唐代科举与文学》第 134—190 页。
② 吴宗国《唐代科举制度研究》第 67—96 页。
③ 刘恩惠《唐代制举初探》,《松辽学刊》(社会科学版)1984 年第 3 期,第 34—37、71 页;丁爱华《唐代制举述略》,《理论学刊》1989 年第 5 期,第 57—59 页;程奇立《元和制举案辨正》,《烟台师范学院学报》(哲学社会科学版)1990 年第 1 期,第 37—41 页;何汉心《唐朝制举和制科》,收入中国唐代学会编辑委员会《第二届国际唐代学术会议文集》(史学)下册,台北:台湾文津出版社,1993 年,第 1214—1214 页。
④ 《文学遗产》2006 年第 6 期,第 37—44 页。
⑤ 《首都师范大学学报》(社会科学版)2011 年第 4 期,第 17—26 页。
⑥ 《学术月刊》2010 年第 12 期,第 129—140 页。

八、中晚唐制举对策与政局变化

实,中晚唐制举举子对策往往以"其言激切"、"苦诋时政"、不畏权势、敢于批判当朝权贵而为世所称,甚至有举子因此名登甲第。举子的言论往往是"与庶人议于道,商旅谤于市","固己揣摩"当代之时事,深入社会的各个阶层,经过广泛关注和思索社会问题和时弊之后,才发表的政论①。

中晚唐政出多门,军队统率不一,方镇自有武装,特别是一些叛镇更是跋扈,藩镇将士居功自重,"进不求赏,退不畏刑"的情况非常普遍。因此,有关藩镇问题②,便成为策问的一个重要内容。以下重点对中晚唐制举对策中论及有关虚张军籍、精兵、销兵、削藩策略等问题,结合相关史籍进行深入分析。

（一）制举对策与虚张军籍、精兵问题

唐代自安史之乱以后,随着藩镇数量的增加,中央禁军和藩镇普遍存在虚张军籍、虚增军费的问题,增大了国家军费开支,引发了"赋敛迭兴",导致农民贫病、不务本业的情况十分严重。这些社会问题在制举对策中都有反映。元和元年(806),才识兼茂明于体用策问云:"自祸阶漏壤,兵宿中原,生人困竭,耗其太半……督耕殖之业,而人无恋本之心;峻榷酤之科,而下有重敛之困。"③对此罗让在对策中说,造成这种状况原因主要是"握兵者建置失其道","兵柄之臣,率好生事,不思戢伏,贵算威名;则有崇广卒徒之员,聚拥虓阚之群,厚敛残下,偷取一切";"寻掌其兵千,又思兵万;寻掌其兵万,又思兵数万"。显然,妄冒军籍的主要原因是各级军镇将校、地方长官为了切身利益,蓄意制造兵乱,借此不断扩充兵员,"以因其力,以赡其欲",从而造成朝廷"徒仰费于县官,高(膏)病于悠久"的局面④,以致军费大增。

这种情况形成由来已久。自天宝以来,唐朝中央缺乏一支可以控制的

---

① 详见金滢坤《中晚唐制举试策与士大夫的社会意识——以"子大夫"的社会意识为中心》,《学术月刊》2010年第12期,第129—140页。
② 关于藩镇问题的研究,张达志《唐代后期藩镇与州之关系研究》(北京:中国社会科学出版社,2011年)在"绪论"(第1—45页)中,已经做了很好的概述,本章不再赘述。
③ 《文苑英华》卷四八七《策·才识兼茂明于体用第二道》,第2483页。
④ 《文苑英华》卷四八九《策·对才识兼茂明于体用策(罗让)》,第2496页。

强大军事力量,主要依靠平衡中央禁军和藩镇之间的均势,来维持国家的稳定。安史之乱后,就连中央所倚仗的防遏和讨伐骄藩叛镇的主力——中原型藩镇,也采取"乐于自擅,欲倚贼自重"的态度,不愿真心实意地平定叛镇①。中原型藩镇得以养兵自重,正是依赖于骄藩叛镇的长期存在,正所谓的"比年天下皆厚留度支钱蓄养兵士者,以中原之有寇贼也"②。正因如此,地方藩镇才普遍"以因其力,以赡其欲",通过无限养兵、妄冒军籍,克扣军粮,以满足其无限的贪欲。所导致的结果是,在中央调遣各路藩镇平定叛镇时,各藩镇往往持观望态度,不肯戮力杀敌。正如李吉甫慨叹:"中兴三十年,而兵未戢者,将帅养寇藩身也。若以亡败为戒,则总干戈者必图万全,而不决战。"③听命中央的藩镇在关系到自身安危时,"必图万全",保存自身,藉以养兵敛财成了根本,而不关心战局如何。罗让的制举对策无疑揭示了中晚唐藩镇痼疾难去的这一根本性原因。

随着中晚唐藩镇数量和势力的增加,藩镇兵将军费陡增,也转嫁到中央财政上来,这一问题在制举对策中也有反映。元和十一年(816),杜元颖的对策就指出:"今王畿之内外地州县亦不当赋穗者何?有镇守团练等使,数州又置节度度支使,皆多聚强兵,增置部伍,车禾斗米,皆出于人,计其诛求,十倍王府。"④正如杜元颖所言,元和年间,唐代军费的确达到了一个惊人的数目。据开成二年(837)王彦威《供军图》云:

> 起至德、乾元之际,迄于永贞、元和之初,天下有观察者十,节度二十有九,防御者四,经略者三。掎角之师,犬牙相制,大都通邑,无不有兵,都计中外兵额,至八十余万。长庆户口凡三百三十五万,而兵额约九十九万,通计三户资一兵。今计天下租赋,一岁所入,总不过三千五百余万,而上供之数三之一焉。三分之中,二给衣赐。自留州留使兵士衣赐之外,其余四十万众,仰给度支。伏以时逢理安,运属神圣,然而兵

---

① 《资治通鉴》卷二三九唐宪宗元和十年九月条,第7717页。参考张国刚《唐代藩镇研究》第131页。
② 《李翱集》卷九《疏绝进献》,第72—73页。
③ 《新唐书》卷一三六《李光弼传附张伯仪传》,第4594页。
④ 《文苑英华》卷四九一《策·对茂才异等策(杜元颖)》,第2515页。

八、中晚唐制举对策与政局变化　　　　　　　　　　　　　　　243

不可弭,食哉惟时。忧勤之端,兵食是切。臣谬司邦计,虔奉睿图,辄纂
事功,庶裨圣览。①

可见元和中,唐朝中外军队达到83万②,长庆中又达99万,数额大大超过以
往任何时期。按照长庆中天下户口335万户,而兵员达到99万计,基本上
是3.4户资一兵,即所谓"三户资一兵",给百姓造成的负担是可想而知的。
结合相关史书记载,建中年间,天下共敛钱额3 000余万贯,外加米麦1 600
万斛③,元和中,天下共敛3 515.1228万贯石④,开成中也只有3 500余万贯
石,可见中晚唐国家总体的税收维持在3 500万贯石左右,按照建中二年以
后实行的两税法确立的三分制原则,留州、留使占总数三分之二,上供中央
占三分之一,中央每年实际税收约1 167万贯石,按照当时养兵费用,每个士
兵需要每年20—24贯计算⑤,宪宗朝每年需要军费为1 630—1 992万贯之
间,穆宗朝则高达1 980—2 376万贯,分别占国家总税收的46%—57%、
57%—68%。若按三分制原则,中央应得税收,宪宗朝为1 172万石、文宗朝
为1 167万石,都不够军费开支。若按王彦威天下税收"三分之中,二给衣
赐"说法,文宗朝3 500万贯石的三分之二,为2 333万贯石,每个士兵需要
每年20—24贯计算,文宗朝只能养兵97—116万左右。所幸的是中晚唐军
费大概是地方跟中央共同承担,即便是"自留州留使兵士衣赐之外",还有
"四十万众,仰给度支",40万大军的军费,每个士兵需要每年20—24贯计
算,也在800—960万贯,占到中央税收1 167万的69%—82%,足见藩镇问
题引起了军费骤增、虚张军籍问题,加重了国家的财政压力。加之割据藩镇
"征赋所入,尽留赡军,贯缗尺帛,不入王府"⑥;"户版不籍于天府,税赋不入

---

① 《旧唐书》卷一五七《王彦威传》,第4156—4157页。
② 《唐会要》卷八四《杂录》,第1553页。
③ 《通典》卷六《食货典·赋税下》云:"建中初,又罢转运使,复归度支。分命黜陟使往诸道收
户口及钱谷名数,每岁天下共敛三千余万贯,其二千五十余万贯以供外费,九百五十余万贯供京师;
税米麦共千六百余万石,其二百余万石供京师,千四百万石给充外费。"(第111页)
④ 《资治通鉴》卷二三七唐宪宗元和二年十二月条胡注引《国计簿》,第7647页。
⑤ 参考张国刚《唐代藩镇研究》第215页。
⑥ 《旧唐书》卷一六五《殷侑传》,第4321页。

于朝廷,虽曰藩臣,实无臣节"①,更是加剧了国家的财政危机。因此,杜元颖有关藩镇问题导致军费剧增的对策基本反映了政局的实际情况。

尽管中央禁军的数量和藩镇军队的数量都很庞大,但中央缺乏一支可以控制的强大军力,外夷入侵和平定叛乱,都得仰赖藩镇的力量。于是,中央如何精简中央禁军和地方藩镇军队,强化训练,实现精兵、强兵和寡赋的目的,便成为迫切的问题。正如皇甫湜的对策所云:"今昆夷未平,边备未可去,中夏或虞,镇防未可罢;若此生就其功,则莫若减而练之也。"关键的问题是虽然军队数量上去了,镇防将帅能知兵胜任者却很少,多"怙众以固权位,行货以结恩泽,因循卤莽,保持富贵而已",少有"教训以时",最终形成中央难以控制方镇的局面②。其结果是,不仅割据和半割据藩镇的兵员大增,而且地方州府也是"虚张名籍,妄求供亿,尽没其给,以丰其私"③。据《元和国计簿》元和二年(807)十二月记载:"天下兵戎仰给县官,八十三万余人,比量(天宝)士马,三分加一。"④说明元和初名义上由国家供给的军队数量高达83万,"率以两户资一兵"⑤,严重增加了国家的财政负担,因此对策所说"虚张名籍,妄求供亿"的情况的确存在,而且到了"外实内虚"的地步。针对这种情况,元和三年(808)皇甫湜建言:"若核其名实,纠以文法,则五行之兵,又可省其二矣。夫众之虚,曷若寡之实乎?一则以强兵,一则以宽赋。"⑥尽管通过核实士兵姓名,剔除"虚张名籍"的现象,实现精简人员,加强军事训练,未尝不是一个强军富民的好办法,但在藩镇将领以畜养兵士"以赡其欲"的环境下,这一建议自然无法实现。

不仅藩镇如此,就是以神策军为主体的中央军也非常腐败。这在制举对策中同样有所反映。如长庆元年(821),沈亚之参加贤良方正科制举对策云:今之中央军"士卒虚名占籍者十五,不啻日夜飞金璧走银缯,市言唯恐田

---

① 《旧唐书》卷一四一《田承嗣传》,第3838页。
② 《文苑英华》卷四八九《策·对贤良方正直言极谏策(皇甫湜)》,第2501页。皇甫湜元和三年贤良方正科及第。
③ 《文苑英华》卷四八九《策·对贤良方正直言极谏策(皇甫湜)》,第2501页。
④ 《唐会要》卷八四《杂录》,第1553页。
⑤ 《唐会要》卷八四《杂录》,第1553页。
⑥ 《文苑英华》卷四八九《策·对贤良方正直言极谏(皇甫湜)》,第2501页。

八、中晚唐制举对策与政局变化

园陂池之不广也,簪珥羽钿之不侈也,洞房绮闼之不邃也"①。现实情况与制举对策非常一致。如元和五年(810),白居易就上书请求罢征讨成德兵,说"神策官健,又最乌杂,以城市之人,例皆不惯。如此,忽思生路,或有奔逃。一人若逃,百人相扇;一军若散,诸军必摇"②。权德舆与白居易的看法颇为类似,也说"神策等兵在城中,多是市井屠沽,庇身军籍"③。总之,中晚唐大量商贩之徒冒籍中央禁军导致了一系列不良后果,最直接的危害就是削弱了禁军的战斗力,中晚唐历次平定叛乱和征伐藩镇的屡屡惨败,无不与禁军芜杂不精、军力涣散有关④。

如何解决军队"虚张名籍"的问题,实现精兵、提高军力,是贞元末需要迫切解决的一个社会问题。顺宗即位后,也试图解决这个问题。是年制举考试,策问云:如何"归逾年之戍,罢无事之官"? 杜元颖就此提出几点对策:第一,针对边防将士功高位重,"进不求赏,退不畏刑"的问题,建议"申命将帅,言于军中,有思归者,内以新卒代之,愿充军者,复以师律整之"。此策是想通过更新士卒的办法,既满足将士还家的愿望,也照顾了部分愿意留军将士的想法,从而改变军队中功高自傲、位高拒命、败坏军纪的问题,以达到"军政必行"、"边无侵轶"等强军、稳定政局的目的。从理论上来看,此对策不失为当时解决士卒"虚张名籍"弊端的一个良好办法,但实际上中晚唐藩镇士卒已从府兵转变为募兵,成为职业军人,从军成了养家糊口的出路。因此,通过精兵来解决藩镇问题是不现实的,也解决不了中央军芜杂的情况。第二,通过实行"赏功以贵,任能以职"等历代帝王常用的选贤任能的"古道",使"诸员外兼试等官才者、能者,改授正员,其余并依本资数进"⑤,从而精兵简员,剔除员外官、兼官及试官,规范官员的晋升制度,解决军官虚占名位的问题,真正做到使才能之士担任关键职位,担当重任。只可惜顺宗在位四个月便退位,尽管此策为顺宗所十分赞赏,也没有机会实行了。

---

① 《文苑英华》卷四九二《策·对贤良方正直言极谏策(沈亚之)》,第2520页。
② 《白居易集》卷五九《奏状·请罢恒州兵事宜》,第1252页。
③ 《权德舆文集》卷三七《恒州招讨事宜状》,第610页。
④ 参阅薛平栓《试论开元天宝以后的长安商人与禁军》,《唐都学刊》1992年3期,第16—21页。
⑤ 《文苑英华》卷四九一《策·对茂才异等策(杜元颖)》,第2514—2515页。

面对中晚唐藩镇割据的状况,元和初逐渐出现了要想"黩武而弭戢",就必须解决军队"虚张军籍"的问题,实现精兵强军,进而消灭藩镇割据的目的,从而彻底销兵,才能达到长治久安的社会共识。元和元年(806),宪宗即位不久便起用主张平定藩镇的杜黄裳为宰相,重用宦官吐突承璀,积极着手解决这个问题,在同年三月便平定了西川节度使刘辟的叛乱,开创了平定藩镇的良好开局。在这一背景下,是年制举才识兼茂明于体用科策问就以藩镇问题发问:"自祸阶漏壤,兵宿中原,生人困竭,耗其太半。农战非古,衣食罕储,念兹疲氓,未遂富庶。督耕殖之业,而人无恋本之心;峻榷酤之科,而下有重敛之困。举何方而可以复其盛?用何道而可以济其艰?"①是年举子深受时局新气象的鼓舞,在削藩问题上发言十分踊跃。韦惇首先从战略高度讲了国君如何用兵而民不疲的方略。其对策云:"兵者国之威也,威不立则暴不禁。君得其术而已,举其要而已。凡善用兵者,用兵之精;次用兵者,用兵之形。用精者国逸而功倍,用形者人劳而威立。"其所谓的"兵之精也",就是国君"仁足以怀,义足以服,端居庙堂之上,威加四海之外,而叛者尝欲系其颈而制其命,伏其心而笞其背"。显然,通过"仁""义""怀""服"四方威加四海的想法,在当时宦官专政、藩镇割据的形势下显得有些不切实际,似乎理想成分过高。此外,韦惇还对"兵之形也"进行了具体阐释,主张通过国君派军队"金鼓击刺,追奔逐北,攻城掠地,斩馘献俘,忧思岩廊之上,谋制千里之外,而叛者有以畏其威而惩其罚,化其心而戢其暴"。结合宪宗初立,决意平藩,并取得了一定成效的客观形势,韦惇的建议正好反映了士大夫阶层极力主张用武力平叛的愿望和对宪宗新政意图的宣扬和阐释。他进一步建议:"今陛下既枭叛寇,复征违命,屈己之至,已浃于兆庶,恤人之诚,已敷于四海。乘众之怒,用兵之形,则近无转输搔扰之勤,远无经费供求之役。诚能固守,必大畏其力,小怀其德矣。岂兵宿中原之为虞,生人耗竭之为虑?"②韦惇所说"既枭叛寇"就是指平定夏绥节度使杨惠琳、西川节度使刘辟之乱,此事在当时非常鼓舞人心③。显然,韦惇是迎合了元和风气,极力主张乘势讨伐

---

① 《文苑英华》卷四八七《策·对才识兼茂明于体用策(韦处厚)》,第2483页。
② 《文苑英华》卷四八七《策·对才识兼茂明于体用策(韦处厚)》,第2487—2488页。
③ 参阅李天石《唐宪宗》第139—161页。

八、中晚唐制举对策与政局变化

割据叛镇,强调用兵贵在精,借士气高涨,"乘众之怒,用兵之形",便会得到天下百姓在财力和人力上的支持①,具备"用兵之形"的条件,便可借势平定河朔叛镇。此篇对策在平定藩镇问题上可以说非常切合宪宗的意图和元和风气,也迎合了当朝宰相杜黄裳力主平藩的观点。元和元年(806)正月,杜黄裳曾论及藩镇问题:"德宗自经忧患,务为姑息,不生除节帅……陛下必欲振举纲纪,宜稍以法度裁制藩镇,则天下可得而理也。"②宪宗深以为然,才有平定西川之壮举。也许正因为如此,韦惇是年制举及第。

元和二年(807),宪宗又平定了镇海节度使的叛乱,虽引起天下藩镇恐慌,却更加坚定了宪宗以法度制裁藩镇的信心。于是,一些昔日怀有贰心的藩镇,开始有所顾忌,比较典型的是山南东道节度使于頔,于元和二年十二月主动向朝廷求婚,宪宗乘机将其征召入朝。从某种程度上讲,山南东道是宪宗通过"怀服"、"威加"的策略,成功解决怀有"贰心"藩镇问题的范例,中央从而控制了襄阳这一军事重镇,保障了汉水漕运通道③。虽然宪宗在元和初削藩成效显著,但所平定的藩镇基本上是实力比较弱、地处内地、相对孤立的藩镇,并未根本上扭转河朔藩镇割据的局面④,当时仍面临"昆夷未平,边备未可去,中夏或虞"等不利形势。于是,宪宗对那些实力强大的藩镇不得不采取暂时妥协的策略,为朝廷争取时间积蓄军事和经济实力以便进一步平藩做好准备工作。最为典型的事例是元和元年十月中央朝廷承认平卢节度留后李师道为平卢节度使,从而姑息了该镇自立节度使⑤。

基于此,如何增强军力、加强国力便成为朝野议论的话题。元和三年(808)皇甫湜在制举对策中针对藩镇问题提出了"减而练之"的办法。他主张

---

① 有关元和年间人民支持朝廷平定藩镇割据的相关研究,参见李天石《略论唐宪宗平定藩镇的历史条件与个人作用》,《浙江师范大学学报》(社会科学版)2001年第6期,第31—35页。
② 《资治通鉴》卷二三七唐宪宗元和元年正月条,第7627页。
③ 《资治通鉴》卷二三七唐宪宗元和二年十二月条,第7646—7647页。
④ 《唐会要》卷八四《杂录》云:"元和二年十二月,史官李吉甫等撰《元和国计簿》十卷,总计天下方镇,凡四十八道,管州府二百九十三,县一千四百五十三,见定户二百四十四万二千五百五十四。(其凤翔、鄜坊、邠宁、振武、泾原、银夏、灵盐、河东、易定、魏博、镇冀、范阳、沧景、淮西、淄青十五道,七十一州,并不申户口数。)每岁县赋入倚办,止于浙西、浙东、宣歙、淮南、江西、鄂岳、福建、湖南等道,合四十州,一百四十四万户。"(第1552页)
⑤ 参阅李天石《唐宪宗》第173—174页。

"镇防未可罢,若此生就其功,则莫若减而练之"。针对诸军将帅"胜任而知兵者亦寡矣,怙众以固权位,行货以结恩泽,因循卤莽,保持富贵"的情况,他认为既要避免因过度削夺军权引起将帅的反叛,又要改变将帅只知"保持富贵"的局面,只有通过将帅"教训以时,服习其任"方式,加强军事训练,增强士兵的战斗力,从而实现精兵强国的目的。要加强军事训练,实现精兵强国的目的,皇甫湜主张应当从精简兵额和加强训练两个方面入手。首先,他建议"若特加申饬,使之教阅,简拳勇秀出之才,斥屠沽负贩之党,则十分之士,可省其五矣"。其次,通过"核其名实,纠以文法,则五行之兵,又可省其二"的办法,就可以解决"州府虚张名籍,妄求供亿,尽没其给,以丰其私"的问题,这样就可以达到"一则以强兵,一则以宽赋"的双重目的[①]。在当时兵革不息、冗军冗费严重的情况下,这篇对策应该说是正中时弊,有着积极的意义。同科举人罗让也认为诸军冗兵太多,缺乏战斗力。他建议宪宗:一是亲自审视,精简中央军和镇守将帅,选拔贤能,"苟非任,尽易之";二是加强军事要地的防范,削减不必要的驻军,即所谓"严备其要地之屯,苟不切,尽罢之,不令其广置而出入也";三是加强军队训练,"其所阅拣,非实不用;其所树置,兵精不在多……自外徂中,归乎一体",最终达到精兵强军的目的:"自然无冗军,无惰人;以守则固,以战则胜;军无太半之耗,人怀反业之志,此减兵之术也。"一旦兵精军强,就有可能达到"专守之刀兵焉,商不得回睨,农不得举手"的强军富国目的[②]。显然,韦惇和罗让都主张通过精简将帅、选拔贤能、精简士卒、加强训练、减免赋税等措施,达到强军富国的目的。大概二人的对策正中时弊,符合考官和执政者的心意,因此二人是年制举及第,其对策文章也广为流传。

虽然没有史料能证明宪宗采用了韦惇等人的制举对策,但其在位期间大力选拔贤良,加强军事力量,对藩镇屡次用兵,征讨成德、归服魏博,接连平定淮西吴元济之乱、平卢李师道之乱,在戡定藩镇问题上卓有成效[③],不能

[①] 《文苑英华》卷四八九《策·对贤良方正直言极谏(皇甫湜)》,第2501页。
[②] 《文苑英华》卷四八九《策·对才识兼茂明于体用策(罗让)》,第2496页。
[③] 大泽正昭《唐末的藩镇和中央权力——以德宗、宪宗朝为例》,《东洋史研究》第32卷第2号,1973年,第141—164页。韩国磐《唐宪宗平定方镇之乱的经济条件》,收入其《隋唐五代史论集》,第321—335页。李焕青《唐宪宗中兴与藩镇政策》,《内蒙古社会科学》(汉文版)2001年第3期,第51—55页。

不说与韦惇等人对策不谋而合。

（二）制举对策与销兵、削藩问题

　　宪宗虽然在平定藩镇问题上取得了一定成绩，但国力不足，尚不足以消灭河朔叛镇。连年用兵也无疑增加了人民的兵役和赋税负担，于是出现了一些停战销兵的论调，试图以此减轻人民的负担，缓解社会矛盾。因此如何消除兵革，就成为中晚唐制举对策的一个热点话题。郭绍林《陈寅恪先生元稹"休兵"即"消兵"说商榷》已论及销兵问题[1]，但重点放在证明元稹之"休兵"非"消兵"上。关于销兵与民困的问题，白居易也有过深入思考，早在元和初，他准备参加制科考试的习作《策林》第四十四篇即云："销兵数，省军费，在断召募，除虚名。"就专门探讨这个问题[2]。他认为"销兵省费"的关键"在乎断召募，去虚名而已"，主张精简冗兵、清除虚占军籍的现象。虽然自德宗即位以后就不断着手削藩，经过长达二十余年的努力，到宪宗元和初平藩才初见成效，但在中央军力扩张的同时，又出现了新的问题。一方面，是军队数目庞大，将士居功自傲，无视军纪，战斗力涣散；另一方面，是"今募新兵，占旧额，张虚簿，破见粮者，天下尽是矣"，白白浪费"天下积费之本"。有鉴于此，白居易主张实行销兵，实现精兵强军、强国的目的。具体措施是：第一，采取直接裁减虚占人数的方法，杜绝吃空饷现象，达到精简人数的目的，即所谓"去虚名就实数，则一日之内，十已减其二三"。第二，采取不再增补新兵员，通过逐渐自然损耗的办法，"使逃不补，死不填，则十年之间，十又销其三四"，即所谓"断召募"。从某种程度上讲，白居易的策略是照顾到原来将士的既得利益，在稳固军心的前提下，通过剔除虚名，加强军队管理的方式，进行人员裁减，既使"军情无怨"，又达到"兵数自销"、"去虚就实"的目的[3]。显然，白居易的"销兵"并不是简单的遣散士卒，而是整合现有的军费

---

[1]　郭绍林《陈寅恪先生元稹"休兵"即"消兵"说商榷》，《洛阳师专学报》1998年第4期，第80—84页。
[2]　《白居易集》卷六四《策林三》，第1341页。
[3]　《白居易集》卷六四《策林三》，第1341页。

资源、军事编制,通过精简士兵、节约开支的方式,解决元和初军队臃肿、虚占军籍、军费不足、战斗力低下等问题,进而实现精兵强国的目的。这在当时不失为一个良方。宪宗虽然在元和初锐意削藩,取得一定的效果,但藩镇割据正盛,仍拥兵自重,此策自然很难实行,也很不现实。加之中央禁军往往由宦官统帅,要削减中央禁军,也似乎是自创行为。

庆幸的是,白居易此篇模拟制举对策,竟然押题押得很准。恰巧是年制举考试也策问了类似问题,这说明军队改革在当时是迫在眉睫的问题,备受朝野关注。元和元年(806),白居易应才识兼茂明于体用科对策中提出销兵对策,他认为安史之乱后,兵祸不断,兵员大增,直接导致国家财政的增加,国困而民穷:"洎天宝以降,政教浸微,寇既荐兴,兵亦继起。兵以遏寇,寇生于兵,兵寇相仍,迨五十载。财征由是而重,人力由是而罢。下无安心,虽日督农桑之课,而生业不固;上无定费,虽日峻管榷之法,而岁计不充。日削月朘,以至于耗竭其半矣。"他认为天下税重、民不聊生的根本在于政缺,政缺导致了寇生,寇生引发了军兴,军兴加深了税重,要真正做到天下安心,必须从修政教、息兵革开始。白氏谓:"盖人疲由乎税重,税重由乎军兴,军兴由乎寇生,寇生由乎政缺。然则未修政教而望寇戎之销,未销寇戎而望兵革之息,虽太宗不能也;未息兵革而求征徭之省,未省征徭而求黎庶之安,虽玄宗不能也。何则? 事有以必然,虽常人足以致,势有所不可,虽圣哲不能为。"所以,他认为解决的方案是:"将欲安黎庶,先念省征徭;将欲省征徭,先念息兵革;将欲息兵革,先念销寇戎;将欲销寇戎,先念修政教。"其原因是:"若政教修,则下无诈伪暴悖之心,而寇戎所由销矣;寇戎销,则境无兴发攻守之役,而兵革所由息矣;兵革息,则国无馈饷飞挽之费,而征徭所由省矣;征徭省,则人无流亡转徙之忧,而黎庶所由安矣。"①白居易在销兵和削藩问题上是主张修政教、富民、强国,方可兴军②。或许是白居易说到了问题的症结和根本上,元和初的一些政策正是试图解决"政教"问题③。

---

① 《白居易集》卷四七《试策问制诰·才识兼茂明于体用科策一道》,第988—989页。
② 郭绍林《陈寅恪先生元稹"休兵"即"消兵"说商榷》已论及此事,但重点放在证明元稹之"休兵"非"消兵"的说法(《洛阳师专学报》1998年第4期)。
③ 李天石《唐宪宗》第60—113页。

八、中晚唐制举对策与政局变化

白居易之所以提出销兵的议题，一定程度上反映了元和初政局的变化。宪宗即位不久，便先后平定了西川节度留后刘辟、夏绥节度使杨惠琳叛乱，削藩取得初步成绩①，并一度出现"今天下之寇虽已尽销"的论调，于是遂有销兵主张。白居易的"销兵"之策，正是此类政见的代表。白居易说："陛下不以易销而自怠；今天下之兵，虽未尽散，伏愿陛下不以难散而自疑。无自怠之心，则政教日肃；无自疑之意，则诚信日明。故政教肃，则暴乱革心；诚信明，则犷骜归命。革心则天下将萌之寇，不遏而自销；归命则天下已聚之兵，不散而自息。然后重敛可日减，疲甿可日安，富庶可日滋，困竭可日补……戒将来之虞，莫先于寇不销而兵不息。此臣所谓救疗之次第者也，岂不然乎？"②大概是正式的制举对策缘故，白居易在销兵问题上没有像模拟对策的《策林》那样激进，而是相对温和，与《策林》中提出的第二种销兵方式，即"使逃不补，死不填，则十年之间，十又减其三四"，不再补充新的兵员，用自然淘汰的销兵策略比较接近。显然，白居易有点理想主义，宪宗虽然取得一定的军事胜利，但藩镇割据势力还很大，推行政教改革固然重要，没有强大的军事后盾，单凭所谓的政教和诚信就让藩镇放弃兵权，恐怕很难。

不过，白居易在后来的政治生涯中，基本上坚持了这一主张。如在元和四、五年间（809—810），在宪宗征讨成德军节度使王承宗的问题上，时为翰林学士的白居易就先后三次上书反对。第一次，上书反对宦官吐突承璀担任行营兵马使、招讨处置等使，认为有碍帝王形象③。第二次，在元和五年（810）正月，由吐突承璀率领征讨成德军的南路大军在柏乡战败，北路招讨军也被王承宗击败，形势对官军极为不利，白居易再次上书要求罢兵。白居易认为在这种形势下，加之卢龙节度使李师道、魏博节度使田季安各怀异心，"今看情状，似相计会，各收一县，便不进军"，征伐"岂有成功"！所以他主张"速须罢兵，若又迟疑，其害有四"④。哪四个方面呢？第一，虚费赘粮。

---

① 《旧唐书》卷一四《宪宗本纪上》，第416—418页。参考黄永年《文史探微》，北京：中华书局，2000年，第441页。
② 《白居易集》卷四七《试策问制诰·才识兼茂明于体用科策一道》，第989页。
③ 《白居易集·外集》卷下《谏诏吐突承璀率师出讨王承宗疏》、《再言承璀疏》，第1549—1550页；参考《册府元龟》卷五五二《词臣部·献替》，第6628页。
④ 《白居易集》卷五九《奏状·请罢兵第二状·请罢恒州兵事宜》，第1251页。

他认为"既的知不可,即不合虚费赀粮;悟而后行,事亦非晚",否则就是"以府库钱帛,百姓脂膏,资助河北诸侯,转令富贵强大"。第二,权威尽失。他认为宪宗为了征讨王承宗自立留后,而姑息淮西吴少阳自立为留后,如此双重标准,必然会导致河北诸将"必引事例轻重,同词请雪承宗","转令承宗胶固同类","实恐威权,尽归河北",如此一来,中央权威尽失。第三,士气低迷。白居易说今士兵"饥渴疲劳,疫疾暴露","前有白刃,驱以就战,人何以堪"?加之"神策官健,又最乌杂",军心涣散,"一军若散,诸军必摇"。第四,外敌之虞。白居易说回鹘、吐蕃对"中国之事,大小尽知","今聚天下之兵,唯讨承宗一贼",一旦西戎"忽见利生心,乘虚入寇;以今日之势力,可能救其首尾哉"①?白居易的四条理由,可谓切中肯綮,而时局也正如白居易所逆料的情形发展。

　　至元和五年六月,宪宗征讨成德军的战事陷入僵局,这场战役已经长达八个月,中央财力很难维持,白居易遂第三次上书请求罢兵。首先,白居易分析了战事,认为"据此事势,万无成功","犹未罢兵,不知更有何所待"!其次,白居易认为幽州节度使刘济"情似尽忠","外虽似顺,中不可知,有功无功,进退获利",所以不必照顾刘济的情绪而罢兵。再次,白居易认为罢兵要乘早,把握时机。他说:"今卢从史已归罪左降,王承宗又乞雪表来,元阳方再整本军,刘济且引兵欲进,因此事势,正可罢兵,赦既有名,罢犹有势。"最后,白居易认为成德军必不可破,再继续用兵,只能是"竭府库以富河北诸将,虚中国以使戎狄生心,可为深忧";战事发展至此,丧失的已不仅仅是"威权财用",将来恐怕有"治乱安危"、亡国之忧②。显然,白居易在藩镇问题上的态度一贯比较务实,主张根据具体情况对割据藩镇采取用兵与罢兵措施,通过选贤、修正教、兴农、强军,最终达到销兵、平定藩镇的目的。

　　白居易关于选贤、政教、销兵、省征徭、兴农的观念,一定程度上反映了元和初朝野的诉求和时代风气。宪宗在元和元年底颁发的《顺宗至德大圣

---

① 《白居易集》卷五九《请罢兵第二状·请罢恒州兵事宜》,第1251—1252页。
② 《白居易集》卷五九《请罢兵第三状·请罢恒州兵事宜》,第1253—1254页。

八、中晚唐制举对策与政局变化　　　　　　　　　　　253

大安孝皇帝哀册文》①、《顺宗加谥至德宏道大圣大安孝皇帝议》②,对顺宗的功业进行了全面的总结,主要包括任用贤才、起用流亡、省刑恤隐、蠲除逋欠、减去宫人、斥绝奇贡、罢黜酷吏、远近悦服等四个方面③。宪宗名义上肯定父亲的政绩,并将自己的成绩加在父亲头上,实际上也是在宣布自己政治改革的意图。这充分说明元和元年的制举对策,基本上符合宪宗兴政的需要,对元和中兴起到宣传和促进作用,因此白居易才能顺利地制举及第,其对策被大肆宣传,是因为它顺应了宪宗新政的要求。实际上,在宪宗征伐成德军问题上,当时宰相裴垍、翰林学士李绛等大批朝官都坚决反对用兵④。可见,白居易对策中所体现出来的观念,与元和初权要朝臣在平定河朔藩镇问题的观点有很大的类似之处。

　　宪宗暴毙后,新即位的穆宗由于缺乏统军之术和政治眼光,盲目地接受了销兵的建议,一厢情愿地认为通过不断赏赐,就可以笼络藩镇,使其归顺朝廷。结果适得其反,反而助长了藩镇军队的骄傲情绪。正如《旧唐书》所说:穆宗"即位之初,倾府库颁赏之,长行所获,人至巨万,非时赐与,不可胜纪。故军旅益骄,法令益弛,战则不克,国祚日危"⑤。于是主张销兵的政治势力占了上风,一时间销藩问题成为士大夫议论的热点。这种风气也影响到制举对策,长庆元年(821),沈亚之制举对策,则力主削藩。他认为"天宝贻痼,始于一支,久而容之,浸及百体,几危其形",虽然在宪宗的武功之下,"前年淮夷擒,齐鲁灭,常山死,幽燕归"⑥,但未见藩镇势力得到遏制,"而议者且以为兵可戢也,遂用赢将守常山,滞儒临蓟北,不旋踵而贼气复作矣"⑦,导致藩镇复振,元和末一度出现的统一局面再度破灭。沈亚之对策对当朝

---

① 《文苑英华》卷八三六,第4414—4415页。
② 《文苑英华》卷七四七,第7730—7731页。
③ 参考李天石《唐宪宗》第68页。
④ 参阅李天石《唐宪宗》第188页。
⑤ 《旧唐书》卷一六《穆宗本纪》,第495—496页。
⑥ 指元和十二年平淮西道,杀吴元济;元和十四年平淄青节度,杀李师道,幽州节度使刘总表示归顺朝廷;元和十三年成德节度使王承宗遣子入质,元和十四年平李师道后,王承宗表示臣服,元和十五年卒,其弟承元为留后,改为义成军节度使。详见《新唐书》卷二——《藩镇镇冀·王武俊传附王承宗传》,第5958—5959页。
⑦ 《文苑英华》卷四九二《策·对贤良方正直言极谏策(沈亚之)》,第2519页。

在削藩等一系列问题上的批判,并不是没有根据。从元和十五年(820)正月穆宗即位之日起,以"两河廓定,四鄙无虞","萧俛与段文昌屡献太平之策,以为兵以静乱","劝穆宗休兵偃武"①,逐步减少兵额。不过,此次"销兵"却导致了严重后果,"既而籍卒逋亡,无生业,曹聚山林间为盗贼。会朱克融、王廷凑乱燕、赵,一日悉收用之"②,宪宗所取得的削藩成就随之化为泡影。至长庆元年(821)七月,卢龙军朱克融、成德军王廷凑已乱河朔,八月十四日,中央慌忙命魏博、横海、昭义、河东、义武等地军队讨伐王庭凑,结果是无兵可出,"籍既不充,寻行招募,乌合之徒,动为贼败",遂复失河朔③。从上述情况来看,长庆初强制遣散士卒有失妥当,与皇甫湜对策主张"核其名实"解决"州府虚张名籍"的办法,白居易"使逃不补,死不填,则十年之间,十又减其三四",就可解决"断召募,除虚名"的削兵对策相比,长庆"销兵"似有很大的盲目性,没有充分考虑"销兵"会伤害士卒的利益,会带来新的社会问题。

穆宗初局势的逆转对当时朝野震动很大,于是"销兵"问题便成为士大夫阶层亟须反思的重要问题。在长庆元年十一月举行的制举考试中,沈亚之在对策中再次提出削藩的建议:"今幽、蓟之兵,其由病者之再病也。乘虚而强履,独有立势而诛之。立势之急,在于聚威于深、棣,实力于沧、定。然后以赵、魏临常山,环兵而攻之。则冀马之踪,不望合于燕蹄矣。以太原之师入蓟丘,则易水之东,左臂不能傍运矣。此拘燕囚蓟之方也。如其擒纵之法,出于一时者,则在名将而用耳。如其威不聚于急,力不实于危,虽有名将,不能为也。"④不过,其方略看似可行,但是实际情况与其所论相差较远。不久,穆宗"销兵"的恶果便显现出来。卢龙军和成德军同时发生了叛乱,穆宗准备先征讨成德军王廷凑,不料王廷凑却联合幽州朱克融共同抵抗中央军。十月,有统率之才的横海节度使乌重胤因策略分歧,被无能的杜叔良代替,杜叔良接任节度使后,率诸道军队接连与成德军作战,结果屡战屡败。

---

① 《旧唐书》卷一七二《萧俛传》,第4477页。
② 《新唐书》卷一〇一《萧俛传》,第3958—3959页。
③ 《旧唐书》卷一七二《萧俛传》,第4477—4478页。参阅杨西云《唐长庆销兵政策平议》,《社会科学战线》1985年第3期,第150—154页。
④ 《沈下贤集校注》卷十《策问并对·贤良方正能直言极谏策(长庆元年)》,第221—222页。

八、中晚唐制举对策与政局变化

十二月,杜叔良率军与成德节度使在博野大战,杜叔良仅以身免。只有义武节度使陈楚在望都、北平击败卢龙叛军,杀敌及俘虏一万多人。长庆二年(822),战局变得对中央军更为不利。正月,朱克融派军攻陷弓高①。不久,中央度支供应沧州的粮车六百乘,至下博,全部被成德军劫掠。中央军粮草已断,悬军深入,处境更加危险。适逢魏博节度使田布不能统军被迫自杀,众将士推史宪诚为魏博节度使,而史宪诚"虽喜得旄钺,外奉朝廷,然内实与幽、镇连结"②。这样,沈亚之对策中"环兵而攻之"所依赖的魏博、成德节度使,却与幽州军合流,而横海军节度使(沧州)、义武军节度使(定州)虽然听从中央的命令对其进行合围讨伐,但势力单薄,对幽州、成德、魏博三镇起不了威胁作用。中央神策军也缺乏战斗力。因藩镇之间相互连横,这一战略在现实中缺乏可行性。最终,穆宗不得不授以王廷凑成德节度使、朱克融卢龙节度使结束战事,由是河朔复失。

与沈亚之"环兵而攻之"策略相似者,则有时为中书舍人的白居易提出的平叛策略。长庆二年(822)正月高弓失守后,中书舍人白居易上言:"请令李光颜将诸道劲兵约三四万人从东速进,开弓高粮路,〔合下博诸军〕,解深、邢重围,与元翼合势。令裴度将太原全军兼招讨旧职,西面压境,观衅而动。若乘虚得便,即令同力剪除;若战胜贼穷,亦许受降纳款。如此,则夹攻以分其力,招谕以动其心,必未及诛夷,自生变故。又请诏〔李〕光颜选诸道兵精锐者留之,其余不可用者悉遣归本道,自守土疆。盖兵多而不精,岂唯虚费衣粮,兼恐挠败军陈故也。今既祇留东、西二帅,请各置都监一人,诸道监军,一时停罢。如此,则众齐令一,必有成功。"③白居易主张兵分两路,东西夹击,加强两军主帅的统领权,罢黜监军,对成德王庭凑实行集中讨伐,与沈亚之主张先打成德、后定卢龙的看法颇有相似之处。白居易参加此次制举复试,放沈亚之及第,或许就因二人在对时局的观点上一致而惺惺相惜吧。

大概在长庆以后,藩镇倚兵自重问题日益严重,中央对藩镇割据的现状

---

① 《旧唐书》卷一六《穆宗本纪》,第494页。参阅郑显文、王明霞《唐穆宗唐敬宗》,吉林:吉林文史出版社,1995年,第72—79页。
② 《资治通鉴》卷二四二唐穆宗长庆二年正月条,第7807页。
③ 《资治通鉴》卷二四二唐穆宗长庆二年正月条,第7805页。

基本上持承认的态度。反映到制举对策上,也多是对其进行斥责,而没有更好的方略可谏,留于空泛之谈。大和二年(828),刘蕡制举对策云:"今威柄凌夷,藩臣跋扈。或有不达人臣之节,首乱者以安君为名。"[1]他还征引《春秋》之语,声讨藩镇跋扈,指斥其"称兵者以逐恶为义,则政刑不由乎天子,攻伐必自于诸侯,此海内之所以将乱也"[2]。对策用《春秋》"政刑不由乎天子,攻伐必自于诸侯"的语句来形容藩镇割据问题,颇有几分相似之处,这在一定程度上反映了中央政府对晚唐政局败象已经无能为力。

(三)结　　论

唐代制举考试的特点是皇帝亲试,以待"非常之才",高宗、武则天时期设科最多,很多科目只实行一两次就废止了,不少科目也仅仅是个别文字上的差别,科目变化频繁,反而对绝大多数科目的影响都不大。玄宗时期举行的次数频繁,较为得人,贤良方正等少数科目影响逐渐变大。唐前期举子对策空泛居多,鲜有砥砺时政者,中唐以后制举考试的次数明显减少,代宗两次,德宗四次,穆宗一次,敬宗一次,文宗一次,但在考试内容上却有了新的变化,制举科目出现"定科"趋势,几乎每次开科都以贤良方正能直言极谏、博通坟典达于教化、才识兼茂明于体用、达于吏理可使从政、军谋宏达材任将帅等科为主。这一时期,制举对策每科策问由先前的三道改为一道,策问针对性强,为对策举子对同一类问题展开深入的申论提供了空间。于是,制举对策向时务策转变,往往以苦诋时政为务,出现了许多制举对策的名篇,如皇甫湜应的"贤良方正能直言极谏科"对策、白居易和元稹应的"才识兼茂明于体用科"对策都流传至今,并因此而选拔了像牛僧孺、白居易、元稹、皇甫湜、李宗闵、贾餗等众多名相和文豪,其影响远远超过武则天和玄宗时期。中晚唐制举对策的激烈程度与社会相对开明的风气成正比,其中虽难免有空泛和理想化成分,但不乏有切中时弊的良方佳策,与当朝君臣的主张言论

---

[1]《旧唐书》卷一九〇下《文苑传下·刘蕡传》,第5069页。
[2]《旧唐书》卷一九〇下《文苑传下·刘蕡传》,第5069页。

八、中晚唐制举对策与政局变化　　　　　　　　　　　　　　257

相偶合,部分建言对策甚至影响了当朝政要的政见。

　　总之,中晚唐制举对策的现实性、时政性非常强,与政局紧密相关,这是这一时期制举考试比较突出的特点。以"子大夫"为代表的士大夫阶层敢于针砭时政,关注社会,有着强烈的社会使命感,这与当时相对开明的社会风气有关。这一时期的制举对策政论水平很高,对政局的观察分析往往切中要害,为执政者提供了值得参考的意见。此外,中晚唐制举对策中保存了丰富的有关政局变化和社会变迁的史料,譬如对帝王之道、选举问题、考课问题、赋税问题、宦官专政、藩镇问题以及社会救助、赈灾等等,"子大夫"在对策中都敢于进行针砭,提出解决时弊的方略,并且其中不乏有真知灼见者,值得治史者重视。对此,笔者将在承担的国家教育人文社会科学研究青年项目"唐代制举考试与社会变迁研究"中进行深入、系统的研究,以期获得新的认识。

九、中晚唐五代科举与社会阶层的变迁

关于科举制度与中晚唐五代社会阶层变迁的关系,韩昇在《科举制与唐代社会阶层的变迁》一文中对这一问题进行了深入探讨,很有启发意义。他指出:"将地方大族优秀分子吸收到国家体制内,迁徙于城市之中,其有效且持久的手段就是科举制度。"①随着科举制度的长期实行,乡村世家大族中的优秀分子不断被吸引到城市,其在地方的实力大大减弱,而迁居城市者对原来乡村的影响力,也随着时间推移而不断下降。相反,国家对乡村的控制,则随着士族势力在乡村的削弱而日益增强,门阀政治便在潜移默化中逐渐向国家官僚制度推移。魏晋南北朝时期,世族豪强依靠社会底层组织坞壁"垄断乡村",而"建立在此基础上的国家不得不与之妥协,获得他们的合作,以巩固政权,重建地方统治体系"②。隋朝统一了魏晋南北朝长期分裂的局面,为了控制地方士族豪强,将地方权力收归中央,废除九品中正制,罢州府辟僚佐之权,科举制度正是在这一条件下产生③,并在促进士族瓦解及士族趋向城市的过程中起到重要作用。

(一) 中晚唐五代科举与社会阶层的变迁

中晚唐科举制度与社会阶层的变迁应该说是相互影响、相互促进的。唐五代科举对选官制度、婚姻观念等方面的影响,都会体现在士庶社会阶层的升降方面,从而导致社会阶层的变迁,最终出现一个相对稳定的社会阶

---

① 《厦门大学学报》(哲学社会科学版)1999年第4期,第24页。
② 韩昇《科举制与唐代社会阶层的变迁》,《厦门大学学报》(哲学社会科学版)1999年第4期,第24页。
③ 参考韩国磐《唐朝的科举制度与朋党之争》,收入其《隋唐五代史论集》,第267—283页。

九、中晚唐五代科举与社会阶层的变迁

层,从而实现整个社会的某种平衡。

早在1957年,钱穆《中国历史上之考试制度》一文已敏锐注意到科举考试对中国古代社会阶层的深远影响①。此后,黄三富《科举制度与唐代的社会流动》一文也关注到这一问题,认为科举制度促进了唐代社会流动的加大、加快②。这方面研究成果最多的当属毛汉光,其博士论文《唐代统治阶层社会变动》在严密的考证基础上③,利用大量统计数据分析了科举制度对唐代统治阶层变动诸多方面的影响,并先后发表《从士族籍贯迁移看唐代士族之中央化》④、《中古官僚选制与士族权力的转变——唐代士族之中央化》⑤、《唐代统治阶层下降变动之研究》等系列文章⑥,进一步从士族中央化、官僚选制、权力的转变、社会阶层的变动等角度分析了科举对唐代社会阶层变迁的过程和影响。韩昇《南北朝隋唐士族向城市的迁徙与社会变迁》一文深入分析了南北朝隋唐士族向城市迁徙的过程和原因,进一步指出毛汉光主张的"中央化"是"官僚化"的结果;认为士族向城市迁徙的主要作用是任官,其次是科举制度的重要影响⑦。此外,韩氏《科举制与唐代社会阶层的变迁》一文也对此问题有所探讨⑧。兹在以上研究基础上对这个问题作进一步阐释。

到中晚唐科举制度随着对整个社会影响的不断深入,正逐步成为社会各个阶层光大门庭或保持门第不衰、不可或缺的凭借。正如五代人王定保在总结科举对社会各阶层的影响时所说:

> 文皇帝拨乱反正,特盛科名,志在牢笼英彦。迩来林栖谷隐,栉比鳞差,美给华资,非第勿处;雄藩剧郡,非第勿居。斯乃名实相符,亨达自任,得以惟圣作则,为官择人。有其才者,靡捐于瓮牖绳枢;无其才

---

① 钱穆《国史新论》第250页。
② 《东方杂志》1968年复刊第2卷第2期,第27—33页。
③ 毛汉光《唐代统治阶层社会变动》,台湾政治大学高级研究生毕业论文,1968年。
④ 收入毛汉光《中国中古社会史论》第235—337页。
⑤ 收入许倬云、毛汉光、刘翠溶主编《第二届中国社会经济史研讨会论文集》,第57—88页。
⑥ 《国家科学委员会研究汇刊》(人文及社会科学)1993年第3卷第1期,第1—12页。
⑦ 《历史研究》2003年第4期,第49—67页。
⑧ 《厦门大学学报》(哲学社会科学版)1999年第4期,第24—26页。

者,讵系于王孙公子！莫不理推画一,时契大同。①

王氏非常敏锐地指出,科举制度已经成为士庶公平竞争的一个重要平台,士庶仕宦、建立功业、光大门庭无疑都要依靠科名,即便王公大族亦在所难免。虽然他对科举公平性有所夸大,但其在一定范围内的确起到使士庶子弟公平竞争的作用,促进了社会阶层的变迁。

1. 中晚唐五代科举与社会阶层的升沉。

(1) 中晚唐以科举起家之新兴官僚士族。陈寅恪先生指出:"盖陈郑为李党,李杨为牛党,经术乃两晋、北朝以来山东士族传统之旧家学,词彩则高宗、武后之后崛兴阶级之新工具。至孤立地胄之分别,乃因唐代自进士科新兴阶级成立后,其政治社会之地位逐渐扩大,驯致旧日山东士族和崔皋之家,转成孤寒之族。"②陈先生所说的新兴阶级就是指以进士科起家,并以座主门生关系及同年勾结朋党,相互援引,借此来维系一门父子兄弟连登科名,致身通显,从而"转成世家名族,遂不得不崇尚地胄,以巩固其新贵党类之门阀"③。显然这些新贵党类之门阀,是以进士科起家,主要担任国家各级文官,因其无门第可言,只有不断中式登科,累代为官,才能光大门第,进而维系门第的不衰。这与东汉魏晋以来世族门阀以家风礼法、扎根乡曲为根本有质的区别,因此这里将其称为新兴官僚士族更为恰当。

新兴官僚士族的兴起应该说始自高宗和武后时期,但成为一种社会力量则在德宗以后。在唐前期世人重门第的观念下,门第在入仕和婚聘中要高于科名。其中以天册万岁二年(696)李迥秀任考功员外郎知贡举时的一席言论最具代表性。是年崔进士应考,文章不佳,李迥秀览之良久,对曰:"第一,清河崔郎,仪貌不恶,须眉如戟,精彩甚高,出身处可量,岂必要须进士?""再三慰谕而遣之,闻者大噱焉"④。身为知贡举主司,竟然以崇重举人

---

① 《唐摭言》卷三《慈恩寺题名游赏赋咏杂纪》,第43页。
② 陈寅恪《唐代政治史述论稿》第78页。
③ 陈寅恪《唐代政治史述论稿》第78页。
④ 〔唐〕刘肃撰,许德楠、李鼎霞点校《大唐新语》卷七《知微》,北京:中华书局,1984年,第115页。

九、中晚唐五代科举与社会阶层的变迁

门第的方式,劝退崔生应举,颇有进士出身不及崔氏门第的用意。尽管"闻者大骇",但世人崇尚门第的风气仍旧根深蒂固,连知贡举主司也不能脱俗。虽然开元以后,科举地位日渐崇重,但世人的门第观念依然很强。如张说最初以制举登第,后来贵为睿宗、玄宗两朝宰相,但在天宝中,著作郎孔至撰《百家类例》,"品第海内族姓,以燕公张说为近代新门,不入百家之数"。时张说之子张垍贵为驸马,"盛承宠眷",对孔至所撰颇有微辞,孔至"及闻垍言,至惧,将追改之。以情告韦(述)。韦曰:'孔至休矣!大丈夫奋笔,将为千载楷则,奈何以一言而自动摇。有死而已,胡可改也。'遂不复改"①。韦述、孔至不畏权势,没有将科举起家、贵为当朝宰相的"近代新门"燕公张说列入"百家",以死捍卫"品第海内族姓"的标准,旨在坚持旧士族的家风礼法。

实际上,这一阶段新兴官僚士族正处在发展阶段,维系其发展壮大的座主门生、同年关系及朋党关系尚未形成,其社会基础还不够牢固,因此这些以科举起家的新兴官僚士族就很难得到旧士族的认同。于是肃、代两朝新旧士族进行了殊死斗争②,新兴官僚士族逐渐开始占据上风,代表旧世族的李揆入相后,力排元载等以科第起家的新贵。元载入相后,则多择有文学才望之人。元载得罪被贬之后,以进士起家的宰相常衮用事,更是公然宣称"非以辞赋登科者,莫得进用"③,使得"世之干禄先资名第"的观念被士大夫所接受④,科名成为士大夫干禄的正途,门荫已不能维系门第不衰。不论士庶举子,都想通过科举考试"建功树名,出将入相,列鼎而食,选声而听,使族益茂,而家用肥"⑤。

于是在德宗以后,科名的地位日趋崇重,逐渐与门第相垒。如兴元元年(784),宰相卢杞排挤李揆出使吐蕃,吐蕃酋长对李揆曰:"闻唐家有一第一

---

① 《封氏闻见记校注》卷一〇《讨论》,第94—95页。
② 详阅韩国磐《唐朝的科举制度与朋党之争》,收入其《隋唐五代史论集》,第267—283页。
③ 《旧唐书》卷一一九《崔祐甫传》,第3440页。
④ 《北梦琐言》卷八《裴相国及第后进业》,第175页。
⑤ 《太平广记》卷八二《异人二·吕翁》引《异闻集》,第527页。

人李揆，公是否？"李揆担心被拘留，故意自诬曰："非也。他那个李揆，争肯到此！"当时李揆被世人称为"门户第一，文学第一，官职第一"①。显然，世人以门户、文学（科名，李揆进士及第）、职官为判定人物的标准，科名已经成为重要的一环。晚唐科举考试和铨选越发重视以才能取士，"时风愈正；取舍先资于德行，较量次及于文章；无论于草泽山林，不计于簪裾绂冕"②。可以说，中晚唐五代科名成为打破士庶界限的利器，迅速促进了社会阶层的变迁。

德宗以后，随着进士科出身的日益兴盛，吏部铨选也日渐倾向于进士出身，特别是座主门生、同年关系及朋党在贞元中都得以形成，极大促进了以进士科起家的新兴官僚士族的团结和巩固，使得新兴官僚士族成为外朝的主导力量。在这一时期，代表新兴官僚士族的牛党与代表旧士族的李党进行了生死斗争，最终以牛党的全胜而告终。牛党之所以能够胜出，是因为他们代表了中晚唐新的选举标准的势力，在以进士科为选拔卿相的标准下，代表进士出身力量的新兴官僚士族定然是时代发展的方向。因此，中晚唐这些新兴官僚士族，把连登科名、累世显宦视作维系门第不衰的第一要务。牛党不仅依靠座主门生、同年关系控制朝廷要职，而且利用这一关系与举子朋甲紧密相连，既培植了牛党的新生力量，也为牛党子弟累世获取科名提供了丰富的政治和社会资源。

中晚唐奇章牛氏、敦煌令狐氏、太原白氏等家族的兴起，都与进士科紧密相连，可作为中晚唐以科举起家的新兴官僚士族的典型。牛僧孺为隋仆射奇章公牛弘之后③，父、祖官卑；僧孺以进士登第④，"历官三十一政，作相一十九年，逮事六宗，光辅四帝"⑤；子蔚、藂，"能嗣其业，皆擢进士第"；孙徽，

---

① 《刘宾客嘉话录》，收入《唐五代笔记小说大观》，第 805 页。
② 〔唐〕黄滔《唐黄御史公集》卷七《贺段先辈启》，收入张元济《四部丛刊·集部》第一三〇册，第 26 页。
③ 陈寅恪《唐代政治史述论稿》考证牛弘未曾赠仆射，见第 87—88 页。
④ 参考《旧唐书》卷一七二《牛僧孺传》，第 4469 页。
⑤ 《文苑英华》卷八八八《碑·故丞相太子少师赠太尉牛公神道碑（李珏）》，第 4679 页；参考《全唐文》卷七二〇李珏《故丞相太子少师赠太尉牛公神道碑铭（并序）》，第 7408 页。

九、中晚唐五代科举与社会阶层的变迁

亦进士及第,皆历显宦。不仅如此,牛僧孺生前出嫁的四女,其中,三女分别嫁给进士出身的苗愔、张希复、邓叔①,足以说明其择婿标准主要看其是否是进士出身。牛僧孺死后,其子牛蔚兄弟秉承了牛僧孺的遗志,又择进士出身的邓敞为妹婿。

敦煌令狐氏亦依托科举在中晚唐兴起。令狐楚为敦煌令狐德棻之裔,家世儒素,但父、祖官卑,"祖崇亮,绵州昌明县令;父承简,太原府功曹";楚贞元七年(791)进士擢第,后相宪宗、穆宗。其弟定进士及第,官至桂管都防御观察等使。其子绚,孙滈、涣、沨,从孙澄,皆进士及第,多达清显;绚又相宣宗,令狐一门以科第起家,在宪宗至懿宗朝又以科第巩固其门第,显赫一时②。正如《唐语林》卷七《补遗》所云:"令狐绹以姓氏少,宗族有归投者,多慰荐之。繇是远近趋走,至有胡氏添'令'者。进士温庭筠戏为词曰:'自从元老登庸后,天下诸"胡"悉带"令"。'"③以进士科起家的新兴官僚士族,维系门第不衰的唯一办法就是借助各种权势为宗族获取科名,以壮大宗族势力。因此,令狐绹热衷于荐拔宗族子弟,当然不乏应举之人。特别是令狐绹为相时,"求请者诡党风趋,妄动者邪朋云集。每岁春闱登第,在朝清列除官,事望虽出于绹,取舍悉由于滈。喧然如市,傍若无人,威振寰中,势倾天下"④。

太原白氏在中晚唐崛起,也得益于科举考试。太原白居易、白敏中兄弟,附会为北齐五兵尚书建之裔孙⑤,父祖官卑;居易以进士登科,官至太子宾客,以文称于世,"元和主盟,微之、乐天而已";弟行简亦进士擢第,官至主

---

① 《樊川文集》卷七《唐故太子少师奇章郡开国公赠太尉牛公墓志铭(并序)》,第119页。
② 《旧唐书》卷一七二《令狐楚传》,第4459—4469页;参考《新唐书》卷一六六《令狐楚传》,第5098—5104页。
③ 《唐语林校证》卷七《补遗》,第248页。
④ 《全唐文》卷八〇六崔瑄《论令狐滈及第疏》,第8474页。
⑤ 参考陈寅恪《唐代政治史述论稿》第88页;陈寅恪《白乐天之先祖及后嗣》,收入其《元白诗笺证稿》,上海:上海古籍出版社,1981年,第321—330页;谢思炜《白居易集综论》,北京:中国社会科学出版社,1997年,第157—165页。

客郎中；从弟敏中亦以进士登科，相武宗①。此外，像河南冯宿②、河南刘符③、天水赵駰等很多家族④，其先或官卑，或为没落旧族，均通过科举考试，特别是借助进士科起家，成为新兴士族，在中晚唐累世登科，累历清显。

（2）中晚唐五代科举与寒素改变门庭。中晚唐科举对社会的影响是非常广泛的，波及了社会各个阶层，寒素阶层也不例外。科举对寒素的影响主要体现在中晚唐寒素子弟广泛应举和大量登第入仕，进而改变门庭，跻身士族、小姓，从而促进了社会阶层的变迁。中晚唐寒素子弟的广泛应举，可分为两个方面：一是放宽了诸色子弟应举和登科机会，二是增加边远地区子弟应举和登科机会。关于这个问题，傅璇琮《唐代科举与文学》第八章《进士出

---

① 参考《旧唐书》卷一六六《白居易传》，第4340—4360页。
② 《旧唐书》卷一六八《冯宿传》云："冯宿东阳人……宿登进士第……迁兵部侍郎……子图、陶、韬，三人皆登进士，扬历清显。宿弟定，字介夫……贞元中皆举进士，时人比之汉朝二冯君……会昌六年，改工部尚书而卒……子衮、颛、轩、岩四人，皆进士登第。咸通中，历任台省。宿从弟审、宽。审父子郜。审，贞元十二年登进士第……入为国子祭酒……审弟宽，子缄，皆进士擢第，知名于时。"（第4389—4392页）《大唐传载》云："河南冯宿之三子，陶、韬、图兄弟，连年进士及第，连年登宏词科，一时之盛，代无比焉。当大和初，冯氏进士及第者，海内十八，而公家兄弟叔侄有八人。"（［唐］佚名撰，北京：中华书局，1958年，第19页）
③ 《旧唐书》卷一七九《刘崇望传》云："刘崇望字希徒。其先代郡人，随元魏孝文帝徙洛阳，遂为河南人。八代祖隋大理卿坦，生政会，辅太宗起义晋阳，官至户部尚书，封渝国公，图形凌烟阁。政会生玄意，尚太宗女南平公主，历洪、饶八州采访使。玄意生奇，位至吏部侍郎。奇生慎知，仕至获嘉令。慎知生裳，仕至东阿令。裳生藻，位终秘书郎。藻生符，进士登第，咸通中位终蔡州刺史，生八子：崇龟、崇望、崇鲁、崇謩最知名。崇龟，咸通六年进士擢第……改户部侍郎……崇望，咸通十五年登进士科……昭宗即位，拜中书侍郎、同平章事……崇鲁，广明元年登进士第……以水部员外郎知制诰……崇謩，中和三年进士及第。乾宁末，为太常少卿、弘文馆直学士。"（第4663—4666页）
④ 周绍良《唐代墓志汇编》咸通二一号《唐故处州刺史赵府君墓志》云："君讳璜，字祥牙，其先自秦灭同姓，降居天水……曾王父讳駰，大明帝时制举……王父讳涉，进士擢第，累佐藩府，至朝散大夫检校著作郎兼侍御史；先君讳伉，自建中至元和，伯仲五人，登进士第，时号卓绝……开成三年，礼部侍郎高公错奖拔孤进，君与再从兄琎同时登进士第，余是时亦以前进士吏部考判高等，士族荣之。"（第2394页）同书开成四五号《大唐王屋山上清大洞三景女道士柳尊师真宫志铭》云：夫人"有子男三人……长曰璘，以前进士赴调，判入高第，为秘书省校书郎；次曰璜，进士及第"（第2201—2202页）。同书咸通一一八号《唐故处州刺史赵府君妻上邽县君苏氏夫人墓志铭》云："赵府君讳璜，以雄文令誉登进士高第。"（第2470页）同书大中一一号《唐故进士赵君墓志铭》云："进士赵珪，字子达，天水人也……皇祖府君讳涉，进士及第，朝散大夫检御史……次兄京兆府鄠县尉璜，乞假护丧东归……世以进士相贵重，自吾皇祖皇考伯修、叔仲、叔倍及吾昆仲，爰暨中外，咸以科名光显记册。"（第2260页）

九、中晚唐五代科举与社会阶层的变迁

身与地区》也进行了描述①,但未能深入分析其原因所在及社会影响。下文就此问题再做深入探讨和分析。

第一,应举资格限制的放宽。唐代科举考试不许官员、浊吏、商贾和品行败坏及受科罚者等应考。中唐试判中就有类似限制商贾子弟应考的题目:"得州府贡士,或市井之子孙,为省司所诘。申称:'群萃之秀出者,不合限以常科。'"白居易试判云:"惟贤是求,何贱之有?况士之秀者,而人其舍诸?惟彼郡贡,或称市籍;非我族类,则嫌杂以萧兰;举尔所知,安得弃其翘楚?诚其恶之裨贩,谅难舍其茂异。拣金于砂砾,岂为类贱而不收?度木于涧松,宁以地卑而见弃?但恐所举失德,不可以贱废人。"②显然,白居易认为出身"或称市籍,非我族类"的商贾,若真的是人才就可以举用,"不可以贱废人"。白居易的观点在中晚唐很具有代表性,大概反映了中晚唐应举资格的限制逐渐被打破的趋势。

随着中晚唐科举制度的兴盛,不仅高门子弟通过科举考试来光大、保持门第,而且曾经被限制的杂色之人也通过积极参与举业以改变门庭。

① 商贾子弟应举。如贞元末,进士陈会"家以当垆为业",受其母之命,从事举业,终于在元和元年(806)及第。时西川节度使李固言见到陈会及第报状后,立即"处分厢界,收下酒旆,阖其户",显然,商贾之子登第有悖科举考试的相关法律,因此李固言采取了相应的补救措施。此举竟然被陈会家人"拒之"③,这反映了当时科举考试限制身份的禁令有所松动。但是,商贾之子在应考中处于不利的地位。如毕諴家本寒微,大和初,以"词学器度,冠于侪流",举进士落第后,被"朝士讥其醝贾之子,请改为'諴'字,相国忻然"④,显然,"醝贾之子"不便应考,因此曲意改名避嫌。晚唐这种情况有所改变。如顾云虽然也是以盐商之子从事举业,但"风韵详整",相国令狐公"子弟每有宴会,顾独与之,丰韵谈谐,莫辨其寒素之士"⑤,最终在咸通十五

---

① 见该书第 191—213 页。
② 《白居易集》卷六七《判》,第 1416 页。
③ 《唐语林校证》卷四《贤媛》,第 417 页。
④ 《北梦琐言》卷三《戏改毕諴相名》,第 42 页。
⑤ 《北梦琐言》卷六《罗顾升降》,第 142 页。

年(874)进士及第。显然,晚唐盐商之子参加举业已经被世人接受,并受到宰相的礼遇,说明晚唐时出身已经不是应举的最大问题,才学是根本。此外,咸通六年(865)进士及第的常修,也是盐商之子①。

② 将校子弟应举。据《北梦琐言》卷四《破天荒解》云:"关(图)即衙前将校之子也。及第归乡,都押已下,为其张筵,乃指盘上酱瓯,戏老校曰:'要校卒为者。'其人以醋樽进之曰:'此亦校卒为者也。'席人大噱。"②将校子弟关图的进士及第,在将校中产生了极大的震动,军中士卒无不雀跃,欢庆将校子弟能从事举业,登科入仕。显然,将校子弟从事举业受到限制,要参加科举考试,是要通过一些变通手段,使其符合科举考试的条件才行。如进士李勋出身将校子弟,"负文藻,潜慕进修",薛能便令其父"俾罢职司闲居,恐妨令子修进",李勋因此登第,扬历清显③。

③ 小吏辞役就贡。如汪遵"幼为小吏",多借同乡许棠之书,"昼夜读书良苦,人皆不觉",咸通中,"一旦辞役就贡","拔身卑污,夺誉文苑",竟然进士登第。不过,小吏应举在当时还是要受到世人的鄙视。汪遵应举时,曾在途中遇到许棠,许棠得知汪遵"此来就贡"后,怒曰:"小吏不忖,而欲与棠同研席乎?"甚侮慢之。但是许棠万万没有料到,汪遵成名五年后,自己方才及第。此事成为时人教育子弟专心举业的范例,富家子弟如不思进取,便被讥嘲为"金玉有余,买镇宅书"④!又眉州程贺"以乡役差充厅子",刺史崔亚"见贺风味有似儒生","雅有意思",便"处分令归"。于是,程贺辞役,"依崔之门,更无他岐,凡二十五举及第"⑤。

④ 僧道还俗应举。最为出名的当为刘轲,刘轲"少为僧","复求黄老之术,隐于庐山",后于元和十三年(818)进士登第⑥。其后有邕州大夫蔡京,令狐楚宰相镇滑台时,"因道场中见于僧中",觉得"此子眉目疏秀","可以劝

---

① 《太平广记》卷二七一《妇人二·关图妹》引《南梦新闻》,第2134页。
② 《北梦琐言》卷四《破天荒解》,第81页。
③ 《北梦琐言》卷三《李勋尚书发愤》,第52页。
④ 《唐才子传校笺》卷八《汪遵》,第465—467页。
⑤ 《北梦琐言》卷一一《程贺为崔亚持服》,第234页。
⑥ 《唐摭言》卷一一《反初及第》,第120页。

学","乃得陪相国子弟。后以进士举上第,寻又学究登科"①。僧人出身参加科举考试登科,充分体现了晚唐科举的包容性,开创了科场先例。但是,衣冠子弟若于出家后再还俗应举,便会受到士大夫的非议。《北梦琐言》卷三《赵大夫号无字碑》记:

> 梁相张策尝为僧,返俗应举,亚台鄙之。或曰:"刘轲、蔡京,得非僧乎?"亚台曰:"刘、蔡辈虽作僧,未为人知,翻然贡艺,有何不可?张策衣冠子弟,无故出家,不能参禅访道,抗迹尘外,乃于御帘前进诗,希望恩泽,如此行止,岂掩人口?某十度知举,十度斥之。"②

道士还俗应举者,最早记载当数大历十才子的吉中孚,"始为道士,后官校书郎,登宏辞……贞元初卒"③。

总之,中晚唐五代科举考试对诸色出身的限制逐渐放宽,以前的杂色贱业可以通过各种变通形式达到应举登第的目的。这些杂色出身的子弟,基本上出自社会底层,属于寒素阶层,因此,他们的应举说明举子出身已经不是影响诸色子弟应举的重要因素,科举考试的公平、公正性逐渐向整个社会开放。

第二,科举不分地域。关于唐代诸州解额,已有别章专门论述。此处再结合科举的公平性与地域问题再做讨论。关于唐前期诸州的解额问题,史书记载不太明确,开元二十五年(737)二月敕:"应诸州贡士:上州岁贡三人,中州二人,下州一人;必有才行,不限其数。"④可以说,从国家制度层面来讲,是本着区域平衡的原则来分配各州解额的,中央省试不再分配及第名额,但是随着科举制度的兴盛,特别是进士出身被崇重,科名成为社会各阶层仕宦最重要的资本,科场竞争变得日益激烈。因此,诸州解额不均问题、解等差异问题随之出现,以致京兆解、同华解动辄几十人,甚至上百人,而且诸解中以京兆等第解最为炽热,等同省试及第,这就打乱了地区解额的平衡,最终

---

① 《唐语林校证》卷七《补遗》,第648—649页。
② 《北梦琐言》卷三《赵大夫号无字碑》,第64页。
③ 《新唐书》卷六〇《艺文志四》,第1610页。
④ 《唐摭言》卷一《贡举厘革并行乡饮酒》,第1页。

导致中晚唐冒籍就贡的现象普遍化。武宗就针对这种情况,颁布《会昌五年举格节文》,对馆学和诸道的解额进行了分配①。尽管政府屡次出台政策平衡区域间的解额,照顾天下诸州举人的利益,但其效果似乎不是很明显,晚唐冒籍就贡的情况仍很严重。不过,平均分配解额意在平衡诸州士大夫的公平竞争,为天下举子提供相对平等的应举机会,这是值得称道的,也促进了科举考试的公平竞争。

随着中晚唐科举制度的不断兴盛,科举对边远地区的影响日渐增强,使得这些地区的乡贡举子登第的机会明显增加。在中晚唐的福建、江西、荆南、岭南、容桂等道这一情况比较突出,其登第人数明显增加,这些地区的读书人借助科举走向中央政坛,不仅促进了当地文化的发展,而且改变了自家门庭。

中晚唐边远地区登第表现最为突出的当属福建道。建中初故相常衮为福建观察使,"有文章高名,又性颇嗜诱进后生,推拔于寒素中,惟恐不及"②,"为设乡校,使作为文章,亲加讲导,与为客主钧礼,观游燕飨与焉,由是俗一变,岁贡士与内州等",促进了当地文化的长足进步,改变了"闽人未知学"的局面③。在常衮的奖掖、推动下,泉州欧阳詹在贞元八年(792)进士及第,韩愈称"闽越之人举进士繇詹始"④。其实,福建进士并不始自欧阳詹,早在神龙二年(706),闽中长溪人薛令之就进士及第,累迁左庶子,五代人王定保在《唐摭言》卷一五《闽中进士》中专门指出了韩愈的错误(第164页),宋人王谠《唐语林》卷四《企羡》(第140页)、宋人吴曾《能改斋漫录》卷四《辨误·闽人登第不自林藻》都坚持了薛令之第一人的说法(第89页)。薛令之以后,还是轮不到欧阳詹,而是贞元七年(791)进士登第的林藻。黄滔在《祭陈侍御(峤)》中云:"林端公贞元七年首闽越之科第,以《珠还合浦赋》擅名。后十年莆邑许员外荣登……后六七年徐正字及第,兼滔忝忝。林端公同延封榜皆第十二人,皆开路于后人,皆终使府大判官。判官皆柏台。林荆南、延封

---

① 《唐摭言》卷一,第2页。
② 《全唐文》卷五四四李贻孙《故四门助教欧阳詹文集序》,第5514页。
③ 《新唐书》卷一五〇《常衮传》,第4810页。
④ 《韩昌黎文集校注》卷五《欧阳生哀辞》,第301页。

九、中晚唐五代科举与社会阶层的变迁

闽中也。"①韩愈之所以出错,主要因为福建人进士登第者实在太少,以至于薛令之和林藻都被人遗忘了,韩愈的说法非常有代表性,说明贞元以前福建科举不兴,此后才逐渐兴盛。据刘海峰《唐代福建进士考辨》一文考订,福建在整个唐代进士登第 56 人,其中 55 人为中晚唐登第②,足以说明中晚唐科举对边远地区的影响力日益扩大。

地处东南端的岭南、桂管等道,由于远离中央,就连官吏的参选也都单独实行南选③,中央派使专门负责该地区的铨选,科举考试也在一定程度上受其影响。不过该地区在中晚唐的登第人数明显上升。唐代较早进士中第的岭南人当属韶州曲江人张九龄,于长安二年(702)进士及第,玄宗朝位至宰相④。中晚唐该地区登进士的人数明显增加,《尚书故实》云:"有黄金生者,擢进士第,人问:'与颇同房否?'对曰:'别洞。'"此条下注云:"黄本溪洞豪姓,生故以此对。人虽哈之,亦赏其真实也。"⑤此事是说黄生不避世俗门第与地域偏见,直言自己是洞溪人,在某种意义上讲,科举考试具有很强的包容性,不分民族和地域出身。又如广州人郑愚,"雄才奥学",开成二年(837)擢进士第⑥;南海人杨环,咸通末登进士科⑦;此外中晚唐五代广州人张鸿、刘瞻、何鼎、邵安石、黄匪躬、吴翯、陈用拙、张仲方、张忠、张绍儒、黄僚、莫宣卿、黄惟坚、李谨微、陈万言、王国才、黄损、孟宾于、邓洵美、何泽等,皆登进士第⑧;其人数较唐前期大为增长。中晚唐甚至有安南都护府交州等边远地区的人登第的情况。据《唐诗纪事》卷四九《廖有方》云:"有方元和十

---

① 《唐黄御史公集》卷六,之第 6 页。
② 《集美大学教育学报》2001 年第 1 期,第 20—24 页。
③ 王承文《唐代"南选"与岭南溪洞豪族》,《中国史研究》1998 年第 1 期,第 89—101 页。
④ 《旧唐书》卷九九《张九龄传》,第 3097 页。
⑤ 〔唐〕李绰撰、萧逸校点,收入《唐五代笔记小说大观》,第 1164 页。本书尚书指张延赏,因此,此件故事大概在代宗、德宗朝。
⑥ 《唐语林校证》卷三《赏誉》,第 288 页。
⑦ 〔明〕姚良弼〔〔嘉靖〕惠州府志》卷一二《流寓传》,收入上海古籍书店印《天一阁藏明代方志选刊》,第六二册,第 3 页。
⑧ 〔明〕戴璟、张岳等〔〔嘉靖〕广东通志初稿》卷一九《科贡·进士科》,收入北京图书馆古籍出版编辑组《北京图书馆古籍珍本丛刊·史部·地理类》第三八册,北京:书目文献出版社,1998 年,第 346 页。

年失意游蜀……明年,李逢吉擢有方及第,改名游卿,唐之义上也。有方,交州人,柳子厚以序送之。"①

荆南也有很好的表现。据《北梦琐言》卷四《破天荒解》云:"唐荆州衣冠薮泽,每岁解送举人,多不成名,号曰'天荒解'。刘蜕舍人以荆解及第,号为'破天荒'。尔来余知古、关图、常修,皆荆州之居人也。率有高文,连登上科。"②此外,像江西、湖南、西川等道在中晚唐的登第人数明显增加,这里不再赘述③。

需要说明的是,中晚唐藩镇割据问题严重,但是中央并不排斥割据藩镇举子应举,反而利用科举吸引割据藩镇的士大夫进入中央仕宦。如来自割据藩镇义昌军节度沧州蒲台县人张道古,于景福二年(893)擢进士第,拜左补阙④。特别是河朔地区,自天宝后河朔子弟"未知古有人曰周公、孔夫子者,击球饮酒,马射走兔,语言习尚,无非攻守战斗之事",通过科举考试来吸引该地区士大夫心系中央就尤为重要。由于这些人熟悉割据藩镇情况,一旦重用,对平定割据藩镇非常有利。如开成三年(838),镇州进士卢霈"有文有学","来京师举进士,于群辈中酋酋然",卢生尝言:"丈夫一日得志,天子召座于前,以笏画地,取山东一百二十城,唯我知其甚易尔。"只可惜卢生落第还家,路上为盗贼所杀⑤。不过,幽州昌平人刘蕡客梁、汴期间,于宝历二年(826)擢进士第⑥,是河朔叛镇子弟应考及第者,后来参加制举对策,指斥宦官专政、藩镇割据,闻名一时。

第三,科举改变贫寒子弟的门庭。中晚唐五代科举对社会各阶层最大的影响莫过于其公平选士,"有其才者,靡捐于瓮牖绳枢;无其才者,讵系于王孙公子! 莫不理推画一,时契大同"⑦。这种相对公平的原则,给寒素子弟提供了入仕清流的机会,使其跻身新贵行列,进而改变门庭。因此,晚唐黄

---

① 《唐诗纪事》卷四九《廖有方》,第747页。
② 《北梦琐言》卷四《破天荒解》,第81页。
③ 详见傅璇琮《唐代科举与文学》第206—209页。
④ 《北梦琐言》卷五《张道古题墓》,第114页。
⑤ 《樊川文集》卷九《唐故范阳卢秀才墓志》,第144页。
⑥ 《新唐书》卷一七八《刘蕡传》,第5293页。
⑦ 《唐摭言》卷三《慈恩寺题名游赏赋咏杂纪》,第43页。

九、中晚唐五代科举与社会阶层的变迁　　271

滔给科举考试很高的评价:"唐设进士科垂三百年,有司之取士也,喻之明镜,喻之平衡,未尝不以至公为之主。"①虽然知贡举主司并非黄滔所说尽为"至公",选才也非尽如明镜,但中晚唐五代科举考试是在公开考试基础上兼顾时誉高低,是士大夫共同瞩目的政治大事,选举的结果基本上相对公平。公平考试的最大受益者无疑是寒素阶级,因为自魏晋以来,寒素阶层只能充当浊吏等低级官吏,所谓的清流被士族、门阀独占,寒素很难跻身清流。特别是在中晚唐,科举对寒素阶层有利的趋势日益明显,知贡举主司多"历选滞遗,精求文行","场中则寒族无差,酌平先后"②。这一点,可以用睦州人施肩吾在元和十五年(820)进士第后谢礼部陈侍郎的诗来说明,诗云:"九重城里无亲识,八百人中独姓施。"③施肩吾不仅来自较为落后的睦州,而且出身寒素,正是科举制度给来自"八百人中独姓施"的细微姓氏提供了入仕清流的机会。元和十一年(816),李逢吉知贡举,所中"三十三人皆取寒素"。时有诗曰:"元和天子丙申年,三十三人同得仙。袍似烂银文似锦,相将白日上青天。"④据《登科记考》卷一八元和十一年进士科条记载,是年及第人中除了湖州姚合,是前朝宰相姚崇的玄孙⑤,太原令狐定为令狐德棻之裔,则是没落士族,算得上小姓之外⑥,其余均为寒素,其籍贯可考者有交州人廖有方、洺州郑澥、漳州周匡物、洺州刘端夫、荆州李行方⑦,多为边远地区的寒素弟子。虽说这只是中晚唐科举考试的一个特例,但是"袍似烂银文似锦,相将白日上青天"的诗句无疑能激励无数贫寒举子为改变门庭而从事举业。又如乾宁二年(895)崔凝知贡举,秉承"昭宗皇帝颇为寒畯开路"的意愿,"但是子弟,无问文章厚薄,邻之金瓦,其间屈人不少",以致"孤寒中唯程晏、黄滔擅场之外,其余以呈试考之,滥得亦不少"⑧。是年及第者无士族、权贵子弟,其

---

① 《唐黄御史公集》卷八《颍川陈先生集序》,之第1页。
② 《唐黄御史公集》卷七《贺杨侍郎启》,之第32页。
③ 《唐才子传校笺》卷六《施肩吾》,第三册,第140页。
④ 《唐摭言》卷七《好放孤寒》,第74页。
⑤ 《登科记考》卷一八,第663页;参考《旧唐书》卷九六《姚崇传》,第3029页。
⑥ 《旧唐书》卷一七二《令狐楚传附令狐定传》,第4465页。
⑦ 参考《登科记考》卷一八元和十一年进士科条,第663—665页。
⑧ 《唐摭言》卷七《好放孤寒》,第74页。

中有籍可考者有桂州赵观文、泉州黄滔、信州王贞白、福州沈崧、池州张蠙①，亦多为边远地区的寒素子弟。正是科举考试的这种相对公平，使得"朝为田舍郎，暮登天子堂"成为现实。当然，中晚唐科举考试一度也出现以牛党牛僧孺、杨虞卿等人主导，进士考试有利于牛党士族子弟应举的局面。而出身士族的李党领袖李德裕则充当了"颇为寒畯开路"的角色，奖拔一些孤寒子弟，帮助其获取科名。如李德裕在大和中镇浙西时，奖拔举子刘三复，刘三复后来进士登第；会昌三年（843），李德裕时为宰相，向知贡举主司王起力荐卢肇、丁稜、姚鹄、黄颇等来自边远地区的寒俊之才，王起放之及第②。德裕后来被谪官崖州，有诗曰："八百孤寒齐下泪，一时南望李崖州。"③随着朋党势力的减弱，晚唐出身低微的知名进士开始在朋甲中再度发挥了核心作用。大中、咸通年间，"封定乡、丁茂珪场中头角，举子与其交者，必先登第"④。才学成为科场最为重要的标准，"士无华腴寒素，虽瑰意琦行、奥学雄文，苟不资发扬，无以昭播，是则希颜慕蔺，驰骋利名者不能免也"⑤。尽管士族、小姓在整个科举考试中占优势地位，但是寒素阶层通过科举考试得以入仕清流，其在清流中的地位和份额急剧上升，冲击了中晚唐五代的社会阶层，促进了士族的衰落。

对寒素阶层来讲，科举不仅仅能改变门庭，而且通过科举入仕，得以干禄奉亲，解决自家生活窘迫的局面。中晚唐五代通过科举考试干禄奉亲成为士大夫的重要价值观念。韩愈就称自己应举的目的是"家贫不足以自活，应举觅官"⑥，他在《与祠部陆员外书》中说得更加详细："喜率兄弟操耒耜而耕于野，地薄而赋多，不足以养其亲，则以其耕之暇，读书而为文，以干于有位者，而取足焉。"⑦进士费冠卿曾经久居京师，"求名始辛酸"，元和二年（807）登第，正好遇上母亲去世，他慨叹曰："干禄，养亲耳，得禄而亲丧，何以

---

① 参考《登科记考》卷二四乾宁二年进士科条，第907—909页。
② 《玉泉子》，收入《唐五代笔记小说大观》，第1422页。
③ 《唐摭言》卷七《好放孤寒》，第74页。
④ 《北梦琐言》卷一一《希慕求进》，第244页。
⑤ 《北梦琐言》卷一一《希慕求进》，第245页。
⑥ 《韩昌黎文集校注》卷二《上兵部李侍郎书》，第143页。
⑦ 《韩昌黎文集校注》卷三，第199页。

九、中晚唐五代科举与社会阶层的变迁

禄为!"遂隐池州九华山①。费冠卿把科举看作"干禄养亲",但因母亲的去世,干禄也就失去了意义,于是归隐。显然费冠卿的归隐举动是个特列,但通过举业干禄养亲的观念却能代表时代的普遍性。晚唐人甚至把"以雍睦作理家之本,用诗书为干禄之基"视作士大夫为官的根本,举业等同干禄之基,已成为士大夫的普遍观念②。

应举登科对寒素阶层来讲,还有更深层的意义,就是改变门庭。登第是寒素之士改变社会身份的动力所在,"登第于有司者,去民亩而就吏禄,由是进而累为卿相者,常常有之,其为获也亦大矣"③。如贞元末,酒户之子陈会不仅进士登第,官至郎中,而且做了宰相白敏中的女婿。寒素子弟登第后,不仅改变自家门庭,甚至能改变整个亲族的社会地位。如毕諴家本寒微,为盐贾之子,后以进士及第,不仅因此"始落盐籍"④,而且在咸通中位至宰相后,其子弟从此多有登科,累历显官。登科对寒素阶层的意义可见一斑。

科举制度不仅彻底改变了世人的入仕观念,也改变了门第观念,以致出现取士不问流品和寒素之辨的观念。唐末牛希济在著名的《寒素论》中云:

> 今服冕之家,流品之人,视寒素之子,轻若仆隶,易如草芥,曾不以为之伍。寒贱之子,能以道德自尊,文艺自将,见之若敬大臣,避之若逢挚兽,又不自审之所致也……故且朝为匹夫,暮为卿相者有之矣;朝为诸侯,暮为馁鬼者有之矣……是玉之美者,不产于廊庙之下,为瑚琏之器……岂白屋之士,可自遗之哉?⑤

牛希济大胆声称流品和寒素在仕宦方面原本应该是平等的,之所以出现不相为伍的情况,一是流品轻视寒素的结果,二是寒素自己不自重、自贬身份。因此,他呼吁朝廷选官根本目的是在选才,不应有门第之辨,选官应该以道德和文艺为先。当然,牛希济的观念是与科举考试日益公平、不辨士庶的观

---

① 《全唐诗话》卷五《费冠卿》收入《丛书集成初编》第二五五六册,第94—95页。
② 《全唐文》卷八四一裴廷裕《授孙储邠州节度使制》,第8842页。
③ 《韩昌黎文集校注》卷四《送牛堪序》,第246页。
④ 《东观奏记》卷下,第130页。
⑤ 《文苑英华》卷七六〇《杂论下》,第3987页;参考《全唐文》卷八四六牛希济《寒素论》,第8892页。

念有着紧密联系。这一观念在中晚唐已深入社会底层,成为寒素阶层通过读书改变门第的精神动力。敦煌文书中保存的一些晚唐五代的启蒙读物和劝学篇就生动记述了科举取士制度对唐代边远地区沙州(敦煌)的深远影响。敦煌文书P.2564《蓹蚵书》是唐五代在敦煌广为流行的民间童蒙读物,其中有劝学歌词《十二时·劝学》。这些通俗易懂的童蒙读物,集中体现了当时科举制度对社会底层的深远影响。"丈夫学问"、"读书"是"随身宝"的观念相当流行,成为世人劝夫教子专事举业的精神支柱[1]。在中晚唐五代科举考试以"写才文字"、"词章"为取士原则的情况下,"官职比来从此出"几乎是时人共识,若能以"学问"、"读书"而登科、入仕清流,"一朝肥马意(衣)轻裘,富贵荣华万物有"[2],自然在社会上备受青睐。这些童蒙读物还激励家道贫寒者,莫因家贫而不学诗书,"男儿不学读诗书,恰似园中肥地草"[3]。这些励志的类似顺口溜的诗句无疑增强了家道贫寒者勤奋读书以改变门第的信心,亦见科举制度对当时社会影响之广泛、深远,对更广阔地域和更多社会阶层的开放程度[4]。

2. 中晚唐五代科举出身的经济特权与社会阶层变迁的关系。

(1)中晚唐五代馆学学生与举人阶层的经济特权。关于科举出身者的经济特权,韩国磐在《科举制和衣冠户》一文中,对衣冠户及科举出身者经济特权形成的过程及影响已做了详细论述[5]。张泽咸《唐代的衣冠户和形势户——兼论唐代徭役的复除问题》一文也论及此问题[6]。笔者在此基础上,重点从科举出身者、馆学学生、举人的经济特权的变迁,探讨科举与社会阶层变迁的关系。

首先,中晚唐五代馆学学生与举人的赋税减免。唐代科举考试不但给科举出身者很多经济特权,而且给国子监、州、县学生一定的经济特权和优

---

[1] 《法藏敦煌西域文献》第一六册,第14页。
[2] 《法藏敦煌西域文献》第二〇册,第213页。
[3] 《法藏敦煌西域文献》第一六册,第14页。
[4] 参阅韩昇《南北朝隋唐士族向城市的迁徙与社会变迁》,《历史研究》2003年第4期,第49—67页。
[5] 收入韩国磐《隋唐五代史论集》,第284—293页。
[6] 载《中华文史论丛》1980年第3期,第155—174页。

九、中晚唐五代科举与社会阶层的变迁

恤,特别是中晚唐五代,这一范围有所扩大,意在劝勉官僚士大夫子弟及平民子弟修习举业,以培养统治国家所需之官员。

唐五代国子监、州、县学生享有一定的减免赋役的经济特权,对该时期社会阶层的升沉产生了一定的影响。据《新唐书》卷五一《食货志一》载:唐代"国子、太学、四门学生、俊士……皆免课役"①。唐前期国子、太学、四门学生多为皇亲、高中级官僚子弟,本来就有免课役的特权;而俊士多为平民之俊异者,俊士通过入四门学获取免课役特权,成为其改变社会身份的重要一步。特别是开元二十一年(733)五月敕规定:"即诸州人省试不第,情愿入学者",听入四门学②,使出身门第较低的落第举人有机会进入四门学,获得免课役的特权。

五代后唐出现了国子监、诸道州府官学生免其本户差役的相关规定。后唐天成三年(928)八月,宰相兼国子祭酒崔协奏请国子监生、太学生及各道州府官学生,"但一身就业,不得影庇户门,兼太学书生亦依此例,不得因此便取公牒,辄免本户差役"③。说明后唐国子监、诸道州府官学生不仅可以免一身差役,而且能借机逃避本户差役,所以崔协才特意上奏要求对这种情况进行限制,仅允许诸生一身免差役。

唐五代时期,政府还提供两监学生住宿和膳食④。唐初两京国子监生,以及弘文馆、崇文馆、崇玄馆学生两千余人,"皆廪饲之"⑤。据唐《杂令》卷三〇云:"国子监诸学生,医、针生,俊士……并给食。"⑥由于馆学生员多达数千

---

① 见该书第1343页。又《天圣令·赋(役)令》云:"国子、太学、四门、律、书、算等学生,俊士,无品直司人,卫士,庶士……并免课役。其贡举人诚得弟(第),并诸色人年劳已满,应合入流,有事故未叙者,皆准此。其流外长上三品以上及品子任杂掌并亲事、帐内,以理解者,亦依此例。应叙不赴者,即依无资法。"(《天一阁藏明钞本天圣令校证附唐令复原研究》,天一阁博物馆、中国社会科学院历史研究所天圣令整理课题组校证,北京:中华书局,2006年,第272页)

② 《唐会要》卷三五《学校》,第634页。参考郑学檬《中国赋役制度史》,上海:上海人民出版社,2000年,第259页。

③ 《宋本册府元龟》卷六二〇《卿监部·举职》,第1970页。户门,《五代会要》卷一六《国子监》作"门户"(第212页)。

④ 参阅盛会莲《唐五代社会救助研究》,浙江大学人文学院博士学位论文,2005年,第53—54页。

⑤ 《旧唐书》卷二四《礼仪志四》,第924页。

⑥ 《天一阁藏明钞本天圣令校证附唐令复原研究》第376页。

人,"给食"给国家财政带来不小的负担,开元十七年(729)三月,国子祭酒杨玚上言反对说:"伏闻承前之例,每年应举,常有千数,及第两监,不过一二十人。臣恐三千学徒,虚费官廪;两监博士,滥縻天禄。"①故唐廷曾一度废绝馆学学生的饮食费用。随着国家局势的稳定,馆学学生的饮食费用又得以恢复。永泰二年(766)正月,代宗下敕:"学生员数多少,所习经业,考试等第,并所供粮料。"八月,鱼朝恩"任知学生粮料",并"贷钱一万贯,五分收钱,以供监官学生之费。俄又请青苗地头取百文资课以供费同(用)"②。馆学为学生提供食宿,对家境贫寒的子弟来说非常有诱惑力,特别是对一些下第举子更加有吸引力,以致很多学生都不愿出监。如元和元年(806)四月,国子祭酒冯伉奏:

> 应解学生等……其礼部所补生,到日,亦请准格帖试,然后给厨役,每日一度。试经一年,等第不进者,停厨。庶以上功,示其激劝。(敕旨依奏)③

这说明元和元年前后国子监生给食宿制度仍在实行,并一度出现滥给食宿的情况,为此出台了规范考试定等给食宿的条令,请退不符合条件的学生,以劝勉学子。

馆学食宿对贫寒子弟和在京落第举子的吸引力,反而导致朝廷对馆学学生名额的限制,进而引发学生不满,"动多喧竞"。长庆二年(822)闰十月,国子监祭酒韦乾度就此奏请改革馆学给学生食宿的制度,他建议首先,通过考试决定是否给厨,规定"其进士等若重试及格,当日便给厨房。其明经等考试及格后,待经监司牒送,则给厨房。庶息喧争"。其次,规定学生不得随意转让房屋,"请起今已后,学生有及第出监者,仰馆子先通收纳房,待有新补学生公试毕后,便给令居住"④。此奏后来得以落实。

五代昇元二年(938),南唐将白鹿洞作为国学,照例给学生以食宿。陈

---

① 《唐会要》卷七五《贡举上·帖经条例》,第1376页。
② 《旧唐书》卷二四《礼仪志四》,第923—924页。
③ 《唐会要》卷六六《国子监》,第1159页。
④ 《唐会要》卷六六《国子监》,第1161页。

九、中晚唐五代科举与社会阶层的变迁　　　　　　　　　　　　　277

舜俞《庐山记》卷三云："南唐昇元中因洞建学馆,署田以给诸生,学者大集,以国子监九经李善道为洞主,以主教授。"①

唐五代地方州县学是否给学生供给食宿,史书记载并不明确。元和十四年(819)韩愈《潮州请置乡校牒》云："请摄海阳县尉,为衙推官,专勾当州学,以督生徒,兴恺悌之风。刺史出己俸百千,以为举本,收其赢余,以给学生厨馔。"②这里,州县学给学生提供厨馔显然是州县长官的个人举措和美德,似乎不具备普遍性。

中晚唐五代举人的赋税减免,唐代法律并没有明确规定,主要由地方长官决定。如开元末白履忠云："往岁契丹入寇,家家尽著括排门夫,履忠特以少读书籍,县司放免,至今惶愧。今虽不得,且是吾家终身高卧,免徭役,岂易得也!"③虽然没有证据证明白履忠参加过科举考试,但从他少读书籍县司便免取劳役可以想见县司对专门在县学读书的学生应当也有所优待。不过,地方长官一般是不会主动减免举子赋税的,只有在举子的主动投谒、请求下才有可能减免。如贞元中李观《代李图南上苏州韦使君论戴察书》云:

> 穷居布衣李图南有腹心事上书郎中阁下:……图南同学之生戴察,字彦衷,年二十二,苏州人也,而有苏州之税,司籍者目之以为侨户。异哉! 书剑之子而与农贾同贯,岂非当日阙明吏以至于是乎? 其人固穷自立,家业无一;老父垂白,处妹未字……弊衣粝食,丐贷取给。累年徭赋,非出诸己,即日数口,忧挤沟壑,重以官迫,不聊有生……每秋乡送,皆为宾首,温良敬简,殊有可纪。郎中命世之杰,合天纵才,明眸烛微,刚略定猜,刑赏之下,万无一乖。宁令一彦衷,肝脑布地,不知所阶! 悲哉! 图南闻士为知己,死且不忘,是用感激于左右,假手于执事,免彦衷之役。蝼蚁之望,则决之矣。④

李观上书说明苏州举人李图南应举之艰辛,他希望有司通过"免彦衷之役"

---

① 陈舜俞《庐山记》卷三,收入文渊阁《四库全书》第五八五册,第27页。
② 《韩昌黎文集校注·文外集上卷》,第692页。
③ 《旧唐书》卷一九二《隐逸传·白履忠传》,第5124页。
④ 《全唐文》卷五三三,第5412—5413页。

的办法,能鼓励本州举人专心举业,获取功名,为本州争光。此事的结果虽然史书没有明确记载,但至少说明举子可以通过这种途径获得减免赋税的机会。又《唐摭言》卷一〇《海叙不遇》云:"任涛,豫章筠川人也,诗名早著。有'露团沙鹤起,人卧钓船流。'他皆仿此。数举败于垂成。李常侍骘廉察江西,特与放乡里之役,盲俗互有论列。骘判曰:'江西境内,凡为诗得及涛者,即与放色役,不止一任涛耳。'"①可见晚唐地方长官有权免除知名举子的色役。

其次,中晚唐举人的社会地位与社会阶层变迁。中晚唐五代由于进士多持文卷到处投谒,往往数年不归,自然会影响到其对国家赋役的承担,他们无形中逃避了赋役。五代后唐举子是免除徭役的,如后唐长兴四年(933)二月,礼部贡院奏新立条件:"今年举人有抱屈落第者……若虚妄者,请痛行科断,牒送本道,重处色役,仍永不得入举场,同保人亦请连坐。"②对落第举子之"虚妄者"知贡举主司须"重处色役",可见后唐举子是免色役的。又后周显德二年(955)五月,翰林学士、尚书礼部侍郎知贡举窦仪上言:"进士以德行为基,文章为业,苟容欺诈,何称科名?近年场中多有作伪,托他人之述作,窃自己之声光,用此面欺,将为身计,宜加条约,以诫轻浮。今后如有请人述作文字应举者,许人告言,送本处色役,永不得仕进。"③窦仪上言也说明后周举子可以免色役,他建议将猥滥者"送本处色役,永不得仕进"。

中晚唐科举考试逐渐放宽了应试举人的身份限制,一部分胥吏、工、商、农、将校子弟取得了参加科举考试的资格,并屡有登科者④。而乡贡举人可以减免赋役的现实好处,大大鼓励了胥吏、工、商、农及将校子弟通过参加科举考试而获得免役的特权,并改变其原来的身份。

中晚唐五代举人阶层在社会上很有活力,成为影响社会变迁的一支重要力量。这一时期获得举人资格者人数众多,其具体数目,史书记载多有出

---

① 《唐摭言》卷一〇《海叙不遇》,第112页。
② 《宋本册府元龟》卷六四二《贡举部·条制四》,第2115—2116页。
③ 《宋本册府元龟》卷六四二《贡举部·条制四》,第2119页。
④ 参考傅璇琮《论唐代进士的出身及唐代科举取士中寒士与子弟之争》,《中华文史论丛》1984年第2辑,第97—113页。

九、中晚唐五代科举与社会阶层的变迁

人。柳宗元认为中唐每年在京的乡贡举人"仅半孔徒之数",约一千六百人左右①。韩愈认为每年参加礼部省试的明经考生就有三千人②,省试进士上千数③。《会昌五年举格节文》规定,每乡贡举人、国子监贡送举人中,明经1340人,进士633人,总计为1973④。总的来说,中晚唐每年参加省试的诸科举人在两三千人左右,若将逐年落第举人,在国子监、州府试落第举人算在内,每年全国从事科举考试的人,少说也有十万⑤。这样一批专门修习举业、以科第为目的的读书人,活动在全国各地、各个阶层,一旦登第,便致位显列,从而改变了先前的社会地位,并提高了本家族的社会地位。

中晚唐五代举人在社会上备受尊敬。府州每年乡贡举人时,不仅设宴钱行、行乡饮酒礼⑥,且要为乡贡举人提供一定的举资,而府州长官对本州府学校和举子的重视程度往往与其名声和政绩联系在一起。

中晚唐五代科举考试行卷之风盛行,举子们以习作奔竞于权幸之门、社会名流之间,相互唱和往来,以求为其延举,或干挠主司,以取科第。举子之间也相互结为朋甲,激扬名声⑦。官僚阶层则迫于其声望,对前来求谒的举子也是倍加礼遇、赠送丰厚,若稍有怠慢,便会招来举子和社会的非议,以致"豪气骂吻,游诸侯门,诸侯望而畏之"⑧。如《幽闲鼓吹》记:"丞相牛公应举,知于頔相之奇俊也,特诣襄阳求知。住数月两见,以海客遇之,牛公怒而去……(于頔)立命小将赍绢五百,书一函,追之……小将于界外追及,牛公不启封,揖回。"⑨贞元末举子吴武陵嫌刺史李吉甫所赠举资太少,就恶意拿

---

① 《柳宗元集》卷二三《送辛殆庶下第游南郑序》,第622页。
② 《韩昌黎文集校注》卷四《赠张童子序》,第249页。
③ 《韩昌黎文集校注》卷四《送孟秀才序》,第259页。
④ 《唐摭言》卷一,第2页。
⑤ 《通典》卷一五《选举典三》记唐前期诸官学学生2210人,州县学生60710人(第362页)。
⑥ 参考《通典》卷一五《选举典三》,第353页;《通典》卷一三〇《礼典九十》,第3341—3346页;《新唐书》卷四四《选举志》,第1161页;《资治通鉴》卷二一二唐玄宗开元六年八月条,第6733—6734页。参阅高明士《隋唐贡举制度》,第125、222—224页;游自勇《汉唐时期"乡饮酒"礼制化考论》,《汉学研究》第22卷第2期,2004年,第245—270页。
⑦ 参考《新唐书》卷一七五《杨虞卿传》,第5249页。
⑧ 《全唐诗话》卷五《刘鲁风》,收入《丛书集成初编》第二五五六册,第93页。
⑨ 收入《唐五代笔记小说大观》,第1454页。

吉甫父为举子时投谒受辱之旧事来取笑,吉甫竟不敢忤举子,复厚赠吴武陵①。此外,举子与权贵、名流、各级官员、及第举人之间的相互唱和、赠诗送赋,也相应抬高其声誉和地位。

举子一旦及第,高官厚禄多能如愿,即便落第,犹可以诗文入幕使府。如晚唐司空颋举进士不第,赴魏州节度使,为掌书记②;晚唐高越少举进士,有名燕赵间,卢文进镇上党,"具礼币致之"③。

举子未能入仕,也是地方上颇有身份的人物,乡贡进士、明经便是一种社会身份。从中晚唐五代墓志铭人物的称谓中,即可看出乡贡进士、明经已近乎官衔,被书入碑志。如"乡贡进士晦撰并书"、"堂侄乡贡进士洵"、"唐故乡贡进士达奚公墓志铭"、"乡贡进士李諴"、"季弟乡贡进士晔"等④。

在中晚唐五代士大夫的书信往来、诗歌唱和中,也多以秀才、乡贡进士、乡贡明经称呼对方。如韩愈就有《送王秀才序》、《送孟秀才序》、《送陈秀才彤序》、《赠张童子序》、《送牛堪序》等⑤。中晚唐五代人择婿亦有首选进士、明经的情况,说明乡贡举人阶层在社会上已颇具影响力。

总之,中晚唐五代举人在社会上颇具影响力,举人一旦及第,便仕途通达,或维系门第不衰,或广其门第。即使落第,其本人也享有一定的免课役特权,在社会上也颇具影响力。

(2)中晚唐五代科举与衣冠户的关系。唐前期科举考试及第后,一般很快就能授予官位,随即免除赋役,享受国家俸禄。随着中晚唐科举出身后守选时间的拉长,科举出身者不能立刻获得官位,便出现是否还继续承担国家赋役的问题。因此,中晚唐逐渐明确了科举出身免除赋役的相关制度。如贞元十一年(795),韩愈在进士及第后称自己"名不著于农工商贾之版"⑥。贞元十九年(803),韩愈又在《送牛堪序》中说:以明经"登第于

---

① 《云溪友议》卷下《因嫌进》,收入《唐五代笔记小说大观》,第1302页。
② 《全唐文》卷八四三《司空颋传》,第8861页。
③ 《十国春秋》卷二八《高越传》,第405页。
④ 参见周绍良《唐代墓志汇编》第2424、2427、2427、2431、2434页。
⑤ 《韩昌黎文集校注》卷四,第257、259、249、246页。
⑥ 《韩昌黎文集校注》卷三《上宰相书》,第155页。

九、中晚唐五代科举与社会阶层的变迁　　281

有司者,去民亩而就吏禄,由是进而累为卿相者,常常有之,其为获也亦大矣"①。据穆宗《宝历元年正月南郊赦》云:"天下州县,各委刺史、县令,招延儒学,明加训诱,名登科第,即免征役。"②此条赦文从国家层面确立了科举出身"即免征役"的合法性,将其制度化。如唐末"信州永丰人王正白,时再试中选,郡守为改所居坊名曰:'进贤',且减户税,亦后来所无"③。更有甚者,有地方长官为了激励学子从事举业,上奏皇帝给本地及第状元"祀以庙食",免除其在乡里赋税,以便供奉。如大中五年(851),封州人莫宣卿进士状元及第,咸通九年(868),"封州刺史李邦昌上其事于朝,钦奉上敕为唐正奏状元莫孝肃公,祀以庙食,表其里居曰文德。蠲其赋税,以充烝尝之需,永为常典"④。

随着科举出身者所享有的经济特权逐渐明确和扩大,进士出身者的经济特权迅速增加,形成了所谓的"衣冠户"。韩国磐认为衣冠户的形成是在武宗朝⑤。武宗《加尊号后郊天赦文》云:"便称衣冠户,广置资产,输税全轻,便免诸色差役……从今已后……非前进士及登科有名闻者,纵因官罢职,居别州寄住,亦不称为衣冠户。"⑥从赦文来看,只有"前进士及登科有名闻者"才可以称"衣冠户",享受"广置资产,输税全轻,便免诸色差役"的特权。此后,僖宗《乾符二年南郊赦》又重申准会昌旧制云:"家有进士及第,方免差役。"⑦又有杨夔《复宫阙后上执政书》云:

　　盖侨寓州县者,或称前资,或称衣冠,既是寄住,例无徭役。且敕有进士及第,许免一门差徭,其余杂科,止于免一身而已。⑧

从以上几条史料来看,鉴于杂科出身者借助"衣冠户"一门全免赋税、徭役的

---

① 《韩愈全集校注》卷四,第246页。
② 《唐大诏令集》卷七〇《宝历元年正月南郊赦》,第393页。役,《文苑英华》卷四二七《翰林制诏·宝历元年正月七日赦文》作"徭"(第2163页)。
③ 《容斋四笔》卷六《乾宁覆试進士》,第683页。
④ 《全唐文》卷八一六白鸿儒《莫孝肃公诗集序》,第8591页。
⑤ 韩国磐《科举制和衣冠户》,收入其《隋唐五代史论集》,第284—293页。
⑥ 《全唐文》卷七八,第820页。
⑦ 《唐大诏令集》卷七二,第402页。
⑧ 《文苑英华》卷六六九,第3442页;参考《全唐文》卷八六六,第9075页。

特权,通过"寄住"人口,逃避国家赋役,造成很坏的社会影响,因此杨夔建议只允许进士出身免全家差徭,其余杂科出身,只免一人差科。

晚唐进士科出身的衣冠户恃其享有的经济特权,不仅广占田亩,购置田庄,而且还为他人影复、寄产,逃避赋役,害及疲民①。《侯鲭录》卷四云:"唐末五代,权臣执政,公然交赂,科第差除,各有等差。故当时语云:'及第不必读书,作官何须事业。'"②五代还出现了童子登童子科后,便"滥蠲徭役,虚占官名"的情况③。光启三年(887)黄匪躬登进士第,"后仕梁,掌江西钟传幕奏记,武穆王雅倾慕之。会匪躬以使事来湖南,王大喜,尽蠲其门户租役"④。

在衣冠户享有经济特权的情况下,没落士族、小姓、寒素阶层中一部分人通过科举考试成为衣冠户后,便依靠其政治、经济特权广置庄田、影复百姓、寄产业,永绝差科,从而或大其门户,或维系其门第不衰,于是"衣冠户"代替了魏晋以来的门阀士族,成为进士出身的新兴官僚士族的代称。寒素阶层子弟一旦登第,便可依靠政治、经济特权,逐渐成为所谓的新兴官僚士族。

与中晚唐相比,五代科举出身者享有免税特权和影占田产的情况,有过之而无不及。后唐天成四年(929)五月敕云:

> 凡登科第,皆免征徭……应礼部贡院每年诸道及第人等,宜令逐道审验,春关冬集,不得一例差徭,其及第人,亦不得虚影占户名。⑤

可见后唐登科第者可以免征徭役,并多有影占庄田的现象。中晚唐的衣冠户后来发展为五代和宋代的形势户⑥。

随着科举出身者地位的提高,五代甚至出现了转授科第的情况。天成

---

① 《文苑英华》卷六六九《书·复宫阙后上执政书(杨夔)》,第3443页;参考《全唐文》卷八六六杨夔《复宫阙后上执政书》,第9075页。
② 〔宋〕赵令畤撰、孔凡礼点校《侯鲭录》,北京:中华书局,2002年,第103页。
③ 《旧五代史》卷一四八《选举志》,第1980页。
④ 《十国春秋》卷七五《黄匪躬传》,第1029页。
⑤ 《五代会要》卷一五《户部》,第196页。
⑥ 韩国磐《科举制和衣冠户》,收入其《隋唐五代史论集》,第284—293页。

四年七月礼部贡院奏:诸条格中书奏"及第人先曾授职官者,宜令所司于守摄文书内,竖重应举及第年月日,或改名,不改名,分明印押。惧其转赐于人,假资冒进也"①。及第举人转卖及第文书与卖官无异,说明科第与选官日趋等同。

中晚唐五代,随着举人和科举出身者所取得的经济特权不断扩大,士族和小姓中科举出身者,便利用其经济特权荫占民户,广置田产以光大门户。寒素阶层一旦获得科举出身,也利用其经济特权,影占民户,积累家资,形成衣冠户,为逐步挤入小姓、士族阶层提供了重要条件。至是,科举出身已成为仕宦的第一出身,其所属经济特权在一定程度上推动了社会阶层的变迁。

(二) 中晚唐五代科举与大士族的变迁

中晚唐科举与清望官的选拔日益密切,特别是进士出身逐渐成为社会的第一出身、卿相的后备人选,对世家大族的影响更为广泛、深远。随着唐代"进士考试来渐渐替代了门第势力,社会孤寒之士,亦得平地拔起,厕身仕宦,使仕途不再为门第所垄断"②。以下笔者着重从科举对大士族仕宦及其向城市迁徙影响等两个方面,来探讨科举对中晚唐世家大族兴衰的影响。

1. 中晚唐五代进士科与若干大士族的仕宦关系。

唐代大士族众多,为了研究方便,笔者选取魏晋至唐代官宦最盛的十四姓十七家大士族来探讨中晚唐科举对其家族升沉的影响③,进而探讨科举对中晚唐社会阶层变迁的影响。随着唐代科举制度的不断发展,科举制度对世家大族的冲击最为深入,打破了汉魏以来世家大族主导的选举制度,选士只注重德行即门第出身的局面,转而看重才能。特别是中晚唐,进士科成为

---

① 《宋本册府元龟》卷六四一《贡举部·条制第三》,第2112页。
② 钱穆《中国教育制度与教育思想》,收入其《国史新论》,第224页。
③ 十四姓十七家的选取,参考毛汉光《中古官僚选制与士族权力的转变——唐代士族之中央化》,收入许倬云、毛汉光、刘翠溶主编《第二届中国社会经济史研讨会论文集》,第57—88页。

第一出身、卿相的后备人选,门第退居其次,大大促进了旧士族的分化、衰落。因此,随着贞元以后宰相人选多出自进士科,"山东旧族苟欲致身通显,自宜趋赴进士之科,此山东旧族所以多由进士出身,与新兴阶级同化"①,于是赵郡李氏栖筠②、弘农杨氏虞卿③、弘农杨於陵等旧士族④,也不得不加入射策进士科的行列,借以入仕清流,重振门第。尽管在中晚唐五代进士出身者中,士族和小姓占了绝对优势,一时间出现父子、兄弟连登科第,甚至出现三世、四世、五世代有进士出身的家族,但是这一时期科名和门第的地位发生了深刻变化,科名已成为士族、小姓借以维系、光大门庭最为重要的手段,门第已经很难保证其子弟累代仕宦。下文将以十四姓十七家士族的登科情况来看该士族仕宦与社会地位的变化。

(1) 范阳卢氏。

中晚唐士族进士出身率最高者莫过于范阳卢氏。《南部新书》云:"范阳卢氏,自兴元元年甲子,至乾符二年乙未,凡九十二年,登进士者一百十六人,而字皆连于子。然世称卢家不出座主。"⑤范阳卢氏在中晚唐仅进士科平均每年就有 1.2 人登第,而中晚唐每年应举者在 1 000 人左右,登第者仅为 30 人左右,其中范阳卢氏就占 4% 左右,可见其在该时期登第人数中所占比例之大。范阳卢氏有四大房支:范阳大房,有卢商,祖昂沣州刺史;父广河南县尉;商元和四年(809)进士及第,宣宗朝入相⑥。第二房,有卢翰、卢迈相德宗,其中卢迈明经及第⑦。第三房,有卢杞,以门荫入仕,德宗朝入相;其子元辅以进士及第入仕,官至兵部侍郎⑧。第四房,有卢纶,进士及第,迁居鄱阳,

---

① 陈寅恪《唐代政治史述论稿》第 89 页。
② 《旧唐书》卷一七四《李德裕传》,第 4509 页。
③ 《旧唐书》卷一七六《杨虞卿传》,第 4561—4565 页。
④ 参考《旧唐书》卷一六四《杨於陵传》,第 4292—4294 页;《旧唐书》卷一七六《杨嗣复传》,第 4555—4561 页。
⑤ 《南部新书》己,第 83 页;《唐语林》卷四《企羡》略同,第 140 页。
⑥ 参考《旧唐书》卷一七六《卢商传》,第 4575 页;《新唐书》卷七三上《宰相世系表三上》,第 2914 页。
⑦ 《新唐书》卷七三上《宰相世系表上》,第 2921、2941 页。
⑧ 参考《旧唐书》卷一三五《卢杞传》,第 3713—3718 页;《新唐书》卷七三上《宰相世系表三上》,第 2941 页。

官到户部郎中;其子简辞、简能、简求、弘正兄弟四人在元和、长庆年间皆进士及第,除简能得罪受诛外,其他三人皆至清显;简辞子侄玄禧、知猷、嗣业、汝弼、虔灌,皆进士及第,历清显;"卢氏两世贵盛,六卿方镇相继,而未有居辅相者";嗣业子文纪进士及第,后来相后唐末帝①。范阳卢氏其他房支又有卢携,祖损;父求,宝历初登进士第,位终郡守;携在大中九年(855)进士擢第,乾符四年(877)为宰相②;又有光启,进士及第,相昭宗③。此外,范阳人卢士阅、卢弘宣、卢告、卢就、卢汝弼、卢延让、卢导、卢知新、卢择等,皆进士及第,卢当明经及第,这些人后来都多历台省④。卢氏一族在中晚唐五代入相者达七人,以科第入相者六人,以门荫入相者一人,登科者近百人,可见正是范阳卢氏一族的代表人物在中晚唐五代主要凭借登科入仕,人才辈出,才保持了家族仕宦、门第的不衰。所以晚唐五代人卢汝弼,"不喜为世胄,笃志科举,登进士第,文采秀丽,一时士大夫称之"⑤,充分说明当时在仕宦中科名比门第更为重要。

(2) 清河崔氏。

清河崔氏,中晚唐五代入相者为:崔群相宪宗,崔郸相文宗,崔慎由、崔龟从相宣宗,崔彦昭相僖宗,崔昭纬、崔胤相昭宗,崔协相后唐明宗,共八人,皆为进士出身。其中崔慎由、崔胤为父子关系⑥,这集中体现了中晚唐五代

---

① 参考《旧唐书》卷一六三《卢简辞传》,第4268—4274页;《旧五代史》卷一二七《周书十八·卢文纪传》,第1667—1669页。

② 参考《旧唐书》卷一七八《卢携传》,第4638页;《新唐书》卷七三上《宰相世系表三上》,第2940—2941页。

③ 参考《新唐书》卷一八二《卢光启传》,第5377—5378页;《新唐书》卷七三上《宰相世系表三上》,第3941页。

④ 参见《登科记考》卷一一—二七,第407—1113页;《登科记考订补》,第1—27页;《新唐书》卷七三上《宰相世系表三上》,第2903页。

⑤ 《旧五代史》卷六〇《唐书三十六·卢汝弼传》,第809页。

⑥ 参见《旧唐书》卷一五九《崔群传》,第4187—4188页;《旧唐书》卷一五五《崔郸传》,第4119—4120页;《旧唐书》卷一七七《崔慎由传》,第4577—4580页;《旧唐书》卷一七六《崔龟从传》,第4572—4573页;《旧唐书》卷一七八《崔彦昭传》,第4628页;《旧唐书》卷一七九《崔昭纬传》,第4654页;《旧唐书》卷一七七《崔慎由传附崔胤传》,第4582页。《旧五代史》卷五八《唐书三十四·崔协传》,第779—789页。崔慎由、崔胤、崔昭纬,《新唐书》卷七二下《宰相世系表下》列在崔氏南祖房,第2817页;《旧唐书》卷一七七《崔慎由传》作"清河武城人"(第4577页)。《旧唐书》卷一七九《崔昭纬传》作"清河人",故列在清河崔氏内(第4654页)。

清望官多由门第与进士科相结合的趋势。清河崔氏一族位达清望官者亦多由进士出身。如崔郊,祖结,父倕,官卑;崔郊与郸、鄯、郾兄弟四人,皆进士及第,"郊、郾、郸三人,知贡举,掌铨衡,冠族闻望,为时名德"①。杜牧曾经感慨崔郾"亲昆仲六人,皆至达官,公与伯兄季弟,五司礼闱,再入吏部,自国朝已来,未之有也"②。崔郊子侄璀、璜、瑶、瑾,皆进士及第,孙彦融进士及第,皆历台省③。宰相崔祐甫子岩进士及第,官至监察御史④。崔元翰进士及第,守比部郎中⑤。崔群弟于,进士及第,官至郎署⑥。崔慎由弟安潜亦进士出身,官至太子太傅;子胤。崔安潜子舣进士及第,早卒⑦。

(3) 博陵崔氏。

博陵崔氏,中晚唐五代出任宰相者有损、祐甫、造相德宗,植相穆宗,珙、铉相武宗,元式相宣宗,沆相僖宗,远相昭宗,达九人之多。其中造、植非科第出身,珙拔萃出身,其余六人均为进士科出身⑧。而且,崔元式、崔铉、崔沆为叔侄关系⑨。宰相崔元式一门,自崔元略进士及第,官至户部尚书后,其子铉,孙沆,弟元受、元儒,元受子钧、铟、铢,皆进士及第,多历清显⑩。宰相崔珙一族,自父颋进士及第后,其兄弟琯、屿、球,子侄涓、滔、澹,渎,从孙远,皆进士及第;弟瑨拔萃出身。因此,史书云:"崔氏咸通、乾符间,昆仲子弟纡组拖绅,历台阁、践藩岳者二十余人。大中以来盛族,时推甲等。"⑪直到崔远相

---

① 参考《旧唐书》卷一五五《崔郊传》,第4117—4120页。
② 《樊川文集》卷一四《唐故银青光禄大夫检校礼部尚书御史大夫充浙江西道都团练观察处置等使上柱国清河郡开国公食邑二千户赠吏部尚书崔公行状》,第211页。
③ 参考《旧唐书》卷一五五《崔郊传》,第4117—4120页。
④ 参考《旧唐书》卷一一九《崔祐甫传》,第3444页。
⑤ 参考《旧唐书》卷一三七《崔元翰传》,第3766页。
⑥ 参考《旧唐书》卷一五九《崔群传》,第4190页。
⑦ 参考《旧唐书》卷一七七《崔慎由传》,第4580—4581页。
⑧ 参考《旧唐书》卷一三六《崔损传》,第3754页;《旧唐书》卷一一九《崔祐甫传》,第3437—3440页;《旧唐书》卷一三〇《崔造传》,第3625—3626页;《旧唐书》卷一一九《崔祐甫传附崔植传》,第3441—3442页;《旧唐书》卷一七七《崔珙传》,第4587—4589页;《旧唐书》卷一六三《崔元略传附崔元式传》,第4260—4263页;《旧唐书》卷一七七《崔珙传附崔远传》,第4590页。崔造,《新唐书》卷七二下《宰相世系表下》载博陵崔氏宰相名单未收,第2817页。
⑨ 参考《旧唐书》卷一六三《崔元略传》,第4260—4263页。
⑩ 参考《旧唐书》卷一六三《崔元略传》,第4260—4263页。
⑪ 参考《旧唐书》卷一七七《崔珙传》,第4587—4591页。

九、中晚唐五代科举与社会阶层的变迁　　　　　　　　　　　　　287

昭宗,天祐二年(905)被朱全忠害于白马驿,此后博陵崔氏未见登科者及显贵人物出现①。崔珙一家五服之内进士及第十人,拔萃出身二人,而历显宦者二十余人,入相两人,足见崔珙一家科第出身程度之高,也反映了科举已成为中晚唐士族入仕、仕宦的主流,也是士族问津高官最有效的途径。即使父祖显贵者,其子弟也以科第出身入仕为先。此外,崔弘礼进士及第,官至检校左仆射②。

(4) 赵郡李氏。

赵郡李氏,中晚唐五代时期为宰相者有李泌相德宗,李藩、李绛、李吉甫、李鄘相宪宗,李固言、李珏、李德裕相文宗,李绅、李德裕相武宗,李磎相昭宗,李愚相后唐明宗、闵帝,达十一人。除李泌、李藩、李吉甫、李德裕之外,其余均为进士出身③。此外,赵郡李氏诸房中,李逊、李建、李虞仲、李绛、李璋皆进士及第,历清显④。

(5) 陇西李氏。

陇西李氏,中晚唐五代时期为宰相者有李晟相德宗,李逢吉相宪宗,李让夷相武宗,李训相文宗,李蔚相僖宗,共五人;除李晟之外,皆进士出身⑤。又李蔚父景素,子渥,皆进士及第,历清显⑥。此外,李让夷、李中敏皆进士及

---

① 参考《旧唐书》卷一七七《崔珙传》,第4591页。
② 参考《旧唐书》卷一六三《崔弘礼传》,第4265页。
③ 参见《旧唐书》卷一三〇《李泌传》,第3620—3621页;《旧唐书》卷一四八《李藩传》,第3997—3999页;《旧唐书》卷一六四《李绛传》,第4285—4287页;《旧唐书》卷一四八《李吉甫传》,第3992—3993页;《旧唐书》卷一五七《李鄘传》,第4147—4149页;《旧唐书》卷一七三《李固言传》,第4506页;《旧唐书》卷一七三《李珏传》,第4503—4505页;《旧唐书》卷一七四《李德裕传》,第4509—4527页;《旧唐书》卷一七三《李绅传》,第4497—4500页;《旧唐书》卷一五七《李镛传附李磎传》,第4149—4150页;《旧五代史》卷六七《唐书四十三·李愚传》,第890—893页;《新唐书》卷七二上《宰相世系表上》,第2599页。
④ 参见《旧唐书》卷一五五《李逊传》,第4123—4125页;《旧唐书》卷一六三《李虞仲传》,第4266页;《旧唐书》卷一六四《李绛传》,第4285—4292页。
⑤ 参见《旧唐书》卷一三三《李晟传》,第3661—3665页;《旧唐书》卷一六七《李逢吉传》,第4365页;《旧唐书》卷一六九《李训传》,第4395—4396页;《旧唐书》卷一七六《李让夷传》,第4566页;《旧唐书》卷一七八《李蔚传》,第4624—4627页。《新唐书》卷七二上《宰相世系表上》记载陇西李氏宰相名单中无李让夷、李训二人(第2473页)。
⑥ 参考《旧唐书》卷一七八《李蔚传》,第4624—4627页。

第,历清显①。李程、子廓、孙昼,皆进士及第②。

(6) 太原王氏。

太原王氏,中晚唐五代为相者有王涯相宪、文宗,王播相穆宗,王铎相懿宗、僖宗,皆进士出身③。此外,王质进士及第,官至河南尹④。宰相王播弟炎、起,子式,皆进士及第,历清显;侄铎亦进士及第,相懿宗、僖宗⑤。又王正雅进士甲科,官至大理卿,从子众仲、从孙凝,皆进士及第,累历清显⑥。

(7) 琅琊王氏。

琅琊王氏,中晚唐五代为相者有王抟和王定保二人,皆进士及第⑦,王抟相昭宗⑧;王定保仕南汉,位至宰相⑨。此外,王潘,武举及第,官至宣武军倅⑩;王公亮,登进士第,官至御史大夫⑪;王充,拔萃登科,官至吏部郎中⑫。显然,琅琊王氏在中晚唐五代已经衰落,子弟虽偶有登科,但不能保证累世登科,因此其门第衰亡就很自然了。

(8) 彭城刘氏。

彭城刘氏,中晚唐五代入相者有五人,刘滋、刘从一相德宗,刘瑑相宣宗,刘邺相懿宗、僖宗,刘瞻相懿宗。除刘滋外,皆进士出身,其中刘邺为赐

---

① 参考《旧唐书》卷一七六《李让夷传》,第 4566 页;《旧唐书》卷一七一《李中敏传》,第 4450 页。
② 参考《旧唐书》卷一六七《李程传》,第 4372—4374 页。
③ 参考《旧唐书》卷一六九《王涯传》,第 4401—4402 页;《旧唐书》卷一六四《王播传》,第 4372—4374 页;《旧唐书》卷一六四《王播传附王铎传》,第 4282 页;《新唐书》卷七二中《宰相世系表中》,第 2655 页。
④ 《旧唐书》卷一六三《王质传》,第 4267 页。
⑤ 参考《旧唐书》卷一六四《王播传》,第 4275—4285 页。
⑥ 参考《旧唐书》卷一六五《王正雅传》,第 4298—4299 页。
⑦ 《新唐书》卷七二中《宰相世系表中》,第 2655 页。
⑧ 《新唐书》卷一一六《王綝传附王抟传》,第 4227 页。
⑨ 《十国春秋》卷六二《王定保传》,第 892 页。
⑩ 周绍良《唐代墓志汇编》会昌五六号《唐故琅琊王公墓志铭并序》,第 2251 页。
⑪ 周绍良《唐代墓志汇编》咸通五六号《唐故滑州匡城县令王公墓志铭并序》,第 2421 页。
⑫ 周绍良《唐代墓志汇编》大和五四号《唐故朝散大夫守尚书吏部郎中兼侍御史知杂事上柱国临沂县开国男食邑三百户琅琊王府君墓志铭并序》,第 2134 页。

九、中晚唐五代科举与社会阶层的变迁

进士①。此外，刘禹锡及其子承雍，皆进士及第②；刘瑑弟顼，亦进士及第③。

(9) 渤海高氏。

渤海高氏，中晚唐五代为相者仅有高郢、高璩两人，分别相顺宗、懿宗，皆进士出身④。又如高重，登明经科，位至国子祭酒⑤；高沐，登进士科，官至濮州刺史⑥；高璩之父元裕登进士第，官至工部尚书⑦。

(10) 河东裴氏。

河东裴氏，中晚唐五代为相者有五人，裴度相宪宗、穆宗、敬宗，裴垍相宪宗，裴休相宣宗，裴坦、裴澈相僖宗，裴枢、裴贽相昭宗，皆进士出身⑧。此外，裴度子譔，进士及第⑨；裴休之兄弟裴俦、裴俅，皆进士及第⑩。

(11) 兰陵萧氏。

兰陵萧氏，中晚唐五代为相者有萧复相德宗，萧俛相穆宗，萧邺相宣宗，萧寊相懿宗，萧倣、萧遘相僖宗，萧顷相后梁末帝。除萧复之外，均为进士科出身⑪。萧俛弟杰，从弟仿，从侄廪、顗，孙顷，皆进士及第，除萧杰得罪受诛

---

① 参考《旧唐书》卷一三六《刘滋传》，第 3751—3752 页；《旧唐书》卷一二五《刘从一传》，第 3550 页；《旧唐书》卷一七七《刘瑑传》，第 4606—4607 页；《旧唐书》卷一七七《刘邺传》，第 4616—4618 页；《旧唐书》卷一七七《刘瞻传》，第 4605 页；《新唐书》卷七一上《宰相世系表上》，第 2272 页。

② 参考《旧唐书》卷一六〇《刘禹锡传》，第 4210—4213 页。

③ 参考《旧唐书》卷一七七《刘瑑传》，第 4607 页。

④ 《旧唐书》卷一四七《高郢传》，第 3975—3976 页；《旧唐书》卷一七一《高元裕传》，第 4425—4453 页；《新唐书》卷七一下《宰相世系表下》，第 2393 页。

⑤ 《新唐书》卷九五《高士廉传》，第 3843 页。

⑥ 《旧唐书》卷一八七下《忠义传下·高沐传》，第 4911—4912 页。

⑦ 《旧唐书》卷一七一《高元裕传》，第 4452 页；《新唐书》卷七一下《宰相世系表下》，第 2393 页。

⑧ 参考《旧唐书》卷一七〇《裴度传》，第 4413—4434 页；《旧唐书》卷一四八《裴垍传》，第 3989—3992 页；《旧唐书》卷一七七《裴休传》，第 4593—4594 页；《新唐书》卷一八二《裴坦传》，第 5375—5376 页；《新唐书》卷一四〇《裴枢传》，第 4647—4648 页；《新唐书》卷七一上《宰相世系表上》，第 2244 页；《旧五代史》卷一五八《唐书三十四·萧顷传》，第 787 页；《唐诗纪事》卷六八《裴澈》，第 1019 页。

⑨ 《旧唐书》卷一七〇《裴度传》，第 4434 页。

⑩ 《旧唐书》卷一七七《裴休传》，第 4593 页。

⑪ 参考《旧唐书》卷一二五《萧复传》，第 3550—3351 页；《旧唐书》卷一七二《萧俛传》，第 4476—4482 页；《旧唐书》卷一七九《萧遘传》，第 4645 页；《新唐书》卷一八二《萧邺传》，第 5365 页；《旧五代史》卷五八《唐书三十四·萧顷传》，第 787 页；《新唐书》卷七一下《宰相世系表下》，第 2288 页。

(12) 河东薛氏。

河东薛氏,中晚唐无人为相②,后梁薛贻矩以进士出身位至宰相③。此外,薛少殷,登进士科,授秘校书郎,历和蕃判官、主簿④;薛赞,登明经科,位至县令⑤;薛存诚,进士及第,官至御史中丞,孙保逊,亦进士及第,官至给事中⑥;薛逢,登进士科,官至秘书监,子延珪,后梁官至礼部尚书⑦。

(13) 河东柳氏。

河东柳氏,中晚唐五代入相者有柳浑相德宗,柳璨相昭宗,皆进士及第⑧。柳宗元进士及第,位至柳州刺史⑨。柳公绰制科出身,弟公权,子仲郢,孙珪、壁,从孙璨,皆进士及第,孙玭两经举,又书判拔萃,皆历清显⑩。

(14) 京兆韦氏。

京兆韦氏,中晚五代韦氏入为相者有韦执谊相宪宗、顺宗,韦贯之相宪宗,韦处厚相敬宗,韦昭度相僖宗、昭宗,韦保衡相懿宗、僖宗,韦贻范相昭宗,除韦贻范外,皆为进士出身⑪。韦贯之子澳、凌,孙庾、序、雍、郊,皆进士及第,历清显⑫。韦保衡之祖元贞、父悫、弟保义,皆进士及第,历清显⑬。此

---

① 《旧唐书》卷一七二《萧俛传》,第4476—4482页。
② 《新唐书》卷七三下《宰相世系表下》,第3044页。
③ 《旧五代史》卷一八《梁书十八·薛贻矩传》,第242—243页。
④ 《太平广记》卷一五二《定数七·薛少殷》引《前定录》,第1093—1094页。
⑤ 周绍良《唐代墓志汇编》开成四八号《唐故绛州翼城县令河东薛公墓铭》,第2203—2204页。
⑥ 《旧唐书》卷一五三《薛存诚传》,第4089—4091页。
⑦ 《旧唐书》卷一九○下《文苑传下·薛逢传》,第5079—5080页。
⑧ 参考《旧唐书》卷一二五《柳浑传》,第3553—3554页;《旧唐书》卷一七九《柳璨传》,第4609页,《新唐书》卷七三上《宰相世系表上》,第2854页。
⑨ 参考《旧唐书》卷一六○《柳宗元传》,第4213—4214页。
⑩ 参考《旧唐书》卷一六五《柳公绰传》,第4300—4313页。
⑪ 参见《旧唐书》卷一三五《韦执谊传》,第3732—3733页;《旧唐书》卷一五八《韦贯之传》,第4173—4174页;《旧唐书》卷一五九《韦处厚传》,第4182—4187页;《旧唐书》卷一七九《韦昭度传》,第4653页;《旧唐书》卷一七七《韦保衡传》,第4602页;《新唐书》卷一八二《卢光启传附韦贻范传》,第5378页;《旧五代史》卷一八《梁书十八·杜晓传》,第246页;《新唐书》卷七四上《宰相世系表上》,第3113页。
⑫ 参考《旧唐书》卷一五九《韦贯之》,第4173—4177页。
⑬ 参考《旧唐书》卷一七七《韦保衡传》,第4602页。

外,韦弘景,进士及第①。

(15) 京兆杜氏。

京兆杜氏,中晚唐五代时期入相者有杜佑相德宗、顺宗、宪宗,杜黄裳相宪宗,杜元颖相穆宗、敬宗,杜悰相武宗、懿宗,杜审权相懿宗,杜让能相僖宗、昭宗,杜晓相后梁太祖。除杜佑、杜悰、杜晓之外,均为进士出身②。杜黄裳子胜,孙庭坚,皆进士擢第,历台省③。杜悰为杜佑之孙,杜佑的另外两个孙子牧、觊,皆进士及第④。杜元颖为唐初宰相杜如晦裔孙,元颖弟元绛,元绛子审权⑤,审权弟蔚,子让能、彦林、弘徽,皆进士及第,历清显;让能子晓,相后梁太祖,一门四世为相⑥。

(16) 弘农杨氏。

弘农杨氏,中晚唐五代入相者有杨炎相德宗,杨嗣复相文宗、武宗,杨收相懿宗,杨涉相哀帝、后梁太祖,除杨炎外,均为进士出身⑦。杨於陵进士及第,官至左仆射,子嗣复、绍复,皆进士及第,历清显。大中后,杨氏诸子登进士第者十人,"嗣复子授、技、拭,搋;绍复子擢、拯、据、揆,师复子振、拙等",授子煚等,多历省⑧。杨虞卿、杨汝士、杨鲁士、杨汉公兄弟在元和长庆间,相继进士登第,位至公卿,诸子侄知进、知退、堪、范、筹、知温、知远、知权,皆进士及第,"皆至正卿,郁为昌族,所居静恭里,知温兄弟,并列门戟。咸通中,

----

① 参考《旧唐书》卷一五七《韦弘景传》,第4152页。
② 参考《旧唐书》卷一四七《杜佑传》,第3978—3979页;《旧唐书》卷一四七《杜黄裳传》,第3973页;《旧唐书》卷一六三《杜元颖传》,第4263—4265页;《旧唐书》卷一四七《杜佑传附杜悰传》,第3984页;《旧唐书》卷一七七《杜审权传》,第4610页;《旧唐书》卷一七七《杜审权传附杜让能传》,第4612页;《旧五代史》卷一八《梁书十八·杜晓传》,第246页;《新唐书》卷七二上《宰相世系表上》,第2440页。
③ 参考《旧唐书》卷一四七《杜黄裳传》,第3975页。
④ 参考《旧唐书》卷一四七《杜佑传》,第3984—3986页。
⑤ 参考《旧唐书》卷一六三《杜元颖传》,第4265页。
⑥ 参考《旧唐书》卷一七七《杜审权传》,第4610页。
⑦ 参考《旧唐书》卷一一八《杨炎传》,第4318—3419页;《旧唐书》卷一七六《杨嗣复传》,第4555—4560页;《旧唐书》卷一七七《杨收传》,第4595—4599页;《旧唐书》卷一七七《杨收传附杨涉传》,第4601页;《新唐书》卷七一下《宰相世系表下》,第2386页。
⑧ 参考《旧唐书》卷一六四《杨于陵传》,第4292—4294页;《旧唐书》卷一七六《杨嗣复传》,第4555—4561页。

昆仲子孙,在朝行方镇者十余人"①。杨收、杨发、杨假、杨严兄弟四人,子侄乘、鉴、钜、鳞、涉、注,皆进士及第,官至卿相,其中涉位至宰相②。

(17)荥阳郑氏。

荥阳郑氏,中晚唐五代为相者有郑馀庆、郑珣瑜相德宗,郑馀庆、郑絪相宪宗,郑覃相文宗,郑肃相武宗,郑朗相宣宗,郑从谠、郑畋相僖宗,郑棨、郑延昌相昭宗,郑珏相后梁末帝、后唐明宗;其中郑珣瑜以制科入仕,其子郑覃以门荫入仕,其余均为进士登第③。郑馀庆子瀚,孙茂谌、处诲、从谠,在贞元、会昌年间相继登进士科,皆位至卿相④。郑絪孙颢进士及第,官至河南尹⑤。郑覃弟朗、潜进士及第⑥,郑畋曾祖邻、祖穆、父亚,并登进士第⑦。

根据以上中晚唐五代十四姓十七家大士族登科和入仕情况的概述,将大家族中位至宰相的出身进行统计分析,兹列表如下:

表一　中晚唐五代十四姓十七家大士族入相与登科人数综表

姓氏	时代	人数	进士科	明经	制举	科目选	其他
范阳卢氏	中晚唐	7	4	1			2
	五代						
清河崔氏	中晚唐	7	7				
	五代	1	1				
博陵崔氏	中晚唐	9	6			1	2
	五代						

---

① 《旧唐书》卷一七六《杨虞卿传》,第4561—4565页。
② 《旧唐书》卷一七七《杨收传》,第4595—4601页。
③ 参考《旧唐书》卷一五八《郑馀庆传》,第4163—4165页;《旧唐书》卷一五九《郑絪传》,第4180—4181页;《旧唐书》卷一七三《郑覃传》,第4489—4492页;《旧唐书》卷一七六《郑肃传》,第4573—4574页;《旧唐书》卷一七三《郑覃传附郑朗传》,第4493—4494页;《旧唐书》卷一五八《郑馀庆传附郑从谠传》,第4169页;《旧唐书》卷一七八《郑畋传》,第4630—4632页;《旧唐书》卷一七九《郑棨传》,第4662—4663页;《新唐书》卷一六五《郑珣瑜传》,第5064—5065页;《新唐书》卷一八二《郑延昌传》,第5376—5377页;《旧五代史》卷五八《唐书三十四·郑珏传》,第778页;《新唐书》卷七五上《宰相世系表上》,第3355页。
④ 《旧唐书》卷一五八《郑馀庆传》,第4167—4169页。
⑤ 《旧唐书》卷一五九《郑絪传》,第4180—4181页。
⑥ 《旧唐书》卷一七三《郑覃传》,第4493—4494页。
⑦ 《旧唐书》卷一七八《郑畋传》,第4630页。

九、中晚唐五代科举与社会阶层的变迁

续表

姓氏	时代	人数	进士科	明经	制举	科目选	其他
赵郡李氏	中晚唐	10	6				4
	五代	1	1				
陇西李氏	中晚唐	5	4				1
	五代						
太原王氏	中晚唐	3	3				
	五代						
琅琊王氏	中晚唐	1	1				
	五代	1	1				
彭城刘氏	中晚唐	5	4				1
	五代						
渤海高氏	中晚唐	2	2				
	五代						
河东裴氏	中晚唐	5	5				
	五代						
兰陵萧氏	中晚唐	6	5				1
	五代	1	1				
河东薛氏	中晚唐						
	五代	1	1				
河东柳氏	中晚唐	2	2				
	五代	0	0				
京兆韦氏	中晚唐	6	6				
	五代						
京兆杜氏	中晚唐	6	4				2
	五代	1	1				
弘农杨氏①	中晚唐	4	4				
	五代	1					1
荥阳郑氏	中晚唐	10	8	1			1
	五代	1	1				

① 杨涉相哀帝、后梁太祖,在中晚唐和五代各按一次计算。

表二　中晚唐五代十四姓十七家大士族入相与登科人数比例综表

朝代	人数	进士科	明经	制举	科目选	其他
中晚唐	88	71(81%)	1(1%)	1(1%)	1(1%)	14(16%)
五代	8	7(87%)	0	0	0	1(13%)
中晚唐五代	96	78(81%)	1(1%)	1(1%)	1(1%)	15(16%)

从以上两表的统计数据来看,中晚唐五代大士族子弟,入仕宰相最多的是进士出身,占到81%,其他科目仅占到3%,影响甚微,不过科举出身加起来高达84%,而门荫等诸色出身仅为16%,足见中晚唐五代科举对大士族荣登高位、保持门第不衰的重要作用。若仅从中晚唐来观察,进士科占81%,科举出身为84%,较整个中晚唐五代略有下降,不过诸色出身仍为16%。五代大士族入相者进士出身高达87%,无杂科出身,诸色出身仅占13%,说明士族弟子要在动荡的时代出任将相,科名似乎比门第更为重要。从上述中晚唐五代十四姓十七家大族的入仕情况来看,大士族子弟的高进士出身率是保持其门第不衰最为重要的因素之一,这一时期在政治上仍能保持比较重要地位的大士族,都是子弟通过科举考试,多历卿相,进而实现其家族向中央、地方城市的迁徙。士族向中央迁徙又为其家族成员谋取科第提供了方便,反过来促进了其家族成员入仕显宦,实现了家族的官僚化,达到大其门第的目的。那些未离开原籍的士族,则因丧失了乡举里选的特权,又很难与中央保持密切关系,在科举考试和选官中都处于劣势,逐渐被历史所淘汰,最终在唐末五代社会动乱的打击下彻底衰落了。

2. 中晚唐五代科举与士族向城市迁徙的关系。

中晚唐五代科举及选官制度对士族向中央的迁徙产生了深刻影响,进而削弱了士族在乡村的势力,进一步促进了士族的衰落。自唐初统治者确立以科举制度为选拔天下英彦的选官制度以来,科举制度便逐渐成为影响士族向城市迁徙的主要原因。唐初由于魏晋以来的旧士族在朝廷内外还有着很强的影响力,士族有较多的入仕途径,并多能荣登显宦,科举制度对士族向城市迁徙的影响还不是很明显。但到开元、天宝以后,科举出身者的社会地位和影响力日渐增高,特别是进士出身成为仕宦的第一出身,科举出身

九、中晚唐五代科举与社会阶层的变迁

对整个社会产生了强大的吸引力,原来在乡村的士族要想寻求功名,参加科举考试便成为最直接、最有效的途径。加之,天宝以后科举考试行卷之风盛行,京畿地区人物荟萃,从而成为世人登科射策的理想之地,士庶之家为了登科、仕宦近便,往往安家在京畿地区,为子弟登科、仕进创造了良好条件。因此科举考试成为影响士族向城市迁徙的重要因素①。影响士族向中央迁徙的因素很多,城市经济的繁荣、选举制度的发展、交通条件的改善、政局的稳定与动荡等诸多因素,都会对它产生不同的影响,这里仅就科举与士族向城市迁徙的关系略述一二。

(1) 中晚唐科举影响士族向城市迁徙的原因。

关于科举制度在士族向城市迁徙中所起的作用,韩昇在《魏晋隋唐的坞壁和村》一文中给予了很高的评价:

> 垄断乡村,是世家豪强的权力根源……以为一二次农民起义就能扫除门阀政治,显然不切实际。只有在生产贸易繁荣,城市发达,科举选官制普遍推行,刺激乡村世族大量移居城市之后,门阀势力才真正走向衰落。②

笔者很赞同韩氏的观点。唐宋时期科举制度的充分发展,导致了门阀政治的彻底衰落。因此,从科举选士的角度来探讨士族向城市迁徙的相关问题非常有意义,可以帮助我们深刻了解中晚唐科举与士族的衰落和社会阶层分化的关系。

在魏晋南北朝时期的九品中正制下,选举"皆州府察举,及年代久远,讹失滋深。至于齐、隋,不胜其弊,凡所置署,多由请托"③。国家的选举,很大程度上由大、小中正官决定,所以中正官成了地方士族豪强的领袖④。隋代

---

① 参阅 P. A. Herbert, "Civil Service Recruitment in Early Tang China: Ideal and Reality",《大阪大学语言文化研究》Ⅻ号,1986年,第119—211页。
② 《厦门大学学报》(哲学社会科学版)1997年第2期,第104页。
③ 《通典》卷一八《选举典六》,第443页。
④ 毛汉光《中古官僚选制与士族权力的转变——唐代士族之中央化》,收入许倬云、毛汉光、刘翠溶主编《第二届中国社会经济史研讨会论文集》,第57—88页。

废除中正官,"罢州府之权而归于吏部"①,诸色选人赴吏部参选,吏部按身、言、书、判及诸色出身,给予选任,长期居住在地方原籍的士族与中央的关系日趋减少。而在这一转变之中,社会力量也随之发生了变化,魏晋南北朝时期,"国家的统治更依靠于士族的支持,士族出仕更具有自身实力的背景;而后一个时代(隋唐时代),士族的维续更多需要借助国家的力量,其入仕升迁更多依靠的是官场的背景"②。选举权从地方收归中央吏部之后,科举制度作为新的选举方式,成为影响士族势力分化和衰落的最重要因素。

士族向中央迁徙的重要原因是朝廷大力网笼士族中的精英参加中央政权。唐初太宗接见新及第进士时,高兴地说:"天下英雄,入吾彀中矣!"反映了统治者以科举制度笼络人才之后的喜悦心情。中晚唐科举制度充分体现了最高统治阶层通过科举考试来吸引天下英才的精神,从而导致大量士族向中央地区迁徙。

关于科举制度对士族向中央迁徙的影响问题,早在开元年间左拾遗张九龄就注意到了。开元三年(715),张九龄上书云:

> 今朝廷卿士入而不出,于其私情,甚自得计。何则?京华之地,衣冠所聚,子弟之间,身名所出,从容附会,不劳而成。一出外藩,有异于是。人情进取,岂忘之于私;但法制之不敢违耳。原其本意,固私是欲。今大利于京职,而不在外郡,如此则智能之士,欲利之心,日夜营营,安肯复出为刺史、县令?③

张九龄总结朝廷卿士入而不出的原因,正是造成士族迁徙中央地区的原因。显然,"京华之地,衣冠所聚"的必然结果是"子弟之间,身名所出,从容附会,不劳而成"。因此,士族迁徙京畿地区,更有利于子弟谋求科第、官位,而著籍乡里的士族成员与中央的关系自然渐趋淡化,其入仕和升迁的机会也随之大大降低。关于地方士族的衰落,大历初左监门卫录事参军刘秩归结为:

---

① 《通典》卷一八《选举典六》,第443页。
② 韩昇《科举制与唐代社会阶层的变迁》,《厦门大学学报》(哲学社会科学版)1999年第4期,第24—26页。
③ 《通典》卷一七《选举典五》,第412—413页。

九、中晚唐五代科举与社会阶层的变迁

"隋氏罢中正,举选不本乡曲,故里间无豪族,井邑无衣冠,人不土著,萃处京畿,士不饰行,人弱而愚。"①隋代废除九品中正制后,举选权归吏部,诸色入仕中,科举出身者自高宗、则天朝以后渐处优势,并多登台阁。地方士族昔日的特权渐趋消失,不得不加入征文射策之列,进而向中央地区迁徙,以便获取更多社会关系,以寻求登科、入仕及升迁的机遇。

随着开元、天宝以后社会渐重科名,征文射策竞争也日益激烈,士庶举子要想登科射第,便要投刺干谒,驰驱于要津,以致每科放榜无不先定,京畿地区自然成为举子们最便利的投谒、延誉的场所。虽然在宝应二年(763),礼部侍郎杨绾建议恢复汉魏古制,由州县察孝廉,乡间审知有孝悌及信义廉耻之行者,以孝廉为名荐于州,废除举人"怀牒自陈"之制;但是经过侍郎、御史大夫诸司官员的讨论,尚书左丞贾至认为杨绾的建议虽为正论,然而中唐已是"衣冠迁徙,南北分裂,人多侨处","士居乡土,百无一二",即便是著籍地方的士族成员"身皆东西南北之人"②,很难具备乡举里选荐举制度的条件,更不用说把持地方的选举权了。

科举制度促进了士族向城市的迁徙,这在中晚唐最为明显,许多士族正是通过科举考试从乡村走向城市。开元、天宝以后,国子监学、州县学渐衰,举人多不由本州府取解,而竞趋京、华取解,当时以京兆解和同华解最为炽热。加之科举考试以荐举与考试相结合,从而促使延誉、行卷、投刺之风盛行,著籍地方的士族自然失去了先前的优势。小姓、寒素子弟有才学而不得志者,也只有空发牢骚:"空有篇章传海内,更无亲族在朝中。"③因此,士族子弟一旦通过科举考试或由门荫入仕,升迁为中央清望官后,多将其家族的主要成员迁徙到中央地区定居,以巩固本家族在仕宦中的优势地位。如白居易《唐故虢州刺史赠礼部尚书崔公墓志铭》云:博陵崔玄亮,曾祖悦,祖光迪,均不显;父抗进士及第,赠太子少师;"公济源有田,洛下有宅……(大和七年)薨于虢州廨舍……公之将终也,遗诫诸子,其书大略云:'……自天宝已

---

① 《通典》卷一七《选举典五》,第417页。
② 《旧唐书》卷一一九《杨绾传》,第3434页;参考《宋本册府元龟》卷六四〇《贡举部·条制第二》,第2103页。
③ 《全唐诗》卷六九二杜荀鹤《投从叔补阙》,第7952页。

还,山东士人,皆改葬两京,利于便近。唯吾一族,至今不迁。我殁,宜归全于滏阳先茔,正首丘之义也。'"① 显然,天宝以后"山东士人利便近,皆葬两都",以致像崔玄亮要求死后"归葬滏阳,正首丘之义"之举②,竟成了逆时代之潮流的特例。士族亡葬两京地区,也是判定士族归籍中央地区的一个重要依据。崔玄亮以进士起家,定居洛阳,有九子,其中长子为通事舍人,刍言、罕言二子进士及第,其余皆年幼,可见崔氏一族迁徙到洛阳后,登科射第机会尤多,并继之以维系其门户,这就是当时士族喜欢在两京定居"利于便近"的目的所在。相比之下,崔玄亮之崔氏第三房、仍居磁州老家者,大多已没落无人物,故"有死无所归,孤无所依者,公或祭之葬之,或衣之食之,或婚之嫁之,侯齐二家之类是也"③。

与此同时,随着唐前期社会的长期稳定和经济的发展,诸色入流人数不断增加与员额有限之间的矛盾不断加剧。特别是开元年间《循资格》颁布后,对流外入流、门荫的限制不断增强,士族子弟通过门荫升迁清望官的机会大大减少,新、旧士族也不得不通过参加科举考试入仕。于是一些入仕别无他途的旧士族只得"勉强随计",问津科名。如没落士族子弟李栖筠就"勉强随计","一举登第",不仅自己官居显要,也将其家族的部分房支迁徙到中央地区,以适应时代之潮流,为其子吉甫、孙德裕的仕进之路创造了便利条件④。

当然,中晚唐五代正处在社会剧烈变动的时期,影响社会变化的因素较多。中晚唐士族向中央城市、一般城市迁徙的同时,也不乏有一部分士族转而从城市迁向农村,或著原籍,建置庄园⑤,但这种现象并不能代表时代发展的主流发展趋势。

(2) 中晚唐士族向城市迁徙的过程。

从科举制度影响士族迁徙的去向来讲,唐代士族向城市迁徙可分为两

---

① 《白居易集》卷七〇,第1469—1471页。
② 《新唐书》卷一六四《崔玄亮传》,第5052页。
③ 《白居易集》卷七〇《唐故虢州刺史赠礼部尚书崔公墓志铭》,第1471页。
④ 参考《旧唐书》卷一八上《武宗本纪上》,第603页;《新唐书》卷四四《选举志上》,第1169页。
⑤ 参考韩国磐《从均田制到庄园经济的变化》,收入其《隋唐五代史论集》,第133—184页。

九、中晚唐五代科举与社会阶层的变迁

类,一类是士族由原籍迁往中央地区;一类是士族由原籍迁往普通城市。

士族向城市迁徙的首选是中央地区。关于士族由原籍迁往京兆府、河南府、河中府等中央地区的情况,毛汉光在《从士族籍贯迁移看唐代士族之中央化》①、《中古官僚选制与士族权力的转变——唐代士族之中央化》两篇文章中②,对士族向京兆府、河南府、河中府迁徙的过程进行了较为细致的研究。毛氏主要对清河崔氏、博陵崔氏、范阳卢氏、陇西李氏、赵郡李氏、太原王氏、琅琊王氏、彭城刘氏、渤海高氏、河东裴氏、兰陵萧氏、河东薛氏、河东柳氏等十姓十三家士族的中央化过程进行了系统研究,指出:

> 至唐代这些大士族之主要人物从各方面走向京兆、河南这条线上,地方人物设籍或归葬于两京地区,表示其重心已迁移至中央而疏离了原籍,聚集在两京附近的士族子弟们仍然是唐代官吏的主要成分,如果以中央与地方之间的关系而论,这种现象的发展,显示唐朝政府的地方基础将日益薄弱。③

在士族设籍或归葬于中央地区的时间问题上,毛氏以十姓十三家之八十三房支中有七十八房设籍或归葬于中央地区,考出上述诸族著房著支定籍"新贯"的时代:"唐代以前有十个、高祖时一个、太宗时一个、高宗时九个、武后时四个、中宗时一个、睿宗时一个、玄宗时二十二个、代宗时四个、德宗时十一个、宪宗时七个、穆宗时二个、文宗时一个、武宗时二个、懿宗时一个、僖宗时一个,共计七十八个房支。"④若按时段划分,开元、天宝之前有二十七个,之后有五十一个;显然唐代十姓大士族的主要成员向中央迁徙的过程主要集中在中晚唐,这也正是科举制度日渐兴盛的时期。特别是以科举出身入仕渐处优势的玄宗朝就有二十二房迁徙至中央地区,虽说统计资料不可能详尽,但科举取士的兴盛与士族向中央迁徙的过程在时间上是齐头并进的,

---

① 收入毛汉光《中国中古社会史论》,第235—337页。
② 收入许倬云、毛汉光、刘翠溶主编《第二届中国社会经济史研讨会论文集》,第57—88页。
③ 毛汉光《中古官僚选制与士族权力的转变——唐代士族之中央化》,收入许倬云、毛汉光、刘翠溶主编《第二届中国社会经济史研讨会论文集》,第57—88页。
④ 毛汉光《中古官僚选制与士族权力的转变——唐代士族之中央化》,收入许倬云、毛汉光、刘翠溶主编《第二届中国社会经济史研讨会论文集》,第57—88页。

亦反映了科举取士制度对中晚唐士族向中央迁徙起了很大的促进作用。

中晚唐很多士族成员是通过科举入仕迁徙到中央地区的。如王播为太原中山王氏王满支房,其父恕为扬州仓曹参军时,遂家扬州;贞元中王播与弟炎、起相继进士擢第,后来王播相穆宗,王起官至左仆射,炎早亡,于是王氏兄弟随定居长安光福里。后来王炎之子铎,又进士及第,相懿宗、僖宗①。故白居易《唐扬州仓曹参军王府君〔墓〕志铭》云:"天其或者殆将肥王氏之家,大王氏之门,以甚明报施之道者也。"②从王播一族的实例来看,科举制度在士族、没落士族子弟从原籍迁徙至中央地区的过程中起了重要作用。同州冯翊人杨收,自言隋越公素之后,父遗直,位终濠州录事参军,客于苏州,因家于吴。杨氏兄弟四人,收、发、假、严在文宗、武宗朝相继登进士第,发于开成末从事润州,因家金陵,后来收相懿宗,随徙家长安修行坊,兄弟发、假、严并居,时称"修行杨家",与"靖恭诸杨"名闻当时③。可见中晚唐官员家属随官定居的现象很普遍,原来土著的士族也因此而被削弱。杨收兄弟子侄先后登进士第者达十人,皆官历台省,侄涉后相昭宗④。随着唐前期举选制度对士族仕宦的深入影响,士族已多不本乡闾,仕宦于东西南北之地,因而向中央地区或其他地方城市迁徙。德宗时礼部员外郎沈既济评论吏部铨选之弊时云:"伏以为当今选举,人未土著,不必本于乡闾。"⑤说明晚唐地方士族完全丧失了选举的权利,在这种情况下,地方士族除了依靠科举入仕为宦外,出路已经很少。正如贞元中王颜所说:"然因官婚,或弃乡族,迷失宗望,亦往往而在。"⑥唐代士族在向中央迁徙的同时,在原籍的士族在当地的影响则日渐减小,乃至衰落。加之政局动荡,士族一旦脱离原籍,多难复归,不仅无法著籍中央地区,也很难回原籍,往往著籍居官地。在此情形下,中晚唐地方官在京师置宅第的行为就不足为怪了。王鄂自称太原人,元和年间在

---

① 参考《旧唐书》卷一六四《王播传》,第4275—4284页。
② 《白居易集》卷四二《墓志铭》,第928页。
③ 《旧唐书》卷一七七《杨收传》,第4595—4601页;参考杨鸿年《隋唐两京坊里谱》,上海:上海古籍出版社,1999年,第214—215页。
④ 《旧唐书》卷一七七《杨收传》,第4600—4601页。
⑤ 《通典》卷一八《选举典六》,第444页。
⑥ 《全唐文》卷五四五王颜《追树十八代祖晋司空太原王公神道碑铭》,第5530页。

藩镇,其子稷尝留京师,以家财奉权要,视官高下以进赂,"广治第宅,尝奏请籍坊以益之"①,应该说王稷的行为在当时士族中很有普遍性。

士族向普通城市迁徙也同样削弱了其在乡村的势力。大概在唐前期,官员在居官地置办宅第的情况就已比较常见。如陇西李义琰,世居邺城,为官清廉,不立宅第,其弟李义琳劝他说:"凡仕为丞尉,且崇第舍,兄位高,安可偪下哉?"②李义琰居官他乡,为官清廉,不置宅第,被视作另类。中晚唐官员在居官地购置宅第的行为就更多了。如段文昌年轻时落泊荆楚间,见江陵大街有大宅枕渠,自言:"我作江陵节度使,必买此宅。"后来,他果然镇荆南并买此大宅③。在中晚唐科举盛行的情况下,一些旧士族为了给子弟获取科第创造良好的投谒、行卷环境,通过仕宦等途径,移籍地方中心城市,从而著籍他乡。如赵郡申公房李逊,"父震,雅州别驾,世寓于荆州之石首";贞元年间,逊与弟建皆进士及第,宪穆朝逊官至尚书、侍郎④。为何李逊一房徙居荆州以后,子弟便连续登科? 这是因为"自至德后,中原多故,襄、邓百姓,两京衣冠,尽投江、湘,故荆南井邑,十倍其初"⑤,"江陵在唐世,号衣冠薮泽"⑥。可见荆州在安史之乱后,成为衣冠萃聚之地,李逊、李建兄弟则借衣冠为之延誉,靠举荐之力,以进士第入仕,位至清望官,并徙家长安朱雀街修行坊⑦。晚唐卢注,"门族甲天下,因宦家于荆南,举进士二十上不第"⑧,卢注举进士二十年而不辍,显然能否以科第入仕,对徙出原籍的士族显得尤为重要,因为他们已经失去了原来在地方的影响力,入仕的途径也越来越狭窄。因此,陈寅恪说:"李栖筠既不得已舍弃其累世之产业,徙居异地,失其经济来源,其生计所受影响之巨,自无待言。又旅居异地,若无尊显之官职,

---

① 《旧唐书》卷一五一《王鄂传》,第4061页。
② 《新唐书》卷一〇五《李义琰传》,第4033页。
③ 《玉泉子》,收入《唐五代笔记小说大观》,第1438页。
④ 《旧唐书》卷一五五《李逊传》,第4123—4125页。
⑤ 《旧唐书》卷三九《地理志二》,第1552页。
⑥ 《太平广记》卷二六六《轻薄二·卢程》引《北梦琐言》,第2090页。
⑦ 杨鸿年《隋唐两京坊里谱》第214页。
⑧ 《唐诗纪事》卷六六《卢注》,第998页。

则并其家前此之社会地位亦失坠之矣!"①

随着大量地方士族因居官他乡,而徙居城市,留在原籍的士族与徙居中央或一般城市的士族联系渐趋减少,其在地方的影响力也逐渐减小。在晚唐五代农民起义、藩镇割据、外族势力的打击下,著籍地方的旧士族逐渐失去了先前聚族而居、雄踞一方的能力,并趋于衰败。

综上所论,唐代科举制度有效吸收了社会各阶层中的英彦之士,笼络了人心,扩大了统治基础,最大程度上营造了一个相对长期稳定的局面。但是随着中晚唐科举制度的日益崇重,科举又促进了社会阶层的变迁,它不仅促生了新兴官僚士族,使寒素阶层得以有机会荣升显贵,改变门庭,而且影响了大士族的分化与衰落。仅从中晚唐五代十四姓十七家大族升沉情况来看,能够继续在政治和社会上产生重要影响的房支,其子弟多获进士出身,通过科举考试保持了门第不衰,得以多历卿相,进而实现其家族向中央、地方中心城市的迁徙。而士族向中央的迁徙,又为其家族成员获取科第创造了便利之途,进而达到入仕显宦、大其门第的目的。随着中晚唐五代大量地方士族因居官他乡而徙居城市,留在原籍的士族与徙居中央或普通城市的士族联系渐趋减少,促使士族在乡村的影响力日益减小,逐渐失去了士族累世不衰的社会基础。离开原籍的士族,一旦没有科名,失去官位,也就丧失了士族地位,因此,科举制度在很大程度上分化和促进了士族的衰落。这一时期,旧士族之间也展开了激烈的竞争,获得科名的房支逐渐与新兴官僚士族合流,而未获得科名又不愿离开原籍的旧士族便被无情地淘汰,逐渐没落,最终在唐末五代社会动乱的打击下彻底消亡。此外,中晚唐五代随着举人和科举出身者所取得经济特权的不断扩大及士族向城市的迁徙,一定程度上也成为推动社会阶层变迁的动力。总之,正如钱穆所说:唐代科举制度,"究竟是开放政权,为群情所向,门第势力终于要经此制度之打击而崩溃"②。

---

① 陈寅恪《论李栖筠自赵徙卫事》,收入其《金明馆丛稿二编》,北京:生活、读书、新知三联书店,2001年,第1—8页。

② 钱穆《中国历史上之考试制度》,收入其《国史新论》,第251页。

附录 《俄藏敦煌文献》中的西夏科举"论"稿考

——简论唐宋西夏的科举试论

俄藏дx3895号+дx3901号文书①,《俄藏敦煌文献》定作"读孝经一卷足以立身治国论",以往学者将其视作敦煌文书,高启安、买小英《上海古籍出版社〈俄藏敦煌文献〉第11册非佛经文献辑录》(简称《高录》)疑作"学郎策论草稿",并做释文②。原件用硬笔书写,草拟成文后,又反复涂抹修改,还在诸行右侧进行了墨笔句读,因此文章非常凌乱,很难识别。本件文书包括两件《读孝经一卷足以立身治国论》和一件《立心以忠信不欺为主本论》,内容有明显的科举考试中经论的特点,从其内容、纸质、书法等角度发现,本件文书应该是黑水城西夏文书,是西夏准备应举的举子练习试论的草稿。下文分录文和考订年代两个部分对底卷进行录文整理和研究。

一、文书的整理与校录

(一) 读孝经一卷足以立身治国论稿二件

《读孝经一卷足以立身治国论》底卷中有两件,分别依前后顺序称为甲件(共八行)、乙件(共七行),两者内容基本相同,但字句略有差别,先后针对

---

① 孟列夫、钱伯城主编《俄藏敦煌文献》第一一册,彩图五,上海:上海古籍出版社等,1992—2001年。

② 《敦煌学辑刊》2003年第2期,第9—47页。

《孝经一卷》之《纪孝行章第十》、《广扬名章第十四》、《天子之章第二》、《开宗明义章第一》的相关内容进行发论。敦煌文献中有关《孝经一卷》的文书有《郑玄孝经注》[①]、《唐玄宗孝经注》[②]、《佚名孝经注》[③]、《佚名孝经郑注义书》[④]、《佚名孝经书》[⑤]、《白文孝经》[⑥]等,共计三十三件。兹在《高录》的释文基础上,以《孝经注疏》及敦煌文献中的相关《孝经》文书进行参校[⑦],对底卷重新录文如下。

1. 甲件。

读孝经一卷足以立身治国论

昔者明王之以孝治天下也[⑧],孝者乃□教盛者[⑨]。孝子之事亲也[⑩],居则

[①] P.3428+2674、Дx.2784、Дx.2979、Дx.3867、S.3993+9213、P.2556P、S.3824v/1,见许建平《敦煌经籍叙录》,北京:中华书局,2006年,第410—418页。

[②] S.6019,见许建平《敦煌经籍叙录》第419页。

[③] S.6177+P.3378、P.3382,见许建平《敦煌经籍叙录》第420—424页。

[④] P.3274,见许建平《敦煌经籍叙录》第425—427页。

[⑤] P.2757V,见许建平《敦煌经籍叙录》第428—429页。

[⑥] P.3416C、P.3698、P.2545、P.4897、P.4628+Дx.2962、P.3372、S.1386、P.3369+4775、S.728、S.10056A+10060B、P.3830、S.5545、S.9956+5821、Дx.1318、P.2715、P.3643P1、Дx.4646、S.707+12911、P.2746、Дx.838、S.6165,见许建平《敦煌经籍叙录》,第389—409页。

[⑦]〔唐〕明皇御注、陆德明音义、〔宋〕邢昺疏《孝经注疏》,收入国立编译馆主编《中华丛书·十三经注疏》,台北:新文丰出版公司,2001年。

[⑧] 者,甲件原旁注于"昔明"二字的右侧之间,据文义补入正文。"昔者明王之以孝治天下也"十一字已被涂抹。按:唐玄宗皇帝御制《孝经一卷·序》有"昔者明王之以孝理天下也,不敢遗小国之臣"等语(建德周氏藏宋刊本影印本,第1页)。又甲件"孝"字右侧旁注"△",疑为恢复原句符号。

[⑨] 甲件原作"夫孝乃德之本也"七字,涂抹后在其右侧先旁注"皆招为出乃□值□"等八字,再涂改为"孝者乃□教盛者"七字。此句以上部分,因有粗笔涂抹划线,结合文义,疑此句应当删除。

[⑩] 甲件"孝子"前有"是故"二字,已涂抹。"孝子之事亲也"至"然后能事亲",见《孝经一卷·经孝行章第十》(第11页)。《孝经注疏》卷六《纪孝行章第十疏》云:"子曰:'子之事亲也,居则致其敬,养则致其乐,病则致其忧,丧则致其哀,祭则致其严。五者备矣,然后能事亲。"(第95页)〔唐〕玄宗皇帝注、〔宋〕司马光指解、范祖禹说《孝经指解》云:"子曰:'孝子之事亲,居则致其敬,养则致其乐,病则致其忧,丧则致其哀,祭则致其严。五者备矣,然后能事亲。事亲者居上不骄,为下不乱。'"(收入《文渊阁四库全书·经部》第一八二册,第96页)孝子,S.728号作"君子"。

附录 《俄藏敦煌文献》中的西夏科举"论"稿考

致其敬,养则致其乐,病则致其忧,丧则致其哀,祭则致其严。五者备[矣]①,然后能事亲②。能事亲③,然后能扬名于天下④。重名于天下⑤,然后能立身⑥,行孝道者也⑦,然后可以治国□(者)⑧。□□□□□□⑨。□(是)故自天子以孝可成⑩,人皆不□□也⑪。苟不能尽其立身之□(道)⑫,

---

① 甲件"则致其哀,祭则致其严,五者备"等字右侧旁注"以书其□□□之事少也,以书破□□也"等字,已涂抹。矣,乙件亦脱,据《孝经注疏》、《孝经指解》、S.728号及文义补。
② 能,乙件作"可以"。
③ 能,据乙件和《孝经注疏》及文义补。"后能事亲"至"然后可以治国者",是针对"开宗明义章第一"相关内容发论。《孝经一卷·开宗明义章第一》云:"子曰:'……身体发肤,受之父母,不敢毁伤,孝之始也;立身行道,扬名于后世,以显父母,孝之终也。夫孝始于事亲,中于事君,终于立身。"(第3页)《孝经注疏》卷一《开宗明义章第一》云:"子曰:'……身体发肤,受之父母,不敢毁伤,孝之始也;立身行道,扬名于后世,以显父母,孝之终也。'【注】言能立身行此孝道,自然名扬后世,光显其亲。故行孝以不毁为先,扬名为后。夫孝始于事亲,中于事君,终于立身。言行孝以事亲为始,事君为中。忠孝道著,乃能扬名荣亲,故曰终于立身也。【疏】夫孝至立身。○正义曰:夫为人子者,先能全身而后能行其道也。夫行道者,谓先能事亲而后能立其身。前言立身,末示其迹。其迹,始者在于内事其亲也;中者在于出事其主;忠孝皆备,扬名荣亲,是终于立身也。○注言行至身也。○正义曰:云'言行孝以事亲为始,事君为中'者,此释始于事亲,中于事君也。云'忠孝道著,乃能扬名荣亲,故曰终于立身也'者,此释终于立身。然能事亲事君,理兼士庶,则终于立身,此通贵贱焉。郑玄以为'父母生之',是事亲为始。四十强而仕,是事君为中。七十致仕,是立身为终也'者,刘炫驳云:'若以始为在家,终为致仕,则兆庶皆能有始,人君所以无终。若以年七十者始为孝终,不致仕者皆为不立,则中寿之辈尽曰不终,颜子之流亦无所立矣。'"(第37—38页)
④ 扬,甲件先写作"显",后从"显"的右侧涂改。
⑤ "重名于天下"五字,甲件从"下,然"二字的右侧补入,而且"重名"二字前有"□□备"三字,已涂抹。
⑥ 甲件"然后"二字下有"可以立身"四字,已涂抹。
⑦ "行孝道者也",甲件旁注于"然后能立身然后可以治国"的右侧,据文义补入。甲件"行孝"与"道者也"中间还有五字,已经被涂改成两行小字,右侧第一行为"则□者作□□□□□□□□",第二行为"□□□□自一用□□"。
⑧ 者,甲件"日"部略残,据文义补。疑此行让"者"字。
⑨ 底卷卷首有"是故读孝经一卷所以能令人"一句,已经被划线删除。此处残缺约六字,仅存残笔痕迹。
⑩ 是,甲件"日"残,据字形文义补。又"天子以孝可成"六字,《高录》录作"王可以□可人",似误。
⑪ 此句,甲件原作"昔高明王以孝治□(国)",涂抹之后,旁注其右侧,兹径作正文。
⑫ "也。苟不能尽其立身"八字,甲件原旁注于"未有不赖乎孝以成也"等字的右侧,"未有不赖乎孝以成也"已被涂抹,兹径录作正文。又"尽"字,《高录》作"书"。又"道"字,甲件仅存"首"字上部,下部残,据字形文义补。

☐☐☐☐☐①危亡祸患有不及者,然☐☐☐☐☐也。《书》②:"立爱惟亲,立敬惟长,始于☐(家)邦③,终于四海④。"

　　昔者明王之以孝治⑤☐(天)下⑥。

2. 乙件。

读孝经一卷足以立身治☐☐(国论)⑦

　　☐⑧

　　昔☐(者)明王之以孝治天下⑨,何也?盖☐☐☐☐☐也⑩。在下之人

---

① 底卷此处约缺六字。

② 《书》,即《尚书》。〔宋〕真德秀《大学衍义》卷一《帝王为治之序》:"《伊尹作伊训》商书篇名,伊尹,汤之圣相,汤孙太甲立,又相之。曰:'今王嗣厥德,罔不在初,立爱惟亲,立敬惟长,始于家邦,终于四海。'"(南京:同治十三年冬金陵书局印行,第3页)

③ "立爱惟亲,立敬惟长,始于"八字,据乙件、《尚书正义》及文义补。又"立"字,甲件仅存上部残划,据字形及乙件、《尚书正义》补。又"家"字,甲件仅存下部残划,据字形及乙件、《正义》补。按《尚书正义》卷八《伊训》云:"今王嗣厥德,罔不在初,立爱惟亲,立敬惟长,始于家邦,终于四海。【传】言立爱敬之道,始于亲长,则家国并化,终洽四海。【疏】《正义》曰:"王者之驭天下,抚兆人,惟爱敬二事而已。《孝经·天子之章》,盛论爱敬之事,言天子当用爱敬以接物也。行之所立,自近为始,立爱惟亲,先爱其亲,推之以及疎,立敬惟长,先敬其长,推之以及幼,即《孝经》所云:爱亲者不敢恶于人,敬亲者不敢慢于人。是推亲以及物,始则行于家国,终乃洽于四海,即《孝经》所云:德教加于百姓,刑于四海是也。所异者,《孝经》论爱敬,并始于亲,令缘亲以及疎,此分敬属长,言从长以及幼耳。"(〔汉〕孔氏传、〔唐〕陆德明音义、孔颖达疏、收入国立编译馆主编《中华丛书·十三经注疏》,台北:新文丰出版公司,2001年,第305—307页)

④ 四,甲件仅存下部残划,据字形及乙件、《尚书正义》补。又"海"字,据乙件、《尚书正义》及文义补。乙件"海"字下有"并始之谓欤"一句,《尚书正义》无,甲件有无不确,故不补。

⑤ 之以孝治,据前后文义及甲、乙件开头一句补。

⑥ 天,乙件上部略残,据字形文义补。乙件"天"字下有一"者"字已经涂抹。又"下"字,乙件仅书"T"形,未写完。

⑦ 国,乙件下部略残,据字形文义补。又"论"字,底卷仅存右侧残笔,据字形及甲件补。

⑧ 底卷此行原为"☐☐☐☐皇帝尧舜禹汤文武周☐☐☐☐☐成大☐☐"等字已被涂抹,漫漶不清。

⑨ 昔,据甲件、唐玄宗皇帝御制《孝经一卷·序》(第1页)及文义补。又"者"字,底卷仅存下部残划,据字形及甲件、唐玄宗皇帝御制《孝经一卷·序》(第1页)及文义补。

⑩ 乙件"也"字前残缺约七字。

亦☐①。是故孝子之事亲也，居则致其敬②，养则致其乐，病则致其忧，丧则致其哀③，祭则致其严。五者备，然后可以事亲④。能事亲，然后能立身扬名于天下⑤，然后可以治国。是知《孝经》所系乎人之事者大矣！《书》："立爱惟亲⑥，立敬惟长，始于家邦，终于四海。"并始之谓欤⑦？

（二）立心以忠信不欺为主本论稿

本件基本情况与前件大致相同，亦用硬笔书写，共存七行。此件发论主要针对《周易·系辞上》中"子曰：'君子居其室，出其言善，则千里之外应之，况其迩者乎？居其室，出其言不善，则千里之外违之，况其迩者乎？言出乎身，加乎民；行发乎迩，见乎远"⑧进行发论。兹在《高录》的释文基础上，以《周易注疏》参校，对底卷重新录文如下。

立心以忠信不欺为主本论

心信乃一身之主⑨，忠信乃一身之要也⑩。夫不欺者，与人交结，诚寔之

---

① 底卷"在下之人亦"等语旁注于"是故孝子之事"的右侧，据文义录入此处。又"亦"字下残缺字数不详。

② 则，据甲件、《孝经一卷·经孝行章第十》（第11页）、《孝经注疏》卷六《纪孝行章第十疏》（第95页）及文义补。

③ 其，据甲件、《孝经一卷·经孝行章第十》（第11页）、《孝经注疏》卷六《纪孝行章第十疏》（第95页）及文义补。

④ 可以，甲件和《孝经注疏》均作"能"。

⑤ "立身扬名于天下"一句，底卷原作"垂名于后世，由此上行下效"等字，后从右侧涂改为"求言于☐☐立身"，随后又被涂改为"立身扬名于天下"一句。

⑥ 立爱，《高录》疑作"爱"。

⑦ 并始，《高录》作"林☐"。《尚书正义》卷八《伊训》云："今王嗣厥德，罔不在初，立爱惟亲，立敬惟长，始于家邦，终于四海。"【疏】《正义》曰："所异者，《孝经》论爱敬，并始于亲，令缘亲以及疏，此分敬属长，言从长以及幼耳。"（第305—307页）

⑧ 此处参考〔晋〕韩伯注、〔唐〕陆德明音义、孔颖达疏《周易注疏》，收入"国立"编译馆主编《中华丛书·十三经注疏》，台北：新文丰出版公司，2001年，第305—307页。

⑨ 信，底卷旁注于"一"的右侧，据文义补入此处，《高录》作"侦"，不确。

⑩ 乃，底卷旁注于"信一"二字的右侧，据文义补入此处。

谓也。忠信者,行事不忘之谓也①。苟人之心②,能存忠信,以肃其内③,世人以□④。□(古)之人出一言⑤,而千里应者⑥,非与人交结诚寔,行事不忘。何也⑦?今之人出一言⑧,而千里违者,则必与人交结诡诈⑨,行事不以忠信⑩。习之可本⑪,况其迩者乎⑫?诚能以忠信不欺,则与古之人何以异乎?
……………………………………………………也………………………………
………………………………………………………………也………⑬

二、《孝经》与科举的关系

要判定本件文书的写作时间,就离不开对文书内容的考察。显然本件"读孝经一卷足以立身治国论",就是科举考试中试论的文体,而且是针对《孝经》的经论。因此,要判定本件文书的时间与用途,研究《孝经》与考试的关系就尤为重要。唐代明经科考试主修经书限定在"九经"之内,《孝经》不属于"九经"范畴,而是与《论语》一起,同属兼习经书。据《唐六典》,科举考试,"其明经各试所习业,文、注精熟,辨明义理,然后为通。正经有九:《礼

---

① "不欺者与人交结,诚寔之谓也。忠信者,行事不忘之谓也"一句,底卷原在此行的左侧,又用划线圈起,补入"也苟"二字之间,据文义补入此处。

② 心,底卷先误书"不",后从右侧注改。

③ 底卷"内"字下有"则□必以"等字,已涂抹。

④ 此行卷首有"□□言立本也"等语。底卷"以"下字疑为"信"字,已被涂抹,但右侧有"△"形符号,表示重收。此句,似乎释文有不妥,文义不通。

⑤ 古,底卷仅存左侧略有残泐,据字形及文义补。言,《高录》作"百",不确。

⑥ 《周易注疏》卷七《系辞上》云:"子曰:'君子居其室,出其言善,则千里之外应之,况其迩者乎?居其室,出其言不善,则千里之外违之,况其迩者乎?言出乎身,加乎民;行发乎迩,见乎远。言行,君子之枢机,枢机之发,荣辱之主也。"(第566—567页)千,《高录》作"十",不确。

⑦ 底卷"何"字下有"况其迩"三字,已涂抹,并在其右侧旁注"□□□"三字,亦已涂抹。

⑧ 底卷行首有两字,已涂抹,疑为"者乎",并在右侧旁注"△△△"形符号,其中一个"△"符号,已涂抹,似表示重收,但读此句文义,无此三字亦通。

⑨ 交结,底卷从"人诡"二字右侧中间补入。

⑩ 以、信,底卷分别旁注于"忠"字右侧的上下脚,据文义补入。

⑪ 君之有本,《高录》作"为之可甫"。

⑫ 况,《高录》作"就",不确。

⑬ 底卷原文末尾的这些墨点,应该表示论的内容省略。

记》、《左传》为大经,《毛诗》、《周礼》、《仪礼》为中经,《周易》、《尚书》、《公羊》、《穀梁》为小经。通二经者,一大一小,若两中经;通三经者,大、小、中各一;通五经者,大经并通。其《孝经》、《论语》并须兼习。(诸明经试两经,进士一经,每经十帖。《孝经》二帖,《论语》八帖。每帖三言。通六已上,然后试策。)"①明经考试开始兼习《孝经》的时间目前还不是很确切。上元元年(674)十二月二十七日,天后上表曰:"伏以圣绪出自元元,五千之文,实惟圣教。望请王公以下,内外百官,皆习《老子道德经》。其明经咸令习读,一准《孝经》、《论语》,所司临时策试,请施行之。"②显然,在上元元年之前,《孝经》就已经列入唐代明经科考试。仪凤三年(678)三月敕:"自今已后,《道德经》、《孝经》并为上经,贡举皆须兼通。"③似乎当时的进士和明经科都应该兼通《道德经》和《孝经》。据《通典》卷一五《选举典三·历代制下》云:"至调露二年(680),考功员外郎刘思立始奏(进士、明经)二科并加帖经。其后,又加《老子》、《孝经》,使兼通之……(天宝十一载)礼部侍郎杨浚始开为三行,明经所试一大经及《孝经》、《论语》、《尔雅》,帖各有差;帖既通而口问之,一经问十义,得六者为通;问通而后试策,凡三条。"④宋代明经科考试在继承唐代明经科所考的内容之外,亦须"兼以《论语》、《孝经》"⑤。也就是说,与唐代在考《孝经》方面基本上是一致的。

唐代童子科考试也是以《孝经》为主要考试内容。武德七年(624)七月诏曰:"宁州罗川县前兵曹史孝谦,守约丘园,伏膺道素,爰有二子,年并幼童。讲习《孝经》,咸畅厥旨。"⑥这条史料说明唐代童子科最初只考《孝经》。童子科考试后来逐渐增加了《论语》,大历三年(768)四月二十五日敕:"童子举人取十岁以下者,习一经兼《论语》、《孝经》,每卷诵文十科,全通者与出身。仍每年冬,本贯申送礼部,同明经举人例,考试讫闻奏。"⑦后唐天成四年

---

① 《唐六典》卷二《尚书吏部》,第45页。
② 《唐会要》卷七五《贡举上·明经》,第1373页。
③ 《唐会要》卷七五《贡举上·明经》,第1373页。
④ 《通典》卷一五《选举典三》,第354、356页。
⑤ 《宋史》卷一五五《选举志一·科目上》,第3615页。
⑥ 《册府元龟(明本)》卷九七《帝王部·奖善》,第1153页。
⑦ 《唐会要》卷七六《贡举中·童子》,第1399页。

(929)春正月,幽州节度使赵德钧奏:"臣孙赞,年五岁,默念《论语》《孝经》,举童子,于汴州取解就试。"①直到宋代童子科考试,仍然以《孝经》为主要考试内容。淳熙八年(1181),童子科考试始分为三等:"凡全诵《六经》、《孝经》、《语》、《孟》及能文,如《六经》义三道、《语》《孟》义各一道、或赋一道、诗一首为上等,与推恩。"②

唐代馆学教育,生员可以任选九经作为选修,但《孝经》和《论语》必须兼修。据《旧唐书》卷四四《职官志三》云:国子监:"祭酒为初献,司业为亚献。凡教授之经,以《周易》、《尚书》、《周礼》、《仪礼》、《礼记》、《毛诗》、《春秋左氏传》、《公羊传》、《穀梁传》各为一经,《孝经》、《论语》兼习之。每岁终,考其学官训导功业之多少,为之殿最。"③

随着科举考试对《孝经》的重视,唐代在对《孝经》的整理和注疏方面也有很大成就。长安三年(703)三月,四门博士王元感表上所注《孝经》,"制令弘文、崇文两馆学士及成均博士,详其可否",由是擢拜太子司议郎④。玄宗巩固政权之后,也很重视《孝经》的注疏工作。开元七年(719)三月一日下敕云:"《孝经》、《尚书》,有古文本孔、郑注,其中旨趣,颇多踳驳。精义妙理,若无所归,作业用心,复何所适?宜令诸儒并访后进达解者,质定奏闻。"⑤其月六日,诏曰:"《孝经》者,德教所先。自顷已来,独宗郑氏、孔氏遗旨,今则无闻……其令儒官详定所长,令明经者习读。"⑥玄宗的诏敕遭到朝臣反对没能实行,不过是年四月七日,左庶子刘子元上《孝经注议》,对当时通行的《孝经》郑氏注本和无注《孝经》之文存在的问题提出了质疑,指出"其书错谬多矣,无益后学,不可将帖正经"⑦,从而促进了《孝经》整理的步伐。开元十年(722)六月,玄宗将御"训注《孝经》,颁于天下"⑧,紧接着在天宝二年(743)五

---

① 《旧五代史》卷四〇《唐书·明宗本纪》,第547页。
② 《宋史》卷一五六《选举志二·科目下》,第3653页。
③ 《旧唐书》卷四四《职官志三》,第1891页。
④ 《唐会要》卷七七《贡举下》,第1405页。
⑤ 《唐会要》卷七七《贡举下》,第1405页。
⑥ 《唐会要》卷七七《贡举下》,第1406页。
⑦ 《唐会要》卷七七《贡举下》,第1405—1409页。
⑧ 《旧唐书》卷八《玄宗本纪上》,第183页。

月,又"以重注《孝经》,颁天下"①。天宝三载(744),颁布《亲祭九宫坛大赦天下制》云:"自古圣人,皆以孝理,五帝之本,百行莫先。移于国而为忠,长于长而为顺,永言要道,实在人弘。自今已后,令天下家藏《孝经》一本,精勤诵习。乡学之中,倍增教授,郡县官吏,明申劝课。百姓间有孝行过人,乡间钦伏者,所由长官具以名荐。"②天宝五载(746),玄宗又下令集贤院,具写御注《孝经》,"送付所司颁示中外"③,大力推行御注《孝经》。敦煌文书中大量《孝经》类文书的发现充分说明唐五代《孝经》在民间非常普及,其中不少《孝经》上有学郎题记,如 S.707 号(同光三年乙酉岁十一月八日三界寺学士郎君曹元深写记)、S.728 号(庚子年二月十五日灵图寺学士郎李再昌记)、S.1386 号(天福柒年壬寅岁永安寺学士郎高清子书写)等。

唐人有关《孝经》类的著述颇多,如《新唐书》卷五七《艺文志一》载《孝经》类有:《古文孝经》孔安国《传》一卷,《孝经》王肃《注》一卷,郑玄《注》一卷,韦昭《注》一卷等,共计"《孝经》类二十七家,三十六部,八十二卷"④。宋人在唐人的基础上,对《孝经》又进一步做了注疏。如《宋史》卷二〇二《艺文志一》载《孝经》类:《古文孝经》一卷,郑氏注《孝经》一卷,唐明皇注《孝经》一卷,元行冲《孝经疏》三卷,苏彬《孝经疏》一卷,邢昺《孝经正义》三卷,司马光《古文孝经指解》一卷、又《古文孝经指解》一卷等,共计"《孝经》类二十六部,三十五卷"⑤。

《孝经》还是唐宋时期重要的童蒙教材。如五代人袁逢吉四岁,"能诵《尔雅》、《孝经》,七岁兼通《论语》、《尚书》。周太祖召见,发篇试之,赐束帛以赏其精习"⑥。宋人路振,"幼颖悟,五岁诵《孝经》、《论语》"⑦。宋人马仁瑀,十余岁时,"于乡校习《孝经》"⑧。就连女孩子也要读读《孝经》,有孝女荣

---

① 《册府元龟明本》卷四〇《帝王部·文学》,第454页。
② 《唐大诏令集》卷七四《典礼·亲祭九宫坛大赦天下制》,第417页。
③ 《册府元龟明本》卷四〇《帝王部·文学》,第454页。
④ 《新唐书》卷五七《艺文志一》,第1439—1443页。
⑤ 《宋史》卷二〇二《艺文志一》,第5066—5067页。
⑥ 《宋史》卷二七七《袁逢吉传》,第9441页。
⑦ 《宋史》卷四四一《文苑传·路振传》,第13060页。
⑧ 《宋史》卷二七三《马仁瑀传》,第9344页。

氏,"自幼如成人,读《论语》、《孝经》,能通大义,事父母孝"①。《孝经》甚至成为当时最普及的经书,如五代荆南节度使高从诲为了自谦学识浅薄,称"但能识《孝经》耳"②。当然,《孝经》也是民间宣扬孝道最广的经书,宋人穆修母卒,"自负槥以葬,日诵《孝经》、《丧记》,不饭浮屠为佛事"③。

综上所述,《孝经》在唐宋科举考试中非常普遍,本件文书出现并非偶然,恰恰体现了《孝经》在科举中的普遍性。但要确定本件文书的具体时间,还得进一步探讨科举试"论"的情况。

三、关于科举考试试论的问题

本件文书出现《读孝经一卷足以立身治国论》、《立心以忠信不欺为主本论稿》的标题,不管是"论"的题材,还是《孝经》,显然都与科举考试关系密切,应该就是模拟科举考试中试论的平时习作。由于史料阙如,关于唐五代科举考试中试"论"情况,目前学界了解甚少,相关文本也尚未发现。如果此件文书可以证明为唐末五代科举考试的"论",那么就有可能是传世最早的科举考试中的试"论",其价值自然不低。因此,考订唐宋时期科举考试中试"论"的情况,对判定文书的时间有一定帮助。

唐代科举考试中出现试论文体的时间比较晚。建中二年(781)十月,中书舍人赵赞权知贡举,奏云:"进士先时试诗赋各一篇,时务策五道,明经策三道。今请以箴、论、表、赞代诗赋,仍试策二道。"④虽然赵赞的建议得到了推行,建中三年(782)进士试《学官箴》、《鞍器铭》⑤,并没有发现有试"论"的情况。显然,赵赞的建议已经不适合举子修习举业,时人已经习惯了进士科考试注重诗赋的旧制。至德宗贞元四年(788),进士科省试又恢复了试诗赋,是年刘太真侍郎试《曲江亭望慈恩寺杏园花发诗》⑥。后来元稹在《对才

---

① 《宋史》卷四六〇《列女传·荣氏传》,第13481页。
② 《宋史》卷四三一《儒林传·田敏传》,第12819页。
③ 《宋史》卷四四二《文苑传·穆修传》,第13069页。
④ 《唐会要》卷七六《贡举中·进士》,第1380页。
⑤ 《登科记考》卷一一建中三年条,第419页。
⑥ 《登科记考》卷一二贞元四年条,第444页。

识兼茂明于体用策》中建议以"学士"和"文士"两科取士,"其诗、赋、判、论,以文自试者,皆得谓之文士"①。

唐代再次出现试论是在大和七年(833)七月,宰相李德裕请依杨绾议,进士试议论,不试诗赋②。于是八月便有礼部奏:"进士举人先试帖经,并略问大义,取经义精通者,次试议、论各一首,文理高者,便与及第,其所试诗赋并停者。"③此奏得到了实行,进士科废诗赋,转而帖经、问大义、试议论。但是,大和八年(834),礼部贡院在进士考试中发生了一些变化。先是大和八年(834)正月,礼部侍郎李汉奏:"准大和七年八月敕,贡举人不要试诗赋、策,且先帖大经、小经,共二十帖,次对正义十道,次试议、论各一首,讫。考核放及第。"④牛党李汉的奏文虽然执行了李德裕的政治主张,并将其付诸实践,但其政治立场是站在牛党领袖宰相李宗闵一边的⑤。李汉为何要赞成李德裕的建议?主要原因恐怕是考虑到大和七年八月敕已经颁示天下,天下的进士都已经按新敕准备举业了,到大和八年正月已经是快要举行省试的日子,所以作为礼部侍郎的李汉从稳定科场秩序、维护考试制度的延续性角度,上奏重申大和七年(833)八月敕,以稳定人心。于是十月礼部又奏:

> 进士举人,自国初以来,试诗赋、帖经,时务策五道。中间或暂改更,旋即仍旧。盖以成法可守,所取得人故也。去年八月节文,先试帖经、口义、论议等。以臣商量,取其折衷。伏请先试帖经,通数依新格处分。时务策五道,其中三道问经义,两道时务。其余并请准大和六年以前格处分。⑥

随后礼部敕文得到批准,取消了大和七年八月敕规定的进士科考试废诗赋,"试帖经、口义、论议"的办法,进士科考试一切复旧,"请准大和六年以前格

---

① 《元稹集》卷二八《策·才识兼茂明于体用策一道》,第337页。
② 《资治通鉴》卷二四四唐文宗太和七年七月条,第7886页。
③ 《唐会要》卷七六《贡举中·进士》,第1381页;《宋本册府元龟》卷六四一《贡举部·条制第三》,误作大和三年八月,第2107页。
④ 《宋本册府元龟》卷六四一《贡举部·条制第三》,第2107页。
⑤ 参考《旧唐书》卷一七一《李汉传》,第4454页。
⑥ 《宋本册府元龟》卷六四一《贡举部·条制第三》,第2107—2108页。

处分",就是又恢复大和六年(832)前进士考试以诗赋为先的三场制。这年十月,李德裕罢相,出为山南西道节度使①。李宗闵入相,随后便恢复了进士试诗赋的旧制,以反对李德裕推行的进士科考试主要试帖经、议论的办法。此事《宋史》卷一五五《选举志一》亦有记载:"大和三年,试帖经,略问大义,取精通者,次试论、议各一篇。八年,礼部试以帖经口义,次试策五篇,问经义者三,问时务者二。厥后变易,遂以诗赋为第一场,论第二场,策第三场,帖经第四场。"②显然,《宋史》记载多有偏颇。此后,唐代再没有见到科举考试中试论的记载。这样一来,唐代科举考试试论的时间非常短,影响很小,因此,就可以判定本件文书中的三件带有应试特点的"论"稿应当不是唐代的东西。

五代后周显德四年(957)八月,兵部尚书张昭远上疏要求重设制举,还提出了实行制举的具体办法:"诸州依贡举体式,量试策论三道,共以三千字以上为准。"③但张昭远所说的"策论",应该是"策"和"论"两种文体。五代"策"与"论"的文体差异已经非常明显。如晚唐牛希济《文章论》云:"今国朝文士之作,有诗、赋、策、论、箴、判、赞、颂、碑、铭、书、序、文、檄、表、记,此十有六者,文章之区别也。制作不同,师模各异。然忘于教化之道,以妖艳为胜,夫子之文章,不可得而见矣。"④不过值得注意的是,显德二年(955)五月翰林学士尚书礼部侍郎知贡举窦仪上言:"其进士请今后省卷,限纳五卷已上,于中须有诗、赋、论各一卷,余外杂文歌篇,并许同纳,祇不得有神道碑志文之类。"⑤可见进士向礼部贡院交纳省卷中包括了"论",说明后周科举考试中"论"的地位有所提高,但没有明确是否礼部省试也要考论。结合上述考证以及唐五代科举考试实行的情况来看,本件文书出现的"论"基本上可以推定是五代以后举子试"论"的习作。

真正将"论"纳入科举考试的场次是在宋代。宋初统治者虽然认识到经

---

① 《资治通鉴》卷二四五唐文宗太和八年十月条,第7898页。
② 《宋史》卷一五五《选举志一》,第3612页。
③ 《宋史》卷二六三《张昭传》,张昭远因辟后汉高祖刘知远讳,故省作张昭(第9090—9091页)。
④ 《全唐文》卷八四五,第8877页。
⑤ 《宋本册府元龟》卷六四二《贡举部·条制第四》,第2119页。

术乃"王化之本"①,但是唐末五代以来形成的进士科考试内容以诗赋为主的风气并未改变。因此,宋真宗咸平五年(1002),洛阳节度判官张知上疏指出:"进士之学者,经、史、子、集也。有司之所取者,诗、赋、策、论也。"他要求朝廷"先策、论,后诗、赋,责治道之大体,舍声病之小疵"②。张知的建议似乎对刘筠影响颇深,刘筠自景德(1004—1007)以来"居文翰之选","凡三入禁林,又三典贡部,以策论升降天下士,自筠始"③。在宋真宗的支持下,进士科考试重诗赋的风尚略有改观。至大中祥符元年(1008),冯拯又上奏说:"比来省试,但以诗赋进退,不考文论,江浙士人,专业诗赋,以取科第,望令于诗赋人内,兼考策、论。"④宋仁宗天圣二年(1024),帝赐宋郊、叶清臣等四百八十余人及第,并于本科策问一道,为宋代进士科试策之始。又据《宋会要辑稿》卷三《科举条制》:"(仁宗)天圣五年正月十六日,诏:'贡院将来考试进士,不得只于诗赋进退等第,今后参考策论,以定优劣。'"宝元中(1038—1039),李淑侍经筵,仁宗"访以进士诗、赋、策、论先后",淑对曰:"愿约旧制,先策,次论,次赋及诗,次帖经、墨义,而敕有司并试四场,通较工拙,毋以一场得失为去留。"仁宗颇为认可其建议⑤。仁宗庆历三年(1043),范仲淹参知政事进行体制改革时,上书条陈十件事,其中"精贡举"条便特意提出:"进士先策、论,后诗、赋,诸科取兼通经义者。"⑥在庆历四年(1044)的新政中,范仲淹采用李淑的建议,将进士科三场考试次序定为先试策,次试论,最后才试诗赋。然而不到一年,仲淹便被罢去宰相之职,伴随着新政的失败,庆历四年以前先诗赋后策论的旧制又得以恢复。但在庆历八年(1048)仁宗向近臣访天下之务时,周询对曰:"愿陛下特诏,进士先取策论,诸科兼通经义。"⑦

---

① 《续资治通鉴长编》卷三九宋太宗至道二年二月条,第830页。
② 《续资治通鉴长编》卷五二宋真宗咸平五年十一月条,第1168—1169页。
③ 《宋史》卷三〇五《刘筠传》,第10089页。
④ 《续资治通鉴长编》卷六八宋真宗大中祥符元年春正月条,第1522页。《宋史》卷二八五《陈执中传》云:"大中祥符初,严贡举糊名法。拯与王旦论选举帝前,拯请兼考策论,不专以诗赋为进退。帝曰:'可以观才识者,文论也。'拯论事多合帝意如此。封泰山,为仪仗使。礼成,进尚书左丞,以疾在告,数请罢,帝以手诏谕旨,又命宰相王旦就第劝拯起视事。"(第9610页)
⑤ 《宋史》卷一五五《选举志一》,第3613页。
⑥ 《宋史》卷三一四《范仲淹传》,第10273页。
⑦ 《宋史》卷三〇二《鱼周询传》,第10012页。

到了北宋中叶,随着经术与文学之争达到高潮,进士科考试先试诗赋还是策论便成为一个焦点。英宗治平元年(1064),司马光上《贡院定夺科场不用诗赋状》掀起了这场争论的序幕,他说:"以言取人,固未足以尽人之才。今之科场,格之以辞赋,又不足以观言……今来吕公著欲乞科场更不用诗赋,委得允当。然进士只试论、策,又似太简……乞今后省试除论、策外,更试《周易》……《论语》大义,共十道,为一场。其策只问时务。所有进士帖经、墨义一场,从来不曾考校,显是虚设,乞更不试。御前除试论外,更试时务策一道。如此,则举人皆习经术,不尚浮华。"①这是因为司马光为陕州夏县(山西夏县)人,和许多西北人一样,比较擅长经史而短于诗赋。面对朝野崇尚文学不利西北人仕进的情况,他主张进士在试策、论的基础上加强经义考试,并力主按地域均衡举额分路取人。治平元年(1064),司马光又上《贡院乞逐路取人状》指出:"国家用人之法,非进士及第者不得美官,非善为赋、诗、论、策者不得及第,非游学京师者不善为赋、诗、论、策。"②不利于西北等文化落后府路举人参加省试,主张分路取人。针对司马光的议论,参政知事欧阳修正面提出反驳。他在《论逐路取人札子》中指出:"天下至广,四方风俗异宜,而人性各有利钝。东南之俗好文,故进士多而经学少。西北之人尚质,故进士少而经学多。所以科场取士,东南多取进士,西北多取经学者,各因其材性所长,而各随其多少取之。今以进士、经学合而较之,则其数均。"他认为若执意要多取西北之人,则必须减少东南之数,会造成另一种不平等,且朝廷既然以文艺取人,就应有统一衡量才艺的标准③。从两人争论的情况来看,仍是经学和文学的问题,在考试形式上,反映为策论和诗赋的争论。神宗令朝廷各公卿大臣展开讨论,于是直史馆苏轼上书云:"自文章而言之,则策论为有用,诗赋为无益;自政事言之,则诗赋、策论均为无用……自唐至今,以诗赋为名臣者,不可胜数,何负于天下,而必欲废之!"他还认为经义、策论之类无规矩准绳,"故学之易成,无声病对偶,故考之难精。以易

---

① 曾枣庄、刘琳主编《全宋文》卷一一八六《司马光一五》,上海、合肥:上海辞书出版社、安徽教育出版社,2006年,第345—346页。
② 《全宋文》卷一一八八《司马光一七》,第3页。
③ 《全宋文》卷六九〇《欧阳修二八》,第291—292页。

学之士,付难考之吏,其弊有甚于诗赋者矣"①。因此,苏轼极力反对专取经义策论而罢诗赋。在这场争论中,朝中大臣唯有赵抃赞同苏轼的看法。针对苏轼的说法,王安石在《乞改科条制札子》中进一步说:"宜先除去声病偶对之文,使学者得以专意经义,以俟朝廷兴建学校,然后讲求三代所以教育选举之法,施于天下。"②于是,宋神宗采纳了王安石的建议,罢去诗赋、帖经、墨义,进士科省试内容依次为经义、论、策。熙宁三年(1070),殿试也一改以前试诗、赋、论三题的办法,而"始专以策","旧特奏名人试论一道"③。到熙宁八年(1075),朝廷将王安石所注《诗》、《书》、《周礼》颁行于全国,称为《三经新义》,作为科举考试官方的标准教材。这次经术与文学之争显然经术派占据了压倒性优势。在王安石变法期间,明经诸科都被罢去,所有考试科目全归并为进士一科,但此时的进士科不考诗赋而侧重于经术,进士科的性质实际上已蜕变成明经科了,一定程度上也确立了试论在经义进士中的考试地位。

王安石罢相后,宋哲宗于元祐元年(1086)即位,政治上出现了"元祐更化",礼部因奏请立经义、词赋两科进士。在讨论此事时,以司马光为首的经术派力主以经术取士,无意恢复诗赋,主张:"取士之道,当先德行,后文学。就文学言之,经术又当先于词采,神宗专用经义、论策取士,此乃复先王令典,百王不易之法。"④而以苏轼等为代表的文学派,则要求恢复诗赋考试。次年,立进士四场法:第一场试经义,第二场试诗赋,第三场试论,第四场试子、史、时务策,以四场通定去留高下。于是,两科又合为一科。元祐三年(1088)又规定:"将来一次科场,如有未习诗赋举人,许依旧法取。应解发合格人,不得过解额三分之一。应解二人者,均取。即有零分及解额一人者,并通取文理优长之人。"⑤这是经术与文学之争论妥协折中的结果。到了元祐四年(1089),就正式从法令上分立经义进士与诗赋进士两科。按《宋史·选举志》所述,省试"诗赋进士",习五经中的任意一经,考试分经义、诗赋、

---

① 《全宋文》卷一八六七《苏轼一九·议学校贡举状》,第211—212页。
② 《全宋文》卷一三八三《王安石二一》,第20页。
③ 《宋史》卷一五五《选举志一·科目上》,第3616页。
④ 《宋史》卷一五五《选举志一·科目上》,第3620页。
⑤ 《续资治通鉴长编》卷四一二宋哲宗元祐三年六月条,第10018页。

论、子史、时务策四场。"专经进士",须习两经,考试分经义两场、论策两场①。两科进士解送名额各占一半,"专经者用经义定取舍,兼诗赋者以诗赋为去留,其名次高下,则于策论参之"②。但自从诗赋进士设立后,士多乡习,而专经者不到十分之二三,"诸路奏以分额各取非均,其后遂通定去留,经义毋过通额三分之一"③。于是,元祐四年,因权知贡举出官、知任杭州的苏轼极力要求改变以经义、诗赋两科进士平分名额的状态,主张两科进士应该按照报考经义、诗赋生员的比例,来分配录取名额,通定去留④。

不久,文学派又奏请恢复熙宁以前殿试试诗、赋、论三题的旧法:"伏缘朝廷既降朝命,科举兼用辞律,使天下学者习之矣。辞律之学,用志最勤,惟殿试之日……若复试策,则积日所勤,反为无用……又人主临轩,其所询访,必当时之大务也……故宿造预作者可以应对而无疑,考校之官凭此以辨优劣,以第高下,安得实也。惟三题散出诸书,不可前料,诗赋以见其才,论以知其识,且无有伸佞时之说焉。盖对策之流,本缘进取而来,利害交其前,得失撄其心,于是佞辞以取说,妄意以希合者,比比皆是。"⑤尽管受到吏部侍郎和礼部侍郎等十三人联名上疏反对,但在比较了试诗、赋、论与只试策的优劣之后,元祐八年(1093)三月,中书省奏请在殿试中恢复熙宁以前试诗赋的成法,而且说"士子多已改习诗赋,太学生员二千一百余人,而不兼习诗赋者才八十二人"。于是诏令次年殿试"习诗赋人",恢复试诗、赋、论三题,"专经人"则令试策,此后殿试一概试诗、赋、论三题⑥。不过,蔡京在执政期间,又恢复了王安石变法的许多措施。到绍圣元年(1094),朝中关于"以经造士"、"专用经术之义"的议论日益增多,于是又下诏进士罢诗赋,专习经义,殿试仍旧只试策。经术派再度取得了成功。从北宋进士科考试分立诗赋进士和经义进士的变化过程中,可以看出经义进士主要考策、论,"论"重在考经义,与本件文书内容颇为相符。

---

① 《宋史》卷一五五《选举志一·科目上》,第 3620—3621 页。
② 《宋史》卷一五五《选举志一·科目上》,第 3621 页。
③ 《宋史》卷一五五《选举志一·科目上》,第 3621 页。
④ 《文献通考》卷三一《选举考四·举士》,第 295 页。
⑤ 《续资治通鉴长编》卷四一五宋哲宗元祐三年十月条,第 10101 页。
⑥ 《宋史》卷一五五《选举志一·科目上》,第 3621 页。

南宋孝宗淳熙十一年(1184),进士科考试稍稍改变了重诗赋的风气,上谕春官:"凡课试命题,杂出诸史,无所拘忌。考核之际,稍以论策为重,毋止以初场定去留。"①但这仅仅是个案,对整个社会崇重诗赋进士的环境没有大的改变。

此外,宋代制举考试中也增加了试论内容。《宋史》卷一五六《选举志二·科目下》云:"元祐二年,复制科。凡廷试前一年,举奏官具所举者策、论五十首奏上,而次年试论六首,御试策一道,召试、除官、推恩略如旧制。"②其实,制举试策、论,可能是受后周制举试策、论的影响。又据《宋史》卷一五六《选举志二·科目下》云:"(绍兴)二年,诏举贤良方正能直言极谏科,一遵旧制,自尚书两省谏议大夫以上、御史中丞、学士、待制各举一人。凡应诏者,先具所著策、论五十篇缴进,两省侍从参考之,分为三等。"③

宋代国子监考试中出现了论策。宋代国子监所属的国子生、太学生入学后要进行一些考试,"凡公试,初场经义,次场论策。试上舍,如省试法",并且按照生员的成绩等第,选送参加贡院省试和殿试④。显然,这里的论策考试实际上成了举子取解考试的一部分。

宋代吏部铨选也可以用试论来选拔。《宋史》卷一五八《选举志四·铨法上》云:"凡选人年二十五以上,遇郊,限半年赴铨试,命两制三员锁试于尚书省,糊名誊录。习辞业者试论、试诗赋,词理可采、不违程式为中格,习经业者人专一经,兼试律,十而通五为中格,听预选。"⑤范仲淹非常器重王益柔,曾"荐试馆职,以其不善词赋,乞试以策论,特听之"⑥。

宋代诸州解试也要试论。《宋史》卷二六三《窦仪传》云:"仪上言:'请依晋天福五年制,废明经、童子科……诸科举人,第一场十否,殿五举。第二、第三场十否,殿三举。三场内有九否,殿一举。解试之官坐其罪。进士请解,加试论一首,以五百言以上为准。'"⑦

---

① 《宋史》卷一五六《选举志二·科目下》,第3633页。
② 《宋史》卷一五六《选举志二·科目下》,第3648页。
③ 《宋史》卷一五六《选举志二·科目下》,第3649页。
④ 《宋史》卷一五七《选举志三·学校试》,第3657页。
⑤ 《宋史》卷一五八《选举志四·铨法上》,第3703—3704页。
⑥ 《宋史》卷二八六《王曙传附子益柔传》,第9635页。
⑦ 《宋史》卷二六三《窦仪传》,第9093页。

随着宋代各类科举考试中试论的普及和地位的提高,于是出现试论的文集和范文。《宋史·艺文志七》中就有不少宋代士大夫的"论"文集篇目,如钱彦远有《策论》十卷,李淑有《田况策论》十卷,苏辙有《策论》十卷,冯京有《应制策论》一卷,王发有《元祐进本制举策论》十卷,李师稷有《盛渫策论》一卷①。值得庆幸的是宋魏天应编选、林子长注《论学绳尺》完整地保留下来,为我们研究宋代试论提供了具体范文。该书"是编辑当时场屋应试之论,冠以论诀一卷,所录之文,分为十卷,凡甲集十二首,乙集至癸集,俱十六首,每两首立为一格,共七十八格,每题先标出处,次举立说大意,而缀以评语,又略以典故,分注本文之下"②。近年来随着科举学研究的兴盛,该书引起了学界的关注③。张海鸥、孙耀斌《〈论学绳尺〉与南宋论体文及南宋论学》考订林子长、魏天应编注的《论学绳尺》成书必在宋末,因为元初无科考,后虽恢复科举,但以赋易论,"论学"遂寝,魏天应和书肆都不可能在入元之后还编刻《绳尺》;该书中最晚的作品是咸淳十年(1274,宋代最后一次科举考试)甲戌榜进士黄龙友的科场论文(卷十),可证此书最后一卷的编成时间当在咸淳十年之后的几年间④。不管怎么讲,《论学绳尺》的编撰说明宋代科举考试中试论已经非常普遍,因此才出现了"论学"书集,以供举子参考。

四、文书的来源与年代问题

以上对唐五代和宋代科举考试情况的考察,结合藏经洞封闭的时间⑤,如果认定本件文书为藏经洞文书,则其成文时间,应该在五代宋初。但是,

---

① 《宋史》卷二〇八《艺文志七》,第5363—5382页。
② 《文渊阁四库全书》第一三五八册,第71页。
③ 如黄振萍《八股文起源与〈论学绳尺〉》,《中国典籍与文化》1997年第4期,第43—46页;陈林《〈论学绳尺〉研究》,扬州大学硕士论文,2006年;卞东波《关于〈论学绳尺〉的笺注者林子长》,《文学遗产》2006年第4期,第156页;吴建辉《从〈论学绳尺〉看南宋文论范畴一"老"》,《湖南科技大学学报》(社会科学版)2007第3期,第106—111页。
④ 《文学遗产》2006年第1期,第91—101、159—160页。
⑤ 斯坦因认为是11世纪初叶,伯希和认为是1035年西夏人入侵敦煌前,藤枝晃认为是1002年后不久,方广锠认为是在曹氏归义军时期(参考荣新江《敦煌学十八讲》,北京:北京大学出版社,2001年,第75—76页)。

根据现有资料和研究成果，敦煌陷蕃以后以及归义军政权时期都未曾实行科举考试，这一时期中原政权的科举考试尚未见有确凿试论的记载。因此，本件文书不排除就是黑水城文书的可能性，然而究竟是西夏抑或元代科举考试中的试论，还有待进一步探讨。其实，黑水城文书混入俄藏敦煌文书的情况，笔者已在《〈俄藏敦煌文献〉中的黑城文书考证及相关问题的讨论》一文中，考订了十七件①。因此，本件文书为黑水城文书的可能性也非常大。

笔者在研读文书的过程中，发现以下几点可以帮助我们判定文书的来源和时代。首先，要解决本件文书来自黑水城文书，就得了解一下西夏和元朝的科举制度实行的基本情况。根据白滨《西夏的学校与科举制度》的研究，西夏实行科举共八十年，从1147年到1227年②，但由于史料阙如，有关西夏科举考试的具体情况，学界知之甚少，考虑到西夏科举主要受宋朝科举的影响，也就无法排除试论的可能性。关于元代科举制度实行的相关情况，据《元史》卷八一《选举志一》，元代科举会试的考试程序如下：

> 蒙古、色目人，第一场经问五条，《大学》、《论语》、《孟子》、《中庸》内设问，用朱氏章句集注。其义理精明，文辞典雅者为中选。第二场策一道，以时务出题，限五百字以上。汉人、南人，第一场明经经疑二问，《大学》、《论语》、《孟子》、《中庸》内出题，并用朱氏章句集注，复以己意结之，限三百字以上……第二场古赋诏诰章表内科一道，古赋诏诰用古体，章表四六，参用古体。第三场策一道，经史时务内出题，不矜浮藻，惟务直述，限一千字以上成。③

显然，元代科举考试没有试论。据明代何乔新为游明重辑刊行的《论学绳尺》作序云：

> 《论学绳尺》凡十卷，宋乡贡进士魏天应编选南渡以降场屋得隽之文，而笔峰林子长为之笺释，以遗后学者也。元取士以赋易论，于是士

---

① 《敦煌学》第二四辑，2003年，第61—81页。
② 收入宁夏文物管理委员会办公室、宁夏文化厅文物处编《西夏文史论丛》（一），银川：宁夏人民出版社，1992年，第17—31页。
③ 〔明〕宋濂等《元史》卷八一《选举志一》，北京：中华书局，1976年，第2019页。

大夫家藏此书者盖少。至国朝始复宋制,以论试士,而此书散逸多矣。①
从元代科举考试不兴"以论试士"情况的角度考虑,此件文书定为西夏文书更为妥当而应该不是元代遗物。

其次,从文书内容来看,也比较符合西夏科举考试的内容。文书中的"读孝经一卷足以立身治国论",是以《孝经一卷》相关内容发论,而《孝经》正是西夏"蕃学"、"国学"的重要内容。西夏景宗元昊自制蕃书,"教国人纪事用蕃书,而译《孝经》、《尔雅》、《四言杂字》为蕃语"②。黑水城文书中就保存了不少西夏文的《孝经》译注,如俄藏黑水城文书 ИНВ. 2627 号《译写本朱笔校点吕惠卿孝经传序》③。聂鸿音《吕注〈孝经〉考》一文对其进行了研究,并对部分章节进行了翻译。聂氏认为西夏文献征引《孝经》只有一处,见番大学院教授曹道乐奉夏桓宗之命编写的《德行集》,其中用西夏文翻译了《纪孝行章》的"居则致其敬,养则致其乐,病则致其忧,丧则致其哀,祭则致其严"④。但是两个译文的西夏对应文字存在明显差异,聂氏认为这是因为西夏政府从来也没有以《孝经》为代表的中原典籍译本作为正式颁布的科举教材使用的缘故。显然,《孝经》在西夏科举考试中非常重要,并且很常见。也就不难理解本件文书《读孝经一卷足以立身治国论》,以"居则致其敬,养则致其乐,病则致其忧,丧则致其哀,祭则致其严"为立论的原因,正好可以说明本件文书为西夏科举试论的遗物。相反,元代科举考试以《大学》、《论语》、《孟子》、《中庸》为主,未有考《孝经》内容的相关记载。因此,将本件文书定为西夏文书也在情理之中。

文中"立心以忠信不欺为主本论",以"立心以忠信不欺为主本"发论,考其论题的出处,最早可以追溯到宋刘清之撰《戒子通录》卷六《家戒》:"立志

---

① 〔明〕何乔新《椒丘文集》卷九,收入《文渊阁四库全书》第一三五八册,第141页。
② 《宋史》卷四八五《外国传一·夏国传上》,第13995页。
③ 见史金波等《俄藏黑水城文献》第一一册,上海:上海古籍出版社,1999年,第2—46页。很多学者对其进行了研究:Eric. Grinstead, *The Book of Filial Piety in Tangut, Analysis of the Tangut Scripts*, First Edition:Lund,studentlitteratur,1972;Second Edition: Curzou Press,1975, Sweden;胡若飞《俄藏西夏文草书〈孝经传〉序及篇目译考》,《宁夏社会科学》2005年第5期,第95—98页。
④ 聂鸿音《吕注〈孝经〉考》,《中华文史论丛》2007年第2期,第285—305、366页。

以明道希文自期待，立心以忠信不欺为主本，行己以端庄清慎见，操执临事以明敏，果断辨是非。"考《宋史》记载，刘清之，登绍兴二十七年（1157）进士第，绍熙元年（1190）光宗即位，刘清之不久病逝，所著有《曾子内外杂篇》、《训蒙新书外书》、《戒子通录》等①。这也可以佐证此论大概与其时间相当，则此件文书的年代应当为西夏更为妥当。

最后，从文书彩色图片来看，本件文书的纸质是白麻纸，跟黑水城出土的文书所采用的纸质非常相似。尽管笔者没有看到原件，但从《俄藏敦煌文献》的彩色图片来看，本件文书白麻纸质的特征比较明显，与晚唐五代敦煌白麻纸相比②，纸质粗糙、松软，比较符合黑水城文书的特点。本件文书多使用简体汉字，以硬笔书写，均不是中原科举考试特点，特别是唐代"进士考试理宜必遵正体"③，即便是举子私下习作，也应该用正体和毛笔，这也可以佐证本件文书为西夏黑水城文书的可能性。

综上所述，笔者倾向此件文书为西夏黑水城文书，文中有论证和数据不是非常充分的地方，希望学界同仁给予关注，解决笔者未能解决的问题。

---

① 《宋史》卷四三七《儒林传七·刘清之传》，第12953—12957页。
② 金荣华《敦煌写卷纸质之考察》，《世界华学季刊》1981年第2卷第4期，第23—28页。
③ 参考金滢坤《论唐五代科举考试与文字的关系》，《首都师范大学学报》（社会科学版）2007年第3期，第21—28页。

本书参考文献

一、古代文献[*]

经　部

《大学衍义》，〔宋〕真德秀撰，南京：同治十三年冬金陵书局印行。
《论语今注》，潘重规著，台北：里仁书局，1990年。
《尚书正义》，〔汉〕孔安国传，〔唐〕陆德明音义，孔颖达疏，收入李学勤主编《十三经注疏》，北京：北京大学出版社，1999年。
《尚书正义》，收入"国立"编译馆主编《中华丛书·十三经注疏》，台北：新文丰出版公司，2001年。
《孝经注疏》，〔唐〕明皇御注，陆德明音义，〔宋〕邢昺疏，收入"国立"编译馆主编《中华丛书·十三经注疏》，台北：新文丰出版公司，2001年。
《孝经指解》，〔唐〕玄宗皇帝注，〔宋〕司马光指解，范祖禹说，收入《文渊阁四库全书》第一八二册，台北：商务印书馆，1986年。
《周易注疏》，〔晋〕韩伯注，〔唐〕陆德明音义，孔颖达疏，收入"国立"编译馆主编《中华丛书·十三经注疏》，台北：新文丰出版公司，2001年。

史　部

《成化中都志》，〔明〕黄璿纂修，收入李廷宝《天一阁藏明代方志选刊续编》第三三册，上海：上海书店出版社，1990年。
《东观奏记》，〔唐〕裴庭裕撰，田延柱点校，北京：中华书局，1994年。

---

[*] 据经史子集四部分类，每部书目则按音序排列。下文"新出土文献"、"主要参考论著"、"主要参考论文"皆按音序排列。

本书参考文献

《汉书》,〔汉〕班固撰,〔唐〕颜师古注,北京:中华书局,1962年。

《弘治易州志》,〔明〕戴铣撰,《天一阁藏明代方志选刊》第七册,北京:中华书局,1965年。

《嘉靖池州府志》,〔明〕王崇纂修,收入上海古籍书店印《天一阁藏明代方志选刊》第二四册,上海:上海古籍书店,1961年。

《嘉靖惠州府志》,〔明〕姚良弼撰,收入上海古籍书店印《天一阁藏明代方志选刊》第六二册。

《〔嘉靖〕广东通志初稿》,〔明〕戴璟、张岳等纂修,收入北京图书馆古籍出版编辑组《北京图书馆古籍珍本丛刊·史部·地理类》第三八册,北京:书目文献出版社,1998年。

《嘉泰会稽志》,〔宋〕沈作宾修、施宿等纂,收入中华书局编辑部编《宋元方志丛刊》第七册,北京:中华书局,1990年。

《江南野史十卷附提要》,〔宋〕龙衮撰,收入新文丰出版股份有限公司编辑部编《丛书集成新编》第一一五册,台北:新文丰出版公司,1985年。

《经幄管见》,〔宋〕曹彦约撰,收入《文渊阁四库全书》第六八六册。

《旧唐书》,〔后晋〕刘昫等撰,北京:中华书局,1975年。

《旧五代史》,〔宋〕薛居正等撰,北京:中华书局,1976年。

《庐山记》,〔宋〕陈舜俞撰,收入《文渊阁四库全书》第五八五册。

《闽书》,〔明〕何乔远编撰,厦门大学古籍整理研究所、历史系古籍整理研究室点校,福州:福建人民出版社,1994年。

《宋会要辑稿》,〔清〕徐松撰,北京:中华书局,1957年。

《宋史》,〔元〕脱脱等撰,北京:中华书局,1977年。

《隋书》,〔唐〕魏徵、令狐德棻撰,北京:中华书局,1973年。

《十国春秋》,〔清〕吴任臣撰,徐敏霞、周莹点校,北京:中华书局,1983年。

《唐才子传校笺》,傅璇琮主编,北京:中华书局,1987年。

《唐大诏令集》,〔宋〕宋敏求编,北京:商务印书馆,1959年。

《唐方镇年表》,〔清〕吴廷燮撰,北京:中华书局,1980年。

《唐国史补》,〔唐〕李肇撰,上海:上海古籍出版社,1979年。

《唐会要》,〔宋〕王溥撰,北京:中华书局,1955年。

《唐六典》,〔唐〕李林甫等撰,陈仲夫点校,北京:中华书局,1992年。

《唐律疏议》,〔唐〕长孙无忌等撰,刘俊文点校,北京:中华书局,1983年。

《通典》,〔唐〕杜佑撰,王文锦、王永兴、刘俊文、徐庭云、谢方点校,北京:中华书局,1988年。

《通志》,〔宋〕郑樵撰,北京:中华书局,1987年。

《魏书》,〔北齐〕魏收撰,北京:中华书局,1974年。

《文献通考》,〔元〕马端临撰,北京:中华书局,1986年。

《五代会要》,〔宋〕王溥撰,北京:中华书局,1998年。

《元史》,〔明〕宋濂等撰,北京:中华书局,1976年。

《续资治通鉴》,〔清〕毕沅编著,北京:中华书局,1957年。

《续资治通鉴长编》,〔宋〕李焘撰,上海师范学院古籍整理研究室、上海师范大学古籍整理研究室点校,北京:中华书局,1980年。

《资治通鉴》,〔宋〕司马光编著,〔元〕胡三省音注,北京:中华书局,1956年。

《新唐书》,〔宋〕欧阳修、宋祁撰,北京:中华书局,1975年。

《新五代史》,〔宋〕欧阳修撰、〔宋〕徐无党注,北京:中华书局,1974年。

《雍录》,〔宋〕程大昌撰,黄永年点校,北京:中华书局,2002年。

《贞观政要集校》,〔唐〕吴兢撰,谢保成集校,北京:中华书局,2009年。

《直斋书录解题》,〔宋〕陈振孙撰,收入王云五主编《丛书集成初编》第四七册,北京:中华书局,1985年。

子　　部

《北里志》,〔唐〕孙棨撰,收入上海古籍出版社编《唐五代笔记小说大观》,上海:上海古籍出版社,2000年。

《北梦琐言》,〔五代〕孙光宪撰,贾二强点校,北京:中华书局,2002年。

《避暑录话》,〔宋〕叶梦得著,收入王云五主编《丛书集成初编》第二七八六至二七八七册。

《册府元龟》(明本),〔北宋〕王钦若等编,北京:中华书局,1960年。

《册府元龟》(校订本),〔北宋〕王钦若等编,周勋初等校订,南京:南京凤凰传媒集团、凤凰出版社,2006年。
《朝野佥载》,〔唐〕张鷟撰,北京:中华书局,1979年。
《大唐传载》,〔唐〕佚名,北京:中华书局,1958年。
《大唐新语》,〔唐〕刘肃撰,许德楠、李鼎霞点校,北京:中华书局,1984年。
《登科记考》(附订补),〔清〕徐松撰,赵守俨点校,北京:中华书局,1984年。
《登科记考补正》,〔清〕徐松撰,孟二冬补正,北京:北京燕山出版社,
　　2003年。
《杜阳杂编》,〔唐〕苏鹗撰,收入《唐五代笔记小说大观》。
《独异志》,〔唐〕李冗撰,张永钦、侯志明点校,北京:中华书局,1983年。
《读通鉴论》,〔清〕王夫之著,北京:中华书局,1975年。
《封氏闻见记校注》,〔唐〕封演撰,赵贞信校注,北京:北平燕京大学图书馆,
　　1933年铅印本;北京:中华书局,2005年版。
《颜真卿〈干禄字书〉》,〔唐〕颜元孙著,颜真卿书,施安昌编,北京:紫禁城出
　　版社,1990年。
《陔余丛考》,〔清〕赵翼著,栾保群、吕宗力校点,石家庄:河北人民出版社,
　　2003年。
《古今合璧事类备要前集》,〔宋〕谢维新撰,收入《中华再造善本·唐宋编·
　　子部》第一九册,北京:北京图书馆出版社,2006年。
《广异记》,〔唐〕戴孚撰,收入吴曾祺辑《旧小说·乙集·唐》,上海:上海商务
　　印书馆,1915年。
《广卓异记》,〔宋〕乐史撰,北京图书馆藏清康熙刻本,四库全书存目丛书编
　　撰委员会编《四库全书存目丛书·史部》第八七册,济南:齐鲁书社,
　　1996年。
《河东记》,〔唐〕薛渔思撰,〔清〕胡鼎辑,清刻本,线装。
《侯鲭录》,〔宋〕赵令畤撰,北京:中华书局,2002年。
《集异记》,〔唐〕薛用弱撰,汪辟疆编,上海:神州国光社,1946年。
《戒子通录》,〔宋〕刘清之撰,收入文渊阁《四库全书》第七〇三册。
《解人颐》,〔清〕钱德苍辑,长沙:岳麓书社,2004年。
《金华子》、《金华子杂编》,〔五代〕刘崇远撰,收入《唐五代笔记小说大观》。

《乐善录》,〔宋〕李昌龄撰,收入王云五主编《丛书集成初编》第二六八七册。
《刘宾客嘉话录》,〔唐〕韦绚撰,收入《唐五代笔记小说大观》。
《墨客挥犀》,〔宋〕彭乘撰,收入王云五主编《丛书集成初编》第二八五五册。
《南部新书》,〔宋〕钱易撰,北京:中华书局,2002年。
《南唐近事》,〔宋〕郑文宝撰,收入《文渊阁四库全书》第一〇三五册。
《能改斋漫录》,〔宋〕吴曾撰,上海:上海古籍出版社,1979年。
《牛羊日历》,〔唐〕刘轲撰,收入〔清〕缪荃孙编《藕香零拾》第五册,北京:中华书局,1999年。
《女四书女孝经》,〔唐〕宋若莘撰,〔清〕王相笺注,北京:中国华侨出版社,2011年。
《配图蒙学十篇》,夏初、惠冷校释,北京:北京师范大学出版社,1993年。
《萍洲可谈》,〔宋〕朱彧撰,收入王云五主编《丛书集成初编》第二七五四册。
《日知录集释》,〔清〕顾炎武著,〔清〕黄汝成集释,秦克诚点校,长沙:岳麓书社,1994年。
《容斋随笔》、《容斋续笔》、《容斋三笔》、《容斋四笔》、《容斋五笔》,〔宋〕洪迈著,上海:上海古籍出版社,1996年。
《宋本册府元龟》,〔北宋〕王钦若等编,北京:中华书局,1989年。
《隋唐嘉话》,〔唐〕刘𫗧撰,北京:中华书局,1979年。
《邵氏闻见录》,〔宋〕邵伯温撰,北京:中华书局,1983年。
《尚书故实》,〔唐〕李绰撰,收入《唐五代笔记小说大观》。
《山堂肆考》,〔明〕鹏大翼撰,收入《文渊阁四库全书》第九七五册。
《说郛三种》,〔明〕陶宗仪编,上海:上海古籍出版社,1988年。
《太平广记》,〔宋〕李昉等编,北京:中华书局,1961年。
《唐郎官石柱题名考》,〔清〕劳格、赵钺著,徐敏霞、王桂珍点校,北京:中华书局,1992年。
《唐阙史》,〔唐〕高彦休撰,收入《唐五代笔记小说大观》。
《唐摭言》,〔五代〕王定保撰,上海:上海古籍出版社,1978年。
《唐音癸签》,〔明〕胡震亨著,上海:上海古籍出版社,1981年。
《唐语林》,〔宋〕王谠撰,上海:上海古籍出版社,1978年。

《唐语林校证》,〔宋〕王谠撰,周勋初校证,北京:中华书局,1987年。
《因话录》,〔唐〕赵璘撰,上海:上海古籍出版社,1979年。
《酉阳杂俎》,〔唐〕段成式撰,北京:中华书局,1981年。
《幽闲鼓吹》,〔唐〕张固撰,收入《唐五代笔记小说大观》。
《玉海》,〔南宋〕王应麟纂,南京:江苏古籍出版社、上海:上海书店,1987年。
《玉壶野史》〔宋〕文莹撰,郑世刚、杨立扬点校,北京:中华书局,1984年。
《玉泉子》,〔唐〕缺名撰,阳羡生校点,收入《唐五代笔记小说大观》。
《云麓漫钞》,〔宋〕赵彦卫撰,傅根清点校,北京:中华书局,1996年。
《云溪友议》,〔唐〕范摅撰,阳羡生校点,收入《唐五代笔记小说大观》。
《新编分门古今类事》,〔宋〕宋某撰,收入王云五主编《丛书集成初编》第二七二二册。
《湘山野录》,〔宋〕文莹撰,郑世刚、杨立扬点校,北京:中华书局,1984年。
《续前定录》,〔唐〕钟辂撰,收入王云五主编《丛书集成初编》第二七〇四册。
《中朝故事》,〔五代〕尉迟偓撰,收入《唐五代笔记小说大观》。

集　　部

《白居易集》,〔唐〕白居易著,顾学颉校点,北京:中华书局,1979年。
《白居易集笺校》,〔唐〕白居易著,朱金城笺校,上海:上海古籍出版社,1988年。
《蔡宽夫诗话》,〔宋〕蔡宽夫撰,收入郭绍虞著《宋诗话辑佚》,北京:中华书局,1980年。
《昌黎先生集》,〔唐〕韩愈撰,陆费逵总勘,高时显、吴汝霖辑校,丁辅之监造,收入《四部备要·集部》,上海:上海中华书局据东雅堂本校刊,1936年。
《樊川文集》,〔唐〕杜牧著,上海:上海古籍出版社,1978年。
《樊南文集》,〔唐〕李商隐著,〔清〕冯浩详注,〔清〕钱振伦、钱振常笺注,上海:上海古籍出版社,1988年。
《樊南文集补编》,〔唐〕李商隐撰,上海:上海古籍出版社,1988年。
《范文正公集》,〔宋〕范仲淹撰,收入张元济等辑《四部丛刊初编·集部》第一三五册,上海:上海古籍出版社,1989年。

《韩昌黎诗系年集释》,〔唐〕韩愈著,钱仲联集释,上海:上海古籍出版社,
    1984年。
《韩昌黎文集校注》,〔唐〕韩愈撰,马其昶校注,马茂元整理,上海:上海古籍
    出版社,1986年。
《韩愈全集校注》,屈守元、常思春主编,成都:四川大学出版社,1996年。
《皇甫持正文集》,〔唐〕皇甫湜撰,收入张元济等辑《四部丛刊初编·集部》第
    一一九册。
《椒丘文集》,〔明〕何乔新撰,又见《文渊阁四库全书补遗》第八册,北京:北京
    图书馆出版社,1997年。
《李翱集》,〔唐〕李翱著,郝润华校点,兰州:甘肃人民出版社,1992年。
《李德裕文集校笺》,〔唐〕李德裕著,傅璇琮、周建国校笺,石家庄:河北教育
    出版社,2000年。
《李文公集》,〔唐〕李翱撰,上海,上海古籍出版社,1993年。
《刘禹锡集》,〔唐〕刘禹锡撰,《刘禹锡集》整理组点校,卞孝萱校订,北京:中
    华书局,2000年。
《刘禹锡全集编年校注》,〔唐〕刘禹锡撰,陶敏、陶红雨校注,长沙:岳麓书
    院,2003年。
《柳宗元集》,〔唐〕柳宗元撰,北京:中华书局,1979年。
《陆贽集》,〔唐〕陆贽撰,王素点校,北京:中华书局,2006年。
《吕和叔文集》,〔唐〕吕温撰,收入张元济等辑《四部丛刊·集部》第一一
    九册。
《欧阳修全集》,〔宋〕欧阳修撰,李逸安点校,北京:中华书局,2001年。
《欧阳行周文集》,〔唐〕欧阳詹撰,上海:上海古籍出版社,1993年。
《皮子文薮》,〔唐〕皮日休,上海:上海古籍出版社,1981年。
《钱仲文集》,〔唐〕钱起撰,上海:上海古籍出版社,1993年。
《权德舆文集》,〔唐〕权德舆著,霍旭东校点,兰州:甘肃人民出版社,
    1999年。
《全宋文》,曾枣庄、刘琳主编,上海、合肥:上海辞书出版社、安徽教育出版
    社,2006年。

本书参考文献

《全唐诗》，〔清〕曹寅等奉敕辑，北京：中华书局，1960年。

《全唐诗话》，〔宋〕尤袤撰，收入王云五主编《丛书集成初编》，第二五五六册，北京：中华书局，1985年。

《全唐文》，〔清〕董诰等编，北京：中华书局，1983年。

《全唐文补遗》第四辑，吴钢主编，西安：三秦出版社，1997年。

《〈诗话总龟〉前集》，〔宋〕阮阅编，周本淳校点，北京：人民文学出版社，1987年。

《〈诗话总龟〉后集》，〔宋〕阮阅编，周本淳校点，北京：人民文学出版社，1998年。

《石林诗话》，〔宋〕叶梦得撰，收入王云五主编《丛书集成初编》第二五五一册。

《石仓历代诗选》，〔明〕曹学佺编，收入《文渊阁四库全书》第一三八八册。

《沈下贤集校注》，〔唐〕沈下贤著，萧占鹏、李勃洋校注，天津：南开大学出版社，2003年。

《宋文鉴》，〔宋〕吕祖谦编，齐治平点校，北京：中华书局，1992年。

《唐黄御史公集》，〔唐〕黄滔撰，收入张元济等辑《四部丛刊·集部》第一三〇册。

《唐诗纪事》，〔宋〕计有功撰，北京：中华书局，1965年。

《唐诗品汇》，〔明〕高棅传，上海：上海古籍出版社，1982年。

《王梵志诗校注》，〔唐〕王梵志撰，项楚校注，上海：上海古籍出版社，1991年。

《文苑英华》，〔宋〕李昉等编，北京：中华书局，1966年。

《文苑英华辨证》，〔宋〕彭叔夏撰，收入〔宋〕李昉等编《文苑英华》，北京：中华书局，1966年。

《元稹集》，〔唐〕元稹撰，冀勤点校，北京：中华书局，2000年。

《忠肃集》，〔宋〕刘挚撰，收入王云五主编《丛书集成初编》第一九二八册。

二、新出土文献

《俄藏敦煌文献》，孟列夫、钱伯城主编，上海：上海古籍出版社等，1992—2001年。

《俄藏黑水城文献》第一一册，史金波等主编，上海：上海古籍出版社，1999年。

《敦煌宝藏》，黄永武博士主编，台北：新文丰出版公司，1986年。

《敦煌变文集新书》，潘重规著，台北：中国文化大学中文研究所，1984年。

《敦煌歌辞总编》，任半塘著，上海：上海古籍出版社，1987年。

《法藏敦煌西域文献》，上海古籍出版社、法国国家图书馆编，上海：上海古籍出版社，1995—2005年。

《房山石经题记汇编》，北京图书馆金石组、中国佛教图书文物馆石经组，北京：书目文献出版社，1987年。

《国家图书馆藏敦煌遗书》第一至一三九册，中国国家图书馆编，北京：北京图书馆出版社，2005—2011年。

《金石萃编》，王昶著，北京：中国书店出版社，1985年。

《千唐志斋藏志》，河南省文物研究所、河南洛阳地区文管处编，文物出版社，1984年。

《隋唐五代墓志汇编·洛阳卷》第一三册，洛阳古代艺术馆编，天津：天津古籍出版社，1991年。

《唐代墓志汇编》，周绍良主编，上海：上海古籍出版社，1992年。

《唐代墓志汇编续集》，周绍良、赵超主编，上海：上海古籍出版社，2001年。

《天一阁藏明钞本天圣令校证附唐令复原研究》，中国社会科学院历史研究所天圣令整理课题组、天一阁博物馆编，北京：中华书局，2006年。

《英藏敦煌文献》，中国社会科学院历史所等编，成都：四川人民出版社，1990—1995年。

《英藏敦煌社会历史文献释录》卷五，郝春文、金滢坤编著，北京：社会科学文献出版社，2006年。

《中国国家图书馆藏敦煌遗书精品选》,中国国家图书馆善本特藏部等编,北京:国家图书馆出版社,2000年。

三、主要参考论著

中　文

白滨《西夏的学校与科举制度》,收入宁夏文物管理委员会办公室编、宁夏文化厅文物处《西夏文史论丛(一)》,银川:宁夏人民出版社,1992年。
北京图书馆善本组编《敦煌劫余录续编》,北京:国家图书馆出版社,1981年。
岑仲勉《隋唐史》,北京:中华书局,1982年。
岑仲勉《通鉴隋唐纪比事质疑》,北京:中华书局,1964年。
岑仲勉《郎官石柱题名新考订》,北京:中华书局,2004年。
陈飞《唐代试策考述》,北京:中华书局,2002年。
陈寅恪《元白诗笺证稿》,上海:上海古籍出版社,1981年。
陈寅恪《唐代政治史述论稿》,唐振常导读,上海:上海古籍出版社,1997年。
陈寅恪《金明馆丛稿二编》,北京:生活·读书·新知三联书店,2001年。
程千帆《唐代进士行卷与文学》,上海:上海古籍出版社,1980年。
程舜英《隋唐五代教育制度史资料》,北京:北京师范大学出版社,1998年。
池小芳《中国古代小学教育研究》,上海:上海教育出版社,1998年。
戴伟华《唐方镇文职僚佐考》,天津:天津古籍出版社,1994年。
戴伟华《唐代使府与文学研究》,桂林:广西师范大学出版社,1998年。
邓广铭、郦家驹《宋史研究论文集》,郑州:河南人民出版社,1984年。
邓嗣禹《中国考试制度史》,北京:吉林出版集团有限责任公司,2011年。
邓小南《唐宋女性与社会》,上海:上海辞书出版社,2003年。
范文澜《中国通史简编》,北京:人民出版社,1965年。
费成康《中国的家族法规》,上海:上海社会科学院出版社,1998年。
傅衣凌《傅衣凌治史五十年文编》,北京:中华书局,2007年。
傅璇琮《唐代科举与文学》,西安:陕西人民出版社,2003年。

高明士《隋唐贡举制度》,台北:文津出版社有限公司,1999年。
"国立"编译馆《唐代研究论集》,台北:新文丰出版公司,1992年。
金滢坤《中晚唐五代科举与社会变迁》,北京:人民出版社,2009年。
韩国磐《隋唐五代史纲》,北京:人民出版社,1977年。
韩国磐《隋唐五代史论集》,北京:生活·读书·新知三联书店出版社,
　　1979年。
侯力《科举制度与唐代社会》,长沙:岳麓书社,1998年。
侯绍文《唐宋考试制度史》,台北:商务印书馆,1973年。
胡美琦《中国教育史》,台北:三民书局,1978年。
胡如雷《隋唐政治史论集》,石家庄:河北教育出版社,1997年。
黄培、陶晋生《邓嗣禹先生学术论文选集》,台北:食货出版社,1980年。
黄炎培《中国教育史要》,北京:商务印书馆,1930年。
黄永年《文史探微》,北京:中华书局,2000年。
李润强《中国传统家庭形态及家庭教育——以隋唐五代家庭为中心》,北京:
　　人民出版社,2008年。
李树桐《唐史索隐》,台北:商务印书馆,1988年。
李天石《唐宪宗》,长春:吉林文史出版社,1995年。
李则芬《隋唐五代历史论文集》,台北:商务印书馆,1989年。
林天蔚《隋唐史新论》,台北:东华书局,1989年。
刘海峰《唐代教育与选举制度综论》,台北:文津出版社,1991年。
刘海峰《科举考试的教育视角》,武汉:湖北教育出版社,1996年。
刘海峰《科举制的终结与科举学的兴起》,武汉:华中师范大学出版社,
　　2006年。
刘昕《中国考试史专题论文集》,北京:高等教育出版社,1999年。
罗龙治《进士科与唐代的文学社会》,台北:精华印书馆,1971年。
罗联添《唐代文学论集》,台北:台湾学生书局,1989年。
罗宗强《隋唐五代文学思想史》,上海:上海古籍出版社,1986年。
毛汉光《中国中古社会史论》,台北:联经出版社,1988年。
毛蕾《唐代翰林学士》,北京:社会科学出版社,2000年。

宁欣《唐代选官研究》,台北:文津出版社,1995年。
牛致功《唐高祖传》,北京:人民出版社,1998年。
皮锡瑞《中国经学史》,北京:艺文印书馆,1966年。
皮锡瑞《经学历史》,北京:中华书局,2004年。
乔卫平、程培杰《中国古代幼儿教育史》,合肥:安徽教育出版社,1989年。
钱穆《国史大纲》,北京:商务印书馆,1992年。
钱穆《中国学术思想史论丛》卷三,合肥:安徽教育出版社,2004年。
钱穆《国史新论》,北京:生活·读书·新知三联书店,2005年。
钱穆《中国历代政治得失》,北京:生活·读书·新知三联书店,2005年。
任爽、石庆环《科举制度与公务员制度——中西官僚政治比较研究》,北京:商务印书馆,2001年。
荣新江《归义军史研究》,上海:上海古籍出版社,1996年。
荣新江《敦煌学十八讲》,北京:北京大学出版社,2001年。
宋大川《唐代教育体制研究》,太原:山西教育出版社,1998年。
孙国栋《唐宋史论丛》,香港:商务印书馆,2000年。
尚永亮《科举之路与宦海浮沉》,北京:文津出版社,2000年。
沈兼士《中国考试制度史》,北京:商务印书馆,1969年初版,1971年第2版。
沈任远《隋唐政治制度》,北京:商务印书馆,1977年。
沈松勤《北宋文人与党争》,北京:人民出版社,1998年。
陶敏编《全唐诗人名考证》,西安:陕西人民教育出版社,1996年。
唐长孺《魏晋南北朝史论丛》,北京:生活·读书·新知三联书店,1955年。
唐长孺《魏晋南北朝史论丛续编》,北京:生活·读书·新知三联书店,1959年。
唐长孺《魏晋南北朝隋唐史三论》,武汉:武汉大学出版社,1993年。
唐长孺《山居存稿》,北京:中华书局,2011年。
万绳楠《魏晋南北朝史论稿》,合肥:安徽教育出版社,1983年。
王炳照、徐勇《中国科举制度研究》,石家庄:河北人民出版社,2002年。
王凤喈《中国教育史》,台北:"国立"编译馆,1945年初版,1970年第8版。
王寿南《唐代藩镇与中央关系之研究》,台北:大化书局,1978年。

王水照《宋代文学通论》,开封:河南大学出版社,1997年。
王勋成《唐代铨选与文学》,北京:中华书局,2001年。
王亚南《中国官僚政治研究》,北京:中国社会科学出版社,1981年。
王永兴《陈门问学丛稿》,南昌:江西人民出版社,1993年。
武汉大学中国三至九世纪研究所《中国前近代史理论国际学术研讨论文集》,武汉:湖北人民出版社,1997年。
吴霓《中国古代私学发展诸问题研究》,北京:中国社会科学出版社,1996年。
吴宗国《唐代科举制度研究》,沈阳:辽宁大学出版社,1997年。
吴宗国《盛唐政治制度研究》,上海:上海辞书出版社,2003年。
谢思炜《白居易集综论》,北京:中国社会科学出版社,1997年。
谢元鲁《唐代中央政权决策研究》,台北:文津出版社,1992年。
许建平《敦煌经籍叙录》,北京:中华书局,2006年。
许倬云、毛汉光、刘翠溶《第二届中国社会经济史研讨会论文集》,台北:汉学研究资料及服务中心,1983年。
严耕望《唐史研究丛稿》,香港:新亚研究所,1969年。
严耕望《严耕望史学论文选集》,台北:联经出版事业公司,1996年。
阎步克《士大夫政治演生史稿》,北京:北京大学出版社,1996年。
阎步克《察举制度变迁史稿》,沈阳:辽宁大学出版社,1997年。
杨鸿年《隋唐两京坊里谱》,上海:上海古籍出版社,1999年。
杨作龙、赵水森《洛阳新出土墓志释录》,北京:北京图书馆出版社,2004年。
俞钢《唐代文言小说与科举制度》,上海:上海古籍出版社,2004年。
余书麟《中国教育史》,台北:"国立"师范大学出版社,1971年。
徐梓、王雪梅《蒙学须知》,太原:山西教育出版社,1991年。
郁贤皓《唐刺史考全编》,合肥:安徽大学出版社,2001年。
曾一民《唐代考课制度研究》,台北:商务印书馆,1987年。
赵克尧、许道勋《唐太宗传》,北京:人民出版社,2005年。
张邦炜《婚姻与社会》(宋代),成都:四川人民出版社,1989年。
张达志《唐代后期藩镇与州之关系研究》,北京:中国社会科学出版社,

2011年。

张国刚《唐代藩镇研究》,长沙:湖南教育出版社,1987年。

张涌泉《敦煌俗字研究》,上海:上海教育出版社,1996年。

张希清《中国科举考试制度》,北京:新华出版社,1993年。

赵和平《敦煌本〈甘棠集〉研究》,台北:新文丰出版公司,2000年。

郑阿财、朱凤玉《敦煌蒙书研究》,兰州:甘肃教育出版社,2002年。

郑阿财、朱凤玉《开蒙养正:敦煌的学校教育》,兰州:甘肃教育出版社,2007年。

郑晓霞《唐代科举诗研究》,上海:复旦大学出版社,2006年。

郑显文、王明霞《唐穆宗唐敬宗》,吉林:吉林文史出版社,1995年。

郑学檬《五代十国史研究》,上海:上海人民出版社,1991年。

郑学檬《中国赋役制度史》,上海:上海人民出版社,2000年。

中国唐代学会编辑委员会《第二届国际唐代学术会议论文集》(史学)下册,台北:文津出版社,1993年。

中国唐代学会编辑委员会《第二届唐代文化研讨会论文集》,台北:台湾学生书局,1995年。

中研院历史语言研究所《中研院成立五十周年纪念论文集》,台北:中研院发行,1978年。

中研院历史语言研究所《中研院国际汉学会议论文集》,台北:中研院发行,1981年。

周凤五《敦煌写本太公家教研究》,台北:明文书局,1986年。

周谷城《中国通史》,上海:上海人民出版社,1957年。

朱雷《唐代的历史与社会》,武汉:武汉大学出版社,1997年。

祝尚书《宋代科举与文学考论》,郑州:大象出版社,2006年。

卓遵宏《唐代进士与政治》,台北:"国立"编译馆,1987年。

外　　文

布目潮渢博士记念论集刊行会编集委员会《东アジアの法と社会:布目潮渢博士古稀记念论集》,东京:汲古书院,1990年。

村上哲见《科举の话——试验制度と文人官僚》,东京:讲谈社现代新书,1980年。

铃木俊先生古稀记念东洋史论丛编集委员会《东洋史论丛:铃木俊先生古稀记念》,东京:山川出版社,1975年。

高木重俊《唐代科举の文学世界》,东京:研文出版,2009年。

宫崎市定《九品官人法の研究——科举前史》,东京:同朋舍,1956年第1版,1974年第2版。

宫崎市定《科举——中国の试验地狱》,东京:中央公论社,1985年。

唐代史研究会《律令制——中国朝鲜の法と国家》,东京:汲古书院,1986年。

佐野泰臣《进士と妓女——中国唐代の人间像》,德岛:德岛县教育会,1973年。

包弼德《斯文:唐宋思想的转型》,刘宁译,南京:江苏人民出版社,2001年。

Eric. Grinstead, *The Book of Filial Piety in Tangut, Analysis of the Tangut Scripts*, First Edition 1972; Second Edition 1975, Studentlitteratur, Curzou Press, Sweden.

Kracke. E. A. Jr: *Civil Service in Early Sung China*, Harvard University Press, 1953.

Menzel Johanna M: *The Chinese Civil Service: Career Open to Talent*, D. C. Haeth and Company, 1963.

McMullen. David: *State and Scholars in Tang China*, Cambridge University Press, 1988.

Oliver Moore: *Rituals of Recruitment in Tang China: Reading an Annual Programme in the Collected Statements by Wang Dingbao (870-940)*, Brill, 2004.

四、主要参考论文

中　文

卞东波《关于〈论学绳尺〉的笺注者林子长》,《文学遗产》2006年第4期。

卞孝萱《〈登科记考〉纠谬》,《学林漫录》第6集,中华书局,1982年。

陈冠明《〈登科记考〉补名摭遗》,《文献》1997年第4期。

陈来《蒙学与世俗儒家伦理》,《国学研究》第3卷,北京大学出版社,1995年。

陈林《〈论学绳尺〉研究》,扬州大学硕士论文,2006年。

陈飞《唐代进士科"止试策"考论兼及"三场试"之成立》,《历史研究》2002年第3期。

陈飞《唐代试策的形式体制——以制举策文为例》,《文学遗产》2006年第6期。

陈飞《唐代试策的表达体式——策问部分考察》,《文学遗产》2008年第1期。

陈飞《唐代进士试策形式体制》,《清华大学学报》(哲学社会科学版)2010年第5期。

陈峰《政治选择与宋代文官士大夫的政治角色——以宋朝治国方略及处理文武关系方面探究为中心》,《河南大学学报》(社会科学版)2007年第1期。

陈尚君《〈登科记考〉正补》,《唐代文学研究》第4辑,广西师大出版社,1993年。

程民生《论宋代科举户籍制》,《文史哲》2002年第6期。

程奇立《元和制举案辨正——兼与岑仲勉、傅璇琮先生商榷》,《烟台师范学院学报》(哲社版)1990年第1期。

陈寅恪《政治革命及党派分野》、《统治阶级之氏族及其升降》,收入其《唐代政治史述论稿》。

陈寅恪《论李栖筠自赵徙卫事》,收入其《金明馆丛稿二编》。

陈寅恪《白乐天之先祖及后嗣》，收入其《元白诗笺证稿》。
邓文宽《敦煌写本〈百行章〉述略》，《文物》1984年第9期。
丁爱华《唐代制举述略》，《理论学刊》1989年第5期。
傅衣凌《唐代宰相地域分布与进士制之"相关"的研究》，《社会科学（福建）》1945年第4期，收入其《傅衣凌治史五十年文编》。
傅璇琮《论唐代进士的出身及唐代科举取士中寒士与子弟之争》，《中华文史论丛》1984年第2辑。
高凤林《略谈唐朝的铨选制度》，《山东师范大学学报》（哲学社会科学版）1985年第4期。
高明士《隋代的教育与贡举》（上、下），《大陆杂志》第69卷第4、5期，1984年；修订本收入"国立"编译馆主编《唐代研究论集》第4辑，台北：新文丰出版公司，1992年。
高明士《唐代贡举对儒学研究的影响》，《国立编译馆馆刊》第2卷第1期，1973年，收入其《隋唐贡举制度》。
郭绍林《陈寅恪先生元稹"休兵"即"消兵"说商榷》，《洛阳师专学报》1998年第4期。
郭学信《试论宋代士大夫的社会角色》，《山东师范大学学报》（人文社会科学版）2007年第6期。
韩国磐《唐朝的科举制度与朋党之争》，收入其《隋唐五代史论集》。
韩国磐《关于科举制度创置的两点小考》，收入其《隋唐五代史论集》。
韩国磐《科举制与衣冠户》，收入其《隋唐五代史论集》。
韩国磐《唐宪宗平定方镇之乱的经济条件》，收入其《隋唐五代史论集》。
韩昇《魏晋隋唐的坞壁和村》，《厦门大学学报》（哲学社会科学版）1997年第2期。
韩昇《科举制与唐代社会阶层的变迁》，《厦门大学学报》（哲学社会科学版）1999年第4期。
韩昇《南北朝隋唐士族向城市的迁徙与社会变迁》，《历史研究》2003年第4期。
韩昇《中古社会史研究的数理统计与士族问题——评毛汉光先生〈中国中古

社会史论〉》,《复旦学报》(社会科学版)2003年第5期。

何忠礼《试论北宋科举制的特点及其历史作用》,收入邓广铭、郦家驹等主编《宋史研究论文集》,河南人民出版社,1984年。

何忠礼《宋代封弥制考辨》,《杭州大学学报》1987年第3期。

何汉心《唐朝制举和制科》,收入《第二届国际唐代学术会议文集(史学)》下册,文津出版社,1993年。

何汝泉《唐代的"宽乡"与"狭乡"》,《西南师范大学学报》(哲学社会科学版)1994年第1期。

侯力《唐代家学与科举应试教育》,《湘潭师范学院学报》(社会科学版)1998年第1期。

胡可先《〈登科记考〉匡补》,《文献》1988年第1期。

胡可先《〈登科记考〉匡补续编》,《文献》1988年第2期。

胡可先《〈登科记考〉匡补三编》,《徐州师范学院学报》(哲学社会科学版)1989年第4期。

胡如雷《唐代牛李党争研究》,收入其《隋唐政治史论集》。

胡若飞《俄藏西夏文草〈孝经传〉序及篇目译考》,《宁夏社会科学》2005年第5期。

皇甫煃《唐代诗赋取士与唐诗繁荣的关系》,《南京师院学报》1979年第1期。

黄三富《科举制度与唐代的社会流动》,《东方杂志》1968年复刊第2卷第2期。

黄正建《〈新唐书·选举志〉岁举科目辨析》,《文史》第34辑,1992年。

黄正建《唐代吏部科目选》,《史学月刊》1992年第3期。

黄正建《唐代"士大夫"的特色及其变化——以两〈唐书〉用词为中心》,《中国史研究》2005年第3期。

黄振萍《文起源与〈论学绳尺〉》,《中国典籍与文化》1997年第4期。

黄震云《〈登科记考〉甄补》,《文教资料》1996年第4期。

金荣华《敦煌写卷纸质之考察》,《世界华学季刊》1981年第4期。

金滢坤《敦煌陷蕃年代研究综述》,《丝绸之路》1997年第1期。

金滢坤《唐五代的童子科》,《光明日报·理论周刊》2001年1月16日。

金滢坤《唐五代童子科与儿童教育》,《西北师大学报》(社会科学版)2002年第4期。

金滢坤《中晚唐铨选制度变化与科举及第入幕的关系》,《人文杂志》2002年第4期。

金滢坤《〈俄藏敦煌文献〉中的黑城文书考证及相关问题的讨论》,《敦煌学》第24辑,2003年。

金滢坤《中晚唐五代科举与清望官的关系》,《中国史研究》2003年第1期。

金滢坤《唐代太常第考论》,《首都师范大学史学研究》第2辑,2004年。

金滢坤《试论唐五代科举考试的锁院制度》,《西北师大学报》(社会科学版)2005年第1期。

金滢坤《中晚唐五代科举与社会阶层的变迁》,《首都师范大学史学研究》第3辑,2005年。

金滢坤《中晚唐五代科举省试考官与社会变迁刍议》,卢向前主编《唐宋变革论》,黄山:黄山出版社,2006年。

金滢坤《唐五代科举考试中的冒籍——中国最早的"高考移民"》,《教育史研究》2007年第2期。

金滢坤《论唐五代科举考试与文字的关系》,《首都师范大学学报》(社会科学版)2007年第3期。

金滢坤《中晚唐及第举人入幕的若干问题》,《学术月刊》2008年第1期。

金滢坤《论唐五代科举对婚姻观念的影响》,《厦门大学学报》(哲学社会科学版)2008年第1期。

金滢坤《也谈中晚唐五代别头试与子弟之争》,《浙江师范大学学报》(社会科学版)2008年第1期。

金滢坤《略论中晚唐及第举人入幕的程序与方式》,《人文杂志》2008年第3期。

金滢坤《论中晚唐五代科举考试的复核、复试及监察制度》,《首都师范大学学报》(社会科学版)2008年第5期。

金滢坤《中晚唐及第举人入幕的影响》,《文化学刊》2008年第6期。

金滢坤《中晚唐五代座主门生的产生与科场风气》,《教育与考试》2008年第6期。

金滢坤《略论中晚唐科举及第举人入幕与维护中央统治》,《科举学丛刊》2008年第2期。

金滢坤《〈登科记考〉再补正》,《晋阳学刊》2008年第3期。

金滢坤《中晚唐进士朋甲与官僚朋党的关系》,《厦门大学学报》(哲学社会科学版)2009年第5期。

金滢坤《略论中晚唐科举考试中的"五科"考试》,《北京联合大学学报》(人文社会科学版)2010年第1期。

金滢坤《唐代的冒籍取解现象》,《光明日报理论周刊》2010年8月24日。

金滢坤《〈俄藏敦煌文献〉中的西夏科举"论"稿考——简论唐宋西夏的科举试论》,日本京都大学人文科学研究所《敦煌写本研究年报》第四号,2010年。

金滢坤《中晚唐制举试策与士大夫的社会意识——以"子大夫"的社会意识为中心》,《学术月刊》2010年第12期。

金滢坤《试论唐代制举试策文体的演变》,《首都师范大学学报》(社会科学版)2011年第4期。

金滢坤《唐五代科举制度对童蒙教育的影响》,《浙江师范大学学报》(社会科学版)2012年第1期。

金滢坤《中晚唐制举对策与政局变化——以藩镇问题为中心》,《学术月刊》2012年第7期。

金滢坤《敦煌本"策府"与唐初社会——国图藏敦煌"策府"研究》,《文献》2013年第1期。

李才栋《唐代书院的创建与功能》,《江西教育学院学报》(社会科学)2000年第1期。

李浩《从士族郡望看牛李党争的分野》,《历史研究》1999年第4期。

李弘祺《中国科举考试及其近代解释五论》,收入刘海峰主编《科举制的终结与科举学的兴起》。

李焕青《唐宪宗中兴与藩镇政策》,《内蒙古社会科学》(汉文版)2001年第

3期。

李润强《唐代举子是用传奇行卷的吗》,《西北师大学报》(社会科学版)2001年第3期。

李树桐《唐人的婚姻》,收入其《唐史索隐》。

李天石《略论唐宪宗平定藩镇的历史条件与个人作用》,《浙江师范大学学报》(社会科学版)2001年第6期。

李正宇《唐宋时代的敦煌的学校》,《敦煌研究》1986第1期。

李正宇《敦煌学郎题记辑注》,《敦煌学辑刊》1987年第1期。

李正宇《〈下女夫词〉研究》,《敦煌研究》1987年第2期。

楼劲、李华《唐仕途结构述要》,《兰州大学学报》(哲社版)1997年第2期。

林西朗《唐代道举制度述略》,《宗教学研究》2004年第3期。

刘波、林世田《敦煌唐写本〈问对〉笺证》,《文津学志》第3辑,国家图书馆出版社,2010年。

刘初棠《科举制度的变革与唐诗的繁荣》,《中华文史论丛》1987年第1期。

刘恩惠《唐代制举初探》,《松辽学刊》(社会科学版)1984年第3期。

刘海峰《身、言、书、判——唐代铨选文官标准述评》,《文史知识》1984年第8期。

刘海峰《唐代秀才科存废与秀才名目的演变》,《中国史研究》1990年第1期。

刘海峰《唐代考试糊名起始时间再析》,《学术月刊》1991年第11期。

刘海峰《论书院与科举的关系》,《厦门大学学报》(哲学社会科学版)1995年第3期。

刘海峰《"韩门弟子"与中唐科举》,收入《中国古代史社会研究——庆祝韩国磐先生八十华诞纪念论文集》,厦门大学出版社,1998年。

刘海峰《"科举学"的世纪回顾》,《厦门大学学报》(哲学社会科学版)1999年第3期。

刘海峰《唐代俊士科辨析》,《中国史研究》2000年第2期。

刘海峰《科举制的起源与进士科的起始》,《历史研究》2000年第6期。

刘海峰《唐代福建进士考辨》,《集美大学学报》2001年第1期。

刘进宝《敦煌本〈兔园策府·征东夷〉产生的历史背景》,《敦煌研究》1998年第1期。
刘宁《论唐末科场黑暗的根源》,收入刘昕等主编《中国考试史专题论文集》。
刘汉忠《〈登科记考〉摭遗》,《北京图书馆馆刊》1993年第3—4期。
卢开万《唐代科举制度中贡举类特殊科目及其考试》,《魏晋南北朝隋唐史资料》第14辑,1996年。
卢建荣《中晚唐藩镇文职幕僚职位的探讨》,收入《第二届国际唐代学术会议论文集(史学)》下册。
罗继祖《〈登科记考〉补》,《东方学报》1943年13册第3分。
罗联添《论唐人上书与行卷》,收入其《唐代文学论集》。
罗联添《唐代牛李党争始因问题再探讨》,收入其《唐代文学论集》。
罗联添《唐代文学史两个问题探讨》,收入其《唐代文学论集》。
罗联添《唐代进士科试诗赋的开始及其相关问题》,《中国历史学会史学集刊》第17期,1985年,收入其《唐代文学论集》。
马秀勇、王永平《论唐代童子科》,《齐鲁学刊》2001年第3期。
毛汉光《唐代统治阶层社会变动》,台湾政治大学政治研究所高级研究生论文,1968年。
毛汉光《唐代大士族的进士第》,收入中研院历史语言研究所编《中研院成立五十周年纪念论文集》。
毛汉光《科举前后(公元600年干300)清要官型态之比较研究》,收入中研院历史语言研究所编《中研院国际汉学会议论文集》。
毛汉光《中古官僚选制与士族权力的转变——唐代士族之中央化》,收入许倬云、毛汉光、刘翠溶编《第二届中国社会经济史研讨会论文集》。
毛汉光《中古山东大族著房之研究——唐代禁婚家与姓族谱》,《中研院历史语言研究所集刊》第54本第3分,1983年。
毛汉光《唐代荫任之研究》,《中研院历史语言研究所集刊》第55本第3分,1984年。
毛汉光《中古大族著房婚姻之研究——北魏高祖至唐中宗神龙年间五姓著

房之婚姻关系》,《中研院历史语言研究所集刊》第56本第4分,1985年。
毛汉光《从士族籍贯迁移看唐代士族之中央化》,收入其《中国中古社会史论》。
毛汉光《唐代统治阶层下降变动之研究》,《国科会研究会刊》(人文社会科学)第3卷第1期,1993年。
孟二冬《〈登科记考〉补正》,《国学研究》第8卷,2001年。
聂鸿音《吕注〈孝经〉考》,《中华文史论丛》2007年第2期。
钱穆《略论魏晋南北朝学术文化与当时门第之关系》,收入其《中国学术思想史论丛》卷三。
钱穆《中国历史上之考试制度》,收入其《国史新论》。
钱穆《中国教育制度与教育思想》,收入其《国史新论》。
屈直敏《敦煌本〈兔园策府〉考辨》,《敦煌研究》2001年第3期。
任爽《科举制度与盛唐知识阶层的命运》,《历史研究》1989年第4期。
任爽《科举制与唐代教育危机》,《中国史研究》1994年第3期。
宋德喜《唐代曲江宴游之风尚》,收入中国唐代学会编辑委员会编《第二届唐代文化研讨会论文集》。
孙国栋《唐宋之际社会门第之消融——唐宋之际社会转变研究之一》,《新亚研究学报》第4卷第1期,1959年。
孙国栋《唐代中书舍人迁官途径考释——兼论唐代中央政府组织的变迁与职权的转移》,收入其《唐宋史论丛》。
尚定《论武则天时代的"诗赋取士"》,《中国社会科学》1991年第6期。
盛会莲《唐五代社会救助研究》,浙江大学人文学院博士学位论文,2005年。
施安昌《唐人〈干禄字书〉研究》,《颜真卿书〈干禄字书〉》,北京:紫禁城出版社,1990年。
施子愉《〈登科记考〉补正》,《文献》1983年第1期。
台静农《论唐代士风与文学》,收入"国立"编译馆主编《唐代研究论集》第1辑,台北:新文丰出版公司,1992年。
唐长孺《门阀的形成及其衰落》,《武汉大学人文科学学报》1959年第8期。
唐长孺《南北朝后期科举制度的萌芽》,收入其《魏晋南北朝史论丛续编》。

田余庆《论东晋门阀政治》,《北京大学学报》(哲学社会科学版)1987年第2期。

万绳楠《武则天与进士新阶层》,《中国史研究》1994年第3期。

王承文《唐代"南选"与岭南溪洞豪族》,《中国史研究》1998年第1期。

王炳照《配图蒙学十篇·序》,夏初、惠玲校释《配图蒙学十篇》,北京:北京师范大学出版社,1993年。

王德权《中晚唐使府僚佐升迁之研究》,《中正大学学报》(人文分册)第5卷第1期,1994年。

王力平《地域分野难以界说党派之争》,《历史研究》2000年第4期。

王其祎、周晓薇《〈登科记考〉补续》,《碑林集刊》第六辑,2000年。

王其祎、李志凡《〈登科记考〉补》,《台大历史学报》,1996年第6期。

王团战《大周沙州刺史李无亏墓及征集到的三方唐代墓志》,《考古与文物》,2004年第1期。

王元军《唐代选官"四才"制度的推行与意义考察》,《史学月刊》2004年第3期。

王永兴《论韦皋在唐和吐蕃、南诏关系中的作用》,收入其《陈门问学丛稿》。

王育龙《唐长安城东出土的康令恽等墓志跋》,《唐研究》第6卷,2000年。

王育龙、程蕊萍《陕西西安新出土唐代墓志铭五则》,《唐研究》第8卷,2001年。

汪勃《唐代两方墓志考》,《陕西历史博物馆馆刊》第2辑,西安:三秦出版社,1995年。

魏明孔《唐代道举初探》,《甘肃社会科学》1993年第6期。

翁俊雄《唐代科举制度及其运作的演变》,《中国史研究》1998年第1期。

吴建辉《从〈论学绳尺〉看南宋文论范畴——"老"》,《湖南科技大学学报》(社会科学版)2007第3期。

吴在庆《唐五代登科者考补》,《铁道师院学报》1998年第2期。

乌廷玉《唐代的科举制度》,《社会科学战线》1987年第1期。

张培锋《论中国古代"士大夫"概念的演变与界定》,《天津大学学报》(社会科学版)2006第1期。

张荣芳《牛李党争中史官与史学的论争》,收入"国立"编译馆主编《唐代研究论集》第2辑,台北:新文丰出版社公司,1992年。

张新朋《敦煌写本〈开蒙要训〉研究》,浙江大学人文学院博士学位论文,2008年。

张泽咸《唐代的衣冠户和形势户——兼论唐代徭役的复除问题》,《中华文史论丛》1980年第3期。

朱玉麒《〈登科记考〉补遗、订正》,《文献》1994年第3期。

徐连达、楼劲《汉唐科举异同论》,《历史研究》1990年第5期。

薛平栓《试论开元天宝以后的长安商人与禁军》,《唐都学刊》1992年第3期。

薛亚军《唐代省试诗题及其思想文化背景》,《北方论丛》2001年第2期。

薛亚军《追求与幻灭:晚唐士子科举心态的文化透视》,《黄河科技大学学报》2001年第1期。

薛亚军《〈登科记考〉订补》,《古籍整理研究学刊》2002第5期。

薛亚军《〈登科记考〉拾补》,《文献》2003年第3期。

阎步克《南齐秀才策题中之法家论调考析》,收入其《乐师与史官——传统政治文化与政治制度论集》,北京:生活·读书·新知三联出版社,2001年。

严耕望《唐方镇使府僚佐考》,《新亚学报》第7卷第2期;收入其《唐史研究丛稿》。

严耕望《唐人习业山林寺院之风尚》,《民主评论》第5卷第23期,1943年,收入其《严耕望史学论文选集》。

杨荫楼《唐代科举制度的意义及流弊》,《齐鲁学刊》1986年第1期。

杨希义《〈千唐志斋藏志〉中隋唐科举制度史料辑释》,《中原文物》1992年第1期。

杨西云《唐长庆销兵政策平议》,《社会科学战线》1985年第3期。

易禾《从唐代考试中的舞弊方式看唐宋时期的社会变革》,《文史知识》1994年第2期。

游自勇《汉唐时期"乡饮酒"礼制化考论》,《汉学研究》2004年第2期。

余子侠《唐代秀才科考论》,《历史研究》1997年第5期。

张忱石《徐松〈登科记考〉续补》,《文献》1987年第1—2期。

张浩逊《唐代省试诗的几个问题》,《烟台师范学院学报》1999年第4期。

张蕊《唐代诗赋取士制度形成的原因》,《北京理工大学学报》2002年第3期。

郑阿财《敦煌本〈明诗论〉与〈问对〉残卷初探》,收入成功大学中国文学系《第四届唐代文化学术研讨会论文集》,台南:台湾成功大学教务处出版组,1999年。

郑学檬《唐代江南文士群体初探》(上),收入朱雷主编《唐代的历史与社会》。

郑学檬《唐代江南文士群体初探》(下),收入武汉大学中国三至九世纪研究所编《中国前近代史理论国际学术研讨论文集》。

周丕显《敦煌古钞〈兔园策府〉考析》,《敦煌学辑刊》1994年第2期。

外　　文

爱宕元《唐代乡贡进士乡贡明经》,《东方学报》第45号,1972年。

大野仁《唐代进士试の试验时间について》,收入《布目潮渢博士古稀记念论集:东アジアの法と社会》,东京:汲古书院,1990年。

大泽正昭《唐末的藩镇和中央权力——以德宗、宪宗朝为例》,《东洋史研究》第32卷,1973年第2号。

东川德治《科举の制》,《东洋文化》第12号,1925年。

福井康顺《百行章につこての诸问题》,《东方宗教》2001年第13—14合刊。

根本诚《唐代选の构造と机能について》,《史观》第79册,1969年。

加藤繁《封建と科举》,《东亚》第3卷第10号,1930年。

铃木虎雄《唐の试验制度と诗赋》,《支那学》第2卷第10号,1920年。

铃木虎雄《唐の进士》,《支那学》第4卷第3号,1927年。

铃木虎雄《股文比法の前驱》,《支那学》第4卷第1号,1927年。

妹尾达彦《唐代の科举制度と长安の合格仪礼》,收入唐代史研究会编《律令制——中国朝鲜の法と国家》。

妹尾达彦《"才子"与"佳人"》,收入邓小南主编《唐宋女性与社会》,上海:上海辞书出版社,2003年。

鸟谷弘昭《唐代前期の选举论议について》,《史正》第5·6号,1978年。

鸟谷弘昭《唐代の吏部科目选について》,《立正史学》第 71 号,1992 年。

松本明《唐の选举制に关する诸问题——特に吏部科目选について》,收入铃木俊先生古稀记念东洋史论集编集委员会《铃木俊先生古稀记念东洋史论丛》,东京:山川出版社,1975 年。

胜又宪治郎《秀才の辨》,《东方学报》(东京)第 6 册,1936 年。

西村元祐《武则天后における政治の基本姿势と科举出身宰相の活跃》,《龙谷史坛》第 72 号,1977 年。

曾我部静雄《中国选举、贡举与科举》,《史林》53 卷 4 号,1970 年,高明士译,见高氏《隋唐贡举制度》。

竹田龙儿《唐代选举の一侧面》,《史学》第 20 卷第 2 号,1931 年。

P. A. Herbert, Civil Service Selection in China in the Latter Half of the Seventh Century, *Papers on Far Eastern History* 13, 1976.

P. A. Herbert, Civil Service Recruitment in Early Tang China: Ideal and Reality,《大阪大学语言文化研究》XII 号,1986.

P. A. Herbert, Recording and Processing Data on Candidates in the Tang Examination System,《大阪大学语言文化研究》XIV 号,1988.

后　　记

今天终于核对完了全书的校样，应该说是个值得庆贺的日子，看着窗外明媚的阳光和正在享受着五一节假的熙熙攘攘的人流，我心中却没有一丝快感，只是觉得终于做完了一件难以完成的事情。蓦然回首，我在首都师范大学历史学院已经工作了十一个年头，几乎每天都重复着同样的工作，在敦煌资料室做点自己的研究。直到2012年12月内子会莲突然病倒，方才意识到学海无涯，人生有限，自己如何努力也只不过是沧海一粟。在过去的一年多，我和会莲走过了人生里最为艰辛的历程，自己以前只是忙于事业，忽略了家庭，直到这时才深刻体会到会莲对我研究工作的支持之大。如今我再也不能像以前那样单纯地从事科研工作，多数时间奔走于医院和学校之间，安心读书已经变成了奢望。因此，本书稿自2012年11月结集准备出版以来，一直难得有空修改，幸赖好友复旦大学出版社的宋文涛博士热心帮助，替我通览全稿，审定文句，拾遗纠缪，最终成此定稿，随后又请博士生成城、黄成运、范习加和硕士生郑亦宁、王鑫淼对书稿进行了校对，在此一并向他们表示感谢。

在我的学术生涯中，最应该感谢的是韩国磐师、韩昇师、张涌泉师、李正宇师、李并成师、刘进宝师等诸位先生，是他们引导我进入学术的殿堂，他们渊博的学识和杰出成就，是我终身学习和追求的楷模。在十多年研究科举制度的过程中，我得到了刘海峰、毛汉光、郑阿财、朱凤玉、高田时雄、龚延明、荒见泰史等知名学者的指点和帮助，让我的学术眼界和思路不断开阔，在隋唐五代科举制度研究方面方取得今天的成绩。更要感谢郝春文、宋杰、李华瑞等老师多年来在学习和工作中的帮助和支持，给我提供了一个非常好的发展平台，让我十年如一日地安心学习，从事教学和科研工作。还要感谢曾宪成、张兴胜、严文科等好友，雷艳红、陈双燕、周琦、张倩等师门兄弟姐妹,以及诸位亲朋、医生,是你们的支持和帮助伴我和内子度过了艰辛的一年。特别让我感动的是首都师大的张雪书记在百忙之中一直惦记着内子的病情,并帮我解决了实际问题,在此一并表示感谢。

本书出版得到了首都师范大学历史学院出版基金和北京市教育委员会2013年度社科计划资助项目"唐五代童蒙教育研究"(SZ201310028014)的资助,也获得2013年国家社会科学基金一般项目"唐代制举考试与社会变迁研究"(13BZS029)的支持,在此谨致谢忱。本书所收部分文章也是"唐五代童蒙教育研究"、"唐代制举考试与社会变迁研究"的前期研究成果。

目前,我的主要精力放在隋唐五代科举制度和童蒙教育的研究上,这也是我未来几年研究的重点,真心希望上苍保佑内子能早日康复,给我更多时间完成这些计划。相关研究成果,将陆续刊登在由我承担的张希清教授主持的2012年国家社科基金重点项目"中国科举制度通史及其专题研究"的"隋唐五代卷"、刘海峰教授主持的2013年度教育部人文社会科学重点研究基地重大项目"中国科举史通史"的"隋唐五代卷",敬请方家关注、指正。

金滢坤
2014年5月3日于北京

图书在版编目(CIP)数据

唐五代科举的世界/金滢坤著. —上海:复旦大学出版社,2014.8
ISBN 978-7-309-10280-2

Ⅰ.唐… Ⅱ.金… Ⅲ.①科举制度-研究-中国-唐代
②科举制度-研究-中国-五代(907~960) Ⅳ.D691.3

中国版本图书馆 CIP 数据核字(2013)第 317620 号

唐五代科举的世界
金滢坤 著
责任编辑/宋文涛

复旦大学出版社有限公司出版发行
上海市国权路 579 号 邮编:200433
网址:fupnet@fudanpress.com http://www.fudanpress.com
门市零售:86-21-65642857 团体订购:86-21-65118853
外埠邮购:86-21-65109143
上海华教印务有限公司

开本 787×960 1/16 印张 22.25 字数 314 千
2014 年 8 月第 1 版第 1 次印刷

ISBN 978-7-309-10280-2/D·657
定价:45.00 元

如有印装质量问题,请向复旦大学出版社有限公司发行部调换。
版权所有 侵权必究